文化名家暨"四个一批"人才工程项目成果

美育双年文选
（2021—2022）

王德胜 李雷

主编

时代出版传媒股份有限公司
安徽教育出版社

图书在版编目(CIP)数据

美育双年文选.2021—2022/王德胜,李雷主编.—合肥:安徽教育出版社,2023.10
ISBN 978-7-5748-0070-0

Ⅰ.①美… Ⅱ.①王… ②李… Ⅲ.①美育—文集 Ⅳ.①G40—014

中国国家版本馆CIP数据核字(2023)第157822号

美育双年文选(2021—2022)
MEIYU SHUANGNIAN WENXUAN (2021—2022)

出 版 人:费世平
责任编辑:徐　宇　付　静　江　舟
　　　　　徐　鹏　陶忠娣
美术编辑:许海波
技术编辑:陈善军

出版发行:安徽教育出版社
地　　址:合肥市经开区繁华大道西路398号　邮编:230601
网　　址:http://www.ahep.com.cn
营销电话:(0551)63683012,63683013
排　　版:安徽时代华印出版服务有限责任公司
印　　刷:安徽新华印刷股份有限公司

开　　本:710 mm×1010 mm　1/16
印　　张:25.25
字　　数:338千字
版　　次:2023年10月第1版
印　　次:2023年10月第1次印刷
定　　价:78.00元

(如发现印装质量问题,影响阅读,请与本社营销部联系调换)

前 言

辑一 美育学科建设

003 | 刘成纪　回到美学，重启美育

014 | 周　宪　美育的学科共同体及其想象力

027 | 杜　卫　论中国美育学建构的问题和范畴体系

044 | 王一川　文心涵濡：大学美育新方案

065 | 叶　朗　顾春芳　"互联网＋教育"时代的美育观念及媒介形式探索

080 | 徐　晟　易晓明　学校美育的公共性构建

辑二 当代美育问题研究

101 | 曾繁仁　关于当代美育的中国路径

109 | 宋　伟　中国式现代化语境中的美育现代性问题

120 | 张宝贵　拒绝装饰：以马克思生活美育思想为视角

139 | 王德胜　生活美育：价值、策略与在场性改良

151 | 孔新苗　"社会美育"三题：含义、实践、功能

164 | 刘　毅　作为美育知识学导引的艺术史

179 | 李　雷　文艺批评参与美育的必要性探究

辑三　中国美育思想研究

195 ｜ 宋修见　成大人：中华传统美育对理想人格的塑造

207 ｜ 柏奕旻　中西美育精神的比较阐释及"游艺"范式的当代转化

226 ｜ 汪　晖　诗教与美育
　　　　　　　——从唐弢先生的一道试题说起

244 ｜ 陈　剑　谭好哲　"心为主，技为从"与中国现代艺术教育精神
　　　　　　　营构

263 ｜ 陆晓芳　中国现代期刊与美育思潮的流变

280 ｜ 姚文放　被忽略的王国维
　　　　　　　——对中国美育首倡者的考辨

289 ｜ 卢春红　从天然雕塑到审美心态：论王朝闻的美育路径

辑四　西方美育思想研究

313 ｜ 朱立元　论马克思对德国古典美育思想的批判与超越
　　　　　　　——基于历史哲学逻辑下的考察

338 ｜ 饶　静　美育的人格化动因
　　　　　　　——荣格对《美育书简》的心理类型学解读

356 ｜ 曾仲权　席勒弥合现代性分裂的同感与审美交往判断力
　　　　　　　——基于哈贝马斯对席勒美育思想阐释的探赜

379 ｜ 徐　承　"想象力"美育话语的公共性诉求

前　言

近两年，随着国家和社会各界愈发重视美育在人之全面发展上的特殊作用与重要价值，城市美育、乡村美育、社区美育等崭新的美育形态在社会上大量涌现，丰富多样的美育实践活动得以在各级、各类学校全面开展。这不仅极大地推动了美育的社会普及，提升了民众对于美育的认知与理解，也带动和吸引了越来越多的人转向美育的教学、实践与研究。美育观念的广泛普及、美育队伍的迅速扩大，固然可以使美育事业的面貌焕然一新，但还不足以支撑美育事业的长期进步。真正推进美育持续高质量发展的关键性因素在于相关美育人才的专业培养和输出。因此，旨在根本解决美育专业人才短缺问题的美育学学科建设，作为一项重要议题，正日益受到学界和教育界的重点关注。

事实上，早在20世纪80年代末90年代初期，一些学者即已有意识地开始了中国美育学学科的拓荒与建设工作，也取得了一些颇具学术价值和现实指导性的成果。但是，由于美育在随后二十余年间并未受到社会上下真正普遍的关注，这项工作很长一段时间以来仅停留于学界内部的研究或讨论。如今，方兴未艾的美育热潮，为美育学科建构带来前所未有的机遇，更多的学者正在顺势而为，接续前人的研究，围绕美育的学科定位、核心概念范畴及学科建制等问题继续深入开掘，试图建构更加系统完整的美育学知识体系。

与此相呼应的是，近期国内学界产生了诸如"生活美育""生态美育""身体美育"等美育话语形态。这显然是受到了近些年来持续热议的"生活美学""生态美学""身体美学"等美学理论形态的直接影响和启发，可谓相关美学理论思考在美育领域的拓展与延伸。这不仅反映了美育对于美学的天然依赖性，更说明了美育理论研究只有在美学母体的滋养之下方能不断壮大乃至获得新生。上述新型的美育理论话语，正是当下美育研究者在将美育指向现实人生发展与社会现实文化需求满足的同时，积极应用最新美学理论成果并将之加以现实转化的产物。不止如此，还有部分学者借鉴国外"基于学科的艺术教育"（Discipline-Based Art Education）模式，倡导将艺术创作、艺术史和艺术批评等引入美育学的知识生产和具体教学实践，致力于建构覆盖美学、艺术学、教育学、心理学及社会学、历史学等跨学科、跨领域的美育学科共同体，这无疑是一种契合美育学科特性与发展规律的富有建设性的尝试和探索。

此外，中西方美育思想资源的发掘、阐发与比较，数字媒介环境下的美育观念及范式的革新与转型、学校美育实施路径的突破与创新等，依然是近两年美育研究中的重点领域，许多新产出的学术论文将相关思考引向深入，催生了更多富有价值与意义的新话题。

本书收录了从过去两年数量众多的论文中遴选出来的24篇有代表性的学术成果。尽管这些成果还远不足以反映近两年国内美育研究的全貌，但它们在一定程度上记录了中国美育学界的新近动态，集中呈现出上述美育理论研究的新趋势，从而也为了解美育学术前沿、把握美育研究动态、深化美育理论思考提供了有益的借鉴。

为保持各篇选文的原貌，在编选过程中，我们仅对文章注释体例做了必要的统一并修改了一些较为明显的错漏，谨此说明。

王德胜　李　雷

2023年2月28日

辑一

美育
学科建设

回到美学，重启美育

刘成纪 ◆（北京师范大学哲学学院）

中国现代美学，自从20世纪初叶由一批先贤引入中国以来，它的发展一直与审美教育相辅相成。美育作为美学理论的实践形态，一方面受美学理论的规范和指导，另一方面也反向检验着美学理论的实践价值。但从近年来我国的美育实践看，美学与美育原本应有的互动关系正日益变得松弛，原本具有相对普遍意义的美育一步步被狭隘化为艺术教育，美育所应具有的思想深度和精神高度也被艺考式的技能学习所限制。在这种背景下，重新回到美学理论，看美学如何界定美育以及如何看待艺术教育在审美教育中的位置，就成为对相关教育实践进行纠偏的关键。

当代社会的"美学时间"

关于美育，现代美育大家蔡元培曾给出过一个定义，即"美育者，应用美学之理论于教育"[①]。这个定义虽然简单，但却十分重要，它说明了美学理论对于美育实践的先导性。或者更直率地讲，没有美学理论作为基础和指导的美育，必然是盲目的美育，是缺乏顶层设计的美育。目前，我国美育和艺术教育野蛮生长，杂乱无章，大抵和缺乏美学理论的基本规范有关。

---

① 蔡元培：《美育》，载《蔡元培美学文选》，北京大学出版社1983年版，第174页。

但具有讽刺意味的是，美学这门学科自成立的那一天开始，自身就存在着巨大的不确定性，而且到今天也没有改变。比如它早期被称为"感性学"，后来被称为"艺术哲学"，20世60年代之后被称为"文化哲学"，等等。西方20世纪的美学取消主义者甚至认为美不过是一个形容词，缺乏明确的专指对象，根本不应该围绕它建立一门学科。可以认为，在当代社会，人们一方面认为美像真、善一样，都是人的基本需要，审美教育大有可为；另一方面，美学在实践方面却一再遇到障碍和困难，这其中的根本原因就是它在理论上存在问题。或者说，美学基本理论的多变必然带来美育实践目标的多变，使它很难像德育、智育、体育一样，有一个形成共识的工作方向或相对稳定的教育方案。

但是近年来，随着对美学这门学科的体验和领悟不断加深，笔者愈来愈倾向于接受这种现状。这是因为，在当代自然人文科学日益体系化、学科壁垒日益森严的背景下，美学自我定位的不确定，正预示着它的开放性和兼容性。这种特性使它成为能够穿透种种知识壁垒的利器，促进人对自然和人文问题的综合思考，进而促进多种学科之间的协调发展。也就是说，在现代自然和人文科学领域，美学可能是仍保持着人类文明早期"知识无区分"特性的唯一一门综合学科，它仍在用近于原始的生命精神，对科学时代的本质主义或知识的专精化倾向进行顽强抵抗。这预示着，当代美学在理论层面常常被人们提到的所谓"缺失"，恰恰使它有机会摆脱诸多固有知识范式的钳制，显现出更强大的生命活力。同样，当代美育研究者之所以会屡屡谈到审美教育的人文性、开放性、包容性和跨学科性，就在于美学在理论层面没有给美育太过严苛的关于实践边界的限定。

黑格尔曾讲："审美带有令人解放的性质，它让对象保持它的自由和无限。"① 就此而言，美学理论在当代展现的多元性和不确定

---

① 黑格尔：《美学》第1卷，朱光潜译，商务印书馆1979年版，第147页。

性，未尝不是对它学科本性的践履；而审美教育在实践层面出现的种种争论，也不妨视为这项工作仍然拒绝知识区分并继续保持开放性的证明。由此可以推出一个结论，在现代中小学生课业压力巨大、大学教育专业无限细化的背景下，让学生每周能借美育课堂"解放"一次，对他们的健康成长绝对是有利的。或者说，人生不能总是一本正经，无论在学校还是在职场，都需要给自己一个解放心灵的"美学时间"，这正是美育的根本意义所在。

美学三变与美育的领域

当然，说审美教育给人带来的是解放心灵的"美学时间"，并不是说它没有限制领域、没有规则、没有价值导向，而是说它设定的规则相对宽泛，相对富有弹性。比如有人认为，对于幼童而言，世界上最伟大的教育就是放弃教育，因为只有这样才能守护他们的自由天性和想象力，使其不受损伤。但是从逻辑上讲，任何放弃都是以曾经的给予作为前提的，没有教育作为先导，所谓"放弃教育"必定是一句空谈。也就是说，唯有教育才能构成放弃教育的前提，审美教育也是一样。那么，在美学和美育之间，长期缺乏确定性的美学理论到底能够给予美育什么？

首先，在创立之初，德国人鲍姆嘉通将美学称为"感性学"，这意味着人的审美活动是一种感性活动。它一方面基于人的自然本性（甚至身体），另一方面必须在具体的、活生生的感性事物中进行，永远离不开人的看和听。对于审美教育，尤其是对于长年生长于都市的学生和一般居民而言，这种理论定位具有重大意义。这是因为，现代都市是经过科学规划的人居环境，它高度抽象化、几何化、规则化，这种环境有利于训练人的数学或理性思维，但对人的自然天性和想象力的释放却构成了限制。这样，作为感性学的美学对自然的重视、对事物感性形象的重视，就有助于激发人的内在生命活力，能使人在理性与感性、抽象与具象、遵守规则与保持个性之间保持必要的平衡。审美教育中的自然教育，以及通过郊游、旅行等活动与自然保持亲近，均属于美学作为感性学引发的工作目标。

其次，美学也被定位为艺术哲学。这种看法源自德国哲学家黑格尔，他曾经讲过："我们可以肯定地说，艺术美高于自然。因为艺术美是由心灵产生和再生的美，心灵和它的产品比自然和它的现象高多少，艺术美也就比自然美高多少。"① 确实，艺术是经过艺术家再造的自然和现实，是人类精神和理想的强化象征。人的情感和想象力的参与使它比现实生活更美，比现实生活中的美更纯粹，这意味着建基于艺术的审美教育，往往对人的心灵具有召唤和引领作用，让人在艺术境界中得到精神的洗礼和人生的超越。无论在中国还是在西方，现代审美教育往往被等同于艺术教育，原因就在于这一类型的美育最具情感的纯度和精神的高度，能将人带进超越现实功利的高远之境。

再次，美学还被定位为文化哲学。这种看法是在当代艺术日益与生活融合的背景下被提出来的。一方面，现代以来，随着人改造自然能力的提高，人们不仅可以按照美的规律创作艺术作品，而且可以直接创造现实，使城市的小区、街道乃至整座城市都成为人类的艺术作品，这导致了现实生活的艺术化；另一方面，在当代业已充分艺术化的城市中，审美标准往往难以使艺术与非艺术区分开来，这反向诱使艺术家开始弱化艺术的审美品质，变得向生活靠拢，这就是艺术的生活化。这种艺术和生活的相互转化，将传统社会在两者之间设置的壁垒打破了，我们很难在现代城市公共空间中看出哪些是纯粹的生活，哪些是纯粹的艺术，我们看到更多的是作为两者融合形态的文化。就此而言，建立在文化哲学基础上的审美教育，往往意在培养受教育者对当下现实的反思和反观能力，让人在看似庸常的日常文化景观中探寻人生和世界的意义。

---

① 黑格尔：《美学》第1卷，朱光潜译，商务印书馆1979年版，第4页。

在现代美学领域，感性学主要指向自然，艺术哲学主要指向艺术，文化哲学主要指向社会现实，这意味着完整形态的现代审美教育至少应该包括自然美育、艺术美育（艺术教育）和社会美育三个环节；也说明，美学学科定位的不确定看似是导致了美育实践的混乱，实则却分别凸显了美育需要重点关注的三个基本领域。在这一背景下，有些问题就有进一步反思的必要，比如在当代教育实践中，美育往往被等同于艺术教育，这显然并不是因为艺术教育比自然和社会美育更重要，而是因为它更便于实施和操作。比如，它不需要组织学生走向野外，也不需要进入城市社区或其他公共空间，似乎只在教室里欣赏一首乐曲或一幅名画就万事大吉了。也就是说，这种选择并不是基于学生的需要，而是源于施教者的懒惰，以及现有教学资源的匮乏。但是，这种被所谓"名作欣赏"限定的美育必然是狭隘的，它在自然和社会美育方面存在的重大缺失，必须引起教育界有识之士的警惕。

美育目标：自由、秩序、和谐

借助现代美学理论，我们可以将审美教育的边界由艺术拓展到自然和社会现实层面，这对建构一种完善的现代美育体系是重要的，但问题并没有到此结束。现代以来，我国的审美教育是西学东渐的产物，它的理论框架和实践方式均来自对西方的挪用和借鉴，而中国自身的传统则基本被淡忘。那么，中国5000多年的文明史到底留下了什么值得珍视的美学遗产？在当代中西互鉴的大背景下，这类遗产又能为美育带来什么？

在美学界，一个众所周知的事实是，美学这门学科虽然发端于西方，但20世纪以来，它在欧美的影响力已日益式微，而在东亚尤其是在中国则一直保持繁荣态势，人们一般称之为美学在东亚的复兴，并认为这主要源自中国传统儒家文化的促动。确实，中国传统社会自西周周公制礼作乐始，以"尚文"为标志的礼乐传统一直占据主导地位，相关的文化被称为"礼乐文化"，政治制度被称为"礼乐制度"，文明形态被称为"礼乐文明"。也就是说，礼乐既主导着国家的主流意识形态和社会政治架构，又向人们日常生活的方方面面蔓延。那么，什么是礼乐？简而言之，所谓"礼"，包括礼仪、典礼、礼器诸层面，但其根本是人的行为的雅化或艺术化；所谓"乐"，则包括诗、乐、舞，它本身就属于美和艺术。也就是说，礼乐文化、制度和文明，本质上是一种由美和艺术主导的文化、制度和文明。而建基于礼乐的传统中国，则因此成为一个热爱艺术的国度，具有审美共同体性质。

在中国历史上，历代统治者无不将礼乐大兴作为社会治理成功的标志，同时，儒家的教化传统也无不把教育作为实现礼乐之治的最重要手段，即"三代导人，教学为本"（《后汉书·肃宗孝章帝纪》）。在礼乐和刑政之间，人们相信，刑罚和政令固然能够使人屈服于规则，但教育才能让人心情舒畅地接受规则，并在人的心灵深处带来根本性的改变，即"情深而文明，气盛而化神，和顺积中而英华发外"（《礼记·乐记》）。这种教化被统称为"文教"，早期主要指礼教和乐教，春秋时期诗从乐教中分离出来，于是文教分化为诗教、礼教和乐教三种形式。此后，儒家教化涉及的知识领域不断扩大，但诗、礼、乐三教的主干地位从来没有动摇过。关于这种教化传统对国风和民性的养成，蔡元培曾讲："吾国古代乐与礼并重；科举时代，以文学与书法试士，间设画院，宫殿寺观的建筑与富人的园亭，到处可以看出中国人是富有美感的民族。"[①] 从中不难看出，中国带有浓郁审美性质的教化传统在国家特质和民族性格塑造过程中所起的重要作用。

就诗、礼、乐的性质而言，中国传统教育基本上可以等同于审美教育，或至少是从美和艺术出发的人文教育。但如上所言，这种

---

① 蔡元培：《三十五年来中国之新文化》，载高平叔编《蔡元培全集》第六卷，中华书局1988年版，第86页。

教育的价值并没有被限定在个体人格养成层面，而是从个体出发，不断向家国天下放大。比如在个体层面，孔子讲"文质彬彬，然后君子"（《论语·雍也》），将"文质彬彬"作为君子应有的风仪和人格表征；在家庭层面，中国人讲诗礼传家，认为做好诗与礼的教育可以培养良好家风；在国家层面，孔子讲"郁郁乎文哉，吾从周"（《论语·八佾》），将文教昌隆作为国家理想；在天下层面，中国人讲"美美与共，天下大同"（费孝通语），将世界大同的美好愿景用美来象征。也就是说，中国历史上的审美教育，是贯穿于个体和家国天下的"一揽子"方案，而不仅仅是个体的精神陶冶问题。这使它既区别于西方，也区别于中国现代对美育的定位。

与此一致，关于诗、礼、乐三教的价值和意义，孔子曾经作过一个简要的概述，即"兴于诗，立于礼，成于乐"（《论语·泰伯》）。这句话看似在强调审美教育伴随着人一生的成长过程，后世儒家却从中推导出了中国美学关于美育的一般理论构想。如《礼记·乐记》讲："乐者，天地之和也；礼者，天地之序也。"这明显是将和谐作为乐的本性，将秩序作为礼的法则。同时，孔子讲"兴于诗"，这里的"兴"是指诗对人内在情志的提振和兴发，主要关乎人的精神自由问题。据此，所谓诗教、礼教和乐教，本质上也就是关于个体自由、社会秩序和天人和谐的教育，自由、秩序、和谐也因此成为中国传统美育的三大主题。这与西方现代仅仅将美育的价值限定在个体自由相比，显现出了更宏阔的理论视野和实践意义。

可能的当代美育框架

人类的进步是建立在不断自我反思基础之上的。对于种种业已固化的认识和实践模式，每一次对其理论和历史源头的回溯，往往既是对现状的质疑，同时也让人从中找到再次出发的动力，美学和美育也不例外。从理论上看，在20世纪，对美学学科最具摧毁性的观点，莫过于维特根斯坦的美学取消主义。在他看来，美不过是一个形容词，说一个东西美，就如同发出"呵"的一声感叹一样，本身并无实际意义。[①]需要指出的是，美和艺术的价值可能正是从这一声感叹中生发出来的。这是因为，"呵"作为一个赞词，它天然地传递出人对世界的赞美和肯定。而一个人赞美、肯定世界，就必然会乐观地看待世界，并对人类未来怀抱期待和理想。就此而言，美学这门学科天然地传达着人对世界的肯定态度和乐观看法，它是积极有为的，天然具有理想主义气质。而美育正是依托美学的这种珍贵特质，在人类历史上获得了永远无法动摇的价值基础。

可以认为，只要有这一价值基础存在，美学和美育就永远无法被取代，永远不会消亡。至于它在理论和教育实践上是否成熟和完善，则不过是在发展过程中仍然存在的技术问题。那么目前，亟待解决的这类问题是什么？我认为主要有以下四点：

一是从当代美学的理论出发，应重新界定艺术美育与自然美育和社会美育的关系。其中，艺术美育固然重要，但它也仅是现代美育体系中的一个品类，无法代表美育，更无法代替美育。借助美育实践，有必要让学生既读万卷书，又行万里路。即便囿于现有的教学条件无法真正做到让学生行万里路，也应该因此意识到课堂化的艺术鉴赏的局限，意识到让学生真切感受自然和社会文化，与感受艺术一样重要。就目前我国审美教育的现状看，亟待补充和加强的是自然美育。这是因为，现代社会发展的标志是它的高度专业化和秩序化，这有助于提高生产效率，但却遏制了人的多元需要，并进而损伤了人的创造力。与此不同，大自然总是千姿百态的，所谓天下没有两片相同的树叶，正是讲自然世界的无限多元和无限差异性。由此，大自然不仅能以其活跃的感性对日益抽象、概念化的现实形成激活和唤醒，而且作为自由意志的隐喻，能成为激发人的想象力和创造潜能的一大因素。

[①] 参见朱狄《当代西方美学》，人民出版社1984年版，第109页。

二是按照古今贯通的原则，深刻体认中国传统礼乐文明赋予美育的崇高价值。王国维在评价周公制礼作乐时曾讲："其制度文物与其立制之本意，乃出于万世治安之大计，其心术与规摹，迥非后世帝王所能梦见也。"① 从中国历史看，王国维的说法一点也不夸张。中国文明延续数千年，之所以没有出现大的断裂，并长期保持优势地位，端的是靠了这种以美和艺术为本位的文教。这意味着当代美育除了陶冶性情外，还要在价值层面指向家国天下这些更宏阔、高远的目标。如前所言，现代形态的美育是西方现代启蒙思潮的产物，它的对象是具个体性的。但从历史看，美的价值从未被个体限定。像在古希腊，柏拉图对美和艺术的定位就与理想城邦的建构密切相关。在中国更是如此，如《礼记·乐记》讲："乐在宗庙之中，君臣上下同听之，则莫不和敬；在族长乡里之中，长幼同听之，则莫不和顺；在闺门之内，父子兄弟同听之，则莫不和亲。"这是将美的价值贯穿于从家庭、家族到社稷、江山、宗庙等各个层级。至于由此达至的目标，则同样不仅涉及个人，而且关乎家国天下。如《礼记·少仪》讲："言语之美，穆穆皇皇；朝廷之美，济济翔翔；祭祀之美，齐齐皇皇；车马之美，匪匪翼翼；鸾和之美，肃肃雍雍。"这种理想境界是以审美理想为政治理想的，具有审美乌托邦性质。据此可以看到，中国传统政治具有鲜明的美治主义色彩。美不仅以它的超越性保证了中华文明的精神高度，而且以其共享性保证了中华文明对周边民族的接纳和融会。王国维评价周公的所谓"心术与规摹"或者"万世治安之大计"，大抵是因为他认为周公在中华文明的起点处发现了美育。

三是按照中西互鉴的理念，重订美育的价值原则。自18世纪启蒙运动以来，西方的美育将自由作为核心价值，审美教育几可等同于自由教育。与此相比，中国传统诗教也讲自由，但同时谋求在自由、秩序、和谐三者之间保持平衡。也就是说，它既兼顾了个体自

---

① 王国维：《观堂集林（外二种）》，河北教育出版社2003年版，第232页。

由和群体秩序，又试图借助音乐化的和谐寻求综合超越。这显然是一个更稳健也更具建设性的美育方案。从中西美学史看，西方现代美育之所以将它的目标限定于个体自由，远因是西方个人主义的精神传统，近因则是康德标举的审美无利害性。但显然的问题是，人的任何活动都是以价值为目标的，所谓审美无利害，也只不过是绕了一个更大的圈子来达至它更趋高远的现实目标。这就是今人所讲的美育"以无用为大用"，以审美无利害通达于审美功利主义。同样，审美教育作为自由教育，它本身就是一个自相矛盾的命题，因为任何教育都具有强制性，审美一旦诉诸教育就必然是对自由的否定。这两点说明，即便在西方，美育也无法被自由限定，而是表现出虽秘而不宣但"另有所图"的性质。自由和教育的逻辑矛盾也说明，审美如果必须诉诸教育，那么它就应该是最低限度的教育，即通过弱化教育的强制性而使教育的目标看起来像在自然实现，这就是中国人讲的"不言之教"或者"桃李不言，下自成蹊"。至于它向秩序和和谐的价值延伸，也应该是自然而然的，如孔子讲："志之所至，诗亦至焉；诗之所至，礼亦至焉；礼之所至，乐亦至焉。"（《礼记·孔子闲居》）

　　四是按照现代学科建制，补齐审美教育的哲学和文学短板。在我国现行的学科分类中，美学是哲学的二级学科，但它同时也存在于大学的文学和艺术专业，三者分别被称为哲学美学、文艺美学和艺术美学。鉴于我国目前的审美教育主要指艺术教育，这项教育所应具有的理论高度和人文深度，均因哲学和文学的缺席而存在重大缺失。在这种背景下，如何打破美学内部的专业壁垒，形成相对完整的美育体系，将是考验我国未来美育实践发挥更大效能的关键。就哲学、文学和艺术的顺位关系看，虽然审美教育主要借助文学和艺术，但对于美育实践者，他的首要素养却在哲学，因为只有理论才能为何谓美育划出边界，为美育确立目标，使施教行为实现观念自觉。康德讲："无内容之思维成为空虚，无概念之直观，则成为盲目。"① 哲学美学要解决的就是美育在概念或观念层面"盲"的问题。其次是文艺（文学）美学。与绘画、音乐、舞蹈等艺术的充分直观性不同，诗歌、小说等借助文字符号实现情感和思想的传达。文字的抽象性决定了它比艺术更具沉思和内省的性质；为了获得美感，欣赏者需要努力将抽象符号转化为形象直观，这也有助于调动和培育人的想象力。最后是艺术美学。艺术是现代美育最需倚重的对象，但它的重要性并不在于它能达到的精神高度和深度，而在于它以其直观性而让人喜闻乐见。也就是说，在当代，人们之所以一提美育就必然提到艺术，并不是因为它比哲学和文学更重要，而在于它因感性而获得的普适性。就此而言，艺术仅仅是为审美教育提供了最低限度的门槛。②

（原载《中国文艺评论》2022 年第 7 期）

---

① 康德：《纯粹理性批判》，蓝公武译，生活·读书·新知三联书店 1957 年版，第 71 页。

② 本文系国家社科基金艺术学重大项目"传统礼乐文明与当代文化建设研究"的阶段性成果。

美育的学科共同体及其想象力

周　宪◆（南京大学艺术学院）

近来，美育成为教育界和知识界热议的话题。从中小学到大学，各式各样的美育方案被提出来并做尝试。像中国这样以举国体制来推广美育，云集了如此众多的教育工作者参与美育，并形成了一个人力资源丰厚的美育学科共同体，这在世界上恐怕也是绝无仅有的。1998年，北京大学叶朗教授提交了《关于把美育列入教育方针的建议》，第二年，朱镕基总理的《政府工作报告》明确提出"使学生在德、智、体、美等方面全面发展"，美育被写入了国家教育方针。[①] 自此以后，美育在中国大地上有了多样化的实践和多层面的研究，取得了许多令人瞩目的成就，产生了美育中国方案和中国经验。然而，中国美育之路还有很长的路要走，还面临着不少具有挑战性的问题。

美育学科共同体的建构

教育的首要问题是教育者问题。因为教育关乎人的涵育教化，实施教育的主体乃是教师，他们组成了美育领域教学与科研的学科共同体。或用更为简略的术语来称呼——"美育共同体"，它是中国当代美育事业推进和发展的人力资源。如何建构完善的美育共同

---

① 叶朗：《红了樱桃绿了芭蕉：情系燕园六十年》，安徽教育出版社2020年版，第198—204页。

体,实现共同体的协调发展、合力共赢,乃是深化中国当代美育发展的重中之重。

何谓科学共同体?它如何形成并运作?科学哲学家库恩提出了一系列相关理论。他发现,科学活动是由科学(家)共同体承担的,由此构成了特定学科的科学共同体。首先,任一知识领域都吸引了一大批有相同科学训练或教育背景的学者,他们组成或松散或紧密的学科共同体。如物理学、化学、数学、天文学、计算机科学等,专业或学科既区隔了科学家又团结了科学家。其次,同一学科内的科学家之所以形成一个学术或学科共同体,是因为他们共有同样的东西,库恩称之为"范式"(paradigm)。"一个范式就是一个科学共同体的成员所共有的东西,而反过来,一个科学共同体由共有一个范式的人组成。"[1] 再次,共有的范式包含了四个基本层面:其一是符号概括,即各种公式和符号形式;其二是范式的形而上学,即共同承诺的信念;其三是价值或价值观;最后是教育、实验甚至考试中普遍存在的学科范例或案例等。科学共同体共有特定的范式,共同体与范式共存亡。[2] 以库恩的科学共同体及其范式理论来看,当前在大学、科研机构中从事美育教学和科研的人,实际上构成了一个库恩意义上的科学共同体。他们使用共同的美育符号或术语,拥有共享的美育形而上信念和价值观,采用相似的范例进行美育教学和科学研究。诚然,库恩也注意到共同体内的一些复杂情况,虽然一个科学共同体共有一个范式,但这并不意味着全体一致,因为共同体中存在着更小的专业领域,所以这些更小的专业领域之间对学科范式基本原理会有一些理解差异。库恩的科学共同体理论,既从整体上指出了共同体的总体特征,又从细微处揭示了其内部的差异性。

库恩以后,关于科学共同体内在运作机制的研究方兴未艾,出

---

[1] 托马斯·库恩:《科学革命的结构》,金吾伦、胡新和译,北京大学出版社2003年版,第158页。

[2] 托马斯·库恩:《科学革命的结构》,金吾伦、胡新和译,北京大学出版社2003年版,第164—168、46—47页。

现了许多很有说服力的理论。比如教育学家德莱塞尔和马库斯在库恩的启发下，从语言学的角度出发，提出了一个学科共同体结构的五要素理论。他们认为，任何一门科学的研究和教学工作都由五个基本要素构成。首先是实质性要素，亦即每门学科所具有的一些基本的假设、变量、概念、原则和关系，这些方面构成了一个学科的科学研究的基础；其次是语言（学）要素，类似于库恩所说的符号概括，亦即每门学科可辨识的特有符号、定义和关系的符号表达方式；再次是句法（学）要素，也就是学科内具体运作的规则或过程；复次是价值要素，这一点库恩也有所讨论，聚焦于什么样的研究是值得的，如何进行研究等；最后是关联性要素，就是一门特定的学科与其他相关学科的关系。[①] 从库恩到德莱塞尔和马库斯，关于科学共同体构成的规定有一些值得关注的发展和变化。在库恩那里，关注点是学科内从常态到反常的理论范式变革问题。到了20世纪80年代，跨学科研究成为风潮，所以德莱塞尔和马库斯的科学共同体结构理论特别提出了第五项——学科间的关联性。这个要素的提出一方面是对知识界跨学科兴起的一种回应，另一方面彰显了不同学科之间的关系在科学研究中的重要性。这对于我们思考美育共同体有着重要的启迪意义。

笔者以为，在中国当代美育的教学和科研领域，尤其是大学美育，共同体的存在是显而易见的。具有不同学科背景的专家学者在美育的共同目标下，展开了富有特色和差异的美育教学实践以及相关理论研究。美育共同体是美育事业最关键的人力资源，这一共同体如何建构或如何协调，相当程度上决定了中国美育的未来。

库恩指出科学共同体内部存在着更小的专业领域，由此带来了对学科范式的基本原则的差异性理解，这一说法为我们思考美育共同体的问题提供了一个有效的思路。首先，我们注意到美育共同体

---

① P. L. Dressel, D. Marcus, *Teaching and Learning in College*, Jossey-Bass, 1982.

内部存在着不同的学术群体，他们由于专业训练和知识背景的差异，必然形成对美育的不同理解和指向；其次，这些差异的作用呈现出多重可能性，既有可能为美育带来多样化的探索，又有可能造成美育共同体内的相互抵牾和离散，导致一些更为复杂的问题出现；再次，差异不仅体现在对美育范式基本原则的不同理解上，更有可能是指向不同的美育原则和目标。换言之，美育共同体内不同群体之间存在着一些美育范式的"不可通约性"，进而形成某种由差异导致的离散性张力。从现实情况来看，共同体其实并不像库恩所设想的那样，呈现理想化状态，而是更为复杂，尤其是美育这样的人文学科，远比自然科学共同体要复杂得多。

从学科间关系来看，美育显然是一个具有跨学科特性的知识或教育领域。这倒不是说美育问题可以通过不同的学科及其合作来研究，而是强调美育本身就包含了不同学科的知识要素。美育共同体必然是由来自不同学科的学者构成，这既是美育知识生产和教学的内在要求，亦是美育共同体构成的知识学基础。一般来说，美育的跨学科性体现在它涉及多个学科，其中美学、艺术学、教育学和心理学与美育关系最为密切，它们应被视为美育的基础性学科或支撑性学科，处在美育知识系统的基础层。但是，这四个学科差异性极大，其学科范式有着天壤之别。美学和艺术学属于人文学科：前者是哲学的分支学科，带有哲学思辨特性，后者则更加关注艺术实践及其理论批评，更加偏向于感性经验的分析。虽说美学常常以艺术为研究焦点，但美学和艺术学还是存在着相当大的差异。从中国当下学科设置来看，艺术学中包含了五个一级学科，除了美术学、戏剧影视学、音乐舞蹈学和设计学四个艺术门类研究外，艺术学理论最具综合性和包容性，而且这个学科下设有艺术教育的学科方向，这一方向最接近美育。至于教育学和心理学，前者是一个包罗万象的大学科，无论从其人力资源还是研究领域，美育都算不上是它的一个重要分支。教育学的学科性质更加偏向于社会科学的经验研究，这一点与心理学有相近之处。从心理学学科来看，其学科范围和研究议题也很广,美育在其中占比也很低,这一点可以从专业杂志发表的学术论文主题词中看出。就中国当代美育尤其是大学美育的现状来说,目前我们美育共同体的主要人力资源来自美学(以及相关学科)和艺术学两大领域,而教育学和心理学的参与度相对较低。而发达国家美育或艺术教育学科共同体构成和我国情况正好相反,参与这一领域教学和科研的主要人力资源显然是来自教育学和心理学领域,亦有不少具有跨学科背景的学者。笔者以为,大力发展中国的美育事业,要广泛邀约来自教育学和心理学的专家学者加盟,这是当务之急。实践已经并将继续证明,缺少教育学和心理学的广泛和深度参与,许多美育的问题很难得到科学的完满的解决;而缺乏教育学和心理学的人力资源的美育共同体,显然是有明显缺憾的。

美育共同体的离散性张力

自19世纪下半叶以来,随着科学技术的迅猛发展,科学与人文的冲突逐渐显露。到了20世纪中叶,英国科学家斯诺以"两种文化"来描述这一冲突。① 斯诺发现,当代社会存在着两大学术共同体之间的尖锐对立。一方是科学家,他们有共同的科学背景和信念,另一方是人文学者或作家(尤以文学为代表),他们亦有自己的话语和价值观。斯诺注意到他们是两个完全不同且尖锐对立的知识分子群体。两拨人接受完全不同的教育,说着迥然异趣的话,价值观和做事风格迥然不同,并且彼此看不起对方,甚至嘲笑贬低对方。这两大阵营中间隔着一个深深的大洋,无法沟通或弥合。其实,这个分裂在斯诺自己身上就存在,他自己不但是一个经过物理学训练的科学家,同时也是一个勤于写作并获成功的小说家。因此,科学与文学像在两股道上跑的车,在他本人身上就体现出来

---

① 参见C. P. 斯诺《两种文化》,陈克艰、秦小虎译,上海科学技术出版社2003年版。

了,这就是"两种文化"的分裂。斯诺的观点发表后,引发了著名文学批评家利维斯的尖锐抨击,形成了轰动一时的"斯诺—利维斯争论"。然而,引起我们兴趣的并不是科学与文学两个共同体之间彼此抵牾的"两种文化",而是如下问题:在同一共同体内部,是否也有类似于"两种文化"的紧张呢?具体到美育领域,在美育共同体中,是否存在着一些相似的"两种文化"的差异或传统呢?或者换一种问法:如果说美育共同体内未见科学和文学两群人那样的显性对立,是否存有不同学术群体之间的隐性对立呢?

不难发现,在现有的高校美育共同体内,确实存在着某种程度上的"两种文化"及其范式的差异,也即库恩所说的科学共同体内更小的专业集团,或用社会学术语来说,存在着一些差异性的"内集团"。知识社会学研究表明,特定知识生产领域会由于一些目标、背景和文化习性的差异,形成特定知识场域中细分的"内集团",他们有相同的背景和取向,并通过对一些活动原则和价值判断的共通性形成"内集团"的归属感和认同感。高校的美育共同体实际上是由若干相关却有差异的群体所构成,它们彼此之间的学科背景和知识训练差异,既形成了美育共同体内部的多元化形态,又导致了共同体内看不见的隐性离散力。不同学术群体常常是各自为政,各说各话,各按各的原则行事,有时还缺乏对彼此的信任和尊重,看不起对方或贬低对方,进而造成美育共同体内部不同范式的隐性冲突,导致了一些难以察觉的离散性张力。所谓离散性张力,特指不同群体抵牾不和所形成的紧张。缓解以至消除此一离散性张力,或将成为高校美育共同体建设中的一个具有挑战性的难题。

以下我们先来讨论两个不同的美育师资群体。群体一是"艺术教师共同体",他们身处美育教学第一线,从事各门特定艺术的公共教学。从学术背景看这个共同体成员大多毕业于专业艺术院校,经过某一艺术门类的专业训练,美育对他们来说等同于某一艺术门类的教学。该群体由于各自不同的艺术专业训练以及差异性,对美育的理解多半限于各自的艺术门类范畴。比如,具有美术背景的人与具有音乐背景或戏剧背景的人,对美育的理解往往囿于各自的艺术门类。这就有可能将美育局限于某一艺术的欣赏或实践,甚至有可能将美育混同于他们所接受过的专业艺术教育。美育对他们来说,就是培养出美术、音乐或戏剧方面的"类专业人才",让普通学生获得某种程度的专业艺术技能或表现力。专业艺术背景出身的群体一,由于对美育目标理解的局限,以及在实践上过于强调某一艺术门类,难免会缺乏完整的美育理论和原则的指导。这一点可以从公共艺术教育的许多教研论文中明显看到,论文大多是冠以美育之名,实则是对美术、音乐、戏剧或电影等具体问题的讨论,甚至聚焦于一些相当技术层面的问题。更值得注意的一种情况是,潜在的"学科帝国主义"倾向,即对自己所属专业背景的中心化的夸大性认知,往往会对其他学科或理论产生有意无意的抵制或贬低,甚至会蔑视其他学科知识在美育中所具有的重要性。学美术的人会夸大视觉艺术及其视觉性美育的意义,学音乐的人会把音乐及其听觉修养看作是美育的重中之重,而戏剧出身的人则强调戏剧的动作性和群体性参与对美育的不可替代的作用,电影研究者当然会把视觉文化时代的电影的功能无限放大。这一学术"内集团"普遍存在的重实践、轻理论的倾向,可能会形成"抵制理论",即认为美育的理论研究不过是不接地气的"空手道"。凡此种种,群体一很容易将美育目标局限于具体艺术门类的赏析性和技术性层面,忽略了美育对学生人格完善和精神境界提升的宏大目标,削弱了美育应有的丰厚人文底蕴。

群体二与群体一正好相反,可以名之为"理论工作者共同体"。他们的学术背景多半为哲学、美学、文艺学、艺术学理论等理论学科,接受了系统理论训练,对美育的理解常常有更广阔的视野和更深厚的理论诉求。这一共同体理论修养较好,视野开阔,对美育的理解更为深入,但对各门艺术的理解甚至实践能力显然不如群体一。群体二的优势是理论研究能力强,只要检索一下国内美育研究的文献就会发现,这个群体对美育研究的理论和历史的研究产出高、贡献大,尤其是一些与美学相关的学者,发表了大量的美育研究论文，出版了很多美育教材、论著、译著等。由于理论训练的背景和研究能力的优势，这一群体的部分学者开设了一些美育通论或史论的专题课程。更有趣的是，很多美育理论研究者一方面参与美育的一线教学工作，另一方面从事各自的美育理论研究。但美育教学实践与其美育理论研究却时有脱节，理论归理论，实践归实践，确有把美育理论研究变成"空手道"之嫌。不少美育理论成果虽很自洽，但对具体的美育教学实践却缺乏实际的指导意义。这一点，同样可以通过对大量美育研究论文和论著的考察看出，有些理论研究与当下美育的现实问题相距甚远。和群体一相仿，群体二也有自己的"学科帝国主义"倾向，瞧不起美育一线的各门艺术教学，并认为这类课程缺乏理论性和系统设计，甚至不属于美育范畴，或偏离了美育的宏大目标。

除了以上两个群体之外，美育共同体还有两个不同学科背景的群体，群体三和群体四。群体三来自教育学界，群体四则来自心理学界。不过相较于前两个群体，这两个群体目前介入美育事业的人力资源相对较少。如果说群体一和群体二的离散性张力较为突出的话，那么，群体三和群体四与其他群体彼此之间的离散性张力也在所难免。换言之，在教育学和心理学中，美育及其相关问题还处在被边缘化的境地，从这两个学科的二级学科方向设置和专业刊物论文议题设置上，便可看出这一点。至于学科范式及其学术话语的不同，不同学科背景所导致的"文化"差异、抵牾和冲突更是彰明较著。这些情况说明在美育这个具有跨学科特性的学科内，尚未形成很好的多学科或跨学科的协同性与合力。没有教育学和心理学的深度参与，美育的诸多难题要圆满解决是不可能的。举一个简单的例子：美育的教学效果如何评估？这个看似简单的问题仅靠群体一和群体二是很难解决的。而教育学和心理学已发展出很多成熟的测评方法、量表和系统，如何引入相关的测评方法并创构出独特的美育测评系统，乃是本土美育下一阶段面临的难题。因此，美育教学与科研队伍中如何吸纳教育学界和心理学界的专家学者，也是决定我们美育未来的一个关键因素。

其实，发达国家的美育和艺术教育已有一些现成的经验值得参照，特别是如何引入相关学科形成跨学科合力。美国的"基于学科的艺术教育"（Discipline-Based Art Education，or DBAE）等理念，就明确提出艺术教育有必要引入艺术创作、艺术史、艺术批评、美学这四个学科。[①] 在解释为何引入这四个学科的理由时，该项目介绍如此陈述：

> 正是通过这四个学科或领域的研究和探索，学生们才能把握到使艺术教育具有实质性和意义的内容。熟悉这些学科的内容可使学生能用不同方式来关联艺术。基于学科的艺术教育……将艺术创作看成是创造性的表达，将艺术史看成是文化遗产，将艺术批评看成是感知和反应，将美学看成是谈论艺术。关键点并不在于这些命名，而是认识到所有这些学习领域对于全面完整的艺术教育体验来说必不可少。[②]

诚然，这个计划是针对中小学美育的，对于大学美育来说，理论上讲应该有更多的学科参与进来，而美学、艺术学、教育学和心理学则应被视作美育的四个基础性学科。除此之外，哲学、文学、社会学、文化学、历史学、传播学等学科，应该作为美育的外围学科参与美育事业。如果美育能有效吸纳相关学科的人力和智力资源，美育事业必有美好的未来！

美育共同体的学科想象力

当代中国高校美育共同体的离散性张力是现实存在的，导致这

---

① S. M. Dobbs, *The DBAE Handbook：An Overview of Discipline-Based Art Education*, Getty, 1992.

② S. M. Dobbs, *The DBAE Handbook：An Overview of Discipline-Based Art Education*, Getty, 1992：22.

一现状的原因多种多样，既是中国现有高等教育分科教学所导致的，亦是大学体制内教学科研缺乏学科融合与互动通道的现实境况所致。就群体一和群体二这一共同体内主要的离散性张力而言，我们可以得出以下几个初步的结论：第一，这两个群体虽然都在同一个美育战场上征战，但却分有两个不同的知识范式，形成了两种不同的学科话语和美育目标。或许我们可以用一个比较流行的传统说法来描述，那就是"技"与"道"之张力。群体一比较偏重于"技"的层面，而群体二则显然集中于"道"的层面。像"庖丁解牛"那样将两者圆融统一起来，乃是缓解这一张力的方法。第二，就范式说来，两个群体之间的差异性"鸿沟"类似于美学中"自下而上"与"自上而下"两种不同理念的纷争。群体一从具体艺术门类甚至技术实践出发来实施美育教学，聚焦于具体艺术门类的相关知识和技能的培养与提升；群体二则强调美育的完整性和人格塑造目标，强调美育的哲学高度和人文特性，常常是理念先行地实施美育。第三，从库恩关于范式四个层面的理论来分析，美育共同体的两大群体，对四个方面的观念、知识和方法存在一些潜在的差异。虽说都在搞美育，却秉持全然不同的两种理念，在其符号概括、共同信念、价值观和美育范例方面，形成了差异性的两种美育话语，并由此构成了完全不同的美育课程论、教学法和评价标准。用库恩的另一个重要概念来描述，两个群体之间的范式冲突就是范式的不可通约性所致，"两组在不同的世界中工作的科学家从同一点注视同一方向时，他们看到不同的东西……这也是为什么在他们希望彼此能完全沟通之前，其中一组必须经历我们称之为范式转换的变化过程"①。库恩认为，不同群体要克服各自范式所带来的彼此沟通的不可通约性，通过某种"翻译"，可以让共同体的其他成员了解不同范式的意义和价值。进一步延伸库恩的想法，笔者以为不仅要在不同群

---

① 托马斯·库恩：《科学革命的结构》，金吾伦、胡新和译，北京大学出版社2003年版，第135—136页。

体之间形成各自学术范式的理论和原理的"翻译",而且需要建构不同群体之间的"转换"(也是一种"翻译")的有效通道。

至此,我们引入社会学家米尔斯的"社会学想象力"概念来进一步讨论。米尔斯认为,社会学"想象力就是从一种视角转换成另一种视角的能力","社会学想象力是这种自我意识最富有成效的形式。通过使用它……他们(社会学家——笔者注)的惊奇能力再次活跃起来。他们获得了一种新的思维方式,他们经历了价值的转换:一言以蔽之,通过他们的反思和敏感性,他们实现了社会科学的文化意义"。[①] 米尔斯的"社会学想象力"其实不仅适用于社会学,也可以拓展到其他任何学科。这里我们有必要提出"美育的学科想象力",其要旨强调美育共同体内四个不同的群体之间如何获得转换视角的自我意识和能力,从自己业已惯例化甚至刻板化了的视角中转移到另一种新视角上去,从别的学科范式中寻找可以激活自己新的思维方式的契机,进而实现价值的转换,实现美育的文化意义。比如群体一,就应该从自己的艺术视角,转换到美学、教育学和心理学等视角,努力从其他学科中汲取有益养料来丰富自己,提高自己的能力,获得新的思维方式,形成新的美育范式。其他群体亦是如此。如果美育共同体内不能生长出这样的学科想象力,如果每个群体都恪守原有范式而拒斥其他视角的可能性,那么对于中国当代美育共同体建构及其美育事业来说,后果将是灾难性的,因为离散性张力最终将会耗散共同体的协同性合力。

要实现美育的学科想象力,必须具备一个前提,那就是克服本学科优越论或"学科帝国主义"。布尔迪厄给出的"药方"是对自身学科的反思,充分意识到本学科的局限性。而哈贝马斯的解决方案则是交互主体性,因为交互主体性是共同体成员之间平等交流对话的理想情境,亦即说话人和听话人角色的可转换性,这是平等对

---

① C. W. Mills, *The Sociological Imagination*, Oxford University Press, 1959: 7-8.

话之所以可能的前提。知识社会学的研究表明，知识乃是复杂的社会资源，知识生产不是纯然的个人行为，而是需要建构复杂的关系网络，相互协作和互动是知识生产良性循环的重要条件，而要实现这些良性循环则有赖于知识生产者之间的有效沟通和相互信任。当然，中国高校美育共同体的建构，绝不是用某种主导范式来强行统一，有效的做法并不是取消不同群体各自的优势和特色而借取他人，而是如何在保持自身优势与特色的基础上，自觉地去分享来自其他学科的相关知识。有研究表明，根深蒂固的专业偏见有碍于科研和教学发展，跨学科的团队合作网络的建构，对于任何领域的知识生产都是有积极意义的。① 显而易见，美育事业无论是其教学还是科研，都需要综合性和跨学科性的协同运作。

那么，如何实现美育共同体内有效的协同运作呢？笔者认为至少存在着这样几种可能性。其一，必须对美育共同体内群体差异持有辩证的认知，认识到差异的两面性。差异的存在一方面对共同体的健康生态是必不可少的，另一方面，差异处理不当会产生离散性张力。因此，美育共同体的建设不可能也无必要去除差异走向全体一致，优势互补、消除短板是最好的路径。其二，群体之间的抵牾甚至冲突其实并不可怕，可怕的是囿于抵牾冲突而不做任何改变，导致美育共同体内部的力量消耗。所以，不同群体之间的美育知识和观念的分有或共享显得尤为重要。但分有和共享并不意味着认知偏差的消失，而是在共同认可的美育大目标上允许有不同的理解和指向，进而形成"条条大路通罗马"的格局。其三，笔者想在这里特别提出一个教育和知识生产的参照理论。比如，群体一以群体二的话语、观念和方法为参照来实施美育，反之亦然。参照是保持原有优势并提升新的赋能效果的最佳路径。一旦这样的相互参照的构架确立起来，"内集团"原有的文化习性甚至惯性就会有所改变，美育的学科想象力就会成为不同群体共同的转换或翻译能力。

---

① E. L. Boyer, *Scholarship Reconsidered*, Jossey-Bass, 1990: 75-80.

高校美育共同体内在离散性现状，也向美育专业人才培养及其团队教学建设提出了新的问题：或是在现有专业中增加美育相关学科知识，或是在各门艺术教育方向中单设复合型美育人才的培养，进而改变现有理论研究和专业实践中的单科导向之现状，探索大学美育所需的复合型人才培养的新模式。真正完善的美育人才知识结构，除了艺术和美育理论两方面之外，还必须具备相关的教育学和心理学知识，这也是眼下美育人才知识结构中的一个明显短板。再者，现有美育队伍的互动与提升也是一个迫切的任务。建构有效的各群体间的学术互动机制，通过研讨班、短期培训、共同开课等多种方式，促进各群体的交流与融合，实现相互参照借鉴的良性循环新格局，以实现美育教师队伍的整体提升。南京大学在推进美育工程的过程中，探索将艺术教师与理论教师混编成团队，从教材编写到课堂教学努力营造不同背景的教师之间的全过程有效互动，这就改变了一个教师独立承担一门课程的封闭性授课状态，实现了群体间的良性互动，各自从对方身上学到了许多知识和经验。

　　回到美育共同体建设的本题上来，关键是要克服共同体内部的离散性张力，增强共同体各学科及其成员之间的聚合力与协调性。聚合力与协调性的增强，不仅要成为美育共同体的共识，更要在制度安排、机制设置、人才培养和共同体内部协作上有所创新。

（原载《美育学刊》2021 年第 4 期）

论中国美育学建构的问题和范畴体系

杜 卫 ◆（杭州师范大学艺术教育研究院）

背 景

"美育"这个术语是席勒创造的，20世纪初被引入中国。但是，"美育学"这个术语在席勒以及其后的一些西方重要美育论著中却没有出现，很可能是东亚学者创造的。[①] 1903年，王国维发表了《论教育之宗旨》，文中提到了"美育学"一词："希腊古代之以音乐为普通学之一科，及近世希痕林、歇尔列尔等之重美育学，实非偶然也。"[②] 这很可能是汉语文献中最早出现的有关"美育学"的说法。从上下文看，王国维说的"美育学"是继承了古希腊音乐教育传统的一科，具体是指以审美培养人格的系统学说或理论。在另一处，他用了"审美学"一词，说："今转而观我孔子之学说，其审

[①] 关于"美育学"在日本出现的情况，目前查到有菊之家主人：《美人之镜》（一名《容貌改良美育学》），俭养馆1892年版。该书主要涉及服饰美容，其中第一编"关于美育学的论说"，用了"美育学"一词，介绍了中村正直博士和日本国家图书馆馆长九鬼隆一关于"美育学"的论述。这本小册子里所写的"美育学"使用的是汉字形式。后来王国维提到"美育学"，意思明显与这些日本的论著不同。这条资料的查找得到梁艳萍教授的帮助，谨表谢忱。

[②] 王国维：《论教育之宗旨》，载《王国维全集》第14卷，浙江教育出版社2009年版，第11页。

美学上之理论虽不可得而知,然其教人也,则始于美育,终于美育。"① 这里审美学的意思是指美学或者审美哲学,与美育学的用法在学理上一致。此后,虽然有蔡元培大力倡导美育,并且发表了不少关于美育的演讲,李石岑、吕澂、朱光潜、丰子恺、蔡仪等学者也都有一些论述美育的论著,但是我国系统的美育理论建构却很晚才出现。

纵观20世纪中国美育理论研究论著,较早出现的美育学著作是杨恩寰主编的《审美教育学》(1987)。从源头上讲,"美育"这个术语可以看作"审美教育"的简称,而"审美教育学"的提法与"美育学"在实质上应该是一致的。在此书中,作者明确提出:"审美教育学是正在走向成熟、着手建立的一门新的学科。"② 随着中国高等教育学科建制的逐渐形成,"学科"概念开始被应用到学术研究中,由此,"美育学"就不单单是系统"学说"或"理论"的意思了,而是突出了"学科"的意义。最先以"美育学"冠名的著作要数蒋冰海的《美育学导论》(1990)。这部著作提出:"美育学,是美学的一个分支,同时,也是一门具有广阔前景的应用学科。"③ 在这里,蒋冰海是明确把美育学定位成"美学"的一个学科分支,而且是"应用学科"。此后,被冠以"美育学"的著作陆续出现,例如,《现代美育学导论》(1992)、《美育学概论》(1997)、《走向现代形态美育学的建构》(2007)等。另外,论述美育学研究以及知识建构、学科建设的论文也有一些。曾繁仁认为"美育"已发展成为"独立的学科",在中国,美育已经"走到社会与学科前沿",应该"建立具有中国特色的美育学科的范畴体系"。④

从王国维提出"美育学"到今天的一百多年里,"美育学"从

---

① 王国维:《孔子之美育主义》,载《王国维全集》第14卷,浙江教育出版社2009年版,第16页。
② 杨恩寰主编:《审美教育学》,辽宁大学出版社1987年版,第1页。
③ 蒋冰海:《美育学导论》,上海人民出版社1990年版,第1页。
④ 曾繁仁:《走到社会与学科前沿的中国美育》,《文艺研究》2001年第2期。

一个名词变成了有关美学、艺术学与教育学等学科交叉而成的学科分支，具有理论和应用的双重性质。学科并不仅仅是建制，构成其内涵的是美育的知识体系。20世纪80年代开始的美育学理论建构虽然取得了一定的进展，但深入、系统的美育知识体系却还在形成过程之中。随着国家和社会各界对于美育特殊作用和重要价值越来越重视，美育教学和研究的人才培养也越来越受到重视，美育学的学科建设已被提上议事日程。① 我国又有深厚的美育思想传统，也为建设"中国美育学"提供了良好的基础。笔者综合30多年来美育理论研究心得，深入挖掘中国美育的思想传统，在打通古今中外美育理论的思维格局中对"中国美育学"的建构提出若干设想，请教于各位同行。

中国美育学所面临的问题

任何人文学科的理论，其意义和价值首先来源于具有历史具体性的真实而有意义的问题，尤其是在20世纪以来大量西方思想文化涌入中国的背景下，对于中国的人文学者来说，确立基于本土思想文化和现实社会问题的理论观点和命题显得更为重要。中国美育学所要做的不单单是对中国美育传统思想和知识的总结，更重要的是面对中国当下思想文化和教育问题，打通古今中外美育思想，立足当下本土问题，传承中国优秀美育传统。

20世纪西方美学、美育学和教育学理论引进中国，王国维、蔡元培、朱光潜等先贤是针对当时中国人的人生问题和中国的社会问题而倡导美育的。他们最关心的问题是国人内心和社会文化的改

---

① 例如，中央美术学院于2019年召开"美育学学科建设专家咨询会"，中国美术家协会主席、中央美术学院院长范迪安在2020年全国政协会议上提出"加强美育学学科建设"的提案，2020年9月1日来自中央美术学院等单位的领导和专家学者在《中国教育报》发表一组以"加强美育学科建设、推动美育事业发展"为主题的笔谈。2020年9月《艺术教育》刊发了一组关于"艺术教育学科建设"的文章。

造,也就是广义的启蒙。这种启蒙的意向决定了中国现代美育理论具有强烈的现实指向性,也就是说,不管这些先贤如何强调审美、艺术和教育的独立,注重审美的超脱或无功利性,其思想内涵并不等同于西方审美现代性思想,他们归根到底是想要通过审美和艺术使国人的内心世界产生变革,由此推动中国当时的文化乃至社会发生变革。所以,他们提出的美育理论普遍重视对国人思想道德的改造,希望用审美、艺术来洗刷人心、纯洁情感、提振精神,这就决定了他们的美学和美育思想在核心层面隐含着某种执着的"审美功利主义"倾向,只不过他们认定美或者审美(艺术)本身就具有这种育人的独特效用,试图使这种功能效用作用于国人心理本体和中国思想文化的重建。① 例如,王国维是为了解决人生苦痛和社会罪恶,蔡元培是为了消除一些国人"近功近利"的私念,朱光潜是为了使一些国人"免俗"。②

今天思考中国美育学的知识建构,我们同样要从当下的问题出发,首先就要探讨当前中国的思想文化现状和教育(包括美育)实践对学术界提出的与美育相关的问题。本人认为,这些问题主要有

---

① 关于中国现代的"审美功利主义"的论述,详见杜卫《中国现代的"审美功利主义"传统》,《文艺研究》2003年第1期。

② 王国维:"人有生矣,则不能无欲;有欲矣,则不能无求;有求矣,不能无生得失。得则淫,失则戚,此人人之所同也。……避苦而就乐,喜得而恶丧,怯让而勇争,此又人人之所同也。于是内之发于人心也,则为苦痛;外之见于社会也,则为罪恶。然世终无可以除此利害之念,而泯人己之别者欤?……曰:有,所谓美者是已。"(王国维:《孔子之美育主义》,载《王国维全集》第14卷,浙江教育出版社2009年版,第13—14页)蔡元培:"我以为吾国之患,固在政府之腐败与政客军人之捣乱,而其根本,则在于大多数之人皆汲于近功近利,而毫无高尚之思想,惟提倡美育足以药之。"(蔡元培:《在天津车站的谈话》,载《蔡元培全集》第3卷,浙江教育出版社1997年版,第630页)朱光潜:"在这个危急存亡的年头,我还有心肝来'谈风月'么?是的,我现在谈美,正因为时机实在是太紧迫了。……我坚信中国社会闹得如此之糟,不完全是制度的问题,是大半由于人心太坏。我坚信情感比理智重要,要洗刷人心,并非几句道德家言所可了事,一定要从'怡情养性'做起,一定要于饱食暖衣、高官厚禄等等之外,别有较高尚、较纯洁的企求。要求人心净化,先要求人生美化。""在这封信里我只有一个很单纯的目的,就是研究如何'免俗'。"(朱光潜:《谈美》,载《朱光潜全集》第2卷,安徽教育出版社1987年版,第5—6页)

两个层面：一个是一般意义上"以人为本"的教育观念和人的全面发展的指导思想，这是育人的根本性问题；另一个是学生人文素养的培养和个体创造力的发展，这是属于美育的特殊问题。具体表现为：在美育过程中促进学生审美发展，在逻辑思维发展的同时，发展敏锐的感知力、活泼的想象力和丰富的体验力，以保持感性和理性平衡发展；通过优秀艺术品和自然景观的熏染，使学生于内心深处养成真诚的仁爱之心，助力道德发展；通过经典艺术作品的体验性学习，对人类优秀文化成果有深入认知和吸收，并在此基础上完善学生的人格；通过艺术学习，丰富和发展个性，培养个体创意能力和创新意识，促进学生创造力的发展。美育的这些具体任务可以归结为一个核心，那就是培养"丰厚感性"。这不仅是我国当前教育所紧迫需要的，也是受理智主义、科学主义深重影响和消费主义文化强烈冲击的全球教育所需要的。

虽然国家层面明确教育目的是人的全面发展，倡导素质教育多年，但是，当前我国教育领域中出于多种目的的"急功近利"倾向还是较为突出的。由于长期受传统教育观念的影响，育人过程中重共性轻个性的观念和做法还较为普遍，而且由于追求考核评价的"标准化"，"千篇一律"的倾向有所加重。一百多年前，蔡元培主张教育要以人为本，大力提倡发展学生的个性，他下大力气消除科举教育的影响，批判为了做官而读书的陈腐观念。他说："教育是帮助被教育的人，给他能发展自己的能力，完成他的人格，于人类文化上能尽一分子的责任；不是把被教育的人，造成一种特别器具，给抱有他种目的的人去应用的。"[①] 他还说："与其守成法，毋宁尚自然；与其求划一，毋宁展个性。"[②] 这种以人为本、重视学生个性发展和在教育过程中突出学生中心地位的思想，对于我国当今

---

① 蔡元培：《教育独立议》，载《蔡元培全集》第4卷，浙江教育出版社1997年版，第585页。

② 蔡元培：《新教育与旧教育之歧点》，载《蔡元培全集》第3卷，浙江教育出版社1997年版，第338页。

的教育仍具有极强的针对性。1919 年 5 月,蔡元培去职离京,在天津车站接受记者采访时,谈到了他以后的计划。他说要找一个"幽僻之处,杜门谢客",温习德语、法语,并学习英语,"以一半日力译最详明之西洋美术史一部,最著名之美学若干部,此即我此后报国之道也"。接着他说道:"我以为吾国之患,固在政府之腐败与政客军人之捣乱,而其根本,则在于大多数之人皆汲汲于近功近利,而毫无高尚之思想,惟提倡美育足以药之。"① 类似的话语也出现在 20 世纪 30 年代出版的《谈美》,朱光潜写道:

> 我坚信中国社会闹得如此之糟,不完全是制度的问题,是大半由于人心太坏。我坚信情感比理智重要,要洗刷人心,并非几句道德家言所可了事,一定要从"怡情养性"做起,一定要于饱食暖衣、高官厚禄等等之外,别有较高尚、较纯洁的企求。要求人心净化,先要求人生美化。②

在当今批判"精致的利己主义"和"急功近利"浮躁心态的语境中,重温蔡元培和朱光潜的这些话,真不禁为其诊断之精准和思想之深刻而感慨万千!

在"工具主义"和"急功近利"观念的影响下,我们的教育还不能完全把学生视为一个个活泼的生命个体,顺着学生的个性发展需要提供适当的教育;还不可能完全从学生的全面发展出发来组织教育活动,把学生们在教育过程中的健康成长作为教育最重要的价值;而升学、考级、就业等被排在了学生全面发展和健康成长之前,对于学生精神成长和心灵陶冶的关心不够。这种残缺的教育也就很难为美育的正常开展提供充分机会。学校教育偏重"工具性",

---

① 蔡元培:《在天津车站的谈话》,载《蔡元培全集》第 3 卷,浙江教育出版社 1997 年版,第 630 页。
② 朱光潜:《谈美》,载《朱光潜全集》第 2 卷,安徽教育出版社 1987 年版,第 6 页。

没有把人文价值教育摆在突出地位，而美育就是一种价值教育，它不仅能为学生道德成长提供重要基础，而且对于学生人生观、价值观的生成也有积极影响。这就需要学界加强有针对性的问题研究，为教育改革和加强美育工作提供理论上的支撑。

美育是一种偏重感性的教育，它和理性方面的教育一起组成相互协调的促进人感性和理性协调发展的教育。目前的情况是，一方面学校课程偏重理智发展和记忆力的强化，另一方面社会上"滥情"的娱乐文化对儿童、青少年影响非常大。这种娱乐文化也是以艺术的面目出现的，有些非常感性化，非常"煽情"，这在自媒体娱乐节目中表现得尤为突出。针对"娱乐至死"的这种"感性"，美育将如何定位？还是将其简单地定位成"感性教育"？面对这种"滥情"的"艺术"，我们还能笼统地把艺术作为丰富人的人文素养、提升人的精神境界的途径吗？当初，美学的诞生可以说是体现了感性对理性压抑的一种反抗，这种反抗成了审美现代性的核心意义。[①] 但进入现代化中后期或者后现代文化时期，美学必须回应这些问题，美育学也必须对美学的一些基本范畴作出重新审视。这就不仅仅是美育学自身建设问题，而且关乎美育推动美学基本概念范畴的反思和更新。其实，进入20世纪以来，中国美学一些重要概念的内涵就来自美育问题研究。

目前学校美育存在的一个突出的问题是，没有把审美能力的培养作为核心目标。一方面，受到"工具主义"和"急功近利"观念的影响，直接把审美观培养定为美育的目标，殊不知个体审美发展的规律是在自己不断积累审美经验的基础上才能形成审美观，而审美经验的获得和积累主要依靠审美能力。说到底，是灌输式教育观

---

① 伊格尔顿曾指出："美学是作为有关肉体的话语而诞生的。……审美关注的是人类最粗俗的，最可触知的方面，而后笛卡儿哲学（post-Cartesian）却莫名其妙地在某种关注失误的过程中，不知怎的忽视了这一点。因此，审美是朴素唯物主义的首次激动——这种激动是肉体对理论专制的长期而无言的反叛的结果。"（特里·伊格尔顿：《美学意识形态》，王杰、傅德根、麦永雄译，柏敬泽校，广西师范大学出版社1997年版，第1页）

念在作祟，以为审美观是可以通过老师的说教"输入"到孩子们心里的。例如，告诉学生哪些是美的，哪些是不美的，以及为什么。这种陈旧教育观念与我们这个时代严重脱节。教育的主要任务之一是培养人不断学习、成长的能力，此所谓"授人以渔"。① 这是国际教育界的共识，也是我国 20 世纪末教育改革以来的一个重要认识成果。对于美育来说，培养学生的审美能力是使学生在审美领域"学会学习"的关键。只有具备一定的审美能力，学生才会对审美活动保持持久兴趣，不断在审美活动中获得审美经验，这是美育的基础。所以，美育的理论和实践都应该把培养审美能力作为美育的核心任务。审美能力是人的一种特殊能力，② 不同于一般的日常认知能力和科学认知能力，这就需要我们加强对这种特殊能力的研究，以提高美育的针对性和有效性。然而，我国对于审美能力的研究很薄弱，不仅理论界这方面研究成果不多，心理学界对于审美能力的实验研究更是缺乏，这也从另一个方面导致了我国对于培养和发展个体审美能力的忽视。教育是为了人的发展，同理，美育也应该着眼于学生的审美发展，也就是在审美能力和审美意识等方面的成长。人的审美发展不同于科学认知能力的发展，不是一个从具象的感知型认知到抽象的逻辑型认知的转变，而是一直保持着具象的不断丰富和深化的过程。但是，世界上对于审美发展的研究成果不多，相比逻辑型认知发展的研究成果真是几乎可以忽略不计。这种缺失导致我们对中国儿童青少年审美发展的基本规律、阶段性特点和个性差异等缺乏必要的认知，因而缺少对美育特殊规律和方法的正确把握，容易造成美育教学的盲目性。对于审美能力和审美发展

---

① 约翰·杜威说："教育的目的在于使个人能继续他们的教育，或者说学习的目的和报酬是继续不断生长的能力。"［约翰·杜威：《民主主义与教育》，载《我的教育信条：杜威论教育》（第二版），彭正梅译，上海人民出版社 2017 年版，第 100 页］蔡元培说："教育是帮助被教育的人，给他能发展自己的能力，完成他的人格……"（蔡元培《教育独立议》，载《蔡元培全集》第 4 卷，浙江教育出版社 1997 年版，第 585 页）

② 对于审美能力特殊性的认识，美学史上曾有不少学者涉及，系统梳理详见刘旭光《审美能力的构成》，《文学评论》2019 年第 5 期。

的研究需要多学科参与，特别是心理学、脑科学的参与，我国需要启动这方面的大型协同研究项目来加以推动。

中国拥有悠久的作为人格教育的美育传统，在新的历史条件下，我们要弘扬中华美育精神，充分发挥美育在净化心灵、涵育德性方面的基础性作用。同时，我们已经进入创新的时代，需要重新审视美育在开发和发展人的创造性方面的独特功能。对此，近年来国家出台的相关文件中已开始点出美育在发展学生创新能力和创新意识方面的作用。[①] 然而，在今天的学校艺术课堂和艺术社团里，对学生创造个性的保护和激发还远远未得到重视，反而出现了学生普遍模仿一种风格（基本上是艺术教师本人或其倡导的）的现象，这是很不应该的。在学习艺术的起步阶段，模仿是需要的，也是难免的。但是，这种起步阶段的模仿是为了今后的创造。可是，在普遍以老师为标准、不敢表现自我内心独特感受、过于追求评价标准化的学校文化里，孩子们的个性和创造性受到压抑是可想而知的。对一首诗歌的理解只有一个标准答案，同一个版画社团里的小学生创作风格高度雷同，全国中小学生朗诵的音调、节奏甚至表情和手势都那么相像，等等，这些现象表明，我们目前的美育还没有把发展学生的个性和创造性作为十分重要的任务。针对这样的问题，中国美育学应该加强对美育促进学生个性和创造性发展的研究，以跟上我们这个创新引领的时代，让美育在继承传统的同时又有所创新。

优秀的艺术不仅是一种精神食粮，同时还是人类相互交流和理

---

① 国务院办公厅印发的《关于全面加强和改进学校美育工作的意见》（国办发〔2015〕71号），把"激发想象力和创新意识"作为美育的重要任务之一，并提出美育工作要"以创新能力培育为重点"，这样对美育促进学生创造力发展作用的重视在中国政府的文件中前所未有。2020年中共中央办公厅、国务院办公厅下发的《关于全面加强和改进新时代学校美育工作的意见》中说："美是纯洁道德、丰富精神的重要源泉。美育是审美教育、情操教育、心灵教育，也是丰富想象力和培养创新意识的教育，能提升审美素养、陶冶情操、温润心灵、激发创新创造活力。"

解的手段，因而也是促进民族和解、维护世界和平的一种力量。①在全球化的时代，在民粹主义、民族主义甚嚣尘上的今天，以艺术为手段来增进各国、各民族人民的交流和理解显得十分重要。中国学界对此的研究还很不够，我们应该跟上时代的步伐，让美育为中国的和平发展以及世界和平作出自己的贡献。随着中国不断发展壮大，加强和世界各国、各民族间的交流和理解日渐紧迫，通过艺术等人文交流，促进相互间的理解，对于中国的发展至关重要。美育在这方面的价值应该得到重视。

以上列举的美育问题可能不全面，但至少揭示出中国美育学建构所面临的自己的问题。这里所谓"自己"有两层含义，一是美育的问题，而非其他学科的问题；二是当今中国美育所面临的本土问题，而非外国的问题。唯有从当下所面临的本土问题出发，中国美育学才能扎下深根，继而有枝繁叶茂的未来；唯有从当下所面临的本土问题出发，中国美育学才能为中国的美育事业提供理论和思想的支撑；唯有从当下所面临的本土问题出发，中国美育学才能真正成为中国人建构的关于美育的知识体系。

---

① 对此托尔斯泰曾作过阐述，他说："艺术是人与人之间相互交际的手段之一。""如果一个人读了、听了或看了另一个的作品，不必自己作一番努力，也不必设身处地，就能体验到一种心情，这种心情把他和那另一个人联合在一起，同时也和其他与他同样领会这艺术作品的人们联合在一起……""艺术的主要吸引力和性能就在于消除个人的离群和孤单之感，就在于使个人和其他的人融合在一起。"（详见伍蠡甫等编《西方文论选》下册，上海译文出版社 1979 年版，第 432—444 页）美国美学家托马斯·门罗说："……艺术能够也应该被作为获得世界性理解与同情，从而获得和平与积极的文化合作的手段来加以利用。它们可以被运用来减缓种族、宗教、社会和政治集团之间的敌对，并发展相互的宽容与友谊。"［详见 T. Munro, *Art Education*, Liberal Arts Press, 1956：155。联合国教科文组织在 2006 年制定的《艺术教育路线图》(*Road Map for Arts Education*)，把对每一个儿童进行艺术教育理解为维护人人接受教育、参与文化活动、发展创意能力的人权，并且明确艺术教育的目的之一是"促进文化多样性的表达"，从而促进多样性的文化能够得到传承和融合（详见 UNESCO 官方网站）］

中国美育学的概念范畴架构

美育学是美学、艺术学与教育学的交叉学科。中国学界一般都承认，美育学是美学和教育学等多学科交叉形成的应用型学科，其主要支撑学科是美学和教育学。这大致是可以成立的。但是，由于美育的具体实施主要是通过普通艺术教育，所以，美育学的支撑学科还应该包含独立设置的学科门类"艺术学"。因此，中国美育学是以美学、教育学①和艺术学为主要支撑学科的交叉学科。

中国美育学具有学科交叉性，但是我们不能满足于把美学、艺术学或教育学理论中的概念范畴简单地照搬进美育学，而应根据美育活动性质和价值以及具体过程，抓住几个重要环节，在美学与教育学的融合中，概括和确立美育学自身的概念范畴。只有这样，美育理论的研究才可能贴近美育活动的"事实"，美育学才可能对美育实践发挥一定的导向作用。美育学概念有两种类型：一种是美育学特有的，如感性教育、心育、丰厚感性、深度体验、审美发展、审美能力、艺术创意能力、景观美育等；另一种是美学、艺术学或教育学中有的，但经过重新阐发和改造，具有美育学独特内涵。从育人的角度看，美学中的审美范畴及其相关的审美价值、审美功能等概念贯穿于美育活动的整个过程，应该经过改造后引入美育学。从审美的角度看，教育学中"以人为本"的观念、发展的观念和"以生为本"的观念和方法、课程理论和方法、人格范畴及其相关的能力、个体心理发展和个性差异等理论和方法在概括和分析美育活动时十分适合与必要，也应该引入美育学，并使之与审美范畴和

---

① 这里所讲的教育学是一个学科门类，包含诸多一级学科。国内一些学者，如杨恩寰、蒋冰海、曾繁仁、刘彦顺等都认为，美育学是美学、教育学和心理学等交叉而成的。本人不反对这样的观点，但是，从我国目前学科分类的现状来说，由于心理学（特别是与教育相关的心理学）被归到了教育学学科门类中，所以教育学本身就包含了心理学了。至于有的学者还认为美育学包含了社会学等，这也是事实，不过，从广义上讲，艺术社会学或者审美社会学本身也可以被看作是美学的分支；而教育社会学也属于教育学。

美育过程的特点相融合。当然不同的美育内容和途径决定了具体的教育教学方法的差异，所以，美育学所研究的美育方法体现了美育目标的总体教学方法原则，属于方法论的性质，而非具体一门课程的方法。这种方法论的价值在于，寻求美育的教育教学的具体途径和方法论原则，为具体的美育的教育教学活动提供指引，体现美育导向。正是在跨学科的融合之中，美育学的概念系统才能被建立起来。

中国美育学应该把构建自己的核心范畴作为中心任务。作为一种知识体系，中国美育学的理论体系应该是一个范畴系统，其中有众多概念构成的概念网络结构。在这个网络结构中，逻辑起点的确立十分关键。美育的性质和特征是对整个美育活动的最抽象和最基本的规定，是美育学的起点。而后将审美发展和美育方法论这两个范畴按从抽象上升到具体的辩证思维方法联结起来，从而构成美育学的基本范畴框架。在每一范畴之下，又有一系列从属概念的具体展开，以形成纵横交错的概念网络结构。需要指出的是，作为交叉、应用型知识体系，中国美育学不必过于强调逻辑体系的规整和学科边界的清晰。应用型学科的特点之一就是多学科参与的交叉性，因为实践问题是具体的，理论越贴近具体实践，知识的应用就越丰富多样，不可能像抽象理论那样纯粹。因此，中国美育学的构建既需要一些属于自己的核心概念范畴，也会呈现出多学科协同交叉的应用型特点。这种开放的学科意识可以使中国美育学在面向新问题、寻求新方法等方面保持足够的活力。

美育的性质和特点是中国美育学的第一个核心范畴，具有哲学意味，可以说是中国美育学的哲学问题。关于美育的性质，目前国内一般的说法主要是两种：感性教育和情感教育。前一种说法保持了西语中"审美教育"这个词的本义，美育最基本的含义就是感性教育。席勒首创的美育是"die ästhetische Erziehung"，这里的"ästhetische"来源于鲍姆嘉通创造的新词"Aesthetica"（这个词后来被译为"美学"），其词根的本义是感觉、感性，所以"埃斯特惕克"本意是感觉学或感性学。① 由此类推，席勒首创的"审美教育"一词，本义就是感性教育。美育本来就是针对理性对感性的压抑、人远离自然而提出来的，"感性教育"的说法强调了美育的现代性意义，突出了美育不同于其他教育的鲜明特性和价值。"情感教育"的说法主要有两个思想来源：一个是康德的哲学，审美属于情感领域；另一个是中国的美育传统，诗教和乐教历来重情，是一种情育。所以，情感教育的说法继承了中国美育传统，有比较浓重的本土色彩。上述两种说法对于美育性质的界说各有所长，而且是可以融合的："感性"范畴本身就包含着"情感"，而且比"情感"概念更具哲学意味和现代意义。

美育作为感性教育还可以展开为两个方面：人格教育和创造教育。人格教育是中国美育传统精神的集中体现，传统儒家的礼乐教化目的直指"修身"，具体说是"正心、诚意"，就是培养以"仁义礼智信"为核心的人格。而创造教育是新时代的美育任务。美育本身就具有发展创造性的功能，但是以前对此不够重视。最近几十年，国际上越来越强调艺术教育对培养学生创造性的重要性，值得我们关注。我们已处在一个创新引领发展的时代，在人工智能快速发展的背景下，无论是从生产力发展的角度还是从个体生存发展的角度讲，创造性将是人类最需要也是最突出的一种属性。因此，美育的创造教育属性也就凸显了出来。但是，人格教育讲求共性和规范，创造教育高扬个性和自由，这两种美育的意义如何在理论上相互融合，在实践中相互协调，将是今天中国美育学需要深入研究的重大课题。

美育的性质这一范畴展开来讲，就是美育的功能，美育与德育、智育、体育等诸育的关系以及美育与普通艺术教育的关系等。其中，美育和德育、智育和艺术教育等的关系不仅仅是重要的理论问题，也是紧迫的现实问题。从哲学上讲，美育问题的核心之一是

---

① 详见 R. Williams, *Keywords*, Fontana Press, 1988: 31.

审美与道德的关系问题，可以说，美育理论的核心部分之一就是审美和艺术的价值在教育中的延伸。所以，美育和德育有着深刻的联系。另一方面，美育的现代意义是部分地脱离文化的既有规范而使人得到内心自由，个性和创造性得到发展。这就使得美育和德育有明显差异。美育和艺术教育的关系在理论上并不难处理，艺术教育是美育的主渠道，但并非所有的艺术教育都是美育。专业艺术教育、社会艺术培训和艺术考试偏重艺术技能，相对忽视艺术内涵，偏离了美育的方向。从具体的美育实践看，艺术课程是美育最主要的渠道，是由学校组织，专任教师和课程、教材、课时等保障的，而景观美育和社会美育基本上是在学校美育课程之外的。就当下来讲，中国儿童、青少年接受的美育效果如何，主要看中小学艺术课程的教学质量。因此，学校的艺术课程应该成为美育学研究的关注重点，也就是说，学校艺术教育是美育最重要的一种形态。

审美发展是中国美育学的第二个核心范畴，属于美育的心理学问题。美育的心理学研究赋予美育理论具体性和实践性，正如美国学者史密斯所言："有了各类心理学的帮助，艺术课程教师在确定学生是否或何时敢于进入审美领域时会聪明得多，还能帮助艺术教师确定学生以何种方式或途径进入到审美领域以及程度多深。"[①] 美育心理学研究作为美育哲学和美育方法论的中介，是美育理论走向实践和应用的桥梁。

"审美发展"（aesthetic development）是从英国引进的一个概念，[②] 是指个体全面发展的一个重要维度，主要包含审美需要、审美能力和审美意识的发展。个体的成长、发展实质上是个体内部素

---

① Ralpha Smith, "Psychology and Aesthetic Education," *Studies in Art Education*, Vol. 11, No. 3 (Spring), 1970: 28.

② 20世纪80年代，英国 Exeter 大学高级讲师 M. Ross 出版了一批关于在艺术教育中促进学生审美发展的研究成果，详见 M. Ross, *The Development of Aesthetic Experience*, Pergamon, 1982 和 M. Ross, *The Aesthetic Impulse*, Pergamon, 1984. 本人从20世纪90年代就开始借鉴这个概念开展中国儿童青少年审美发展研究，并把这个概念吸收进了本人的美育论著中。

质和能力结构的转变，如果说美育就是要促进学生的审美发展，那么也就是要促成学生审美需要、审美能力和审美意识的结构性转变，从而使儿童青少年在感性方面更敏锐、更丰厚。一个人的发展并不全是理性、逻辑的发展，应该包含对于儿童天性的保护和感觉、知觉、想象、体验等感性能力的发达。杜威曾说："就专门应付特殊的科学和经济问题的力量的发展而言，我们可以说，儿童应该向成年人方面发展。就同情的好奇心、无偏见的敏感性和心灵的开放而言，我们可以说，成年人应该向儿童看齐。"① 杜威这个判断的深刻性在于，儿童的一些天性是值得保护和发展的，而这些天性几乎全都与艺术有关，这也从一个侧面揭示了审美发展的特殊性及其价值。因此，全面认识个体审美发展的结构和规律，探索促进审美发展的内部机制和外部条件，是中国美育学研究的重要内容。

审美发展这一范畴的展开就是审美能力、审美意识等审美核心素养的发展，以及个体审美心理差异和审美发展的年龄阶段性等。在这些概念中，审美能力处于核心地位。根据马克思主义的观点，需要是生产和消费的动力，又是生产和消费活动的产物，只有在审美创造和欣赏过程中，审美需要才可能在得到满足的同时得到提升；而从事审美创造和欣赏活动都需要主体具备一定的审美能力。因此，审美能力的发展在青少年审美发展结构中处于关键性地位。审美能力的发展是审美需要、审美趣味等要素发展的基本杠杆。如前所述，国内外对于审美能力的研究还比较薄弱，这是需要中国学者努力的一个方面。审美意识包括审美趣味和审美观念，这是审美发展中偏于观念、意识的方面，它并不完全是概念式的，却与社会意识甚至人生观、价值观有着密切关联。从美育角度看审美意识，不仅有美学里一般的审美意识问题，更重要的是个体审美意识的发展和个性差异问题，这是美育学的问题。审美发展范畴里还有审美

---

① 约翰·杜威：《民主主义与教育》，载《我的教育信条：杜威论教育》（第 2 版），彭正梅译，上海人民出版社 2017 年版，第 79 页。

发展的个体差异和阶段性问题。对于具体的美育实践来说，理解个体审美发展的个性差异和发展阶段的特点，对于课程设置、教学设计以及教学方法的选择、提高美育教学的成效都是很有助益的。

美育方法论是中国美育学的第三个核心范畴，具体到美育教学的方方面面，是对美育教学方法的概括提炼。除了一般的教学论原则外，美育的方法论有其特殊性，例如中国对培养人的内在德性总是讲"熏陶""熏染""潜移默化""怡情养性"，也就是强调美育过程以"润物细无声"为特点的入心、入情。这是美育方法的特殊性所在。在现代教育体系中，艺术课程体现出强烈的"活动"性质，因为美育必须是学生在审美体验过程中受到教育，所以，艺术课程的教学必须是学生主动参与审美活动的过程，光靠讲解和训练还不够，关键是引导学生进入审美体验。在此意义上讲，"活动"是美育教学的突出特点。美育教学的难点包括如何激发学生的审美兴趣、如何引导学生大胆表现自己的内心体验和想象、如何对学生的艺术创作进行评价等，这就需要对美育过程中对儿童的压抑性、限制性因素进行反思，消除目前美育课堂普遍存在的学生"无感"现象。我们的美育教室是否能够成为学生天性自由表达的场所，能否为学生的个性化表达提供条件，这直接关系到美育课程的教学目的能否达成。美育教学是最需要教学民主的，师生之间、学生之间应该真正平等相待，但是，"以生为本"这个教学理念要具体落实到每一间教室、每一节课，还需要长期的努力。关键还是在教师，中国美育学要为中国美育师资的培养和培训提供知识和观念上的有力支撑。

美育方法论还需要具体研究作为学校美育主渠道的普通艺术课程及学习评价。首先，普通艺术课程不同于专业艺术教育课程，这些"音乐课""美术课""舞蹈课"等，是实施美育的主要途径，而不是培养专业艺术人才的。由于课程目标的美育定性，普通艺术教育课程的内容、方法都是不同于专业艺术教育课程的。要按照儿童、青少年审美发展的阶段性特点和学生的个体差异，选取合适的教学内容、采用合适的教学方法，这就需要做大量的实验研究。还有一个学习评价问题。我们都知道，艺术评价从来都是"见仁见智"的，很难有统一标准。目前的艺术课学习评价偏重于知识或技能掌握，而且重视标准化，忽略了个性化，这是需要改进的。但是，这些都不是取消或者忽视学生艺术学习评价的理由。正如美国艺术教育专家所说的：

> 该承认，任何评价都是不全面的。我们不可能得到所有需要的数据去获知一个学生所学到的所有东西。但这并不意味着我们不应该努力去发现学生和我们自己做得如何。评价就是这样的一种努力。评价就是去获得某些信息，这些信息有助于我们改进我们的教学。①

我国在学校普通艺术教育课程学习评价方面研究十分薄弱，美育方法论应该着重研究这个领域的问题。②

（原载《美术研究》2021 年第 1 期）

---

① Elliot W. Eisner, *The Arts and the Creation of Mind*, Yale University Press, 2002: 178-179.
② 本文系国家社科基金重大项目"当代中国美育话语体系建构研究"的阶段性成果。

文心涵濡：大学美育新方案

王一川 ◆（北京师范大学文艺学研究中心）

当前大学美育面临新课题，需要同行一道来探讨新的实施方案，在见仁见智中集思广益，以适应和满足大学生美育需求。不过，大学美育新方案的制订和实施会涉及相当多方面、环节和问题，非本文所能及，这里还只是侧重于大学美育课程教学实施方案，着重从现代美学和美育体制与中国古典"文心"传统相交融这一新角度，形成一种以文心涵濡为核心的大学美育课程新方案，以就教于方家。①

大学美育发展和当前任务

大学美育课程，其实是一门老而新的课程或课程系列。说它老，是因为早就有相关大学教师在这个领域辛勤耕耘，取得了不少成果，构成今天我们从事大学美育课程教学的有益基础。说它新，是因为尽管如此，新时代国家和社会还是对大学美育提出了新要求，需要大学美育去主动迎接一系列新挑战，书写自己的新篇章。

中华人民共和国成立以来，对大学美育有过长时间摸索，但初期缺乏系统规划和专门实施方案。伴随改革开放时代进程，在国家全面推进和实施素质教育的大背景下，大学美育终于正式实施，作

---

① 本文根据笔者主编并撰写的教材《大学美育》（北京师范大学出版社2021年版）序言、第一章修改和扩充而成。

为大学素质教育的重要组成部分在大学教育各环节中获得了新地位。可以说，过去七十多年来中国大学美育的发展经历了四个阶段：（1）1986年美育被正式列入国家教育方针。全国人大六届四次会议通过的《关于第七个五年计划的发展报告》首次将美育列入国家教育方针。（2）1999年美育被列为国家素质教育环节之一。中共中央《关于深化教育改革全面推进素质教育的决定》提出，实施素质教育，把德智体美有机统一在教育活动各环节中。在当代国家教育制度中首次确立美育与德育、智育、体育等同样重要的教育地位，还专门就大学美育工作作了部署。（3）2013年美育被列入国家深化改革战略中。十八届三中全会通过的《中共中央关于全面深化改革若干重大问题的决定》专门要求改进美育教学，提高学生审美和人文素养。随后，2015年9月15日《国务院办公厅关于全面加强和改进学校美育工作的意见》颁布，要求全面加强和改进学校美育工作。（4）2020年启动新时代学校美育。2020年10月15日，中共中央办公厅和国务院办公厅颁布《关于全面加强和改进新时代学校美育工作的意见》，要求从落实立德树人根本任务的高度去启动新时代学校美育，弘扬中华美育精神，把美育纳入各级各类学校人才培养全过程和各学段。

当前大学美育作为新时代学校美育工作的重要组成部分之一，面临哪些新任务和新挑战呢？最重要的是，切实贯彻落实国家的新要求，在立德树人根基上，面向新时代大学生人才培养的新需要，传承和弘扬中华美学精神和中华美育精神，全面改进和实施大学美育。习近平总书记指出：

> 我们要结合新的时代条件传承和弘扬中华优秀传统文化，传承和弘扬中华美学精神。中华美学讲求托物言志、寓理于情，讲求言简意赅、凝练节制，讲求形神兼备、意境深远，强调知、情、意、行相统一。我们要坚守中华文化立场、传承中

华文化基因，展现中华审美风范。①

同时，"做好美育工作，要坚持立德树人，扎根时代生活，遵循美育特点，弘扬中华美育精神，让祖国青年一代身心都健康成长"②。这就规定了新时代大学美育的新任务和新目标：落实立德树人根本任务，既紧密结合时代社会生活需要，又自觉弘扬中华美育精神，促进青年健康人格的养成。

这里不仅把美育的重要性凸显出来，还把它提升为立德树人根本任务的最重要实现途径之一，其重要性已经不亚于德育和智育了。随后，中共中央办公厅和国务院办公厅在 2020 年 10 月 15 日发布《关于全面加强和改进新时代学校美育工作的意见》，聚焦于"以提高学生审美和人文素养为目标，弘扬中华美育精神，以美育人、以美化人、以美培元，把美育纳入各级各类学校人才培养全过程"等目标和任务，要求在新时代学校美育中予以全面落实。这份文件还就大学阶段美育的课程和教材体系作了具体部署："高等教育阶段开设以审美和人文素养培养为核心、以创新能力培育为重点、以中华优秀传统文化传承发展和艺术经典教育为主要内容的公共艺术课程"，"高等教育阶段强化学生文化主体意识，培养具有崇高审美追求、高尚人格修养的高素质人才"，"高校落实美育教材建设主体责任，做好教材研究、编写、使用等工作，探索形成以美学和艺术史论类、艺术鉴赏类、艺术实践类为主体的高校公共艺术课程教材体系"③。这里先后阐述了大学美育的主要任务、基本目标和教材体系建设要求，形成了系统而完整的新时代大学美育制度设计和具体部署。

按照笔者的理解，大学美育的主要任务，不是像过去有些课程

---

① 习近平：《在文艺工作座谈会上的讲话》，人民出版社 2015 年版，第 26 页。
② 习近平：《给中央美术学院老教授的回信》，《人民日报》2018 年 8 月 31 日。
③ 中共中央办公厅、国务院办公厅：《关于全面加强和改进新时代学校美育工作的意见》，《人民日报》2020 年 10 月 16 日。

和教材那样仅仅满足于静态地传授美学知识，而是着眼于大学生的人格养成。大学美育是要协助大学生在自己的人格定型过程中运用美育手段，帮助他们通过美育途径去完成自己的人格定型任务。由此，大学美育课程的主要任务在于，有意识地舍弃仅仅对大学生讲授美学知识、艺术知识、艺术创作技能或审美欣赏的老路子，转而从大学生人格养成途径去重新思考和阐述美育问题，目的是让大学美育真正成为大学生人格养成过程中不可或缺的重要途径。

大学生人格养成与大学美育

大学美育课程应当围绕大学生人格养成这一目标来设定。人格通常与个体的言行在社会生活中表现出来的心理特征相关，包括兴趣、爱好、气质等。蔡元培早就认识到：

> 人性何由而完成？曰：在发展人格。发展人格者，举智、情、意而统一之光明之谓也。盖吾人既非木石，又非禽兽，则自有所以为人之品格，是谓人格。发展人格，不外乎改良其品格而已。

说到底，人格就是指人之所以为人的基本价值。"人格之价值，即所以为人之价值也。"人格并非简单的个体构成，而是指个体的社会品格。"人格者，谓吾人在社会中之品格。"① 由此看，人格是人类个体在社会中的稳定品格，包括其行为方式和内部过程，涉及理智、情感、意志等多方面。个体的一生意味着人格的持续养成过程，正如俗话所说，活到老"养"到老。

人格养成方式有多种，蔡元培否定宗教而倡导美育。"宗教为

---

① 蔡元培：《中学修身教科书》，载《蔡元培全集》第2卷，浙江教育出版社1997年版，第160—161页。

野蛮民族所有，今日科学发达，宗教亦无所施其技，而美术实可代宗教。"这里已经出现了后来的"美育代宗教说"的萌芽。他不仅认为美育是现代西方所实行的，而且认为在中国也是古已有之的教育传统，例如"周之礼乐""理学家之词章""科举时代之词章书画"等。现代教育的任务之一就是在"普通教育"中"参用美感"以及让"实业教育"能够"与美感教育调和"，目的在于培养"人格完备"之现代人才。①

美育之所以有助于人格养成，是由于它特有的感性形象体验方式。这是中国现代大学美育的倡导者和奠基人蔡元培从一开始就予以明确把握的一个关键点。蔡元培从 1912 年担任中华民国教育总长时起就大力倡导包括大学美育在内的学校美育，并将其纳入现代教育体制中。他认为"美感者，合美丽与尊严而言之，介乎现象世界与实体世界之间，而为津梁"。他把美育视为沟通"现象世界"与"实体世界"的桥梁。

> 对于现象世界，无厌弃而亦无执著也。人既脱离一切现象世界相对之感情，而为浑然之美感，则即所谓与造物为友，而已接触于实体世界之观念矣。故教育家欲由现象世界而引以到达实体世界之观念，不可不用美感之教育。②

他还把"美育"放到与"世界观"同等程度去认识和倡导，要求"当代教育家"认真推行。之所以这样做，在于他认为美育目标就在于"人格"养成："在普通教育，务顺应时势，养成共和国民健全之人格。"③ 如果教育目标在于"养成共和国民健全之人格"，那

---

① 蔡元培：《教育界之恐慌及救济方法》，载《蔡元培全集》第 2 卷，浙江教育出版社 1997 年版，第 486—487 页。
② 蔡元培：《对于新教育之意见》，载《蔡元培全集》第 2 卷，浙江教育出版社 1997 年版，第 13—14 页。
③ 蔡元培：《向参议院宣布政见之演说》，载《蔡元培全集》第 2 卷，浙江教育出版社 1997 年版，第 64 页。

么教育中不可或缺的"美育"就必然需要为"养成共和国民健全之人格"服务。

美育对于人格养成的作用,具体体现在其特有的感性形象体验方式。蔡元培在担任北京大学校长时,就认识到:

> 鉴激刺感情之弊,而专尚陶养感情之术,则莫如舍宗教而易以纯粹之美育。纯粹之美育,所以陶养吾人之感情,使有高尚纯洁之习惯,而使人我之见、利己损人之思念,以渐消沮者也。盖以美为普遍性,决无人我差别之见能参入其中。①

他相信美育的独特方式在于"专尚陶养感情之术",即感性形象体验方式,其功能在于"陶养吾人之感情,使有高尚纯洁之习惯"。他亲自在北大开美学课,编写《美学通论》讲义,推动设立画法研究会、书法研究会、戏剧研究会、音乐传习所等美育机构和艺术研究机构,并聘请陈师曾、吴梅、萧友梅、刘天华、胡佩衡、陈半丁等艺术家到北大授课和指导学生开展艺术活动。他所开创和推行的这些大学美育制度,都根源于他的"美育代宗教"主张:"我以为吾国之患,固在政府之腐败与政客军人之捣乱,而其根本,则在于大多数之人皆汲汲于近功近利,而毫无高尚之思想,惟提倡美育足以药之。我自民国元年以来,常举以告人。惟提倡美育,必须先输入欧洲之美学及美术史,而至今尚未有注意及此者,我不能不承其乏。"② 美育可以帮助大学生消除"汲汲于近功近利"的偏向,涵养"高尚之思想","若为涵养德性,则莫如提倡美育。盖人类之恶,率起于自私自利。美术有超越性,置一身之利害于度外。又有普遍性,独乐乐不如方与人乐乐,与寡乐乐不如与众乐乐,是也。故提

---

① 蔡元培:《以美育代宗教说》,载《蔡元培全集》第3卷,浙江教育出版社1997版,第60页。
② 蔡元培:《在天津车站的谈话》,载《蔡元培全集》第3卷,浙江教育出版社1997版,第630页。

出以美育代宗教说"。① 他还在五四运动一年后这样反思说："现在学生方面最要紧的是专心研究学问。试问现在一切政治社会的大问题，没有学问，怎样解决？有了学问，还恐怕解决不了吗？"大学生应当"专心增进学识，修养道德，锻炼身体。如有余暇，可以服务社会，担负指导平民的责任，预备将来解决中国的——现在不能解决的——大问题"。② 可见，大学美育的真正目标，在于通过感性形象体验方式培育出一批批有能力引领现代中国变革乃至预备将来解决中国现在不能解决的大问题的领袖型人才。

正是由于坚信感性形象体验方式在大学生人格养成中的作用力，蔡元培于1927年在总结当年推行大学美育的初衷时仍然认为："美育之实施，直以艺术为教育，培养美的创造及鉴赏知识；而普及于社会。"大学美育的目标，不局限于培育艺术专业人才，而是要"普及于社会"，即着眼于所有大学生的素养养成，他们往往只是以艺术为业余爱好而非专业特长。蔡元培的大学美育理想集中表现如下：

> 美育之目的，在陶冶活泼敏锐之性灵，养成高尚纯洁之人格，故为达到美育实施之艺术教育，除适当之课程外，尤应注意学校的环境，以引起学者清醇之兴趣、高尚之精神。故校舍应择风景都丽之区，建筑应取东西各种作风之长，而以单纯雄壮为条件，期与天然美相调和，而切于实用。③

正由于把大学美育的目标或任务规定为通过感性形象体验方式而"陶冶活泼敏锐之性灵"，进而推进"高尚纯洁之人格"的养成，

---

① 蔡元培：《传略》，载《蔡元培全集》第3卷，浙江教育出版社1997年版，第674页。
② 蔡元培：《去年五月四日以来的回顾与今后的希望》，载《蔡元培全集》第4卷，浙江教育出版社1997年版，第140页。
③ 蔡元培：《创办国立艺术大学之提案》，载《蔡元培全集》第6卷，浙江教育出版社1997年版，第133—134页。

他还主张发展专门从事美育的"艺术大学",并且在学校环境选择上突出中西合璧的建筑美和自然环境美之间的相互浸润效果。

可以说,现代大学生的人格养成需要美育,必然要求大学开展美育工作。不过,为什么要如此重视大学阶段的美育呢?这是由于在个体一生人格发展历程中,大学阶段人格养成有着特殊的重要性。按照心理学家的划分,个体人格发展一般需要经历大约八个阶段:一是婴儿期基本信任对不信任,二是童年早期自主性对羞怯和疑虑,三是游戏年龄主动性对罪疚感,四是学龄期勤奋对自卑,五是青春期同一性对角色混乱,六是成年早期亲密对孤独,七是成年期繁殖对停滞,八是老年期完善对失望。① 个体的大学阶段,大约相当于这八阶段模式中的第五、六两阶段,属于个体人格发展上至关重要的同一性和亲密性等性格趋于定型的关键期。由此可以说,大学阶段人格养成的具体任务在于,使渐进中的人格趋于定型,确立起基本的人格范型,也就是回答个体提出的"我是什么人"和"我将成为什么人"等基本问题,至少为它的最终解答提供有待于继续完善的定型方案。可见,大学阶段是个体人格趋于定型的关键阶段,而鉴于这种定型阶段的复杂性和艰难性,求助于美育方式就可以理解,也是必要的了。

大学美育,是大学生人格在其定型阶段的通过感性形象体验而实施的养成途径。

大学美育的目标

从大学生人格定型角度看,大学美育课程的目标与大学生健全人格的定型途径有关。大学美育课程的目标就在于通过感性形象体验而促进大学生健全人格养成,也就是美好心灵养成。当个体的健

---

① 埃里克森:《同一性:青少年与危机》,孙名之译,中央编译出版社2015版,第66页。

全人格在大学阶段面临定型任务时，大学美育需要借助感性形象体验手段来帮助大学生完成这种任务。

这里的美好心灵，是指具有内在美质的健全人格或高素养之人。美好心灵养成，主要是指个体美好的德行修养和知行统一的人格的涵养。美好心灵的养成可以从四个方面去看。

首先，纯真之心养成，即一颗纯朴、率真、真诚的心灵的涵养。例如，倡导"清水出芙蓉，天然去雕饰"的李白，赞扬西施"秀色掩今古，荷花羞玉颜"，肯定其纯真之美。白居易也说："回眸一笑百媚生，六宫粉黛无颜色。"可见，真正的美是纯真的和无修饰的。其次，良善之心养成，即一颗善良、友爱、乐于助人的心灵的涵养。杜甫说"穷年忧黎元，叹息肠内热"，传达出为百姓忧虑、不仅口中叹息不已而且心里焦灼不安的深厚的人间情怀。他还说"才高心不展，道屈善无邻"，感叹友人李白虽才华超群却无用武之地，虽道德崇高却无人理解，由此呼唤惜才崇德的社会风尚。再次，尚美之心养成，即一颗懂得借助感性符号而形象地把握人生与世界的意义的心灵的涵养。刘禹锡《秋词》写道："自古逢秋悲寂寥，我言秋日胜春朝。晴空一鹤排云上，便引诗情到碧霄。"假如诗人没有一双善于发现美的眼睛，就不可能力排众议地走出"自古逢秋悲寂寥"的传统，产生"秋日胜春朝"的新体验；同理，也正是由于诗人有着高超的诗律修养，才有可能把人生体验上升为不可遏止的豪迈"诗情"，最终吟咏出脍炙人口的诗篇。最后，信仰之心养成，即一颗对人生、世界、宇宙有着明确而坚定的信念并付诸行动的心灵的涵养。于谦《石灰吟》这样刻画"石灰"："千锤万凿出深山，烈火焚烧若等闲。粉骨碎身全不怕，要留清白在人间。"诗人借助屡遭锤打、焚烧和粉碎的石灰形象，凸显坚守高洁情操的人生信念。

总之，或许还可以列出一些，但这四方面是一个都不能少的。美好心灵养成，应当是纯真之心、良善之心、尚美之心和信仰之心相互交融的人格涵养，是拥有真、善、美、信等多重面向之心灵的涵养。这样的理解虽不足以概括美好心灵养成的全部，但可以揭示其不可缺少的维度。特别要说明的是，这里在现代美学的真、善、美三者之间的交融基础上，特意添加了信即信仰或信念的方面，就是想说明个体的人生信仰养成在美育中十分关键。恰如五四时期蔡元培用"美育代宗教"的口号试图表达的那样，美育通过真、善、美等素养的养成而要达到的最高目标，其实就在于人生信仰或信念的养成。是否突出信仰养成的重要性，应当成为美育区别于一般艺术教育的一个关键环节。这种由真、善、美、信共同构成的美好心灵，虽与天赋有关，但不能仅仅归结为天赋，而尤其应当注重后天的持续养成。这就需要包括大学美育在内的多种美育形态的持续养成。

中国传统视域中大学美育的实质——文心涵濡

当前，发展和实施大学美育，需要在现代美学和美育体制基础上传承中华美育精神，为探索美好心灵养成提供有力的美育资源。这就是说，大学美育应当以现代美学和美育为基本体制，以中华美育精神为灵魂。这就需要在前贤基础上，面向当前大学美育课程新需要来进行新探索。为此，不妨提出一个新的核心思路：大学美育的实质在于文心涵濡。

文心涵濡，是现代美学和美育新体制与中国古典"文心"传统相交融的结果。与西方美育建立在现代美学基础上，并且以"美"为核心范畴不同，中国古代与西方美育功能相当的"诗教"、"文教"或"风教"传统，并没有以"美"为核心范畴，而是以"文"及"文心"为核心范畴，尽管"美"在汉语中也有其不可忽视的重要性及源远流长的语义演变。大学美育课程的实质，如果借用中国古典文化传统中"文"和"文心"的概念，可以说就是文心涵濡。这意味着，大学美育的实质表现在其为大学生人格定型时的感性形象涵濡过程，也就是以感性形象涵濡的方式为大学生人格定型提供生动的形象范式。

"文",按照中国传统,是可以代表整个中国思想的基础的东西,而"尚文"构成周代以来中国文化传统的核心精神。刘勰《文心雕龙·原道》开宗明义论述了"文"的地位和价值:

> 文之为德也,大矣;与天地并生者,何哉?夫玄黄色杂,方圆体分,日月迭璧,以垂丽天之象;山川焕绮,以铺理地之形。此盖道之文也。仰观吐曜,俯察含章;高卑定位,故两仪既生矣。惟人参之,性灵所钟,是谓三才。为五行之秀,实天地之心。心生而言立,言立而文明,自然之道也。①

在刘勰文采斐然的描绘中,"文"的意义颇为重大,它与天地一道生长,代表着天地间万事万物之斑纹、色彩、形体等感性形象。后来出现了人这一宇宙间最特殊的事物、天地之核心,进而产生了"文心"、"言"以及"文"。钱穆把中国文化传统的特质归因于中国独特的"文字"传统及其推衍:

> 中国文化传统,绵延四千年以上,而且能不断发扬光大,其中一原因,亦为其文字具有特殊之性格与功能,故使其文化传统,易保存、易传递。其一是中国文字能摆脱语言束缚,而获得其独立自由之发展。其次是中国文字创造,有其精妙之意义,与其活泼之使用方法,故使中国人只凭少数单字,而对历史上不断后起之种种新事物新观念,都可运用自如,尽量表达,而使旧有文字,永不感有不敷应用之困难。②

---

① 刘勰:《原道》,载陆侃如、牟世金《文心雕龙译注》上册,齐鲁书社1981年版,第2页。
② 钱穆:《无师自通中国文言自修读本之编辑计划书》,载《中国文学论丛》,生活·读书·新知三联书店2002年版,第288页。

一位法国汉学家也认识到"'文'是中国思想的基础",进一步看,"中国的传统文化就受到'文'的逻辑的影响"。① 这些认识是建立在对"文"在中国文化传统中的地位和作用的把握基础上的。

由此可以理解文心涵濡的基本意思。"文",在甲骨文中像是文画交错的样子,带有象形特点;在金文中则是从心、文声,位于其核心的心形图案似有指向人类心灵的意思。文,可以说代表心之形象,由此确立文为心之形象、心乃文之内核的基本意思。"文"有丰富的含义,如彩色交错的图形,纹理、花纹,文字,刺画文字或花纹,文章,文辞、词句,文才、才华,有文彩、华丽等。② "文"的含义可大致分为四个层面:一是人类观察到的天地万事万物的纹理特征和规律,即自然之文;二是人类主体创造的所有符号表意系统,即人文;三是人类创作的表达情感、思想和想象力的文章及其他作品,即文艺作品;四是人类据以创造符号表意系统的主体文才,即文人。"文"涉及"天文"、"地文"和"人文"在个体中的整合效应,即天地人的客观纹理特征和运行规律在个体中的涵养形态。相应地,"文心"应当理解为人心对于"天文""地文""人文"的运行规律的领会,也就是一颗善于领会天、地、人及万事万物的纹理特征及其规律的心灵。

"文心",一般地说,是一种在对于天、地、人之纹理特征及其规律的直觉中领悟人生真理的素养和符号化状态。一般来说,所有正常人都可以有"文心",只是文艺家基于其天才以及专门训练等复杂缘故,往往能够更加敏感和敏锐于运用想象力和符号表现能力去作创造性表达而已。

具体地说,"文心"可以包含下面三层含义:一是个体对于天、地、人之纹理特征及其规律的感性直觉素养,这属于主体的心灵状态;二是由感性符号系统所呈现的个体对于天、地、人之纹理特征

---

① 汪德迈:《跨文化中国学》上册,中国大百科全书出版社 2020 年版,第 72—73 页。
② 《汉语大词典》编辑委员会编:《汉语大词典》(缩印本)中卷,汉语大词典出版社 1997 年版,第 4022 页。

及其规律的感性直觉状态，标志着天、地、人之纹理特征及其规律已经凝聚在人类发现或创造的符号系统中，这属于客体符号化状态；三是特别就艺术作品鉴赏来说，是观众从文艺作品中领悟到的天、地、人之纹理特征及其规律。简要地说，"文心"可以包括主体心灵、客体符号系统和观众对客体符号系统的领悟等三层含义。

再来看涵濡。涵，浸润；濡，沾湿。涵濡，其基本意思是雨水对事物的包涵和滋润状态，从而带有包涵和滋润之意，以及更持久深入的濡染、熏陶或熏染之意。[①]"文心"需要或者依赖于涵濡，这意味着，人的心灵对于天、地、人之纹理特征及其规律的把握，其实是一个长期而持久的涵养过程。

可以合起来说，文心涵濡，作为大学美育的实质，是大学生个体心灵对于天、地、人之纹理特征及其规律的直觉式领悟和持续浸润过程。在大学美育课程中，文心涵濡过程是如何具体展开的呢？《红楼梦》第23回曾经叙述了贾宝玉和林黛玉阅读和交流《西厢记》的故事。这天正是三月中浣、桃花盛开的时节，贾宝玉在大观园里偷偷阅读让仆人茗烟从外面书坊里买来的《西厢记》，读得如痴如醉。读到"落红成阵"时，真有阵风吹落桃花，就索性把花都抖落到水里，实行"水葬"。冷不防林黛玉过来，她采取了更加雅致的"土葬"方式：先把桃花扫起来，放在绢带里，带到墙角埋在土里。发现贾宝玉手中有书，她连忙拿过来也痴痴地阅读。读完后，林黛玉在娇羞中与贾宝玉交流书中人物和情节，更加深了相互之间的知音之情。而在贾宝玉被叫走后，林黛玉一人又听了梨香院12个女孩唱《牡丹亭》中的"原来姹紫嫣红开遍，似这般都付与断井颓垣""良辰美景奈何天，赏心乐事谁家院"等曲调，不知不觉中心痛神痴，眼中落泪，联想到此前阅读的"流水落花春去也，天上人间"等，再回想到刚刚阅读过的《西厢记》中的"花落水流红，闲愁万

---

① 王一川：《涵濡的现代性：中国文论新传统》，《中国现代文论史》第1卷，北京师范大学出版社2019年版，第14—20页。

种",就展开了更加广阔的想象和联想,从而对自己的人生有了更加丰富复杂的体会。这里展示的中国古代爱阅读的少男少女之间的文心涵濡过程,可以为我们理解和建构当前大学美育课程中的文心涵濡过程模型提供一种参照。

在具体的大学美育实施过程中,大学生的文心涵濡过程可以表现为下列几方面、环节或步骤的综合:一是大学生从具体审美形态中感性地体验天、地、人之纹理特征及其规律的过程;二是大学生运用相关科学知识或跨学科知识以及其他相关素养积累而对上述体验进行理性抽象的过程;三是大学生以多种不同方式将上述感性体验和理性抽象汇聚起来与他人口头分享、书面交流或形成评论文字的过程;四是大学生将上述感性体验、理性抽象和交流过程潜移默化地推衍到自己的实际人生中的过程。正是通过这些过程,大学美育才能真正起到大学生人格定型中的感性符号涵濡的作用。

在这里,文心涵濡体现出如下特点:第一,感性符号直觉性,即能以指向天、地、人之纹理特征及其规律的感性符号形象系统而诉诸大学生感官,令其感到身心勃发;第二,心灵性,即通过大学生的身心勃发进而唤醒其健全或高尚的心灵的回应,产生深层精神感动;第三,涵濡性,属于一种跨越普通感性和理性层面而直指信仰深层的超常直觉以及在其后人生中的持续推衍过程。

文心涵濡在大学美育形态中的展开

以中国式文心涵濡去实施大学美育,着重关注的是大学生的个体心灵对于天、地、人之纹理特征及其规律的感性直觉素养和成熟。也就是说,大学美育作为文心涵濡过程,着力关注大学生在其人格定型阶段对于天、地、人之纹理特征及其规律的感性直觉素养的涵养和成熟。

就美育来说,"文心"是个体从具体审美形态中直觉地感受天、地、人之纹理特征及其规律,进而由此把握人生真理的素养。这里的具体审美形态,可以是自然美、社会美、科技美和艺术美等。从一般美学原理有关审美形态的分类看,文心涵濡在大学美育形态中有着如下具体展开方式:一是自然美育,展现为自然之文心涵濡,即通过对于天地自然之文的感性直觉来涵养大学生个体人格;二是社会美育,展现为人伦之文心涵濡,即通过社会人伦之文的感性直觉来涵养大学生个体人格;三是科技美育,展现为科学技术之文心涵濡,即通过科学和技术之文的感性直觉来涵养大学生个体人格;四是艺术美育,展现为艺术之文心涵濡,即通过对于人类创造的"美的艺术"作品之文的感性直觉来涵养大学生个体人格。以上四种美育形态共同构成大学美育的主要展开形态。不过,比较而言,艺术美育即艺术之文心涵濡由于既来自社会生活之美同时又高于社会生活之美,并且最贴近人类心灵本身,因此是尤其核心的一种大学美育形态。

就艺术美育来说,在进入其具体的艺术门类和艺术媒介形态美育之前,还需要首先面对其在特定民族、历史等境遇中生成和遗留的多样而不同的美育形态。简要地说,艺术美育的民族历史形态有中国古典型艺术美育、中国现代型艺术美育、外来型艺术美育三大类。其中,中国古典型艺术美是中国古代数千年历史中形成和流传至今的艺术美,中国现代型艺术美是中国近现代以来形成的具有现代性特征的艺术美,外来型艺术美是中国历史上从外部引进或借鉴而至今仍有影响的各种艺术美的统称。它们都应当是大学生进行文心涵濡的优质资源。

从现在通行的艺术门类看,艺术美育即艺术之文心涵濡主要包括但不限于如下艺术门类形态:一是声文涵濡,构成音乐之文心涵濡;二是舞文涵濡,构成舞蹈之文心涵濡;三是言文涵濡,构成文学之文心涵濡;四是书文涵濡,构成书法之文心涵濡;五是戏文涵濡,构成戏曲之文心涵濡;六是画文涵濡,构成绘画之文心涵濡;七是影文涵濡,构成电影之文心涵濡;八是视文涵濡,构成电视艺术之文心涵濡;九是俗文涵濡,构成民俗文化及民间艺术之文心涵濡；十是网文涵濡，构成网络文艺之文心涵濡。

文心涵濡在大学生人格养成中的功能是多方面的，这里可以从"文心"对于大学生人格中的求真、为善、成趣和笃信等四方面的养成去考察。

功能之一为文心导真。这就是以富于感性的纹理图式体验去激发大学生的情感和想象力，引导他们在情感体验的不知不觉中体味到人生真理的意味，有助于实现美育与智育的交融。要理解以文导真功能，不妨重温黑格尔的论述：

> 艺术并不是一种单纯的娱乐、效用或游戏的勾当，而是要把精神从有限世界的内容和形式的束缚中解放出来，要使绝对真理显现和寄托于感性现象，总之，要展现真理。这种真理不是自然史（自然科学）所能穷其意蕴的，是只有在世界史里才能展现出来的。这种真理的展现可以形成世界史的最美好的方面，也可以提供最珍贵的报酬，来酬劳追求真理的辛勤劳动。①

黑格尔所说的艺术与"真"的联系或者其"真理"内涵，可以从许多艺术品中见出。苏轼《题西林壁》："横看成岭侧成峰，远近高低各不同。不识庐山真面目，只缘身在此山中。"这里通过对庐山的崇山峻岭景观的切身体验，得出一条重要的哲理性结论：假如要获取事物的全貌，就必须跳出局部的限制。这种在审美体验中获取的活生生的形象的真理，正如马克思所主张的那样，往往远比那些严整的学术论述更具感染力和说服力：

> 现代英国的一批杰出的小说家，他们在自己的卓越的、描写生动的书籍中向世界揭示的政治和社会真理，比一切职业政客、政论家和道德家加在一起所揭示的还要多。他们对资产阶

---

① 黑格尔：《美学》第3卷下册，朱光潜译，商务印书馆1981年版，第335页。

级的各个阶层，从"最高尚的"食利者和认为从事任何工作都是庸俗不堪的资本家到小商贩和律师事务所的小职员，都进行了剖析。①

恩格斯这样论述巴尔扎克：

> 他是比过去、现在和未来的一切左拉都要伟大得多的现实主义大师，他在《人间喜剧》里给我们提供了一部法国"社会"，特别是巴黎上流社会的无比精彩的现实主义历史，他用编年史的方式几乎逐年地把上升的资产阶级在1816—1848年这一时期对贵族社会日甚一日的冲击描写出来……围绕着这幅中心图画，他汇编了一部完整的法国社会的历史，我从这里，甚至在经济细节方面（诸如革命以后动产和不动产的重新分配）所学到的东西，也要比从当时所有职业的史学家、经济学家和统计学家那里学到的全部东西还要多。②

马克思和恩格斯的这些论述表明，审美与艺术确实能够通过其特有的审美媒介和形式去打动观众，产生通向真理的向心力。

功能之二为文心润善。这是以富于感性的纹理图式体验去滋润大学生的道德感，让他们不再把道德规范看作外在的强制力，而是将其内化为自觉自愿的心灵愉悦和精神享受。这可以体现美育与德育的交融。孔子强调音乐对"移风易俗"起到的突出作用："教民亲爱，莫善于孝；教民礼顺，莫善于悌；移风易俗，莫善于乐；安上治民，莫善于礼。"③ 这里的"移风易俗，莫善于乐"是说，要想

---

① 马克思：《英国资产阶级》，载马克思、恩格斯《马克思恩格斯全集》第10卷，人民出版社1962年版，第686页。
② 恩格斯：《致玛格丽特·哈克奈斯》，载马克思、恩格斯《马克思恩格斯文集》第10卷，人民出版社2009年版，第570—571页。
③ 胡平生、陈美兰译注：《礼记·孝经》，中华书局2007年版，第259页。

转移社会风气、改变民间习俗，没有比音乐更好的方式了。翻译家和批评家傅雷深谙音乐的文心涵濡功能，能够自觉地吸纳外来型艺术的作用：

> 疗治我青年时世纪病的是贝多芬，扶植我在人生中的战斗意志的是贝多芬，在我灵智的成长中给我大影响的是贝多芬，多少次的颠扑曾由他挽扶，多少的创伤曾由他抚慰——且不说引我进音乐王国的这件次要的恩泽。除了把我所受的恩泽转赠给比我年轻的一代之外，我不知道还有什么方法可偿还我对贝多芬，和对他伟大的传记家罗曼·罗兰所负的债务。表示感激的最好的方式，是施予。①

他不仅从贝多芬音乐之文中获得善的感召，而且更进一步把贝多芬及罗曼·罗兰所"施予"自己的，又"施予"他自己的读者们，试图给予他们以相同的感召力。

功能之三为文心成趣。这是以富于感性的纹理图式体验去唤醒和涵养大学生的人生好尚或喜好的过程。这可以体现美育与体育和劳育的交融。人生在世应当善于从"文心"的激荡中体会到身心的愉悦和满足，从而直接或间接地领略人生的丰厚滋味。朱光潜在指出人生是严肃的基础上强调，人生应有"情趣"，即情调和趣味，否则就太单调乏味了。

> 艺术是情趣的活动，艺术的生活也就是情趣丰富的生活。人可以分为两种，一种是情趣丰富的，对于许多事物都觉得有趣味，而且到处寻求享受这种趣味。一种是情趣干枯的，对于许多事物都觉得没有趣味，也不去寻求趣味，只终日拼命和蝇

---

① 傅雷：《罗曼·罗兰〈贝多芬传〉译者序》，载《傅雷文集·文艺卷》，当代世界出版社2006年版，第604页。

蛆在一块争温饱。后者是俗人，前者就是艺术家。情趣愈丰富，生活也愈美满，所谓人生的艺术化就是人生的情趣化。①

这启示我们，人生固然需要踏实、勤勉和持久的奋斗，但如果同时懂得追求一种富于情趣的生活，就能够在严肃的生活进程中不时地获得轻松和愉快之感。

画家吴冠中有一幅画叫《双燕》，画的是画家想象中的江南水乡民居景观：静静的水塘边，矗立着墙壁洁白而巨大、屋檐墨黑而细小的高大民居，其白色墙壁与黑色屋檐之间的对比显得异常夸张而又奇特，民居外正中偏右一株略斜的高树上嫩黄与青绿树叶交织，它们都好像在肃静地欣赏自身水中倒影似的，唯有上方两只燕子正要轻盈地飞出画面，让画面在整体宁静中产生了一丝微妙而又重要的动感，平添了一种情趣。可以说，世间从来没有与画中所绘在构图比例和颜色对比上都一模一样的江南民居风景，它完全是画家从偶然获取的生活情趣中进一步加以创造的结晶，结果是可以再度唤起观众的人生情趣。画家从小生长在江南水乡，后来长居北京，但始终对故乡山水园林梦萦魂牵，一次在宁波转车时，偶然为附近滨河民居的独特景观而感官愉悦、心醉神迷，欣然挥笔画速写，由此获得创作感兴，随后创作出这幅名画。

《双燕》着力于平面分割，几何形组合，横向的长线及白块与纵向的短黑块之间形成强对照。……《双燕》明确地表达了东方情思，即使双燕飞去，乡情依然。横与直、黑与白的对比美在《双燕》中获得成功后，便成为长留我心头的艺术眼目。②

---

① 朱光潜：《谈美》，载《朱光潜全集》第2卷，安徽教育出版社1987版，第96页。
② 吴冠中：《双燕（一）》，载《文心画眼》，团结出版社2008年版，第88页。

甚至可以说,"双燕"恰恰成为吴冠中绘画个性的一个鲜明标志。更具体地看:

> 《双燕》中突出了一堵高大的白墙,她占有画面五分之二的面积,她是主角,在画面的平面分割中,首先充分保证了她的优越感。……横幅画服从"横"的势力统治,正如方幅画一般受控于方与圆的核心。……主角白墙是画中之王,她的宫殿扩展到画面的极限。她容忍"黑",只容忍窄长条条的黑,只是为了顺其势,助其威;她容忍与她逆向的、笔直的乌黑的门窗,只是为了对照其身段之美,衬托其洁白。门窗位置的安排并非全根据住房主人的意愿,却服从于白墙身材的身段美的准则。树的姿态,左上角的山墙之尖峭,倒影的朦胧,都受制约于端端正正,安详横卧着的女王——白墙,都是她顺心的侍卫。①

我们从画家的这些自我阐释中,可以领略他从自己捕捉生活情趣中所获得的快乐。画家从生活体验中获取情趣的满足,观众可以进而从画中获取前所未有的人生情趣。

功能之四为文心树信。这是以富于感性的纹理图式体验去协助大学生培植人生信仰或信念,并使其成为明晰而坚定的人生导向。这可以体现美育与信仰的交融。《平凡的世界》中的孙少平酷爱19世纪欧洲文艺,从中吸取了丰厚的养分,并且总结成自己的独特信仰体系——"苦难的哲学",一种在人生中无论遭遇何种艰难险阻都永不放弃、永远乐观地进取和奋斗的坚韧信念。他在给妹妹兰香的信中这样阐释说:

> 我们出身于贫困的农民家庭——永远不要鄙薄我们的出

---

① 吴冠中:《双燕(二)》,载《文心画眼》,团结出版社2008年版,第89页。

身，它给我们带来的好处将一生受用不尽；但我们一定又要从我们出身的局限中解脱出来，从意识上彻底背叛农民的狭隘性，追求更高的生活意义！……首先要自强自立，勇敢地面对我们不熟悉的世界，不要怕苦难！如果能深刻理解苦难，苦难就会给人带来崇高感。……痛苦难道是白忍受的吗？它应该使我们更伟大！①

这样的"苦难"信仰体系，并没有多少高深莫测的抽象理念，但其蕴含的浅显而又深刻的人生哲理，给千千万万的青少年读者带来勇敢而坚韧的生存信念，激励他们在苦难中奋发向上、奋发有为。

总的来看，文心涵濡作为大学美育的实质，其主要功能在于文心导真、文心润善、文心成趣、文心树信，也即分别体现大学美育与智育、德育、体育、劳育等教育环节之间的相互交融和相互涵濡状况。

在具体实施环节，大学美育课程可以根据校情而灵活多样地开设：可以是一门课，也可以是由系列课程组成的课程模块；可由一位教师主讲，也可由多位教师合开；线下教学和线上教学相结合；课堂教学与课余教学相配合；理论学习、欣赏实践和心得撰写相贯通；还可以开成网络共享混合课程，便于更广范围的大学生修习或自学。

（原载《美育学刊》2022 年第 6 期）

---

① 路遥：《平凡的世界》第 2 部，人民文学出版社 2004 年版，第 329 页。

"互联网+教育"时代的美育观念及媒介形式探索

叶　朗◆（北京大学哲学系）
顾春芳◆（北京大学艺术学院）

网络教学平台也称为网络学习平台，国外称为"学习管理系统"（Learning Management System），是在线学习和教学的支持系统，能够支持网络环境下的教学。[①] 慕课是 MOOC 的中译，它是"Massive Open Online Course"的缩写，意为"大规模在线开放课程"。目前，全球影响力最大的三个慕课运营机构分别是 Coursera、Udacity 和 edX，三者都拥有自己的课程开放平台。[②]

2013 年是中国的"慕课元年"，2013 年 4 月，东西部高校课程共享联盟在教育部的指导下成立。从 2014 年开始，在教育部的引领下，我们在北京大学策划开设了"艺术与审美"系列人文通识网络共享学分课，一共包括五门课："艺术与审美""昆曲经典艺术欣赏""伟大的《红楼梦》""敦煌的艺术""世界著名博物馆艺术经典"。2018 年这个系列共享课程获得北京市教学成果特等奖。继

[①] 中国高等教育学会组编：《中国高校信息技术与教学深度融合观察报告》（2018），北京理工大学出版社 2019 年版，第 89 页。

[②] Coursera 是由斯坦福大学计算机系在 2011 年建立的一个 MOOC 营利性运营机构，与斯坦福大学、宾夕法尼亚大学等 100 多所高等院校和科研机构合作，提供免费公开的在线课程。截至 2017 年底，该平台建设了包括计算机、数学、商务、人文、社会科学、医学、工程和教育等学科的 2154 门课程，成为提供开放课程数量最多、规模最大、覆盖面最广的在线课程机构。Udacity 是由斯坦福大学创建的 MOOC 营利性组织，该平台将自己的发展方向限定在特定领域内，提供基于科学、技术、工程和数学领域（STEM）的问题解决型课程，目前该平台已经建设了 100 多门课程。edX 是由麻省理工学院和哈佛大学在 2012 年 1 月共同创办的 MOOC 非营利性组织，目标是与世界一流的顶尖名校合作，建设全球范围内最优质的在线课程。

"艺术与审美"与"昆曲经典艺术欣赏"两门课于 2017 年入选首批国家精品在线开放课程之后,其他课程均入选国家精品在线开放课程,并被评为首批国家级一流本科课程。这门人文通识网络共享学分课充分体现了新媒介环境下,政府引领、大学策划组织以及与互联网企业合作的新的教学改革模式,具有突出的贡献和意义。

从 2015 到 2021 年,在教育部指导下,在以北京大学任荣誉理事长单位,华南理工大学任执行理事长单位,复旦大学、南京大学、中国科学技术大学、吉林大学、山东大学、四川大学、南开大学、天津大学、中国海洋大学、兰州大学、重庆大学等高校为副理事长单位的东西部高校课程共享联盟,以及智慧树网为运营服务平台的共同努力下,"艺术与审美"系列人文通识网络共享学分课取得了跨越式发展。六年来,已经有 3492 多所高校的 2760 万人次在校大学生通过修读联盟提供的跨校学分共享课程受益,其中近三分之一的大学生来自西部高校。

截至 2020 年底"艺术与审美"系列课程的学分课的数据

课程名称	上线时间	累计选课人数	累计选课学校数(去重)	累计互动人数	累计互动次数
艺术与审美	2015 年秋冬学期	890245	1107	264888	389.35 万
敦煌的艺术	2017 年春夏学期	267277	660	85312	124.43 万
"非遗"之首——昆曲经典艺术欣赏	2016 年秋冬学期	95047	372	26666	31.09 万
伟大的《红楼梦》	2017 年春夏学期	305073	682	116693	153.66 万
世界著名博物馆艺术经典	2017 年春夏学期	253558	671	90892	123.83 万

"艺术与审美"人文通识网络共享学分课的实践与成效

互联网时代的媒介融合改变着人们的思维方式，也改变着教育的方式，这对人文通识教育如何更好地开展提出了新的要求。开设"艺术与审美"系列人文通识网络共享学分课程，是为了适应高科技时代的教育形势和课程改革要求，充分利用网络平台，探索多元化、混合式的教学形式，推动优质教学资源的社会共享，推进教育公平。"艺术与审美"系列人文通识网络共享学分课的建设，是21世纪高校美育的一次重要的形式探索，具有重要的开拓意义和现实意义。

麦克卢汉曾指出：

> 媒介自身对社会的形塑功能远大于媒介内容所发挥的作用。一切技术均具有点金术的属性。一旦社会推出一项崭新的技术，社会中的其他功能均会作出相应调整以适应此技术形式。新技术一旦进入社会，就立刻渗透到社会制度的方方面面。在此意义上，新技术即一种革命性动力。①

作为一种新的媒介，网络共享慕课的形式有别于传统形式的网络教学，它不是简单地将课程内容录制后放到网络上。作为一项全新的媒介技术和教育平台，慕课的特色在于：（1）充分整合全世界的优质教育资源，通过互联网分享最优质的课程，从理论上说只要依托互联网，就可以将高等教育的空间扩展到全世界的每一个角落；（2）知识点与短视频相结合，为了更好地遵循科学有效的教育方式，把一堂课的内容分解成若干知识板块，每一节内容由10—15

---

① Eric McLuhan and Frank Zingrone eds, *Essential McLuhan*, Routledge, 1997: 228 - 229.

分钟的短视频组成，这一时间长度是在充分研究学习者注意力规律的基础上制定的；（3）开放式及游戏互动型的教学，这种教学形式改变了枯燥的学习方式，可以最大程度激发学生上课的兴奋感和融入感，此外，每个知识点还穿插配置了随堂测试，测试合格方能进入下一堂课；（4）每一门课配备专业指导老师，作为任课教师和学生互动的桥梁，引导学生学习并随时答疑解惑；（5）整合某一专题课程的优质资源，将分布于全球的名师聚合起来，就某一讲题作多视角、跨学科的深入研究和探讨，引领学生进入这一专题研究的学术前沿；（6）在基础课程学习的基础上开展混合式教学模式，每学期保证若干见面课程，在基础课程建设的基础上结合"网络直播课程"，推进课程的"师生互动"和"生生互动"，有效激发学习者的兴趣，不断更新课程内容，提升课程质量；（7）大数据的跟踪与学习分析模式，大数据的方式随时可以统计在线学习情况，分析教学中的问题，并产生过程性评价，定期向教师发送分析报告，以不断提升教学水平和教学质量。作为互联网推动下的新型教学模式，慕课（MOOC）形式区别于传统教学的最根本的特点是可以产生最大程度的"规模效应"。2018 年 Coursera 上线涉及 25 个学科的 2700 多门课程，这些课程可以采用多语种授课，极大程度地满足了全球在线学习者的要求。"艺术与审美"课程上线 5 年以来总计约两百万学生在线选课学习，这样的教学规模以及所产生的影响力是前所未有的。

在后现代的语境中，慕课的学习者不仅仅是被动的知识的接受者，也是知识的传承人、发布者和未来的影响者。利奥塔尔指出，知识就是一种叙事（或叙述），而总体性的"宏大叙事"是过去的一个"神话"，应代之以一种后现代的叙事。他认为后现代的科学知识的话语和叙事分离，中心化的文化和社会已经一去不复返了，非中心化大局已定，人们的价值观也呈现出多元化和相对主义的面貌。因为媒介文化的现代传播正是以去中心化的多元话语互动为其特征的。利奥塔尔指出："我们可以把对元叙事的怀疑看作是'后现代'。怀疑大概是科学进步的结果，但这种进步也以怀疑为前提。与合法化元叙述机制的衰落相对应，思辨哲学和从属于思辨哲学的大学体制出现了危机。"① 正因如此，我们应该意识到，慕课不仅是21世纪知识传播的新媒介，更重要的是它必然成为价值观和文化传播的高地。

美育是对人们自身的高尚情操的召唤。这是中华美育精神所蕴含的一个重要观念。实施美育，不仅仅是教学生学会唱歌，学会画画，欣赏音乐，欣赏美术，首先要培养学生的"心灵美"，使青少年具有一颗美好的、善良的、感恩的、爱的心灵。因此，我们在建设"艺术与审美"这一系列课程时强调了以下几点追求并收到了非常好的效果。

第一，适应高科技时代的形势，充分利用网络平台媒介，扩大课程的覆盖面。"艺术与审美"系列人文通识网络共享学分课采用"线上+线下"的混合式教学模式，充分体现了互联网背景下的信息技术与教育深度融合的课程新形态。这5门课程每门课每学期有30学时的在线视频教程供学生自主学习，此外还开展了6次12学时的全国跨校直播互动见面课，学生反响非常热烈。课程考核采取在线学习、跨校课堂表现、期末作业分别占比的形式，有利于学生素质和能力的全面培养。课程在互联网上面向全国高校开课，覆盖面极广。截至2020年底，仅"艺术与审美"这门课，选课学校有1107多所，累计选课人数超过89万，累计互动次数达到了389.35万次，很多选修这一课程的学生来自边远地区院校。五门课总计选课学校有3492所，选课学生人数超过200万。这在过去是难以想象的，我们看到了互联网时代的优势。

第二，课程建设的宗旨是在传播人文艺术知识的同时，还注重传播健康、高雅、纯正的趣味和格调，引导大学生提升自己的人生

---

① 让·弗朗索瓦·利奥塔尔：《后现代状态：关于知识的报告》，车槿山译，生活·读书·新知三联书店1997年版，引言第2页。

境界，去追求一种更有意义、更有价值、更有趣味的人生。这是"艺术与审美"系列课程在设计和组织时反复强调的宗旨。美育是心灵的教育。唐代大画家张璪有言："外师造化，中得心源。"① 这八个字成为中国绘画美学的纲领性命题。"造化"指的是万物一体的世界，亦即中国美学说的生生不息的"自然"，而"心源"则明确提出"心"为照亮世界万物之源，世界万物就在这个"心"上映照、显现、敞亮。宗白华先生曾说："一切美的光是来自心灵的源泉：没有心灵的映射，是无所谓美的。"② 又指出宋元山水画"是世界最心灵化的艺术，而同时是自然的本身"③。从中国美学的视角来看，"心"是照亮美的光之源，没有美的心灵，就不能照亮世界万物的本真之美。心灵美，精神美，本质上是一种爱，对生命的爱，对人生的爱，对父母师长的爱，对花鸟草木的爱，对祖国山河、人类文化、宇宙万物的爱。这种爱，造就了精神的崇高。在抗击新冠肺炎疫情的斗争中，涌现了一批又一批舍生忘死、奉献牺牲的英雄模范人物，他们体现了伟大的抗疫精神，体现了"人民至上，生命至上"的信念。他们就是"心灵美"的典范。这种"心灵美"就是大爱之心。正如屠格涅夫所说："因为有爱，只因为有爱，生命才能支撑住，才能进行。"④

第三，在全国范围内营造传承中华优秀传统文化、弘扬中国精神的浓厚氛围。"艺术与审美"系列慕课讲昆曲，讲《红楼梦》，讲敦煌，因为这些都是中国传统艺术和文化的经典，昆曲是承载中国人高雅生活和心灵追求的最精致的艺术，《红楼梦》是中国古典小说的高峰，敦煌是中国文化艺术的宝库。这门课程的意义就在于，引导大学生熟悉和热爱我们民族的艺术经典和文化经典，加深他们

---

① 张彦远：《历代名画记》，中华书局1985年版，第318页。
② 宗白华：《中国艺术意境之诞生》（增订稿），载《宗白华全集》第2卷，安徽教育出版社1994年版，第358页。
③ 宗白华：《介绍两本关于中国画学的书并论中国的绘画》，载《宗白华全集》第2卷，安徽教育出版社1994年版，第46页。
④ 参见叶朗《美育是心灵的教育》，《光明日报》2020年11月24日。

对"中华文化独一无二的理念、智慧、气度、神韵"的认识和体验，深化他们的中国文化的根基意识。

第四，推进优质教学资源的充分共享。这个系列课程由北京大学牵头，但讲课教师不限于北京大学的学者，还有来自清华大学、中国人民大学、中央美术学院、北京舞蹈学院等著名高校的30多位学者，王蒙、白先勇、蔡正仁、叶长海等文化界的著名学者和艺术家也参与了这门课程，"敦煌的艺术"课程的授课导师包括樊锦诗、王旭东、赵声良等在内的长期研究敦煌、守护敦煌的敦煌学专家和学者。课程的框架和内容经过组织者和授课导师组的反复研究和讨论。很多人说，一门系列课程能邀请到这么多著名学者和艺术家来讲课，实属罕见，这些学者是真正的名师。由此可见课程本身的学术价值、历史价值和文化价值。这一方面表明了北京大学所具有的学术影响力和学术优势，能同时集中邀请这么多著名学者和艺术家来讲这门网络共享课；另一方面充分地体现了优质教学资源共享、促进教育公平的理念，以及文化凝聚人心的事实。

第五，课程内容要充分把握当代青年学生的心理，兼顾学术性和趣味性。在传播基础性知识的同时融入学科前沿的研究成果，传播新的知识，同时也要新鲜感。为了组织这套系列课程，我们下了极大的功夫。系列课程所讲的题目都是授课学者长期研究的成果之精华。例如开设"红楼梦"课程之前，我们先后召开了全国范围的多次红学研讨会；又如"昆曲"课程，自2009年开始我们就在北大开设了昆曲经典艺术欣赏课程，至今已经持续十多年，网络课程就是在这个基础上开设的；再如"敦煌"课程，课程组于2014年和2016年暑期先后两次到敦煌研究院，和樊锦诗等敦煌学者共同研讨课程具体实施方案，这门课程可以说汇集了目前中国敦煌学研究的顶尖学者。

习近平总书记在文艺座谈会上的讲话中引用了恩格斯的一段很有名的话："（文艺复兴）是一个需要巨人而且产生了巨人——在思

维能力、热情和性格方面，在多才多艺和学识渊博方面的巨人的时代。"① 这段话对中国 21 世纪的人才培养有启发意义。我们正处于中华民族伟大复兴的时代，这样的时代比任何时候都更加向往学术高峰，呼唤学术巨人。大学的历史使命正在于培养时代的巨人和造就学术的高峰。通过人文艺术教育和科学教育，一方面，要使大学生普遍具备优良的素质；另一方面，要为培养时代所需要的巨人提供土壤，即提供精神、性格、胸襟、学养等方面形成的基础条件。我们希望，"艺术与审美"系列人文通识网络共享课在培养时代所需要的人才方面，能发挥应有的作用。②

"艺术与审美"系列人文通识网络共享学分课程自上线以来，得到了教育部和兄弟院校的有关领导的肯定和赞扬，并给予了高度评价。人民网、新华网、光明网、新民网、新浪教育、腾讯教育、网易新闻、中青在线、搜狐网、凤凰网都给予了关注和报道。中宣部思想政治工作研究所副所长戴木才、教育部副部长林蕙青、吉林大学党委书记杨振斌、南开大学前校长龚克、四川大学前校长谢和平、中央美术学院院长范迪安、中国高教学会会长瞿振元、学习时报社总编钟国兴、光明日报社副总编沈卫星、南京大学人文高研院院长周宪等相关领域内的资深专家、学者出席评审会，在教育价值、社会价值等方面对课程给予了高度评价。林蕙青副部长说："这门课的定位非常好，大师用他们的毕生研究凝练出的精华来指导学生，聚集了最优质的资源，对我们国家推进素质教育很有意义。"③

美育在 21 世纪新的机遇与使命

21 世纪是高科技的时代，是互联网的时代，是全球化的时代。

---

① 中共中央宣传部编：《习近平总书记在文艺工作座谈会上的重要讲话学习读本》，学习出版社 2015 年版，第 8 页。

② 叶朗：《"艺术与审美"系列人文通识网络共享课的追求》，《中国大学教学》2018 年第 1 期。

③ 《北京大学"艺术与审美"课程上线》，人民网，2015 年 9 月 1 日。

在这种时代条件下，美育面临着新的机遇和使命。

第一，美育的陶冶情操、塑造和谐人格、培养完满人性的功能，在 21 世纪更显出一种紧迫性。

当今世界有三个最突出的问题，即人与物质生活和精神生活的失衡，人的内心世界的失衡，人与自然关系的失衡。这些问题自 19 世纪以来愈演愈烈。如何消除人的片面发展，恢复人的身心平衡，培养完善的人性，显得日益紧迫。在世界各个地区，物质的、技术的、功利的追求在社会生活中占据着统治的、压倒一切的地位，而精神的生活和精神的追求则被忽视、被冷淡、被挤压、被驱赶。一切都符号化、程序化了，人的全面发展受到扼制甚至肢解，个体和谐人格的发展成长受到严重的挑战。人与自然的分裂也越来越严重，已经发展到有可能从根本上危及人类生存的地步。这种情况，要求我们更重视美育。美育具有促进人的内心和谐、培养完满人性的功能，古今中外的思想家们对此有着高度一致的认识。席勒于 18 世纪末在其最主要的美学著作《美育书简》中提出："正是通过美，人们才可以达到自由。"[①] 席勒还明确指出美育的目的在于"培养我们感性和精神力量的整体达到尽可能和谐"[②]，一个全面发展的真正自由的人必然是"既有丰满的形式，又有丰富的内容；既能从事哲学思考，又能创作艺术；既温柔又充满力量。在他们的身上，我们看到了想象的青年性和理性的成年性结合成的一种完美的人性"[③]。席勒说过，美是"纯洁的源泉"，可以净化社会和人心。[④] 张世英先生曾指出当今社会人们普遍缺乏万物一体、民胞物与的境界，人人以自我为中心，忙于眼前物质利益的追求。面对这样的社会现象，最根本的还是要改变一个社会群体的精神境界。美育是关于同情和爱力的教育，美育的意义便是让人从心底生发出万物一体、民胞物

---

① 席勒：《美育书简》，徐恒醇译，中国文联出版公司 1984 年版，第 39 页。
② 席勒：《美育书简》，徐恒醇译，中国文联出版公司 1984 年版，第 108 页。
③ 席勒：《美育书简》，徐恒醇译，中国文联出版公司 1984 年版，第 49 页。
④ 席勒：《美育书简》，徐恒醇译，中国文联出版公司 1984 年版，第 61 页。

与的至善思想。将那个有限的渺小的自我，扩大成为全人类的大我，从而生发出安然从容的在世情怀，生发出对整个人类和世界的关爱。这样一种对同情和爱力的倡导和培养，对于改善冷漠的时代症候至关重要。张世英认为对于自然和艺术的美的体验是感通宇宙大道的出发点和归依处，也是人类体验生命和宇宙人生的最理想的方式，更是养成健全人格和审美心灵的必由之路。他说："人生的希望有大有小，有高有低，我以为人生最大最高的希望应是希望超越有限，达到无限，与万物为一，这种希望乃是一种崇高的向往，它既是审美的向往，也是'民胞物与'的道德向往。"① 美育是对心灵的照亮，是自我良知的教育，是精神提升的教育，是生命意义的教育，是人生信仰的教育，也是给人以希望的教育。②

第二，美育指向心灵的自由和创造的精神，在 21 世纪，必然成为高科技产业、文化创意产业的文化支撑。

21 世纪的高科技产业、文化产业都要求充分发挥人的创造力，而一切领域的原创精神都需要美育的涵养。宗白华认为晋人的精神是最哲学的，因为它是最解放的、最自由的，唯其如此才能把自我的"胸襟像一朵花似地展开，接受宇宙和人生的全景，了解它的意义，体会它的深沉的境地"③。众所周知，高科技产业已经日益成为最重要的产业之一，文化产业和信息产业正日益成长为新的支柱产业，商品的文化价值、审美价值正在逐渐成为主导价值。人们越来越意识到越是具有审美内涵的事物便越具有影响文明和文化进程的品格。此外，网络传媒世界里的形式和内容也日益与美和审美的问题紧密相关。新兴的创意产业更是将艺术的想象力和创造力直接转变成产业链中极其重要的环节。而这些新产业的背后都需要美的内容和艺术的创意作为基础。

---

① 张世英：《哲学导论》（修订版），北京大学出版社 2008 年版，第 370 页。
② 顾春芳：《美育在当代中国的机遇和使命》，载杨剑明主编《广播电视艺术文集》，上海书店出版社 2011 年版，第 41—46 页。
③ 宗白华：《美学散步》，上海人民出版社 1981 年版，第 183 页。

第三，美育的启迪心智、引发想象和提升精神境界的功能，重新定义了 21 世纪人才的坐标。美育可以启迪人的心智，涵养人的胸襟，提升人的道德情操。美育是超越功利的人性教育，美育最基本的特性在于引导人在超越功利、愉悦自由的精神状态中，认知自我内在的灵性，塑造自我完善的人格。唯有美的感悟，才能变换人的心地，变换心地才能变换气格，变换气格才能提升境界。中国艺术的核心精神就是在自然和艺术的世界里寻找至真至美的心灵，涵养美的胸襟，从而探求艺术的真谛和人生的意义。20 世纪下半叶以来，随着电子工业、信息技术、传媒娱乐、生物工程、文化产业等新经济形态的迅猛发展，时代在呼唤心智活泼、具有高度创造力的人才。世界范围内，凡是需要创造性地解决问题的领域，均需要提高人的文化修养和美学修养。美育的功能重新定义了 21 世纪人才的内涵。人才应该是有着高贵的人格、完满的人性、宽广的心胸、良好的修养，并且身心和谐以及全面发展的人。这样的人才，不仅具有高度的想象力和创造力，而且具有广阔的眼界和胸襟，致力于追求一种更有意义、更有价值和更有情趣的人生。马克思在《共产党宣言》中说，更美好的世界，"将是这样一个联合体，在那里，每个人的自由发展是一切人的自由发展的条件"[①]。可见，个人境界的提高，不仅仅是个人的问题，也关涉到整个社会的发展。

互联网时代美育课程的人文品格和文化守望

在互联网时代，社会发展对美育课程的人文品格和文化守望提出了进一步的要求，同时也提供了进一步提升的可能。"艺术与审美"网络共享课程的实践与成效在这方面带给我们启示，主要有以下四点：

---

① 马克思、恩格斯：《共产党宣言》，载《马克思恩格斯文集》第 2 卷，人民出版社 2009 年版，第 53 页。

第一，美育课程应该突出心灵教育、人格教育。

美育的根本宗旨是立德树人，所以我们要求突出心灵教育、人格教育，引导学生追求人生境界的提升和超越。

美育的恒久力量在于催生并推动个体的人对自我生命的真正觉解，使人从现实功利的世界中超越出来，锤炼一种超越的智慧、一种审美的心胸、一种自我净化的途径、一种心灵涵养的方式、一种持续性的生命教育的内在动能，从而获得一种充满希望的人生态度和精神取向。因此，美育是促成道德教育的一种最完美的、最有效的教育方式。仁爱产生同情，同情起于想象。可见，审美教育是道德教育的基础功夫。一个真正有美感修养的人必定同时也具备相当的道德修养。美育教人体验生活，体验人生的意义和价值，培养人在审美直观中把握整体的能力，培养超凡脱俗的高尚气质，这既是审美的培育，也是德性的培育。

学校美育的目标不是知识的考试，而是启发和引导人的良知的自我发现和自我照亮。从根本上说，美育致力于人的精神世界和内心生活的完满，使我们感性和精神力量的整体达到尽可能和谐，从而拓宽和提升自身的胸襟、格局、美德、趣味、境界。只有和谐的人格才能让我们有足够的智慧创造一个快乐的、有意义的、有情趣的、完全实现自我价值的人生。

我们的"艺术与审美"网络共享课程从一开始就强调要突出心灵教育、人格教育、对人生的爱的教育。

第二，美育课程应该充分体现中国精神，显示中国特色。

习近平总书记在第十九届中央政治局第五次集体学习时着重指出："博大精深的中华优秀传统文化是马克思主义中国化的精神性土壤，只有牢固地践行彰显中华优秀传统文化价值内核的社会主义核心价值观，才能够在风雷激荡的世界意识形态角逐中站稳脚跟。"美育课程要注重中国特色，体现中国精神。2020年，中共中央办公厅、国务院办公厅印发《关于全面加强和改进新时代美育工作的意见》，明确指出要立足于传承中华优秀文化传统，弘扬中华美育精神,应该将审美教育植根在博大精深的中华文化的深厚土壤中,充分吸收和萃取中华民族的美育智慧,涵养学生的身心,同时放眼世界、融通中外。

前面说过,"艺术与审美"课程在这方面下了很大的功夫。我们着重开设有中国特色的课程,我们讲昆曲,讲敦煌,讲《红楼梦》。在艺术方面,我们讲中国绘画、中国建筑、中国园林,都注重继承和弘扬中国传统优秀文化。如讲授《中国古建筑与文化》的清华大学楼庆西先生,师从梁思成先生,他汲取中国古建筑中的文化独特性、乡土性,以自己毕生的研究撰写教案并亲自授课,期望学子们通过"知乡美、忆乡愁",做有底蕴的中国人,使古老的建筑艺术之美实现了当代转化,彰显了青春活力。

第三,美育课程应该注重艺术经典的教育。

经典是承载民族优秀文化的高贵器皿,美育需要重视经典的品读和弘扬。我们所要重视的经典,包括古代经典和现代经典,古代经典是中国人做学问的共同基础,现代经典则是我们直接的资源。历史上的艺术经典,是人类历史上最伟大心灵的创造。通过这些艺术经典来进行美育,不纯粹是为了解释作品本身,而是要认识那一个个伟大的心灵。通过研究艺术经典,我们和人类最伟大的心灵对话,通过对话来把握人类历史上最伟大心灵创造的一些秘密,并上升到美学的高度。比如《红楼梦》,它就是最伟大的心灵的创造,美的秘密都包含在里面。比如大画家齐白石,他的艺术是纯中国的,他是完全在中国这片土地上生长出来的一个画家,却成为世界公认的大师。从这个角度研究中国美学和中国人对美的体悟,不仅有利于经典的研究和传播,并且可以进一步加深大学生对中国文化的亲切感和归属感。

第四,美育课程应该尽量集中美育方面的名师。

在可能的条件下,美育课程要争取聘请人文艺术方面的大师、大艺术家、文化遗产的传承人来讲课。这在互联网的时代,有比过去任何时代都更便利的条件。据我们的体会,互联网时代的教育公平，最重要的就在于优质师资的共享。"艺术与审美"系列课程在这方面做了尝试，成效很显著。"伟大的《红楼梦》"邀请了两岸三地的红学家和文化学者，其中有原文化部长王蒙先生、中国红楼梦学会会长张庆善先生、副会长孙逊先生、香港学者郑培凯先生、红学专家胡德平先生，还有北京大学的名师，等等。课程的导师团队从多个视角对具体的问题展开研究，编写讲义，并从多个角度给大学生阐述这部伟大的小说的永恒魅力，为全国各大高校的大学生送上了一席文化和精神的大餐。"敦煌的艺术"课程整个教师团队大家云集，平均年龄70岁以上，授课团队中有"一去敦煌五十四年"的敦煌研究院名誉院长樊锦诗先生，有敦煌美术研究所前所长关友惠先生，有上海音乐学院陈应时教授，有研究敦煌舞蹈的西北民族大学高金荣教授，也有前后担任敦煌研究院院长的王旭东和赵声良两位敦煌学者。该门课程的意义早已超出了课程本身，它很好地诠释了中国优秀传统文化的时代守护、薪火相传的精神信仰，以及对于中国艺术和文化的高度自信和热爱；对于培养大学生的文化自觉、坚定文化自信、实现文化自强意义重大。"昆曲经典艺术欣赏"汇集了"老中青"三代昆曲艺术家20余位，其中有在当代昆曲创新上作出卓越贡献的台湾作家白先勇教授、被誉为"昆曲大熊猫"的蔡正仁先生、前中国戏曲学院院长周育德先生、上海戏剧学院教授叶长海等。这门课的特色在于，它不仅仅是戏曲知识的教授，还是昆曲文化的活态传承和弘扬。授课专家不仅讲授戏曲文化，还演示昆曲表演艺术的唱腔和身段，同学们在欣赏和体验中可以全面领略昆曲艺术的优雅精致、博大精深。可以看到，"艺术与审美"系列课程充分体现了互联网时代在优质师资共享方面可能达到的优势。

结　语

当代中国在全球化背景下，在多元化的世界格局中，在后疫情时代的特殊情形下，面临诸多前所未有的问题，教育也面临着诸多的难题和挑战。

今天的青年是在互联网和全球化环境下成长起来的一代，是在知识经济和科技文明中成长起来的一代，他们的自我意识和独立个性、他们受到东西方文化的共同影响较之中国历史上任何一个时代都更加突出。然而分崩离析的价值观也使他们时刻处于不确定、不安全、无意义和迷茫的精神危机的威胁之中，处于趣味的多元化和不平衡的现实分裂中。趣味的多元化，反映的正是社会审美意识的不平衡和差异化。

美育是立德树人的重要载体，如何坚持弘扬社会主义核心价值观，强化中华优秀传统文化、革命文化、社会主义先进文化教育，引领学生树立正确的历史观、民族观、国家观、文化观，陶冶高尚情操，塑造美好心灵，增强文化自信、民族自信、民族自豪感和凝聚力？如何有效地影响当代大学生的心灵和精神，如何提升大学生的审美和价值理性，为他们的精神世界培育一个美好的底子？网络慕课的媒介形式给我们提供了人文通识教育和美育的全新思路。数字技术引发的媒介革命，给教育带来了前所未有的挑战，也预示了前所未有的可能性。网络慕课作为一种新型的教育媒介，正在引发教育全方位的深刻变化。采取同步课堂、共享优质在线资源等方式，在互联网共享平台共享美育的研究和成果，推行"互联网＋教育"的理念，探索线上线下混合式教学模式，这是未来人文通识教育和美育的发展趋势，也是立足时代需求、更新教育理念、完善高质量的具有中国特色的现代化学校美育体系的技术支撑和重要形式。

我们建设这门"艺术与审美"人文通识网络共享学分课，利用互联网，在大学生中加强艺术教育和人文教育，是我们贯彻中央精神的一种尝试，也是回应时代呼唤的一种尝试。[①]

（原载《中国文化研究》2021年夏之卷）

---

① 本文系国家社科基金重大项目"人文学导论"的阶段性成果。

学校美育的公共性构建

徐　晟◆（南京师范大学道德教育研究所）
易晓明◆（南京师范大学教育科学学院）

　　作为社会公共领域的重要组成，教育内嵌着公共性内涵。公共性意味着与他者共时态地生活在同一世界上，"是一种公有性而非私有性，一种共享性而非排他性，一种共同性而非差异性"[①]。作为现代教育的必然性理念与价值追求，教育公共性有以下两层含义：一是作为现实社会公共事务的教育公共性。就此而言，教育公共性关乎教育的供给方式、资源调配、财政支持等（再）分配方式在国民教育体系中是否遵循与实现公开、共享、平等和正义等理念，并最终成为衡量政府公共教育服务的价值尺度。二是作为自身质的规定性的教育公共性。"人是什么"是教育的起点与归宿，也是教育的阿基米德支点。"教育所要回归的人，是生活中现实的人，是活动中的人、关系中的人，也即是社会的人，是和社会、他人不能须臾相分离的人"[②]，因此，实现个体社会化是教育的质的规定性的应有之义。教育公共性正是在培养个体社会化的教育进程中历史地展现出来的。特别是在教育现代化进程中，教育公共性正是借由公共教育体制来完成全体社会成员的社会化，从而使社会成员形成基于主流价值观的共同认知与价值体系，最终走向全体社会成员在多元化社会生活基础上的公有、共享与共生。

---

①　王保树、邱本：《经济法与社会公共性论纲》，《西北政法学院学报》2000年第3期。
②　鲁洁：《教育的原点：育人》，《华东师范大学学报》（教育科学版）2008年第4期。

长期以来，我国教育界普遍认为美育是丰富和陶冶个体情感，促进个体身心和谐发展，培养个体感受美、鉴赏美和创造美的能力的独特教育活动。美育目的指向个体审美能力的培养，强调对个体个性化的作用。而在学校教育中，美育往往被窄化为艺术教育，限缩在狭小的艺术场域中，美育活动与社会生活严重脱节。美育作为教育的有机组成，理应展现公共性。2020年两办印发的《关于全面加强和改进新时代学校美育工作的意见》（以下简称"意见"）也明确指出"将学校美育作为立德树人的重要载体，坚持弘扬社会主义核心价值观，强化中华优秀传统文化、革命文化、社会主义先进文化教育，引领学生树立正确的历史观、民族观、国家观、文化观，陶冶高尚情操，塑造美好心灵，增强文化自信"。但遗憾的是，在教育实践中，美育公共性问题鲜有提及，本应在学生社会化过程中发挥积极作用的美育社会化功能被遮蔽。因此，在社会生活呈现出视觉化、图像化、泛审美化的当下，重新厘清美育对个体社会化的作用与价值，重新审视美育的公共性问题，尤为重要。

美育公共性价值的内在逻辑

　　随着日常社会生活的泛审美化，审美不再局限于传统意义上的"艺术"，任何生活所见之物都可以成为审美对象。在教育领域，虽然以"日常生活审美化"为基础的生活美育理念日益受到重视，但不可否认的是，艺术教育仍是美育最为有效的实施途径。因此，基于艺术教育作为美育主要途径的教育现实，美育公共性价值具有以下两层内涵：就教育中介而言，美育以艺术为介质所呈现的公共性；就实践形式而言，作为审美活动的美育所展现的公共性。前者关涉艺术本身所具有的公共性，后者则着眼于人类审美活动的公共性。基于此，对美育公共性的探讨必须首先从其自身内在逻辑展开。

（一）美育介质：艺术的公共性

随着近代个人主义的兴起，个性化成为艺术最普遍的注解与标签。然而，正如德国艺术史学家格罗塞所言，"无论什么时代，无论什么民族，艺术都是一种社会的表现，假使我们简单地拿它当作个人的现象，就立刻会不能了解它原来的性质和意义"[①]。因此，艺术不仅仅关涉个人，还联系着由"复数的人"所构成的社会，艺术自身的公共性也就由此生发。

从艺术起源来看，艺术的公共性是与生俱来的。对于艺术的起源有多种理论假说，如巫术说、游戏说、模仿说等。虽然这些假说立足不同角度阐释了艺术起源，但不可否认的是，无论坚持怎样的观点，都无法忽略原始艺术是原始社会集体活动的自然产物这一客观事实。原始艺术产生的直接原因并不是源自人类对审美价值的追求，恰恰相反，而是源自原始人类的社会现实需求。这意味着相对于审美价值，原始艺术的社会价值才是首要的，具有第一性。原始艺术形式大多与当时的社会生活息息相关，例如宗教仪式或节日庆典中的原始音乐与舞蹈、打猎之前画在山洞中的岩画等。正是通过这些社会集体活动中的艺术，原始社会成员之间得以密切联系，成为拥有共同文化与信仰的社会共同体。也正是这样，每一位社会成员通过参与艺术活动，进一步加深了对所属社会（部落）的认知。尤其对于年幼的新生成员而言，可以加深与所属群体的文化血脉联系，使其更好更快地融入社会。因此，原始艺术本质上是一种公共社会事业，与社会生活紧密相连。

作为艺术的现实载体，艺术作品的公共特性是艺术公共性的直接呈现与结果。艺术作品虽是个人创造的，但却不属于个人。艺术作品展现的是我们本属其中的生存世界，是我们共同生活的时空场域。不同于科学等领域分析语言的明确性，艺术是一种凝聚在作品中的综合性语言，通过暗示或启发，给予欣赏者或参与者以整体直

---

① E.格罗塞：《艺术的起源》，蔡慕晖译，商务印书馆1984年版，第39页。

观认知。通过艺术语言言说现实内容，艺术作品以艺术形式开启现实质料，形象地描绘出一个时代的社会政治、经济、文化、生活与人性的缩影，是时代精神的直观性、审美性与历史性的展现。正是在艺术作品所呈现的世界中，我们得以彼此联系，寻觅到自身历史性与文化性的存在意义。因此，艺术作品以公共事务的方式得以呈现，揭示了我们所生活的真实世界，使我们能够感同身受并参与其中，潜在作品中的公共性也就由此展现。特别是随着现代公共艺术的兴起，公共艺术作品在公共空间中面向公众，展现出更加开放、共享与交流的公共精神价值。正如哈贝马斯所言，文学艺术在建立自我认同的主体性的基础上，可以将创作者与欣赏者、个体与社会连接起来。如此，艺术作品成为最佳中介，通过激发同一作品所面对的不同主体的潜在交往合理性，最终得以实现主体间性。

艺术除了如同一面镜子反映着时代特征，还传达着某些思想或观念以塑造或影响社会公众的精神世界。艺术作为一种鲜活生动的文化表现形式，对受众的态度、价值观具有塑造作用是不争的事实，如关于家国情怀的影视作品可以激发社会公众的爱国情感等。艺术对社会公众的积极塑造更多地体现在艺术对道德的积极作用上。正如马修·阿诺德所说："受到美的艺术的影响，人们将告别他们的低级本能，抛弃嫉妒、烦扰、仇恨和愤怒……美的艺术应该提供给每一个人，以改善全人类的普遍状况。"[①] 因此，艺术能够实现社会公众的道德提升。此时，艺术不再是纯粹审美介质，而是转变为推动美好公共生活的重要力量。在此过程中，艺术的公共性也随之展现在我们面前。

（二）美育实践形式：审美活动的公共性

作为人类审美活动在教育领域中最直观的呈现，美育活动在本质上是一种具有教育性的审美活动，进入美育实践就是进入审美场

---

① 维多利亚·D. 亚历山大：《艺术社会学》，章浩、沈杨译，江苏美术出版社2013年版，第48页。

域。美育向我们展现了一个平等对话、情理共在的公共场域，并在此基础上实现公共精神、公共交往与公共理性的构建。

在审美活动中，能够通过审美认同和情理共在孕育公共精神。作为基于共同价值取向的精神追求，公共精神的成长仰赖于共同身份的认同与公共价值目标的认可。身份认同表现为两个方面：一是在共同体中自我身份角色的确认，即"我是谁"的确证；二是对群体的情感归属，即共同情感的发生。审美活动作为人类实践活动的基本形式之一，能够通过审美形式认同以促使共同体中的自我角色确证与共同情感的发生，这主要体现在以下两方面：一是同一群体内部的共同审美形式的认同，获得渗透。在审美活动中将共同审美形式与特征渗透在每个共同体成员的心理结构中，以审美认同为纽带实现群体文化认同下的自我确认。例如，西周时期，通过以德音雅乐为审美形式的乐教，使社会成员在对共同政治秩序的审美观照中构建起自我身份认同。二是，在不同群体之间的审美差异比较中实现群体认同与归属感。由于审美趣味与风格构成了不同群体的文化边界，在跨文化的审美差异比较下，特定群体总是与特定的审美趣味相联系。因此，在审美活动中，个体通过鉴赏与分辨不同趣味与风格的艺术作品，便不自觉地给其贴上"我们的"或者"他们的"标签。正是在"贴标签"的过程中，个体自然产生了身份意识与群体归属感。基于审美活动中情理的共在与交融，在审美认同的同时，审美内容或主题所蕴含的"共同价值"则通过审美认知浸润每个个体。这意味着，在审美活动中，共同价值不再是抽象的冷冰冰的纯粹理性概念认知，而是以审美体验与认知为基础的丰富生动的感知，并以此实现共同价值认同。

审美活动具有的开放性、多元性与互动性以及所呈现的平等、包容、自由的对话关系恰恰是实现公共交往的理想场域。"公共交往是一种陌生人之间的普遍的、无差别的平等交往。"① 这意味着公共交往是在承认异质性的前提下的平等对话与理解，是求同存异的过程。一方面，审美活动的开放性、多元性与互动性决定了其必然面向所有人敞开。审美活动本质上是个体经验的交流与成长过程。杜威将审美经验视作与日常生活经验相连续的完整的圆满的"一个经验"，认为"艺术是由公共世界中常见的特征所创造出来的最普遍的语言形式，是最普遍和最自由的交流形式"。② 因此，在他看来，以审美经验为基础，审美活动成为公共交流的最理想和最普遍的场域。通过审美活动使每个人的经验得以分享和丰富，以实现经验完满，促进个体社会性发展。另一方面，在同一审美场域中，任何与现实有关的"身份标签"隐退，个人现实身份被悬搁。在此意义上，人们以平等与自由的身份实现交往。个人身份的悬搁，意味着作为人格的自我隐退，呈现出非人格化特征。与此同时，审美活动主题和内容的多元性与丰富性，又为参与者提供了多元的审美体验。正如桑内特所言："（公共行为）首先是一种和自我及其直接的经历、处境、需求保持一定距离的行动，其次，这种行动涉及对多元性的体验。"③ 因此，以"自我距离"与"多元体验"为前提，审美活动中的交往指向了公共行为。最终，以审美经验、自我距离与多元体验为基础，异质性的个体或群体在审美活动中实现了平等对话与理解的公共交往。

审美活动是情理共在的，这意味着审美活动并不排斥理性，而是情感与理性的交融。美好的良序公共生活绝不是建立在冰冷的理性规则之上的，而应是面向日常社会生活对事物的宽容观点的指引。正如努斯鲍姆所说："哪里缺乏情感，哪里就缺乏信念（或者

---

① 马丁·海德格尔：《存在与时间》（修订译本），陈嘉映、王庆节译，生活·读书·新知三联书店 2012 年版，第 146 页。
② J. Dewey, *Art as experience*, G. P. Putnam's Sons, 1980: 270.
③ 理查德·桑内特：《公共人的衰落》，李继宏译，上海译文出版社 2008 年版，第 95 页。

不完整）。而这意味着，那里社会理性也并不完整。"① 因此，真正完善的社会理性应内涵着情感与信念，努斯鲍姆将其称为"情感理性"。在她看来，情感所具有的认知功能是发挥情感理性的基础，情感的发生是对事物价值的直接呈现。因此，在审美活动中，审美情感的发生并不是非理性的，而是对审美对象自身价值的正确认知的反映。加之在审美活动中，审美主体被置于"非偏见"的立场，任何与利益相关的偏见都被消除。此时，审美活动中情感并不是公共理性的破坏者，而成为"非偏见"立场下的情感理性。以此为基础，审美主体得以构建"明智的旁观者"身份。作为想象的非偏见立场下的"旁观者"，避免了自身偏好与利益的局限，能够以超然的态度，关注公共事务或对他人的行为进行合理公正评判。同时，旁观者以想象力为基础，想象不同立场的当事人在同一情境下的感受，进而获得"真实性"与"客观性"感受。因此，作为"明智的旁观者"，从自身情感的客观性、公正性与真实性出发，得以对公共生活中的行为与事务实现理性判断。

综上所述，基于美育自身介质与实践形式的内在逻辑展开，美育公共性具有以下内涵：一是美育公共性意味着美育作为公共场合中的事务，向所有人敞开，并被所有人明见。在此过程中，美育公共性以私人性为基础，展现出公开性、共同性与包容性。这一论断的前提是作为教育性的审美活动，美育明确划分出了"私"与"公"的相对性范畴。美育的"私"之范畴，是指个体的情感、欲望、意见等以审美方式得以自我表达的审美活动，如艺术创作、审美构思等。此种活动是具有浓厚自我意识且自然流露的个体自发活动，是"私人对新的私人性的天生经验的自我启蒙过程"②。就此而言，美育是私人性的。正如在公共概念范畴中，公共性是建立在以

---

① 玛莎·努斯鲍姆：《诗性正义：文学想象与公共生活》，丁晓东译，北京大学出版社2010年版，第102页。
② 哈贝马斯：《公共领域的结构转型》，曹卫东等译，学林出版社1999年版，第34页。

私人性为基础的个体之间所显现的差异性之上的，美育"公"的范畴亦是以私人性为前提。汉娜·阿伦特指出："公共领域的实在性依赖于无数视角和方面的同时在场。"[①] 因此，多元性、差异性、复数性的美育私人活动，恰恰保证了美育公共性的发生。美育公共性正是在此张力之中，并在主体的审美交互中，体现出平等对话、多元包容、异质共存等内涵。二是就美育过程而言，其公共性本质上表现为感性经验的共享、重塑与再分配。相较于政治等实体公共向度，美育公共向度更多指向文化精神领域。审美活动正像阿伦特所说的"一张平等的桌子"，使人们彼此相聚又相互分隔，以审美活动为"桌子"，不同个体得以以共同感受为基础实现感性共享与重塑。具体而言，在审美活动中具有差异性的个体进入审美场域，以平等身份实现共同感受对话。这种对话是一种感性经验重塑与再分配，并以此为基础最终达成一种"不可言不可见"的感性经验共识。三是美育的公共向度孕育着通往共同世界的可能途径。首先，无论是艺术所呈现的真实世界与共同理念，还是在审美活动中所展现共同对话与交往的场域，直指我们共同拥有的世界。因此，美育公共性中存有时间、空间与人的存在的动态关系生成，即人与公共时空的交互、人与共同事务的交互以及人与人之间的主体间交互。正是在这些交互关系中，美育活动中所呈现的世界成为我们所共有、共享与共存的生活世界。其次，在共同生活世界的基础上，美育公共性也呈现出以共同价值为基础的公共精神世界。个体在美育活动中一方面融入了我们所生活的共同世界，另一方面个体也在此过程中，将个体审美经验与共同世界相联系，并在感性认知基础上对他者给予承认、理解与关怀，最终孕育出基于共同价值的公共精神。

美育公共性价值的历史与现实逻辑

美育公共性的内在逻辑是其公共性发生的必然与先决条件，而

---

① 汉娜·阿伦特：《人的境况》，王寅丽译，上海人民出版社2009年版，第38页。

在特定时空条件下，内在逻辑所展现的基本性质和特征则是美育公共性的历史与现实逻辑。具体而言，美育公共性的历史与现实逻辑是特定时空下公共性发展的规律性体现，是内在逻辑的外延与时空线索的显现。学校美育公共性的构建必须在内在发生逻辑的基础上承接传统与立足现实。因此，揭示美育公共性的历史性演进与现实性基础是十分必要的。

（一）美育"公共性"传统的历史逻辑进路

回顾美育发展历史，美育始终潜藏着"公共"的传统——面向日常社会生活培育具有共同精神的"公共人"。在前学科时期，美育已渗透日常社会生活中，与"公共"紧密联系。在古希腊的教育中，音乐教育占有极为重要的地位，"比起其他教育都重要得多"[①]。音乐作为"七艺"的重要组成，渗透与贯穿在雅典学校教育的整个过程。音乐教育使青少年融美于心灵，乐于接受美好事物，实现个人德性成长，最终成为既美且善的人，为参与公共生活做准备。此外，"在雅典人的社会生活和文化活动中，诗歌、音乐、舞蹈具有重要意义，是必不可少的一项内容"[②]。这些具有审美性质的日常社会活动构成了城邦公共生活的重要形式与内容。古希腊人参与这些社会文化活动，既美化了个体的心灵，培养了审美趣味，又被感染而积极参与城邦公共生活，更加团结和谐，这些活动塑造了他们的共同精神，提高了他们对城邦的认同感。而在中国古代，儒家则构建了由"个体修身"到"天下人"的传统美育路径，凸显出审美性与伦理性统一的特点。传统儒家美育通过乐教涵养内心（诚意正心），实现心性一体（修身），最终指向个体"成人"。乐教通过发扬"仁之内在情感"，"把体现这种社会化关系的具体制度（礼乐）予以内在的情感化、心理化"[③]。因此，儒家美育以涵养内心与完满个体德性来实现修身，将个体德性引向了共同德性，从自我修养最

---

① 柏拉图：《柏拉图文艺对话集》，朱光潜译，商务印书馆2013年版，第60页。
② 陈育德：《西方美育思想简史》，安徽教育出版社1998年版，第19页。
③ 李泽厚：《哲学纲要》，北京大学出版社2011年版，第319页。

终走向社会共同生活("平天下")。

近代以来,席勒提出"美育"概念标志着美育独立理论体系的建立。席勒将审美教育视作解决人性分裂与异化的良药,希冀通过美育消弭理性与感性的鸿沟,在第三世界的"审美王国"中以完满人性,最终实现个体的自由。然而,席勒的审美教育并没有止步于此,而是将其引向了国家政治生活。在他看来,一方面"它(国家)本身必须首先建立在更好的人性基础之上"[①];另一方面"人从感官的轻睡中苏醒过来,认识到自己是人,环顾四周,发现自己已在国家之中"[②]。所以,经由人性完满与个体自由,审美教育成为实现理想国家政治生活的关键。这也意味着,只有在社会公共生活中,审美教育才被赋予积极的现实意义,即在个体审美与国家政治的张力中,实现个性与公共性的统一,走向了"审美人即公共人"的旨趣。

中国近现代意义上的美育便是从席勒那里借鉴与引入的。清末民初,面对列强侵略、民族危机日益深重的现实,在"教育救国"思潮下,以王国维、梁启超、蔡元培等为代表的知识分子注意到美育对国民性改造的积极作用。他们倡导美育的初衷便是改变当时国民缺乏国家意识,只知私利而无公益的局面。无论是以美育塑造国民精神,还是"以美育代宗教",抑或是以"趣味"培育"新民",他们都将美育视作培养国民公共精神的重要手段,期望通过美育重塑国民精神,增强民族和国家意识,使国民摒弃自私自利,成为关心公共利益与事务的新国民。蔡元培尤为重视美育的社会公共性价值,强调社会公共资源的美育作用。他认为社会公共资源不仅囊括了如美术馆、博物馆等专设美育机关,还包含了与文化遗产相关的普遍美育设施如街道、广场、公园、建筑、文化名胜这些公共生活

---

① 弗里德里希·席勒:《审美教育书简》,冯至、范大灿译,上海人民出版社2003年版,第59页。

② 弗里德里希·席勒:《审美教育书简》,冯至、范大灿译,上海人民出版社2003年版,第24页。

空间。以此使美育渗透国民日常生活各个角落，使原先被特权阶级所垄断的美育下移至社会各个阶层，使每个国民都得以享受平等的美育权利，并最终在美育领域的民主与平等氛围中唤醒国民公共精神。

总而言之，无论是中国文化语境下的以美育德走向共同德性，还是西方文化语境下的以美育进入公共生活，美育公共性传统都在随着时代变化不断演进。在中国不断融入世界与对外开放的过程中，两者最终交汇，并在近现代中国教育中大放异彩，也成为当前学校美育构建的思想与实践的宝库。

（二）当代发展美育公共性的现实必然性

今天我们身处于一个前所未有的时代：消费文化大行其道，商品作为符号象征被追捧；通过现代技术，美的事物可以快速便捷地复制与传播；以网络与图像技术为基础的新媒介，打破了不同阶层人群的界限，精英文化被解构，大众文化成为社会文化生活的主流；日常生活呈现出视觉化、表层化、可感化的特点。这使得审美要素迅速渗透到日常生活中，呈现出日常生活审美化的时代景观。

从个体层面而言，日常生活的审美化实现了以审美为纽带与他者共在，本应是每个个体生命的升华。但是在审美与资本、技术媾和的现实逻辑下，审美与社会生活的融合成为个体原子式审美与审美狂欢的舞台。孤立的原子式个人，沉浸在自我审美世界中，排除了他人、社会的关系，只强调审美对自我带来的精神上的享受，无视审美活动的公共性。这直接导致审美差异在自我中心主义的基础上无限放大，滋生出审美文化霸权主义，最终造成人与人之间、群体与群体之间甚至国家与国家之间的对立与冲突，社会公共精神丧失殆尽。而在消费主义、享乐主义和媒体时代的共同作用刺激下，当代审美呈现出由传统审美所追求的"永恒性"意义向审美狂欢式的感官刺激"瞬时性"享受的转变。尤其是虚拟网络世界出现，人们可以更加无所顾忌地宣泄自己的欲望，沉溺于逃离现实世界的快感之中。这种审美狂欢无限放大了感官快感，极大消解了审美对于社会生活的公共性作用。因此，作为对现实性的反动，今天更加呼唤建立在主体间性的基础上的审美公共性，构建学校美育公共性已迫在眉睫。

无论是美育自身的内在逻辑还是历史传统，当代学校美育理应展现出公共性。然而事实却是学校美育公共性缺失，游离于教育公共生活边缘。当代美育公共性缺失是美育过分个性化、功利化与技术化的后果。长期以来，我国学校美育面临最突出的问题是将美育视作一种个体化的知识技能教育。首先，受限于教育界主流对美育个性化功能的强调，在学校美育中，个性化往往被视作唯一目标。这导致了艺术教师过分强调美育的个性化作用，直接造成了美育公共性的遮蔽。其次，现实美育教学中，艺术教育作为学校美育的主阵地，专业艺术知识技能贯穿了学习的整个过程。学生是否能够准确掌握专业知识技能，成为评判艺术课程是否成功的唯一标准。这种以知识与技能训练为主的艺术课程大行其道，必然导致学生在美育活动中道德品质、价值观念、互动交往等方面收获的缺失。最后，部分学校与家长基于艺术特长作为升学有利条件的现实（如艺术特长生、艺考等），出于功利性目的刻意片面强化艺术科目的技能训练，这无疑进一步消解了美育的公共性。

因此，基于以上现实，构建学校美育的公共性更加具有现实性意义：一是审美空间特定场景（如博物馆、艺术展览、学校等）向日常社会生活全域的拓展。原先以人性假设为基础的美育已无法满足教育实践的需要，当代美育转向以日常生活的形式感受为基础的人与日常生活关系的直接性构建，其中必然包含着共在性关系的生成。二是由于日常生活被赋予了审美性，艺术与生活在现实生活中的边界日益模糊。现实生活呈现出真实与审美的双重属性。这致使原先处于"纯粹审美"领域的美育必须积极主动深入"社会生活"领域。在这一过程中，美育不应停留在物质与社会现实的表层，而应"深入我们生活实践态度和道德方向"和"彼此相关联的认识论"的审美化,① 这意味着美育不仅仅只是生活表层的装饰,还是伦理性与认知性的公共生活实践。因此,无论是遵循美育的公共性传统,还是应对当下的日常生活审美化,当代美育以"公共"之姿走进学校日常生活已是必然。

当代我国学校美育公共性的建构路径

学校作为教育的主要场域,是学生接受统一教育、与他人交往、与同伴游戏等的活动空间。作为个体的儿童必然与他人(同伴、教师、学校管理者等)以及团体或社群(非正式团体、班级、社团等)发生共在性关系。这决定了在学校场域中,所有构成都具有公共性。在此意义上,学校生活便成了公共生活,发生在学校时空中的教育活动也成了一种公共活动。这为美育公共性构建创造了有利现实条件。因此,只有在学校公共生活的深厚土壤之上,学校美育才能在立足现实与继承传统的基础上重建公共性,最终使儿童在审美中实现公共性成长。

(一)关注美育社会功能以培育公共精神

当前美育公共性困境很大程度上是由教育者认识上的误区造成的。因此,首先应从认识上扭转教育者对美育价值的基本认识:美育不等同于艺术教育,它是面向人之全面发展的教育;美育也不只是艺术知识与技能的传授,还具有培育人之情感与人格、促进人的社会性发展等育人功能;美育不仅仅培育人之个性,还指向人之社会性生成。通过对美育基本概念与价值的厘清,学校美育的公共价值得以在认识上重塑。

在此基础上,通过改进美育教学,在实践中重新确立与践行美育的公共精神。一是在美育实践中关注公共理性精神的培养。面对

---

① 沃尔夫冈·韦尔施:《重构美学》,陆扬、张岩冰译,上海译文出版社2002年版,第40页。

日常生活审美化、图像化和视觉化的现实，应在经典艺术学习的基础上渗透以日常生活为中心的视觉文化艺术教育（Visual Culture Art Education，VCAE）。视觉文化艺术教育认为人们每天接触大量视觉文化产品的过程绝不是简单的用眼睛看的过程，视觉影像背后的各种权力关系、价值观、意义等在人们看的过程中不知不觉地进入到自身视觉经验的建构之中。所以艺术教育要跳出只关注学生个体审美经验和艺术创造力发展的传统，强调培养学生的视觉性，即批判性地分析和解读视觉产品、现象的能力，让他们学会分析视觉影像背后所蕴含的社会观念、价值和信仰，并建立与自我的联系，从而促进他们确立积极的自我认同和对社会生活的理解。基于此，儿童的公共理性精神得以构建，并最终增进其社会责任感。二是顺应艺术介入社会的思潮，积极引导美育实践关注与参与社会现实生活。在杜威"教育即生活"和"学校即社会"观点的指引下，学校美育应与社会生活紧密相连，培养儿童的社会生活能力。因此，应以美育引导学生进入社会公共生活，以艺术创作参与社会生活。在此过程中，儿童主动参与其中，以互动的方式共同探究问题和创作艺术作品，每个儿童可以积极表达和分享自我观点，共同努力实现既定目标。这不仅提升了儿童共同协作能力、公共交流与表达能力和公共参与能力，还加深了儿童对自我周边的社会生活的认知程度，最终使其公共精神得以成长。三是在美育教学中深入挖掘艺术作品所蕴含的公共议题。艺术作为美育介质，以时代缩影的方式反映着当时的社会公共议题。因此，可以通过社会正义、公平、和平、环保、人类命运共同体等时代共同关心的话题引发儿童对社会生活的深入思考，唤起儿童对他人之关爱、对社会现象之关心、对人类命运之关注，以此培养儿童对现实生活的关注与思考的习惯。

（二）发掘传统文化的美育价值以培育共同归属感

美育通过审美形式、审美趣味与共同情感，促进学生形成对共同体的归属感，实现对共同精神的形塑。尤其是应积极发掘我国优秀传统文化资源中的共同审美文化价值，培育学生对民族与国家共同体的认可。

首先，学校美育应深入发掘优秀传统文化的美育价值，以促进儿童对国家和民族的共同归属感。特别是在美育课程体系内，充分挖掘艺术作品的历史文化价值，在审美情境中促进德美融合，以美育德，以美化人。艺术作品往往蕴含了丰富的历史文化内涵，尤其是重大历史题材或反映时代关切的艺术作品，往往包含了民族共同的记忆和情感，展现了共同的时代精神。因此，应充分运用相关的艺术作品，摆脱冷冰冰的道德说教，使学生在审美体验中激发民族共同记忆和情感，感受时代精神，实现道德成长，以培育对民族精神与时代精神的认同。

其次，国务院《关于全面加强和改进新时代学校美育工作的意见》指出："让收藏在馆所里的文物、陈列在大地上的文化艺术遗产成为学校美育的丰厚资源，让广大学生在艺术学习过程中了解中华文化变迁，触摸中华文化脉络，汲取中华文化艺术精髓。"因此，应积极将中华优秀传统文化引入学校课外美育活动，培育学生对共同体的认同感与归属感。优秀传统文化不仅涵盖书法、国画、民族音乐等传统艺术形式，也包括文化遗址、民风民俗等。学校应积极统合与加强对社会美育资源的有效利用。一方面，可聘请校外艺术家或者民间手工艺大师开设相关艺术课程或讲座，创建传统艺术社团，使儿童在传统艺术中感受中华美育精神，潜移默化地接受民族特色的审美形式与审美趣味，进而形成对民族共同体的认同；另一方面应结合学校当地的文化资源，如名胜古迹、民俗节日等，组织学生现场参观或体验。名胜古迹与民俗节日中蕴含了大量的民族性、地方性审美要素。具有地方与民族特色的美育活动，可以强化学生对优秀传统文化背后所蕴含的民族文化精神的认同，加强民族自信与文化自信，最终使学生获得对民族与国家的归属感。

（三）重塑审美公共空间以提升公共参与能力

美育公共性价值的实现是依托审美活动所构建的时空场域而存在的。因此，在学校美育公共性构建的过程中，必然要关注美育公共空间的存在形式。美育公共空间之于儿童的意义在于如何将其自身所展现的公共意蕴构建在空间中，进而传达给美育公共空间中的个体。就空间存在形式而言，美育公共空间由两部分构成，一是以学校公共环境为代表的物理性公共空间，二是以网络公共空间为代表的虚拟性公共空间。对于儿童日常所处的学校公共物理空间而言，应通过营造审美的校园公共环境，潜移默化地实现学生对社会主流文化价值的认同。校园公共环境作为学校公共生活的外部客观空间，是物质、制度与文化共在的"场"。因此，校园公共环境是以物质性为基础的文化生产场域。由于学校的特殊性，其环境中最常见的标语、绘画、雕塑等通常蕴含了社会共同价值。通过环境美育，学生首先关注形式美，而作为内容的共同价值也随之浸润学生的精神世界。特别是可以在校园公共空间中引入公共艺术作品，向学生传达交互、共享、共同的公共性态度、精神与价值。同时，也应在校园、班级文化创建过程中，鼓励学生积极参与，以审美或艺术的法则真正走进校园公共生活。

而在网络虚拟空间中，应重视网络美育对发展儿童公共参与能力的积极作用。随着互联网日益深入日常生活，美育资源得以极大丰富与拓展。一是以抖音为代表的视觉化短视频社交软件成为儿童在日常生活中最普遍也最容易接触到的美育资源。二是微博、博客等公共网络舆论平台，也成为当代儿童日常娱乐最主要的虚拟空间。这些互联网美育资源在社交性与审美性统一的基础上构建了虚拟的审美空间。一方面，这类互联网美育资源以"短、平、快"为特点，极易引起儿童兴趣，在外在感官的强烈刺激下，儿童丧失深层次的理性思考。儿童往往被裹挟其中，被个体预设立场与情绪左右，在"信息茧房"效应影响下呈现出非理性的共享。特别是在泛娱乐化的影响下，消解理性参与的空间与可能，最终使儿童难以基于理性言说参与公共讨论。这是我们需要警惕的。另一方面，我们也必须看到，虚拟审美空间以其同时性、匿名性、公共性的特点，为更多元的对话与交流提供了平台，是情理共在的主体间交往空间。因此，面对儿童对视觉化社交软件普遍性使用已无法避免的现实，我们应积极引导儿童正确认识与使用此类网络美育资源，避免其沉溺于表面肤浅感受，充分构建情理共在的主体间交往关系；发展儿童对"美与丑"的辨别能力，引导儿童对不同审美趣味的理解与包容，并在此基础上学会理性的公共言说，提升儿童的公共参与能力。

（四）立足美育实践场域以培育公共交往行为

美育实践活动本质上是审美活动，而审美活动所展现出的平等对话、情理共在的公共性特点，为公共交往行为的发生与实现提供了绝佳场域。因此，应在学校美育中，充分立足于美育实践活动，培育学生的公共交往行为，以促进儿童公共参与能力的发展。

首先，在美育课堂中，构建公共交往空间，引导儿童异趣沟通与平等对话，激发师生之间的公共交往实践。教师应鼓励儿童积极参与课堂讨论，实现不同主体在平等的基础上展开公共对话。虽然师生之间、生生之间的审美经验与趣味存在差异，但在审美场域中，个体身份悬置，所有人都以平等身份交往。通过平等身份的构建，师生之间实现公共性的交往关系——在承认多元趣味的前提下，实现平等沟通与对话。其次，学校和教师还应重视美育教学中对儿童想象力的培养，强化儿童在审美过程中的"非偏见"立场。通过美育培养儿童的想象力，促进其共情能力发展，在同情他者的过程中，作出客观公正的理性判断，最终使儿童以公正理性的立场实现与他人的公共交往。再次，学校和教师还应鼓励儿童开展艺术社团活动。对于儿童而言，艺术社团是紧张学习生活的调剂，儿童常以娱乐、游戏的心态组建和参加艺术社团。儿童以"游戏人"身份参加艺术社团活动，在与其他成员共同制订规则的公共交往中习得公共表达的能力。最后，学校还应积极鼓励儿童走出校园，走进社会，以美育介入公共生活。以校园周边社区为主要平台，与校内艺术社团活动相结合，鼓励学生积极参与学校周边社区的社会公共活动。通过这些途径，学校美育的公共性由知识取向转变为实践取向，儿童在审美实践能力提升的过程中参与社区活动，进一步加深对自身生活社会环境的认知，树立社会公共服务意识。

通过学校美育实现美好生活，是新时代学校美育工作的应有之义。"美好生活是一种在善的价值指引下，人通过自由自觉的生活实践来实现一种总体上满意的生活状态和生活秩序。"① 满意的生活状态代表物质与精神生活的完满，满意的生活秩序则仰赖公众对社会公共生活的有序参与。美育公共性的构建，使个体在审美成长中充实精神生活，在审美活动中培育儿童公共参与能力，为实现良好的生活秩序奠定基础，为未来美好公共生活做好积极准备。②

（原载《教育研究与实验》2022年第2期）

---

① 杨进、柳海民：《论美好生活与学校教育》，《教育研究》2012年第11期。
② 本文系国家社会科学基金重大项目"当代中国美育话语体系建构研究"的阶段成果。

辑二

当代
美育问题研究

关于当代美育的中国路径

曾繁仁 ◆（山东大学文艺美学研究中心）

美育已成为当今的热门话题。近年来，国家大力号召开展美育教育并连续发布重要文件，从政策、制度等层面给予支持。目前，各高校、中小学都开始了美育拓展和相关实践，经过多年积累在美育研究层面也涌现出一批优秀的研究成果。笔者认为，当代美育急需从宏观层面上探索出一条属于中国自己的路径，简而言之，就是要坚持当代美育的民族化方向，弘扬中华美育精神。

当代美育应坚持民族化方向

我们为什么要坚持当代美育的中国路径呢？因为这是一种文化自信的体现。

"美育"一词由德国哲学家席勒1795年在《美育书简》中首次提出，此后逐步引入中国。长期以来，我们在美育教学与科研中所运用的理论基础主要来自席勒、康德等西方学者。虽然我国美育工作者在实践中有意识地将中国传统文化资源与现当代实际情况相结合，并取得了重大成绩，但包括本人在内的一些学者在美育研究中仍偏重于以传统西方理论作支撑，认为美育的概念源于西方。甚至有人认为，中国古代只存在一种尚不完善的美育"智慧"。这些都是文化不自信的表现。

美育作为一种"以美育人，以文化人"的教育形态与文化形态在中国古代早已存在,并具有丰富的资源。美育说到底是人的一种艺术生存方式,因此具有某种民族特性。在遵循"以美育人"乃至"以情育人"的美育共识的前提下,注重民族性和对中国路径的探索会使我国美育实践更加符合国情,使当代美育取得更大的成效。

究其原因,在文化发展的问题上,我们坚持"类型说",反对"线性说"。所谓"类型说",即各种文化形态总体上只有类别之差,而无先进与落后之别。而"线性说"则单纯以生产力发展水平为衡量标准,认为生产力发展水平高的文化形态的艺术水平自然就高,生产力水平低的文化形态的艺术水平自然就低。这种观点其实是站不住脚的。因为文化形态与艺术水平之间很难建立普适性的判别标准。长期以来,所谓的文化标准是由西方国家建立的,具有"殖民性"与"西方中心论"的意味。对于一个民族来说,文化判别应该以适应与不适应作为指向。凡是适应并有利于民族文化发展的就是值得肯定的,而不适应、不利于民族文化发展的就是不值得肯定的。

这种以生产力发展水平作为文化艺术发展水平衡量标准的观点,显然违背了马克思关于物质生产与艺术生产发展不平衡的理论。马克思在《〈政治经济学批判〉导言》中提出物质生产的发展同艺术生产的不平衡关系,指出:

> 关于艺术,大家知道,它的一定的繁盛时期决不是同社会的一般发展成比例的,因而也决不是同仿佛是社会组织的骨骼的物质基础的一般发展成比例的。例如,拿希腊人或莎士比亚同现代人相比。就某些艺术形式,例如史诗来说,甚至谁都承认:当艺术生产一旦作为艺术生产出现,它们就再不能以那种在世界史上划时代的、古典的形式创造出来;因此,在艺术本身的领域内,某些有重大意义的艺术形式只有在艺术发展的不

发达阶段上才是可能的。①

促进经济社会发展是文化艺术发展的重要动因，但因为它们中间隔着上层建筑，所以具有间接性与复杂性。这使得经济社会与文化艺术之间出现诸多不平衡现象，这就是生产力发展水平不能成为文化艺术发展水平衡量标准的原因。

这里需要说明的是，诚如有些专家所言，民族的不一定是世界的，但优秀民族文化一定是适合该民族文化发展实际的，一定是适合该民族消化吸收的。当代美育的中国路径说到底是要创造一种更加适应本民族发展的美育文化理论。马克思的艺术生产理论还告诉我们，不仅物质可以生产，包括艺术在内的精神文化载体也能够生产，也就是新的精神甚至是掌握这种精神的人都可以生产。这种精神生产恰恰就是美育"铸魂"与"塑形"作用的显现，能够铸造具有民族自尊心的心灵，塑造热爱祖国的青年建设者。可见，具有民族性的美育文化与美育精神，可以塑造具有中国精神的美好心灵，以及一代又一代热爱民族与国家的新型人才。

美育应弘扬中华美育精神

中国有着五千年的悠久历史，具有丰厚的文化遗产，蕴含着丰富的美育遗产。探索当代美育的中国路径，离不开对优秀传统文化的继承以及对中华美育精神的弘扬。

据记载，周公时代就有了制礼作乐的传统——"周公摄政，一年救乱，二年克殷，三年践奄，四年建侯卫，五年营成周，六年制礼作乐"（《尚书·大传》）。至此，礼乐教化成为传统社会的基本政治教育制度。《乐记》是对传统社会礼乐教化的总结，是世界上

---

① 北京大学中文系编：《马克思恩格斯列宁斯大林论文艺》，人民文学出版社1974年版，第48页。

较早的乐教论著，也是世界上较早的美学与美育论著，可比肩亚里士多德的《诗学》。

与美育相关的诗教、乐教和书教传统也是非常丰富的。诚如《礼记·经解》所记："孔子曰：'入其国，其教可知也。其为人也，温柔敦厚，诗教也。疏通知远，书教也。广博易良，乐教也。絜静精微，易教也。恭俭庄敬，礼教也。属辞比事，春秋教也。'"这里列举的诗教、书教、乐教、易教、礼教与春秋教等，都属于广义的传统美育范畴。历时几千年，我国还有着极为丰富的文化艺术遗产，如《诗经》《离骚》《汉乐府》与汉画像、敦煌壁画、唐诗宋词、明清小说等。它们都是广义上的中华美育资源。至于中华传统美育精神，更是无比丰富精彩。

其一是"乐以成人"的君子之教。中国传统教育的基本内涵是君子的培养与教育，诚如孔子所言"兴于诗，立于礼，成于乐"（《论语·泰伯》）。这里讲到的君子的培养与教育是通过诗使其得到振奋，通过礼使其学会自立，通过乐使其成人，这即是"乐以成人"的重要论题。而乐又是通过与礼、刑、政交融培养君子、治理社会的，即所谓"礼节民心，乐和民声，政以行之，刑以防之。礼乐刑政，四达而不悖，则王道备矣"（《乐记》）。而所谓礼乐教化说到底应是一种道德教育，《乐记》所倡导的雅乐德音即是具有丰富的道德内涵的音乐。《乐记》言："凡音者，生于人心者也。乐者，通于伦理者也，是故，知声而不知音者，禽兽是也。知音而不知乐者，众庶是也。唯君子为能知乐。"这里，《乐记》将音乐划分为声、音与乐三个层面，仅仅知声只能是禽兽，而知音则仅仅为普通的庶人，只有通晓伦理道德才为知乐。《乐记》又进一步强调："礼乐皆得，谓之有德。德者，得也。"将乐教最终归结为道德之教，说明传统美育有着极为丰富的道德内涵，说明君子之"成于乐"乃是一种通过音乐而达到的道德的教化。中国传统文化一直以来都将君子之教归结为道德之教。专门讲君子教育的《大学》有言："大学之道，在明明德。""明明德"是指治国、齐家、修身、正心、诚意、致知。这里需要特别说明的是，中国传统社会的君子之教异于西方美育中"人"的教育。西方美育中"人"的教育是针对工具理性对人性的割裂而言的，是指人性的"知、情、意"的统一。而中国传统社会的君子之教则是针对"四好"（琴、棋、书、画）与"六艺"（礼、乐、射、御、书、数）的古代士人教育。

其二是"天人相和"的中和之教。中国传统乐教以"天人合一"为其文化模式与重要诉求。《荀子》有言："礼之敬文也，乐之中和也。"《乐记》言道："大乐与天地同和，大礼与天地同节。"礼乐成为沟通"天地相和"之途径并呈现出东方的"中和之美"。而"天人相和"即导向天地相交与阴阳相生，诞育万物。《乐记》指出"大人举礼乐，则天地将为昭焉。天地欣合，阴阳相得，煦妪覆育万物，然后草木茂，区萌达"，说明举礼乐可使天地相和、阴阳相得、万物繁茂，乐教与天地之和、阴阳相得、万物繁茂密切相关。正如《易传》所言，"生生之谓易也""天地之大德曰生"，方东美将这种"生生之德"转化为"生生之美"，并将之界定为"对生命伟大处的体贴"，概括了中国古典美学的精神要义。① 同时，乐教之和还包括社会和敬。《乐记》道："乐在宗庙之中，君臣上下同听之，则莫不和敬；在族长乡里之中，长幼同听之，则莫不和顺；在闺门之内，父子兄弟同听之，则莫不和亲。"由此说明中国传统美育的中和之美还是一种宏阔的天人之美，不同于古代西方局限于具体物质比例对称的和谐之美。

其三是"风骨刚健"的人格之教。"风骨"之概念始于汉末，流行于魏晋时期。《文心雕龙》将之列为专章论述，以表达刘勰对作文的总体要求——"刚健既实，辉光乃新，其为文用，譬征鸟之使翼也"（《文心雕龙·风骨》），即言文章之"风骨"犹如雄健刚强之力与照耀天地的灿然光辉，好像大鸟之强劲双翼于远飞中发挥的巨大作用。"风骨"在文章中的具体体现是"辞之待骨，如体之

---

① 方东美：《生生之美》，北京大学出版社2009年版，第295页。

树骸；情之含风，犹形之包气"，即言"风骨"乃文辞之骨骼、文体之主干、文情之根本、文形之气韵。总之，"风骨"是文章生命力的体现，非常重要。但富有生命力的"风骨"之形成有赖于文人的气质禀赋，"气"与"风"是风骨之根源也。

正所谓"诗总六义，风冠其首，斯乃化感之本源，志气之符契也。是以怊怅述情，必始乎风；沉吟铺辞，莫先于骨"（《文心雕龙·风骨》)，风乃气之动也（即风是流动的气)，刘勰将"风"即"气"看作诗歌之首、化感之本、文情之始、文辞之先。风与气是诗歌生命力量之源也。所以，风骨之要义乃"养气"，刘勰提出曹丕之"文以气为主"。"养气"是文人的一种修养，是一种人格的体现。魏晋时期，作为"竹林七贤"之一的嵇康得罪了权贵，在被行刑前弹奏了著名琴曲《广陵散》，然后从容赴死，成为文人"风骨"之典范。宋末文学家文天祥在英勇赴死前书写了千古名句"人生自古谁无死，留取丹心照汗青"，又一次谱写了文人"风骨"的光辉篇章。"风骨"在书法理论中有"筋血骨肉"之说，同样是对文人人格修养的要求，是中国传统美育精神的体现。

其四是"大音希声"的境界之教。中国传统文化呈现出儒道互补的特点。而在艺术领域，道家的影响比儒家要大一些。如道家"大音希声"的境界之论中渗入了儒家理论，对中国传统审美与艺术产生了重大影响。一些西方人从西方工业革命的理性主义出发，认为中国传统艺术与审美缺乏理性逻辑。其实他们并不了解中国传统艺术与审美的更加深奥和玄妙的境界，即追求言外之意、意外之旨、景外之景等。

这就是"大白若辱……大方无隅，大器晚成，大音希声，大象无形"所言的"大音希声"之美，这里所说的归根结底就是"道"之呈现：道在颜色上似白又不是白，在形态上是方又不是方，在人物上是人才又不是一般的人才，在乐音上有声却又似无声。这里阐述了一种超越日常的色、形、人与乐的美，是一种无声之音、无形之器，是一种与自然宇宙相通又更加宏大的境界之美。《庄子·知北游》言"天地有大美而不言，四时有明法而不议，万物有成理而不说"，为我们呈现了一种更为宏大的深蕴于宇宙万物之中的自然之美、境界之美。也如孔子之"无声之乐，无体之礼，无服之丧"（《礼记》），在"无"之中追求自然与宇宙之妙。诚如诗论家所言："'诗家之景，如蓝田日暖，良玉生烟，可望而不可置于眉睫之前也。'象外之象，景外之景。"① 当然，"境界"还与禅宗密切相关。"境"乃佛学用语，指主体作用于由对象所形成的区域范围。这里的境界特指"心灵之境"，而心灵之境是由"悟"达到的，主要指禅宗南宗之"顿悟"，以生命的瞬间震颤达到心灵之境。但心灵之境的超越性主要还是道家的成果。总之，境界之美是中国传统美学与美育的一贯追求。

王国维在《人间词话》中提出了宋词"要眇宜修"的"境界之美"。现代美术家丰子恺则提出著名的"三境界"之说。现代哲学家冯友兰提出著名的"天地境界"之说，还提出"四境界"之论：第一重境界为自然境界，第二重境界为功利境界，第三重境界为道德境界，第四重境界为天地境界。他说：

> （有境界之人）不仅是社会的一员，同时还是宇宙的一员。他是社会组织的公民，同时还是孟子所说的"天民"。有了这种觉解，他就会为宇宙的利益而做各种事。他了解他所做的事的意义，自觉他正在做他所做的事。这种觉解为他构成了最高的人生境界，就是我说的天地境界。②

境界之教成为中华传统美育精神的精华，需要我们进行很好的体悟、理解和消化。中华传统美育精神的内涵无比丰富，包含于儒释道各家，内蕴于各种艺术门类与民间文化，需要进一步发掘与

---

① 陈良运主编：《中国历代诗学论著选》，百花洲文艺出版社1995年版，第316页。
② 冯友兰：《中国哲学简史》，北京大学出版社2009年版，第292页。

弘扬。

坚持中华美育传统的创新性发展与创造性转化

最后，笔者想对当代美育的中国路径进行简单的概括，一言以蔽之，就是"以中为主，中西对话"，坚持中华美育传统的创新性发展与创造性转化。

中国传统文化包含着无比丰富的美育传统，弘扬中国传统文化可以助推当代美育发展。中华美育的发展途径当然是结合马克思主义理论等对中国传统文化加以创造性转化与创新性发展，基于历史实际创造具有中国气派与民族风格的新时代美育文化。

19世纪后期以来，我国现代美育的发展离不开王国维、蔡元培、朱光潜、宗白华等老一辈美学家和年轻学者、研究者的共同努力。他们学习借鉴西方美学、美育理论和资源，并使其经过改造消化，成为中国现代美育资源的有机组成部分。身处新时代的我们更应将一切有价值的美育资源经过改进吸收为我所用，相信我们会开拓出一条具有中国特色的当代美育之路，而且这条道路会愈走愈宽。

（原载《美育》2021年第1期）

中国式现代化语境中的美育现代性问题

宋　伟◆（东北大学人文艺术高等研究院）

自1912年蔡元培力倡"以美育代宗教"并将其纳入中国现代教育体制以来，艺术审美教育在中国走过了漫长而艰难的历程，"美育"因而成为一百多年来备受关注的"百年现代议题"。回顾百年以来的历史，中国遭遇"千年未有之大变局"，这个"大变局"的实质就是中国被迫进入现代性历史进程，由此造成百年来中国社会的剧烈震荡、冲突、变革、转型。当今时代，站在"两个一百年"的历史交汇点上，站在新时代新征程新起点上，以较为宏大的历史总体性视域，回望和审视这一"百年现代议题"，将会显现出怎样的意义与价值？这的确是一个充满诱惑和挑战的话题。党的十九届六中全会通过的《中共中央关于党的百年奋斗重大成就和历史经验的决议》指出："党领导人民成功走出中国式现代化道路，创造了人类文明新形态，拓展了发展中国家走向现代化的途径，给世界上那些既希望加快发展又希望保持自身独立性的国家和民族提供了全新选择。"这一论断向世人表明，百年来，在中国共产党的领导下，中国人民探索并走出了一条独具特色的"中国式现代化道路"，创造了一种崭新的"人类文明新形态"。

长期以来，美学和美育研究形成了"单纯从美学角度谈美育"的纯美学学术研究范式。与之不同，在现代性理论视域下，审美教育被理解为一种现代性建制的产物，也就是说，只有从现代性视域出发，才能够理解、推进和落实美育的现代性进程。显然，作为

"百年现代议题",美育是"中国式现代化"的有机组成部分。这里的问题是,如何从"中国式现代化"或"中国现代性"语境出发来看待和阐释中国"美育现代性"问题?在此,我们主要从"现代性批判理论"与"现代化国家建制"这两个重要维度来考察和阐释中国美育现代性问题。从"中国式现代化"语境出发,站在"两个一百年"的历史交汇点,在回望历史与展望未来的视域融合中,探寻中国"美育现代性"问题,无疑具有十分重要的历史意义与当代价值。

作为现代性批判理论的美育现代性问题

审美教育关乎人的文化心理结构建构,其实质是实现人的自由全面发展,建立真正幸福美好的现代社会和生活。马克思主义诞生之前的德国古典美学时期,康德、席勒、谢林、黑格尔、费尔巴哈等著名思想家、美学家就开始意识到艺术审美对于抵御资本主义异化现象的重要意义,并试图寻找一条审美解放道路,以改变现代资本主义单向度片面发展的物化现实,初步形成了一种"审美现代性"的理论视域。在德国古典美学家看来,艺术审美与人的自由解放以及人的全面发展紧密关联。席勒指出美是人类走向自由的必经之路,这是因为,"只有通过美,人们才能走向自由"。自由内在地凝聚于艺术审美之中,而美的真正价值也就在于自由。黑格尔也曾明确指出:"审美带有令人解放的性质。"[①] 这意味着,艺术审美活动并不是一种纯粹的"为艺术而艺术""为美而美"的消遣娱乐活动,它是人类生存及发展的必要条件,是塑造全面发展的自由人的一种途径,是人类从必然王国向自由王国趋进的必经之路。在人类创造的诸多文明样式或文明形态中,艺术始终将人的自由全面发展作为"本己性"的历史使命,以全面整体的方式关照世界及人的存

---

① 黑格尔:《美学》第 1 卷,朱光潜译,商务印书馆 1979 年版,第 147 页。

在命运，对抗片面发展的文明样式和人类异化的生存悖论，坚守审美乌托邦的艺术理想，以形塑健全、整体、自由的人生境界。正是继承了德国古典美学传统，马克思对资本主义现代性的反思批判以及对共产主义社会之理想愿景，始终内蕴着"审美现代性"的追求，由此设想与资本主义现代化完全不同的社会主义现代化或共产主义现代化的全新发展道路和全新文明形态。

马克思被誉为现代性理论的开创者。马克思现代性批判理论，尤其是马克思对资本现代性与审美现代性展开的双重视域批判，为我们把握和理解资本主义时代政治经济、文化艺术等现代性问题提供了历史唯物主义的宏阔视野和反思批判的理论资源。同时，也为如何探索与实现中国式现代化与美育现代性提供了理论根据和思想资源。从现代性视域看，中国共产党百年奋斗历史既是发展中国家如何选择现代化道路的探索史，又是社会主义现代化新道路的开辟史。这意味着，马克思依然与我们同行，马克思对资本主义现代性的反思批判依然是当代最为重要的现代性理论，因而，无论反思现代性、重建现代性、探索现代性、批判现代性，抑或解构现代性，都无法绕过马克思的现代性批判理论。

应该指出的是，马克思现代性批判理论中的审美现代性维度始终处于被忽视或被遮蔽的状态，其主要原因在于对历史唯物主义的"经济决定论"的误读。"经济决定论"对历史唯物主义进行了教条主义的曲解或误读，其过于关注现代性的经济结构和社会结构方面，而忽视了现代性的文化结构、心性结构和审美结构方面，由此形成单一现代性的理论模式，即只关注经济现代性、政治现代性或社会现代性，而忽视文化现代性或审美现代性问题。应该认识到，资本主义现代性批判的实质是对"现代命运下人的自由如何可能"这一重大命题的追问，因而，如果缺少文化现代性或审美现代性的维度，"人类自由解放"的共产主义理想目标便将缺少重要的依循。

由于缺少现代性理论视域，以往对马克思主义的解读，始终囿于理性哲学或意识哲学的框架之中，从而遮蔽了马克思现代性批判理论的历史语境，进而弱化了马克思主义阐释现代性问题的理论活力。因此，从现代性视域出发重新阐释马克思主义美学，对于彰显其现代性批判理论维度，进而激活马克思主义介入当代议题的理论活力，尤其对于探索和开辟发展中国家走具有自己特色的现代化道路等重大问题，将具有十分重要的理论意义和学术价值。西方资本主义现代化单向度发展的历史表明，现代性是一个在政治、经济、社会、文化及日常生活等不同层面的历史变革，充满着内在结构性的矛盾冲突、对抗分裂。正是面对和解决资本主义现代性的矛盾悖论，马克思现代性批判理论采取了双重视域的辩证批判策略，其中，"资本现代性"与"审美现代性"构成最为重要的两个维度。应该看到，马克思在资本现代性批判过程中始终有一个内蕴的隐性结构，即审美现代性批判，由此构成双重视域批判的现代性历史辩证法。如果说，资本现代性批判表现为马克思现代性批判的显性结构，那么，审美现代性批判则更多地表现为马克思现代性批判的隐性结构。显然，作为现代性批判的隐性结构，审美现代性关乎马克思主义现代性批判的文化政治维度和人文价值关怀。如果说"资本现代性"问题直接关涉的是物质生产层面的社会现代化问题，那么，"审美现代性"问题则更多关涉的是精神生产层面的文化现代化问题。作为物质经济层面的现代化，"资本现代性"以利益最大化为基本原则，以不断改善人类生存物质生活条件为动力和目标，主要诉诸物性的欲求；作为精神文化层面的现代化，"审美现代性"则以生存自由化为基本原则，以不断促进人的自由全面发展为动力和目标，主要诉诸心性的塑造。在现代性历史进程中，物质经济生活发展与精神文化生活建构之间构成了矛盾且复杂的关系，在许多情况下尤其是资本主义现代化历史进程中，两者不仅难以同步并进、平衡发展，还始终存在内在结构性的矛盾、悖论与冲突，由此造成现代社会生活的矛盾冲突与对立分裂症候：物性与心性、物质与精神、技术与人文、资本与审美、物欲与情感、事实与价值等诸多方面均呈现出严重的矛盾冲突与对立分裂。资本主义社会单一发展"资本现代性",导致现代社会越来越成为"单向度"的牢笼,物质的丰裕不仅没有改变人的异化现象,反而使人的价值追寻进入"虚无主义"的历史旷野之中,现代人成为无家可归的飘零人。

作为现代化国家建制的美育现代性问题

众所周知,现代化是人类历史上最为浩大的工程,"它按照自己的面貌为自己创造出一个世界"(马克思)。现代性既是一套观念体系,又是一个文化规划,更是一项社会工程。现代性社会建制是一个通过合理化、合法化的方式建构高度组织化社会的过程。以往的现代性研究,受"理性哲学"或"意识哲学"思维方式的影响,习惯于通过"理性化"或"理性精神"来表述现代性的实质内涵,但往往会忽视体制机制层面的现代性建构问题。英国当代社会学家安东尼·吉登斯强调从社会组织模式的角度看待现代性问题。在《现代性的后果》一书的导言中,吉登斯指出:"何为现代性,首先,我们不妨大致简要地说:现代性指社会生活或组织模式,大约十七世纪出现在欧洲,并且在后来的岁月里,程度不同地在世界范围内产生着影响。"[①] 几个世纪以来,这一浩大工程以其席卷全球的力量,深刻地改变着整个世界。也正是在此意义上,哈贝马斯指出"现代性是一项未完成的工程"。作为浩大的人类工程,现代化历史进程的不断推进,虽然离不开"理性的觉醒"和"思想的启蒙",但最终必须落实到社会建制和组织模式的实践层面,因而审美教育要得以真正有效实施,也必须落实到现代教育体制建制等实践性层面上来。

从现代国家建制的层面看,美育现代性是国家教育现代化体制规划的重要组成部分。以往,我们多从思想理论层面上谈论美育问题,这固然十分重要,但往往会忽视美育的体制机制问题。应该看

---

① 安东尼·吉登斯:《现代性的后果》,田禾译,译林出版社2000年版,第1页。

到的是，作为教育现代化规划和工程，美育并不仅仅是思想理论上的认识论问题，还是一个教育现代化建制的实践问题。因而，从国家现代化建制的角度来看美育，不啻为把握和理解美育现代性的一个重要维度。从这个层面看，中国美育现代性从建立之初就不仅仅是一个美学意义上的观念性或学术性的问题，还是一个如何在现代教育体制中规划、建制和实施的实践性问题。在这一点上，蔡元培先生对中国美育的开创性意义就显得尤为重大。这是因为，蔡元培既是美育理论家，又是教育领导组织者。1912 年，蔡元培就任中华民国教育总长后即主持颁布《教育宗旨令》，以法令的方式颁布国家教育纲领，这是中国现代历史上第一个将美育列入其中的国家教育纲领性文件。命令写道："兹定教育宗旨，特公布之，此令。注重道德教育，以实利教育、军国民教育辅之，更以美感教育完成其道德。中华民国元年九月初二日部令第二号。"① 至此，美育作为一种现代教育建制正式进入中国现代教育体系中。与之相应，美学作为一种现代知识建制也正式进入中国现代学术体系中。

在蔡元培主持颁布《教育宗旨令》之前，清政府虽然已经开始学制改革，拟订了《钦定学堂章程》（1902）即"壬寅学制"，后颁布了"癸卯学制"（1904），但还不能称之为现代教育体制。对此，蔡元培评说道：

>……有所谓钦定教育宗旨者，曰忠君，曰尊孔，曰尚公，曰尚武，曰尚实。忠君与共和政体不合，尊孔与信教自由相违（孔子之学术，与后世所谓儒教、孔教当分别论之。嗣后教育界何以处孔子，及何以处孔教，当特别讨论之，兹不赘），可以不论。尚武，即军国民主义也。尚实，即实利主义也。尚公，与吾所谓公民道德，其范围或不免有广狭之异，而要为

---

① 璩鑫圭、唐良炎编：《中国近代教育史资料汇编·学制演变》，上海教育出版社 1991 年版，第 651 页。

同意。惟世界观及美育，则为彼所不道，而鄙人尤所注重，故特疏通而证明之，以质于当代教育家，幸教育家平心而讨论焉。①

从文中可以看出，蔡元培对"世界观及美育"教育尤为强调，后来还特别说明是他首创性提出了"美育"这一概念：

美育的名词，是民国元年我从德文的 Ästhetische Erziehung 译出，为从前所未有……最近二十五年，受欧洲美术教育的影响，始着手各方面的建设，虽成绩不甚昭著，而美育一名词，已与智育、德育、体育等同为教育家所注意，这不能不算是二十五年的特色。②

近年来，学术界质疑蔡元培是提出"美育"概念的第一人，认为王国维要早于蔡元培提出"美育"概念。据史料研究，蔡元培早在 1901 年《哲学总论》中就已经明确地阐释了"美育"概念："教育学中，智育者教育智力之应用，德育者教意志之应用，美育者教情感之应用。"③ 1903 年，王国维在《教育世界》上也发表了《论教育之宗旨》：

完全之人物，精神与身体必不可不为调和之发达。而精神之中又分为三部：知力、感情及意志是也。对此三者而有真美善之理想："真"者知力之理想，"美"者感情之理想，"善"者意志之理想也。完全之人物不可不备真美善之三德，欲达此

---

① 蔡元培：《对于教育方针之意见》，载高平叔编《蔡元培美育论集》，湖南教育出版社 1987 年版，第 7—8 页。
② 蔡元培：《二十五年来中国之美育》，载高平叔编《蔡元培美育论集》，湖南教育出版社 1987 年版，第 216 页。
③ 蔡元培：《哲学总论》，载《蔡元培全集》第 1 卷，浙江教育出版社 1997 年版，第 357 页。

理想，于是教育之事起。教育之事亦分为三部：智育、德育（即意育）、美育（即情育）是也。①

从学术概念史的角度看，蔡元培依然是中国第一个使用"美育"概念的人。其实，如果不拘泥于简单的"思想概念"引进，而是从国家教育体制建制的角度看，蔡元培当然是提出"美育"这一概念并将其付诸教育体制建制的第一人，是开创中国美育现代性工程的第一人。这也正是蔡元培特别引以为豪并不惜自夸的理由。

作为三次"美学热"思潮的美育现代性问题

可以看出，较之于从思想观念史出发研究美育，从体制建制层面来梳理中国美育现代性问题，更有利于把握问题的实质并将其落实到实践层面上来。虽然，美育问题关乎思想理念认识，但其实质关涉教育现代化体制建制，即美育如何在国家现代化体制保证下得以实施的问题。也就是说，美育只有突破思想观念空间，依靠国家现代化教育体制建制的保障，才能够得以迅速推广、实施和展开。

从美育现代化体制建制的角度看，中国当代美育建设发展经历了一个相对漫长的渐进过程。众所周知，中国美学发展与现代性历史进程紧密相关并在20世纪形成了一二十年代、五六十年代和八九十年代的三次"美学热"。回顾这三次美学热，我们看到，第一次美学热也就是蔡元培在20世纪之初领导的美学美育的现代性兴起，其最大的特点是学术理论研究与教育体制建制的同步推进，由此奠定了中国美育现代性的坚实基础。相较而言，后两次美学热——20世纪五六十年代和八九十年代的"美学热"则更多地偏重于美学或美育思想学理层面的探讨论争，而在学术理念与体制实施之间尚缺

---

① 王国维：《论教育之宗旨》，载《王国维文集》下卷，中国文史出版社2007年版，第32页。

少更为有效的实质性衔接，导致形而上的理念研究未能真正落实到形而下的具体实施。从这个角度看，后两次"美学热"看上去似乎轰轰烈烈、风靡一时，但较之蔡元培领衔的第一次"美学热"，则显现出明显的不足和欠缺，基本上停留于学术思想层面的热潮，而没能落实到教育体制层面进行有效的推进、实施和展开；其后果是，美学热依然是精英知识分子"文化想象"的"高雅沙龙"。应该看到的是，从20世纪八九十年代开始，一些学者如叶朗、曾繁仁、聂振斌等就试图改变这种美学研究过于形而上学化的倾向，其中一个重要的方面就是注重和加强美育理论研究。然而，仅仅解决美育思想理念认同是远远不够的，要把思想理念真正落实到教育实践当中，就必须有一整套体制建制作保障。从后两次"美学热"的经验可以得出，无论怎样轰轰烈烈，不把美育落实到教育体制机制上来，美学热就不过是精英知识分子"自我陶醉"的"华彩乐章"，终难避免成为风靡一时的过眼云烟。从20世纪八九十年代美学热开始，美育计划实施经历了一个不断完善的过程。1986年，《关于第七个五年计划的发展报告》重新将久违的美育纳入教育发展报告中。同年颁布的《关于〈中华人民共和国义务教育法（草案）〉的说明》指出："应当贯彻德、智、体、美全面发展的方针。"1993年，《中国教育改革和发展纲要》强调："要提高认识，发挥美育在教育教学中的作用，根据各级各类学校的不同情况，开展形式多样的美育活动。"1999年6月，《中共中央、国务院关于深化教育改革全面推进素质教育的决定》再次强调"美育不仅能陶冶情操、提高素养，而且有助于开发智力，对于促进学生全面发展具有不可替代的作用"。2002年党的十六大提出："坚持教育为社会主义现代化建设服务、为人民服务，与生产劳动和社会实践相结合，培养德智体美全面发展的社会主义建设者和接班人。"我们看到，经过了一个较长的时段，"德智体美"中的"美育"才真正成为国家教育大政方针的重要组成部分——这是自中华人民共和国建立以来第一次从国家教育方针的层面提出"美育"。

2012 年，党的十八大报告提出："把立德树人作为教育的根本任务，培养德智体美全面发展的社会主义建设者和接班人。"2015 年，国务院办公厅印发《关于全面加强和改进学校美育工作的意见》，重新修订《中华人民共和国教育法》，确立了教育方针的法律地位，实现了美育体制建制的法律化。2018 年，习近平总书记在全国教育大会上首次提出"五育并举"——"培养德智体美劳全面发展的社会主义建设者和接班人"的新时代教育方针，并在给中央美术学院几位教授的回信中说："你们提出加强美育工作，很有必要。做好美育工作，要坚持立德树人，扎根时代生活，遵循美育特点，弘扬中华美育精神，让祖国青年一代身心都健康成长。"2020 年，中共中央办公厅、国务院办公厅印发了《关于全面加强和改进新时代学校美育工作的意见》，以"两办"文件形式明确提出美育的指导思想：

> 以习近平新时代中国特色社会主义思想为指导，全面贯彻党的教育方针，坚持社会主义办学方向，以立德树人为根本，以社会主义核心价值观为引领，以提高学生审美和人文素养为目标，弘扬中华美育精神，以美育人、以美化人、以美培元，把美育纳入各级各类学校人才培养全过程，贯穿学校教育各学段，培养德智体美劳全面发展的社会主义建设者和接班人。

2021 年，又一次修订了《中华人民共和国教育法》，在中国式现代化和中华民族伟大复兴的语境中确立完善了"美育"的体制建制："教育必须为社会主义现代化建设服务、为人民服务，必须与生产劳动和社会实践相结合，培养德智体美劳全面发展的社会主义建设者和接班人。"以法律形式确定了"德智体美劳""五育并举"的教育方针。

综上所述，作为"百年现代议题"，美育现代性的历史进程与当代实践表明：一方面，我们需要从马克思现代性批判理论视域出发,在"审美现代性"对"资本现代性"的反思批判中,明确审美教育对于探寻并建设有别于资本主义现代性的"别样现代性"——社会主义现代性,具有特别重要的文化意义与当代价值;另一方面,从现代性建制的角度看,审美教育要真正得以实施,必须突破"观念论美学"的阈限,不断加强美育的现代教育体制建设。因为,只有将其作为国家现代化建制的重要组成部分,才可能真正实现美育育人的现代教育理念,创新性发展"中国式现代化"的审美现代性之维。①

(原载《文艺争鸣》2022 年第 3 期)

---

① 本文系国家社科基金重大项目"中国共产党文艺思想史料整理与研究"的阶段性成果。

拒绝装饰：以马克思生活美育思想为视角

张宝贵◆（复旦大学中文系）

美育的历史与问题

今天人们谈美育，总会提及王国维，提及蔡元培的"以美育代宗教"观。其实提这些只有学术史价值，并没有现实意义。蔡元培后来自己也讲："我以前曾经很费了些心血去写过些文章；提倡人民对于美育的注意。当时很有许多人加入讨论，结果无非是纸上空谈。"① 成为空谈最主要的缘故，是他们介绍进来的康德、叔本华特别是席勒的美育思想应对的是西方现代社会中人的境遇，表达的是现代科学"知性"把人分解成一架"钟表机构"中的"小碎片"后，对自由而完整的人的诉求。② 可当时的中国处于民族危亡的动乱年代，对于彼时的中国人来说，别说自由完整，生存都是问题，更遑论现代社会的基础、知性的传统等。把西方的美育理论拿过来，药不对症。说它们没有现实意义，不是说王国维、蔡元培没有首倡之功，更不是说康德、席勒的思想本身没价值，只是当时的中国尚不具备使这些思想滋长的土壤。

1978年，中共十一届三中全会召开后，中国史无前例地举国向

---

① 蔡元培：《与时代画报记者谈话》，载《蔡元培美学文选》，北京大学出版社1983年版，第214页。
② 席勒：《审美教育书简》，张玉能译，译林出版社2012年版，第14页。

现代性经济社会迈进。不但支撑现代经济车轮运转的科学技术被尊为第一生产力，前现代"小生产的习惯势力"①被抛弃；而且与这种经济基础的巨大转型相适应，还"要求多方面地改变同生产力发展不适应的生产关系和上层建筑，改变一切不适应的管理方式、活动方式和思想方式"②。这就为中国现代以来的第二次美育热潮，即1981年由九家单位发起的"五讲四美"运动，提供了丰厚土壤。

今天回头去看，这场旷日持久的运动的确影响深远，比如1986年后，教育部将美育纳入教育方针，明显有它的贡献。更重要的是，这次肇始于1980年无锡三十四中的"三美"（思想美、仪表美、行为美）审美教育活动，是就学校和社会中存在的实际问题而发，诸如逃课、打架、男生留长发、女生烫发，甚至戴首饰，穿奇装异服，"自私自利、唯利是图"③，等等。无论是最初的自发，还是后来的自觉，这场美育运动的目的始终都是解决实际问题。力图走出艺术篱笆，将美育深入各个层次的生活行为当中，机关、厂矿、学校乃至寺院等都承受过其惠泽。这些都是第一次热潮所不具备的，而且在抵制金钱至上等现代性经济社会负面效应上，也有触及。

不过，这里也有两个值得反思却一直缺乏反思的问题。第一个问题是，面对巨大的社会转型，对现代性经济社会的特点和问题，尚缺少充分、自觉的意识。比如，当时有人感慨还是20世纪五六十年代的"道德风尚是相当良好"④，因而怀疑"五美"有"强调资产阶级生活方式"之嫌，把仪表美从"五美"中拿掉，结果剩下"四

---

① 邓小平：《解放思想，实事求是，团结一致向前看》，载《邓小平文选》第2卷，人民出版社1994年版，第142页。
② 《中国共产党第十一届中央委员会第三次全体会议公告》，载中共中央党校党建教研室编《十一届三中全会以来重要文献选编》，中共中央党校出版社1981年版，第4页。
③ 《社会科学研究》丛刊编辑部编：《"五讲""四美"漫谈》，《社会科学研究》丛刊编辑部1981年版，第12页。
④ 《社会科学研究》丛刊编辑部编：《"五讲""四美"漫谈》，《社会科学研究》丛刊编辑部1981年版，第11页。

美"（心灵美、语言美、行为美、环境美）。① 其实深层的原因在于，当时的人们并未意识到，这场前所未有的社会转型对包括美育在内的上层建筑已提出了全新的要求，以往的观念、规范已经不再适用了。第二个问题是理论空位。针对现实问题而发，向生活各层面铺展，诚然都是这次美育热潮让人欣喜的地方，但令人遗憾的是，几乎没有美学理论介入其中，事实上也不可能有深度介入，当时的美学自己也对新的社会转型缺乏足够的应对，大多沉浸在创伤反思和人本主义主体性的抽象建构当中。即便像李泽厚这样的美学家，1978年12月就已适时意识到孔子仁学原型"始终是中国走向工业化、现代化的严重障碍"，意识到"物质文明"和"科技力量"会给人带来异化效应，② 但也没充分关注过具体的美育问题，直到时下也没有人从他的理论中引出美育实践策略。

但是进入21世纪后，中国现代性社会发展已经较为充分，物质生活大为改善，甚至有进入消费社会的迹象和提法，一些逐利、失德等现代性问题也逐渐暴露出来，这就为近年兴起的第三次美育热潮提供了现实条件。于是我们看到，传统理论美学开始大规模向生活靠近，出现了日常生活美学、生态美学、生活美学、环境美学等向生活内核切近的美学思潮，在理论上推动着美育向"美好生活"的目标迈进；在实践上，美育也逐渐进入乡村、城镇、时尚领域、企业界等。两方面的成就前所未有，热度让人兴奋。但这并不是说目前这股热潮就没有需要进一步深思的地方，比如目前还存在美育与艺术教育不分、教育主体高高在上、职业教育等同于技术教育等现象，严重阻碍着美育在生活中的渗透和展开，甚至有将生活导向歧路之嫌。面对这些现象或者问题，我们有必要重新重视一些现代思想家特别是马克思的生活美育思想，权作他山之石。

---

① 董文华编：《春风化雨：全国广泛开展五讲四美三热爱活动》，吉林出版集团有限责任公司2009年版，第5页。

② 李泽厚：《李泽厚哲学美学文选》，湖南人民出版社1985年版，第28、31页。

美育不等于艺术教育

美育与艺术教育纠缠不清，一直是个大问题。早在第一次美育热潮时，蔡元培就多次讲过："我向来主张以美育代宗教，而引者或改美育为美术，误也。"① 还说除了音乐、绘画、雕塑等"美术"（fineart）外，都市、乡村的"个人的举动（例如六朝人的尚清谈），社会的组织，学术团体，山水的利用，以及其他种种的社会现状，都是美化"。② 可耐人寻味的是，明知道理如此，在理解美育的时候，他还是用"普及美术教育"或"美术家的意匠"，来替代范围更为广阔的美育。③ 当时他还没能搞清楚艺术教育与美育的分别，也只能用艺术的规则来权衡所有生活领域的审美教育。由于艺术教育所遵循的审美规则取自观念领域的"美术"即"自由艺术"，和充斥功利性的物质生活领域即便谈不上对立，也绝非投契，将艺术规则挪用到美育上来，不可避免地会产生一系列问题。这些问题在第二次美育热潮中没有解决，如今暴露得更为明显；结果除了为社会多培养出一些艺术家外，更严重的后果是令美育沦为艺术对生活的装饰，根本未触及生活的内在肌理。正是在这个问题上，马克思"美的规律"等论述中所蕴含的生活美育思想，为理顺美育与艺术教育的关系提供了重要的逻辑路径。

美育沦为艺术对生活的装饰，至少有两个后果令人担忧。第一个后果是，艺术表面上是介入生活了，实质上却浮游于实践之外；它们不是由生活内在肌理中生长出来的花朵，而是从外面涂抹上的粉饰。就像有的建筑材料，外墙看起来是纹理硬气的花岗岩，但里

---

① 蔡元培：《以美育代宗教》，载《蔡元培美学文选》，北京大学出版社1983年版，第179页。
② 蔡元培：《美育代宗教》，载《蔡元培美学文选》，北京大学出版社1983年版，160页。
③ 蔡元培：《文化运动不要忘了美育》，载《蔡元培美学文选》，北京大学出版社1983年版，第83—84页。

面却是质地稀松的泡沫。我们现在的美育实践，有不少这种迹象和做法，比如艺术家进入乡村，进入城镇，在民居外墙涂上大幅农民画或现代画，请一些诗人吟诵一些赞美诗，请些歌手唱几首流行曲，结果就成了美学乡村、美学小镇，而乡村小镇的往世今生、忧戚喜乐、个性生态等独特生命状态却看不到，它们被浓妆丽彩、软语轻声厚厚掩藏，美育只是美在表层。这就是出自装饰美学的美育，是用艺术美学或理论美学嫁接美育的必然结果。

这种嫁接的问题在哪里？在所有的思想家中，马克思给出的答案恐怕是最发人深省的。在他那里，错开时代、错开现实的艺术，无论是浪漫主义、唯美主义、职业文人还是美文学家的，都相当于他和恩格斯讲的"虚假观念"[1]，或批评夏多布里昂时说的"谎言的大杂烩"[2]，它们非但没有"直接实践的意义"[3]，反倒会"不断制造'理论上的'灾难"[4]。由此可知，以艺术教育代替美育，可能的后果之一就是遮蔽乃至扭曲生活的真相，让人沉湎于马克思所讲的"臆想"而远离生活实践。

但这还不是最严重的后果，更令人担忧的是，以艺术教育代替美育，对生活的粉饰很可能继续加剧社会阶层的撕裂与时代纷乱。在写作剩余价值理论期间，马克思为亚当·斯密辩护时曾分析过包括艺术家在内的"非生产劳动者"的社会角色，说他们会在现代社会再生产出前现代的生产关系：

> 资产阶级社会把它曾经反对过的一切具有封建形式或专制

---

[1] 马克思、恩格斯：《德意志意识形态》，载《马克思恩格斯文集》第1卷，人民出版社2009年版，第509页。

[2] 马克思：《马克思致恩格斯》，载马克思、恩格斯《马克思恩格斯全集》第33卷，人民出版社1973年版，第102页。

[3] 马克思、恩格斯：《共产党宣言》，载《马克思恩格斯文集》第2卷，人民出版社2009年版，第57—58页。

[4] 马克思：《马克思致弗里德里希·阿道夫·左尔格》，载马克思、恩格斯《马克思恩格斯全集》第34卷，人民出版社1972年版，第281页。

形式的东西，以它自己所特有的形式再生产出来。因此，对这个社会阿谀奉承的人，尤其是对这个社会的上层阶级阿谀奉承的人，他们的首要业务就是，在理论上甚至为这些"非生产劳动者"中纯粹寄生的部分恢复地位，或者为其中不可缺少的部分的过分要求提供根据。事实上这就宣告了意识形态阶级等等是依附于资本家的。①

马克思这里说的"非生产劳动者"，指的是不能带来剩余价值的精神生产者，只能供资本来消费。就像一个有钱人，喜欢听越剧，就请越剧演员到家里或公司来表演，他付给费用，不是从中赚钱，只是为了享受。在这种情形下，按马克思的意思，艺术必然要揣摩雇主的喜好，投合资本的趣味，成为事实上的"寄生"和态度上的"阿谀奉承"；其目的不只是生存，更是为了升入上层阶级，这当然是依附于资本的，或依附于权力阶级的。由阶层观念导引社会，这就是马克思所讲的"封建形式"，一种前现代的社会意识。这种意识的后果是严重的，它会造成不事"生产劳动"的"非生产劳动"人口扩张，与现代性经济社会的发展趋向背道而驰，所以马克思才不无嘲讽地说，"无所事事的人也好，他们的寄生者也好，都应当在这个最美好的世界秩序中找到自己的地位"②。如果艺术教育不进入现代社会的生活肌理，而是以装饰的形式自觉不自觉地成为权力和资本的奉承品，它很可能就要承担马克思指出的这种后果。

若想避免上述后果，让美真正深入生活的肌理，美育恐怕要走出艺术教育的藩篱，介入更深层次的生活结构，从生活内部唤醒审美元素。按照马克思的意思，这个生活结构最基础的层面就是现代物质生产，看美育能否进驻生活，其实也就是看物质生产能否可以

---

① 马克思：《经济学手稿（1861—1863年）》，载《马克思恩格斯全集》第33卷，人民出版社2004年版，第162页。
② 马克思：《经济学手稿（1861—1863年）》，载《马克思恩格斯全集》第33卷，人民出版社2004年版，第163页。

成为一种审美活动。马克思的答案自然是肯定的。他说"人也按照美的规律来构造"时，针对的不仅仅是艺术，而主要是"人的生产"；①只要生产劳动符合美的规律，其性质就是美的。马克思这里讲的"美的规律"，实际上也就是人之为人的基本特性，所谓"自由的有意识的活动恰恰就是人的类特性"。②其中"人懂得按照任何一个种的尺度来进行生产"，说的是智力认知方面的"有意识"，马克思在《经济学手稿（1861—1863年）》和《资本论》时期反复申述的"完整的人"或"全面发展的个人"，指的就是这种"有意识"；"并且懂得处处都把内在的尺度运用于对象"③，说的则是意志方面的"自由"。马克思在这部手稿中讲的劳动本身成为目的而不是生活的手段，包括后来也一直强调的自愿、自主、自由的劳动，特别是在《哥达纲领批判》中谈的劳动本身成为"生活的第一需要"④，等等，指的都是这种"自由"。这些均为"美的规律"在生产劳动中的体现。但凡马克思作出这样的表述，他都是在肯定这种生产的审美性质，说的都是生产生活审美元素的特殊表现形式，就像节奏、韵律、和谐、对称等之于美术一样。

自主的生产劳动、全面发展的人，正是马克思生活美育思想的两大指导性原则，也可以看作两大教育目标。这就是说，实施美育需要从生活本身特有的审美元素和话语形式出发，要考虑它们的目标特点，不能简单地用艺术的规则和标准取代美育。相反，艺术教育若想避免装饰效果，真正起到美育作用，有益于生活，就必然要在对生活的介入与改造上下足功夫，这也是马克思赞赏莎士比亚反对唯美主义的原因。当然，这部分内容并不在本文讨论范围之内。

---

① 马克思：《1844年经济学哲学手稿》，人民出版社2000年版，第58页。
② 马克思：《1844年经济学哲学手稿》，人民出版社2000年版，第57页。
③ 马克思：《1844年经济学哲学手稿》，人民出版社2000年版，第58页。
④ 马克思：《哥达纲领批判》，载马克思、恩格斯《马克思恩格斯全集》第25卷，人民出版社2001年版，第20页。

美育的主体是生活实践

按生活美的原则和目标要求美育,就会发现我们现在的教育主体存在高高在上的问题。这个高高在上不是指地位,更不是指态度,而是说追求的审美旨趣本身远离尘嚣,就像唯美主义的戈蒂耶所讲:"只有毫无用处的东西才是真正美的;一切有用的东西都是丑的,因为它表现的是某种需要,而人的需要是龌龊和令人作呕的。"① 现实生活充满了各式各样的需要,或许很多的确"龌龊和令人作呕",可这些不正是美育进入生活改变生活的理由吗?因嫌弃而逃避,是唯美主义或"为艺术而艺术"一派对生活的传统,也是以艺术教育代替美育的隐忧,这样的美育一旦勉强入世,美育主体就很难摆脱精神导师的身份,其结果不是去弥合生活的残损,而是将人们导向虚设的精神世界,别说改变生活,即便触动生活都难以做到。2021年9月,Prada(普拉达)进入上海某菜市场,Logo醒目的包装袋刺激起的只是虚荣,青菜依然是青菜,袋子被漂亮女士扔进垃圾桶的那一刻,甚至还不如青菜有价值。

正因为触及不到实际生存,马克思终其一生都没改变过对唯美主义的厌恶态度,特别是谈及教育主体的时候,他更是将教育包括美育的主体转移到生活实践身上,由不得任何固化、唯美因素凌驾于这种实践之上,不管这种固化、唯美因素是来自教师,还是环境。继前一年批判法国唯物主义者的教育万能论之后,马克思在1845年集中表达了这层意思:

> 关于环境和教育起改变作用的唯物主义学说忘记了:环境是由人来改变的,而教育者本人一定是受教育的。因此,这种

---

① 泰奥菲尔·戈蒂耶:《莫班小姐》,艾珉译,人民文学出版社2008年版,"作者序"第22页。

学说必然会把社会分成两部分,其中一部分凌驾于社会之上。

环境的改变和人的活动或自我改变的一致,只能被看做是并合理地理解为革命的实践。①

在这里,对我们通常理解的教育者而言,传道讲经已不再是重点,重点是改变环境,同时也改变自己。关键是为什么要改变?按马克思的理解,是因为人和环境都出了问题。即是说,进入现代社会后,资本成为生活的主人,它所代表的物的力量,统治了生活中的一切。结果人"在自己的劳动中不是肯定自己,而是否定自己,不是感到幸福,而是感到不幸,不是自由地发挥自己的体力和智力,而是使自己的肉体受折磨、精神遭摧残"②。这就是异化,教育就是从自己的角度对异化状况的改变,唯有介入这种改变当中,教育者才算是尽到本分。改变即实践,这在马克思那里主要有两种形式。

第一种形式是"革命的实践",即针对私有制的政治实践,教育者无法置身其外,必须要介入其中。他们也应像"无产者"一样,"只有改变了环境,他们才会不再是'旧人':因此他们一有机会就坚决地去改变这种环境。在革命活动中,在改造环境的同时也改变着自己"③。第二种形式是物质生产实践,教育者更要参与到这种社会基础力量的改造当中,不能像"美文学家"格律恩那样陷于空谈,"只有具有纯粹美文学式的幻想的人,才希望不从资产阶级社会中目前实际存在着的婚姻瓦解的形式出发,而从另一种婚姻瓦解的形式出发。在傅立叶那里他会看到,傅立叶从来只是从生产的

---

① 马克思:《关于费尔巴哈的提纲》,载马克思、恩格斯《马克思恩格斯文集》第1卷,人民出版社2009年版,第500页。
② 马克思:《1844年经济学哲学手稿》,人民出版社2000年版,第54页。
③ 马克思、恩格斯:《德意志意识形态》,载《马克思恩格斯全集》第3卷,人民出版社1960年版,第234页。

改造出发的"①。也只有从以上的改造而不是唯美幻想出发,教育才能解决实际问题,契合生活美育的原则与目的。

马克思从来没有从美育角度谈生活改造,毕竟他关注的要点在经济基础层面的物质生产;但也正是在这种生产改造的目标上,二者产生了内在的契合。契合的重要标志之一,是生产劳动的自主性。这种自主性也就是《1844年经济学哲学手稿》中讲的"内在的尺度",是目的、意志方面的自由,是生产生活领域体现出的美。所谓目的的自由,是"生活本身仅仅表现为生活的手段"②的反题,指的是无论从事什么职业,只要职业本身是你喜爱的,从事这项职业本身就是活动的目的所在。从事清洁、轧钢、写作等职业的时候,不会想着它们会给自己带来冷眼、报酬、声望等活动之外的事情,若非如此,职业活动就成为生活的手段了。马克思说:"囿于粗陋的实际需要的感觉,也只具有有限的意义。"③法国科学家彭加勒说:"科学家研究自然,并非因为它有用处;他研究它,是因为他喜欢它,他之所以喜欢它,是因为它是美的。"④这就是职业中的自主、自由与美。在这个意义上看,戈蒂耶说美"毫无用处"是对的,无论艺术美还是生活美都毫无用处,因为它们本身都自为目的,但也仅此而已。毕竟唯美主义看不上的功利性活动,比如生产劳动,也可以做到自为目的。戈蒂耶将这一点也给否定了,自然是有问题的。

所谓意志的自由,是说职业劳动要和个性意愿契合。马克思早在1842年就讲:"法律允许我写作,但是不允许我用自己的风格去写,我只能用另一种风格去写!……我是一个幽默的人,可是法律却命令我用严肃的笔调。我是一个豪放不羁的人,可是法律却指定

---

① 马克思、恩格斯:《德意志意识形态》,载《马克思恩格斯全集》第3卷,人民出版社1960年版,第607页。
② 马克思:《1844年经济学哲学手稿》,人民出版社2000年版,第57页。
③ 马克思:《1844年经济学哲学手稿》,人民出版社2000年版,第87页。
④ 昂利·彭加勒:《科学与方法》,李醒民译,辽宁教育出版社2001年版,第7页。

我用谦逊的风格。"① 职业劳动其实和写作一样，符合个人个性风格的，自然愿意去做；不符合，就失去了吸引力，产生不了美。在现代社会，最能泯灭个性、架空意志自由的因素，就是物质利益。马克思谈货币的时候就曾借莎士比亚的诗讲过，在货币面前，鸡皮黄脸的寡妇可以重做新娘，美与丑这类个性因素"被货币化为乌有了"，后者造成"个性的普遍颠倒"，丑可以变成美，个性被货币普遍抹平，这时候各种生活方式就没有美可言了。比如前述美学乡村的涂鸦画，放到哪个乡村都可以，毫无个性可言，自然是种失败的做法。所以马克思很是钦佩他表舅教育孩子的方法，赞美他"是培育人的能手……所有的孩子都有独特的性格，彼此各不相同，每一个都有特别的才智，而且个个都同样受到广泛的教育"②。只有这样培育出来的孩子，才有可能在现代生活的冲击下，在多种生活方式中维持、发展并展示自主、自由的个性风格，进而成为改造生活的力量。

在这种改造实践中，审美教育者所要做且能做的即是培养这种自主、自由的审美意识，并见之于生产生活，就是让人们意识到自己在生活目的和意志方面不自由、不自主的生存状况，并在生活特别是生产生活中力图改变这种状况。马克思说，从无产阶级中"产生出必须实行根本革命的意识，即共产主义的意识，这种意识当然也可能在其他阶级中形成，只要它们认识到这个阶级的状况"③，讲的就是这个意思，这也是1866年后马克思提倡智育、体育及技术教育中"智育"的主要内容。④ 值得注意的是，意识的培育不能孤立

---

① 马克思：《评普鲁士最近的书报检查令》，载马克思、恩格斯《马克思恩格斯全集》第1卷，人民出版社1995年版，第111页。

② 马克思：《马克思致莱昂·菲力浦斯》，载马克思、恩格斯《马克思恩格斯全集》第30卷，人民出版社1974年版，第595页。

③ 马克思、恩格斯：《德意志意识形态》，载《马克思恩格斯全集》第3卷，人民出版社1960年版，第78页。

④ 马克思：《临时中央委员会就若干问题给代表的指示》，载马克思、恩格斯《马克思恩格斯全集》第16卷，人民出版社1964版，第218页。

进行，而是要"把教育同物质生产结合起来"①，让受教育者"炼出新的品质，通过生产而发展和改造着自身，造成新的力量和新的观念，造成新的交往方式，新的需要和新的语言"②。马克思这里说的"新"，就是受教育者对片面、强制、异化劳动状态的克服，"克服这种障碍本身，就是自由的实现"③，当然也是美的实现。教育者实施的这种生活美育，就见诸这种意识改造与生产生活改造的互动过程，从中我们可以体会自主、自由的审美感受。

马克思将美育主体投放于生活实践的做法，有对苏格拉底一系传统的延续，更主要是现代教育思想的体现。苏格拉底将自己的教育"助产术"称为艺术，说跟他交往的人进步了，"并不是因为从我这里学到了什么东西，而是因为他们在自身中发现了许多美好的东西并把它们产生出来"④。这不是谦虚，而是苏格拉底的教育理念，他没把教师看得多高尚，这和马克思一样。但说真正的主体在受教育者那里，且只涉灵魂，就不是马克思能接受的。如前所述，马克思说的主体是生活改造和生活实践。在这一点上，现代教育学家约翰·杜威的思路倒是和马克思有诸多一致之处。他同样认为教育者可以通过改变人的习惯来"改造环境"，让人在做中学，而且同样认为生产劳动因自为目的、因自由而美，他说：

> 游戏和工作都是同样自由的，都能从本身引起动机……当后果在活动以外，作为一种目的，活动只是达到目的的手段时，工作就变成强迫劳动。工作始终渗透着游戏态度，这种工作就是一种艺术——虽然习惯上不是这样称法，在性质上确是

---

① 马克思、恩格斯：《共产党宣言》，人民出版社2014年版，第50页。
② 马克思：《政治经济学批判》(1857—1858年手稿)[手稿前半部分]，载马克思、恩格斯《马克思恩格斯全集》第30卷，人民出版社1995年版，第487页。
③ 马克思：《政治经济学批判》(1857—1858年手稿)[手稿前半部分]，载马克思、恩格斯《马克思恩格斯全集》第30卷，人民出版社1995年版，第615页。
④ 苗力田主编：《古希腊哲学》，中国人民大学出版社1989年版，第213页。

艺术。①

不过，马克思对不自由的强制劳动的分析要深刻得多，更不赞成将审美状态的劳动自由看作游戏。他明确表示，"劳动不可能像傅立叶所希望的那样成为游戏"②，而且"真正自由的劳动，例如作曲，同时也是非常严肃，极其紧张的事情"③。事实的确如此。游戏可以是生活，生活却不等于游戏，特别是在涉及职业劳动的时候。

职业美育不等于技术教育

既然是美育，就不可能不覆盖广阔生活领域中的职业生产活动。马克思甚至在《1844年经济学哲学手稿》里说"生产生活就是类生活"④，次年更是说它"是一切历史的基本条件"⑤。说到底，谈精神、文化等，首先得保证肉体上活着，这是由物质生产生活决定的，所以现代思想大家诸如马克思、杜威等都不同意亚里士多德的说法。杜威说，自由教育与职业技术教育的分层就是从古希腊开始的，"一种从事奴性的活动，一种从事自由的活动（或'艺术'）"，岂不知，"一个人为了过有价值的生活，他首先必须活着"。⑥ 和马克思一样，他坚持职业劳动具有审美性质，针对的也是长期以来的社会分层，想让职业活动恢复美的尊严。他们的这种想法，特别是

---

① 约翰·杜威：《民主主义与教育》，王承绪译，人民教育出版社1990年版，第52、219页。
② 马克思：《政治经济学批判》（1857—1858年手稿）[手稿后半部分]，载马克思、恩格斯《马克思恩格斯全集》第31卷，人民出版社1998年版，第108页。
③ 马克思：《政治经济学批判》（1857—1858年手稿）[手稿前半部分]，载马克思、恩格斯《马克思恩格斯全集》第30卷，人民出版社1995年版，第616页。
④ 马克思：《1844年经济学哲学手稿》，人民出版社2000年版，第57页。
⑤ 马克思、恩格斯：《德意志意识形态》，载《马克思恩格斯文集》第1卷，人民出版社2009年版，第531页。
⑥ 约翰·杜威：《民主主义与教育》，王承绪译，人民教育出版社1990年版，第268、267页。

马克思的想法,对中国目前的职业教育同样有启发价值,因为我们的美育理论在逻辑上尚未真正理顺审美与生活特别是与生产生活的逻辑思路,在实践中同样存在一些问题。

职业教育最大的问题是它被简单等同于技术教育,因而把人向专业化、片面化方向培养。这个结果主要是由现代社会分工造成的,每个人都是资本生产总机器的一个局部零件,你负责开发,我负责生产,他负责市场,等等。马克思认为这种分工有利于生产率的提高、社会财富的积累,更为人的全面交往提供了物质条件,这些当然要肯定。然而正如李泽厚所讲的"历史与伦理的二律背反"[1],基于分工的技术教育所带来的后果,同时也给人的身心带来重大挫伤。马克思说,"现代社会内部分工的特点,在于它产生了特长和专业,同时也产生职业的痴呆"[2];还说它"加速了劳动者的片面技巧的发展,牺牲了生产者的全部禀赋和本能,从而使劳动者畸形化,把他变成某种怪物"[3];更可怕的是它还"极度地损害了神经系统,同时它又压抑肌肉的多方面运动,剥夺身体上和精神上的一切自由活动……使工人的劳动毫无趣味"[4]。为此,马克思引用了大量资料、触目惊心的数据说明这种职业劳动如何造成妇女和少年儿童的"无知、粗野、体力衰退和精神堕落"[5],从而使职业劳动丧失了自由、趣味等生活或审美特性。时至现在,分工和科学技术发展对人肉体和精神的直接伤害表面上没有马克思那个时代直接、严重,社会财富也的确得以迅速增长,但实际上职业劳动造成的片面

---

[1] 李泽厚、陈明:《浮生论学:李泽厚、陈明2001年对谈录》,华夏出版社2002年版,第300页。
[2] 马克思:《哲学的贫困》,载马克思、恩格斯《马克思恩格斯文集》第1卷,人民出版社2009年版,第629页。
[3] 马克思:《资本论》第1卷,载马克思、恩格斯《马克思恩格斯全集》第43卷,人民出版社2016年版,第376页。
[4] 马克思:《资本论》第1卷,载马克思、恩格斯《马克思恩格斯全集》第43卷,人民出版社2016年版,第442页。
[5] 马克思:《资本论》第1卷,载马克思、恩格斯《马克思恩格斯全集》第43卷,人民出版社2016年版,第512页。

性却加深了。杜威就讲，一个人也许是某个领域的权威，"可能善长专门的哲学、语言学、数学、工程学或财政学，而在他专业以外的行动和判断中却愚蠢妄为"，"任何教育如果只是为了传授技能，这种教育就是不自由的、不道德的"，当然也不是美的，因为它追求实际利益，"以实利为目的的教学牺牲想象的发展、审美能力的改进和理智见识的加深。"① 李泽厚在与詹姆逊对话时也讲："教育不能狭义地理解为职业或技能方面的训练或获得……教育的主要目的是培养人如何在他们的日常生活、相互对待和社会交往活动中发展一种积极健康的心理。"② 这些都是在说技术教育对人、对生活之美的伤害。

当然，马克思没有否定分工，也就不会像李泽厚那样矫枉过正，全然否定技术教育。1866 年，他谈及职业教育时就说，"这种教育要使儿童和少年了解生产各个过程的基本原理，同时使他们获得运用各种生产的最简单的工具的技能"，认为技术教育毕竟也是在培养人的"本质力量"元素，不但能让人获取生存的本事，也是人全面发展的重要保证。但要全面发展，仅仅有技术教育自然不行，所以马克思接着讲要"把有报酬的生产劳动、智育、体育和综合技术教育结合起来，就会把工人阶级提高到比贵族和资产阶级高得多的水平"③。后来他更是明确地说，这种结合"不仅是提高社会生产的一种方法，而且是造就全面发展的人的唯一方法"④。表面上马克思从没有提及美育，但联系他所讲的"美的规律"，培养这种"全面发展的人"，实际上也就是在职业劳动中培养创造审美生活的人，是除自主性外美育与生活契合的第二个要点。

---

① 约翰·杜威：《民主主义与教育》，王承绪译，人民教育出版社 1990 年版，第 72、275、273 页。
② 李泽厚：《世纪新梦》，安徽文艺出版社 1998 年版，第 218 页。
③ 马克思：《临时中央委员会就若干问题给代表的指示》，载马克思、恩格斯《马克思恩格斯全集》第 16 卷，人民出版社 1964 年版，第 218 页。
④ 马克思：《资本论》第 1 卷，载马克思、恩格斯《马克思恩格斯全集》第 43 卷，人民出版社 2016 年版，第 510 页。

全面发展的人也就是日常人们讲的"全才"。按马克思的解释，"全"至少有懂得要多、身心结合、全神贯注三方面的意思。懂得要多，就是"懂得按照任何一个种的尺度来进行生产"，是指人掌握对象或自然界的全面性，既可以把房子造成蜜蜂巢穴的样式，也可以把悉尼歌剧院造成贝壳式的风帆形状，甚至可以将自己当作实验对象开发人工智能。从职业角度讲，这就是指人对多种职业的认知和执行能力，就像达·芬奇，可以在绘画、音乐、建筑、解剖、地理、天文、工程等诸多职业领域自由切换，各个都出色当行。这即是马克思在《资本论》中讲的劳动"变换"能力：

> 大工业所产生的灾难本身必然要求承认劳动的变换，从而承认劳动者尽可能多方面发展能力是现代生产的规律，并且必须不惜一切代价地使各种情况适应于这个规律的正常作用。这是生死攸关的问题。大工业迫使社会在死亡的威胁下用全面发展的个人来代替局部的个人，也就是用能够适应极其不同的劳动需求并且在交替变换的职能中只是使自己先天的和后天的各种能力得到自由发展的个人来代替局部生产职能的痛苦的承担者。①

在马克思看来，现代生产的技术基础像宿命一样，肯定是不断变革的，社会分工必然也会随之而动。这时候，人们没有专门能力或只有一项或有限的能力，就应付不了这个社会。尽可能从多方面培养人的专业能力，在不同职业间做到自由"变换"，是对综合技术教育的必然要求。所以在马克思期待的社会里，"没有单纯的画家，只有把绘画作为自己多种活动中的一项活动的人们"②。所谓全

---

① 马克思：《资本论》第1卷，载马克思、恩格斯《马克思恩格斯全集》第43卷，人民出版社2016年版，第515页。
② 马克思、恩格斯：《德意志意识形态》，载《马克思恩格斯全集》第3卷，人民出版社1960年版，第460页。

才就是具备这种变换能力,他们不会再受职业的束缚,不会"离开他们原来的劳动范围就不值钱了"①。比如 2021 年东京奥运会的跳高冠军坦贝里,离开跳高运动,他还可以做乐队鼓手,当演员、模特等,全凭个人心愿。

所谓身心结合,说的是人"本质力量"的全面性。这种全面性指"人对世界的任何一种人的关系——视觉、听觉、嗅觉、味觉、触觉、思维、直观、情感、愿望、活动、爱",等等,简言之,人的感觉能力和思维能力,不能片面发展,智者不仅能"乐水",还要能"乐山",就像鲜为人知的现代大师顾毓琇,不但在交流电机、自动控制等科学领域贡献卓绝,诗词曲赋也样样在行。这样的人才是"作为一个完整的人,占有自己的全面的本质"②。然而在现代资本社会,杜威讲的"实利"、马克思讲的"实际需要"却分裂了这种全面性,结果忧心忡忡的穷人看到再美的风景也没感觉,商人也"只看到矿物的商业价值,而看不到矿物的美和独特性",所以马克思很重视身心结合,强调把智育、职业技术教育和体育结合起来,培养出具有"全面而深刻的感觉的人"③,也就是把思维、心灵因素注入肉身感觉当中,因为离开肉身反应,心灵也就成了虚妄。此即马克思说的"个人的全面性不是想象的或设想的全面性,而是他的现实联系和观念联系的全面性"④,也是杜威说的"感官是直接思想的前哨"⑤,是职业劳动成为审美活动的条件。

全面发展是件很现实的事情,懂得多、身心结合,终归要体现在职业活动的态度上,看能否做到全神贯注。自己有兴趣的职业,做到全神贯注并不难,难的是从事自己不喜欢的职业,这时就需要

---

① 马克思:《资本论》第 1 卷,人民出版社 2018 年版,第 507 页。
② 马克思:《1844 年经济学哲学手稿》,载马克思、恩格斯《马克思恩格斯文集》第 1 卷,人民出版社 2009 年版,第 189 页。
③ 马克思:《1844 年经济学哲学手稿》,人民出版社 2000 年版,第 87—88 页。
④ 马克思:《政治经济学批判》(1857—1858 手稿)[手稿前半部分],载马克思、恩格斯《马克思恩格斯全集》第 30 卷,人民出版社 1995 年版,第 541 页。
⑤ John Dewey, *Art as Experience*, Minton Balch & Company, 1934: 19.

较强的意志力：

> 劳动过程结束时得到的结果，在劳动者的想象中已经观念地存在着……这个目的是他所知道的，是作为规律决定着他的活动的方式的，他必须使他的意志服从这个目的。而且这种服从不是暂时的。除了从事劳动的那些器官紧张之外，在整个劳动时间内还需要有持久的注意力，这种注意力只能从持续紧张的意志中产生。而且，劳动的目的和方式越是不能吸引劳动者，劳动者越是不能感觉到劳动是他自己体力和智力的自由活动，总之，劳动越是不吸引人，就越需要这种注意力。①

在现代社会条件下，毕竟很多职业不能尽如人意。这时候，人要靠意志力的训练让自己的心神投入其中，让劳动本身的目的成为意志的目标。这样才能保证劳动的自由性质，使自己的"本质力量"得以全面展开。经过三年训练，庖丁眼睛里已不见"全牛"，各种知识与技艺均已化作身体自动行为，所谓"以神遇而不以目视"，游刃有余之下，牛"謋然已解，如土委地"，庖丁则"提刀而立，为之四顾，为之踌躇满志"。②一项简单的解牛工作，在庖丁那里却成为自我享受、自我肯定的自由审美过程，若非心神专注其中，是不会产生如此审美效果的。

不是每个人都想、都能成为艺术家；高头讲章或许能让人暂时遗忘，却不能从根本上改变艰难的生存境况；美好的生活更不能单单依赖一技之长。这些实际问题来自历史，目前也依然存在。解决这些问题的方式或许有多种，但实际生存的视角应该尤为重要。"仓廪实而知礼节"，从现代生产生活入手改变人的生存状况，进而改变人的精神境遇，从中体验自主、自由、全面的生活之美，是马

---

① 马克思：《资本论》第1卷，载马克思、恩格斯《马克思恩格斯全集》第43卷，人民出版社2016年版，第180页。

② 郭庆藩撰：《庄子集释》，王孝鱼点校，中华书局2013年版，第111—112页。

克思生活美育思想的基本路径,当然也是他在改造与装饰之间做出的选择,更是当今美育实际需要反复深思的问题。①

(原载《社会科学辑刊》2022年第6期)

---

① 本文系国家社会科学基金重点项目"马克思本体论生活美学思想及其当代价值研究"阶段性成果。

生活美育：价值、策略与在场性改良

王德胜 ◆（首都师范大学艺术与美育研究院）

"态度"和"态度转换"：践行和完善生活美育功能的关键

美育是关于人的教育活动，但更重要的，它始终是一个不断"化成"真正有意义的、立体的人生现实的精神实践活动。这就是说，美育的旨趣，既"具体地向人呈现了生活内在的精神气象，更在实践指向的统一性上，在人生现世的活动中完成着当下意义的揭示和人的精神充实"，以此引导人们在"具体活动中寻求精神的内在自觉，在人生现世的有限性中发展精神成长的力量，开掘精神超越的前景"。[①] 同样的道理，对于生活美育来说，其根本的问题也无非是"如何能够在生活的现实之境，引导性地实现人的精神开掘和意义的发现"。

这个问题具有两个方面的意涵：其一，人的现实的生活一定有其不足、妨碍、非意义或无意义的存在，因而有必要通过对人的审美教育方式和具体途径的探寻，不断克服人在日常现实里实际面临的种种局限性。换句话说，生活美育所践行的方向，就是在不完善、不完美的生活现实中为人们揭明意义实现的人生实践的方向。其二，现实的日常生活包括环境、活动、关系等一系列具体存在，

[①] 王德胜：《"以文化人"：现代美育的精神涵养功能——一种基于功能论立场的思考》，《美育学刊》2017年第3期。

是每个个体精神成长、意义收获的直接出发之地。"日常生活包含的内容比我们想象的要有意义得多。"① 现实中，一切有关人生意义的价值话语，无不缘起于人对自己生活的实际感受与心灵体会。就像冯友兰所讲的："问人生是人生，讲人生还是人生，这即是人生之真相。除此之外，更不必找人生之真相，也更无从找人生之真相。"② 所以，围绕"人的精神开掘和意义的发现"这一根本问题，有关人的审美教育同样也只能在人自身的现实生活之中加以落实。

进一步来看，生活美育的可能性，在于日常过程中人的活动既是生活美育的存在之境，也是生活美育的发展之境。正是在人的日常现实的亲历性过程中，生活美育才能得以实现生命意义之于人本身的再度发生与发现。这样，生活美育的具体价值，实际上就体现在它能够为人在现世的存在提供一种意义发现、发生和发展的特定前景。对于每一个现实生活中的具体个体来说，生活美育总是一个不断向内的功能性实践过程——它不仅是方法论意义上的个体生命发展路径的选择方式，更是一种存在论意义上的人生意义的发明与发生活动。在这样一个过程中，人的生活现实已然作为一种意象性的存在，人在其中既是生活感受及其体验行为的直接主体，又是自身行为的价值承担者，而日常状态下人的生活的各种"非解释（无意义）性"，则在其中经由审美的价值引导而转向了对于不同个体的"意义呈现"。质言之，生活美育所完成的就是在一系列向内的功能性审美活动中，引导人们通过不断感知自身生活现实的情感特性与价值属性，来实现现实人生"向人"的意义转化及其实际性质的改善。

很显然，强调生活美育的日常性前提，强调生活美育之于人的具体感知活动的直接性，凸显了生活美育所具有的非知识化的整体

---

① 戴维·英格利斯：《文化与日常生活》，张秋月、周雷亚译，中央编译出版社2010年版，第4页。
② 冯友兰：《一种人生观：冯友兰的人生哲学》，中国人民大学出版社2005年版，第6页。

经验取向。也因此，在生活现实中，人的"态度"和"态度转换"便成为实际践行和完善生活美育功能的关键。这也从一个方面表明，人在日常状态的生活过程中的直接感受及其经验积累，作为一种前置性的心理指向，往往固化了具体个体对于自身生活现实的基本认知。而生活美育的功能实践，则在于通过实际的调转这一基本认知的呈现方式及其日常方向，为人生现实的发展打开一种新的可能性。对此，丰子恺在《艺术的效果》中就曾经表示："人生处世，功利原不可不计较，太不计较是不能生存的。但一味计较功利，直到老死，人的生活实在太冷酷而无聊，人的生命实在太廉价而糟蹋了。"① 面对现实具体的生活处境，功利性的日常态度大多给人生直接贴上了"太冷酷而无聊""太廉价而糟蹋"的无意义性标签。而以艺术审美的方式在生活现实中"恢复人的天真"②，"在不妨碍（现）实生活的范围内，能酌取艺术的非功利的心情来对付人世之事，可使人的生活温暖而丰富起来，人的生命高贵而光明起来"③，正体现为生活美育特定功能的实现，其结果就是使人"体得了艺术的精神，而表现此精神于一切思想行为之中"④。质言之，将审美/艺术的想象性元素及其意义呈现和展开方式具体引入人的日常生活感知，不仅将促进人的生活态度向着个体精神提升的主体自觉方向不断转换，也使人们得以在现实具体的生活中发现、感受和品味人生的丰富意趣——自我生命的精神感动成为不断引领人们"高贵而光明"地向前行进的内在动力。这一点，便构成了生活美育的全部功能性价值。

"去熟悉化"：生活美育的践行策略

作为一种"意义呈现"的过程，生活现实中人的日常性态度的

---

① 丰子恺：《丰子恺论艺术》，复旦大学出版社1985年版，第43页。
② 丰子恺：《丰子恺论艺术》，复旦大学出版社1985年版，第45页。
③ 丰子恺：《丰子恺论艺术》，复旦大学出版社1985年版，第43页。
④ 丰子恺：《丰子恺论艺术》，复旦大学出版社1985年版，第42—43页。

转换，其要旨在于通过人的生活感知的审美化改变，使日常状态下人的生活行动因此而获得一种"去熟悉化"的可能性——生活想象的敞开，进而催生出人在现实行动中对于生活意义的新的、积极的探寻。这其实也是一种从程序性活动及其事件中发现非/反程序性对象、在日常经验中收获"别样"意义的生活美育策略。

毫无疑问，日常状态下，人们往往"把自己的活动聚焦于某个单一的客观的同质的行动领域"①。人的生活现实总是存在着一定的同质性，包括人的日常行为的统一性、一般生活感受的重复化和生活趣味的类的共存水平等。在周而复始的现实世界里，这种生活本来就有的同质性，决定了人在自身生活活动中得到教化并被赋予具体意义的方式。而"去熟悉化"的生活美育践行策略，就在于能够从这样一种同质性的生活现实中，为日常状态下的人们找到并确立起某种"异质"的经验对象及其生活感知——它是人们原本保持着的"日常行为统一性"在生活现实中的断裂，同时也是生活现实中异（新）质的生产与增值过程。这也就是通常所谓"化腐朽为神奇"的意义生产活动。

作为生活美育的实践策略，"去熟悉化"本身也再一次揭示了：如何能够在接受生活现实的常规及其熟悉事物的单调乏味的同时，经由审美/艺术的培养，学会在寻常之中发现不寻常之处，在千篇一律的日常感知中发现感动人心的特殊光色，是人在现实生活中逃离日常状态的确定性、克服生活的空洞无意义感而不断走向更深一层人生境界的根本，也是生活向人重新开放意义感受的前提。如果说，人在生活现实中经验到的，是一个人人相同的世界，这个世界有着为人熟悉的感知模式及其一般性惯例——人们对于自身生活的秩序感和稳定感，其核心根据就是"理所当然"，那么生活美育的践行策略，实际上在将我们从习以为常的惯例中"去熟悉化"并为生活现实注入新的感动之源、生命趣味形式的同时，已然将日常感

---

① 阿格妮丝·赫勒：《日常生活》，衣俊卿译，重庆出版社1990年版，第62页。

知中"理所当然"的生活现实转换为并非"当然"的新的感知性存在，其结果则是为"理所当然"的现实生活活动带来新的发现和新的感动，使人得以开始一番重新审视自己熟悉的生活世界的意义发现和发生过程。

> 我们通常把自己圈在习惯所画成的狭小圈套里，让它把眼界"蔽"着，使我们对它以外的世界都视而不见、听而不闻……美感经验并无深文奥义，它只在人生世相中见出某一时某一境特别新鲜有趣而加以流连玩味，或者把它描写出来。这句话中"见"字最紧要。①

所谓"蔽"，正是日常状态下的一般性惯例，是"理所当然"的生活本身；"去弊"之"见"，则是对惯例状态的"去熟悉化"，它使人跳出了常见非新的生活表象而进入到一个新的意义发现领域，在流连玩味之际收获一份新的生活感知、新鲜的生命情绪和心灵的微妙颤动。

在这个意义上，我们也可以说，"去熟悉化"作为生活美育的实践策略，在它内部同样体现了一种指向意义生产及其增值的转换。只不过这一转换的具体实现，着重于通过训练和强化人在日常状态下的个体意识专注，来完成生活的日常经验向审美感知方向的转移，亦即通过向个体内心强烈的、具有鲜明鉴赏趣味和价值指向的知觉体验的转换，获得某种"异质"于固化生活认知的全新体验。

按照舒斯特曼的看法，"日常生活美学对觉醒意识的看法，同样为意识、知觉和情感提供了理想化的强度，却没有纯艺术（highart）那种疏离性的难度和孤绝凡尘的精英意识。当然，它也有自己要面对的挑战；因为它也需要某种知觉训练或修行，需要一

---

① 朱光潜：《谈美感教育》，载《朱光潜全集》（新编增订本）第1卷，中华书局2012年版，第231—232页。

种特殊的专注意识，或一种虚怀若谷、一心一意的正念，经如此正念专注的转化，就可在日常经验的普通对象和事件身上，发现众多不同寻常的美"①。作为一般日常经验向特定审美经验迁移、转化的主体活动，个体意识专注同样是一个人的心理转换过程，是个体精神养成的重要环节，其目的在于超越生活的日常性经验表象，"在日常经验的普通对象和事件身上，发现众多不同寻常的美"。因而，在生活美育的实际践行中，个体意识专注往往更加突出了对于个体审美感知能力的日常训练要求——在日常生活中不断展开、反复进行的感知训练，以持续提升个体感知的敏锐性，并达至对生活的新鲜经验：人的生活不再仅仅是一些了无生趣的规则或习以为常的惯例，而成为不断刺激和锐化人的感官知觉、丰富和储藏人的心理想象、训练和提升人的心智活动、唤起和重塑人的价值意识的生命场所。通过这种意识专注的转化，实现日常生活体验的审美改造，使人的生活最终得以进入更加广阔的人生意义领域。

可以认为，在日常生活中纳入人的感知能力训练过程，让生活本身成为滋养和丰富人的精神的实际场域，不仅可以摆脱主要依赖艺术活动来训练和改变人的特定感知与经验模式的各种条件限制，同时也能有力地强化审美训练的大众化、生活化，促进人在自我精神内部的自觉提升，使人得以不断擦亮"发现美的眼睛"。"借助这种强化、有鉴赏力的意识，及由此产生的专注的活动与行为，一个人就可以创造出精彩的日常生活审美体验。"② 或者，就像席勒描述的："人形成感受性的方面越多，这种感受性越敏捷，它对各种现象提供的感受面越大，人就可以越多地把握世界，并且人在自身中就可以越多地发展起他的素质。"③

---

① 理查德·舒斯特曼：《通过身体来思考：身体美学文集》，张宝贵译，北京大学出版社 2020 年版，第 303 页。
② 理查德·舒斯特曼：《通过身体来思考：身体美学文集》，张宝贵译，北京大学出版社 2020 年版，第 300 页。
③ 弗里德里希·席勒：《美育书简》，徐恒醇译，中国文联出版公司 1984 年版，第 79—80 页。

改良性的人生努力与生活美育的在场性

毫无疑问,日常状态下人的生活现实总是有其显而易见的矛盾性质。"日常生活中的日常状态可能被经验为避难所,它既可以使人困惑不解,又可以使人欢欣雀跃,既可以让人喜出望外,又可以使人沮丧不堪。或者说,它那特殊的质也许就是它缺乏质。"① "缺乏质"的生活现实,就在于"质的非质性"成为人的生活的日常性表象,亦即往复循环、平常寡味的"无意义感"构成了人生活动的感性直观。而为这种"缺乏质"的生活现实注入和补充令人眼界开放、情感活跃、心灵飞扬的"新质",恰恰是生活美育功能性实践的积极指向:对于机械单调、了无生趣和重复性的日常状态的心理克服,敞开并且锐化着人的生活感知,在人的内心里重新焕发出新的生活希望及其意义体验追求。这一点,诚如梭罗所说:

> 人类无疑是有能力来有意识地提高他自己的生命的。能画出某一张画,雕塑出某一个肖像,美化某几个对象,是很了不起的;但更加荣耀的事是能够塑造或画出那种氛围与媒介来,从中能使我们发现,而且能使我们正当地有所为。能影响当代的本质的,是最高的艺术。每人都应该把最崇高的和紧急时刻内他所考虑到的做到,使他的生命配得上他所想的,甚至小节上也配得上。②

如果说,"最崇高的和紧急时刻"所指向的,是人生活动至深的意义,是人在日常现实中努力企及的生命高地;那么,生活美育"塑

---

① 本·海默尔:《日常生活与文化理论导论》,王志宏译,商务印书馆2008年版,第5页。
② 亨利·戴维·梭罗:《瓦尔登湖》,徐迟译,上海译文出版社1982年版,第84页。

造或画出"的便正是这样一种能够引导人在自己的生活活动中不断充实"新质",进而不断发现和发明更深一层人生意义的"氛围与媒介"。

从这一点来看,生活美育实际上内在地体现出一种现实的反抗性——在对异化生活的心理反抗中,积极地生成出意义生产与增值的人生实践方向。因为很明显,对于人和人的生活现实来说,日常状态本身并非诗意生命的天然栖居地。然而,寻求人生发展的诗意精神及其内在丰富性的传达,却永远是一种真正感动人心、激扬生命的生活冲动。在现实中,由于人的生活的具体局限及其日常表象的有限性,这种生活冲动的直观意义往往被遮蔽和压抑。在日常状态的多重现实压迫下,人们大多数时候不得不放弃甚至遗忘了对于这种生活冲动力量的内心体认,逐渐衰退了追寻生命意义的热情与精神能力。就像席勒指出的:

> 享受与劳动脱节、手段与目的脱节、努力和报酬脱节。永远束缚在整体中一个孤零零的断片上,人也就把自己变成一个断片了。耳朵里所听到的永远是由他推动的机器轮盘的那种单调乏味的嘈杂声,人就无法发展他生存的和谐,他不是把人性印刻到他的自然(本性)中去,而是把自己仅仅变成他的职业和科学知识的一种标志。[①]

对于这一点,马克思在《资本论》中关于劳动异化现象的深刻描述,也同样适用于我们在这里揭示生活现实的日常异化特性对于人的生活感知活动及其心灵能力的直接损害:

> 机器劳动极度地损害了神经系统,同时它又压抑肌肉的多

---

① 弗里德里希·席勒:《美育书简》,徐恒醇译,中国文联出版社1984年版,第51页。

方面运动，夺去身体上和精神上的一切自由活动。甚至减轻劳动也成了折磨人的手段，因为机器不是使工人摆脱劳动，而是使工人的劳动毫无内容。①

日常状态中人的生活现实的机械性及其直观表象的程式化，既是一种时间性的存在，也直接制造了人在这一存在状态中的感觉迟钝、精神落寞与生活的空洞化。它是人的感知能力在无尽往复而无趣的生活活动中慢慢退化的表征。而生活美育所做的，却是在激发人的生活感知的心理能力之际，持续地割除人的精神心灵的空洞感，重新为现实人生寻得一份承载着希望和意义的生活力量。

因此，生活美育又通向了一种改良性的人生努力。如果说，人的生活感知能力直接关联着生活意义的有效性生产和增值；那么，生活美育对于人的生活感知能力的积极唤醒乃至心理重构，不仅可以帮助人们在日常状态中具体直观生活现实的表象，而且能够经由个体感知活动的积极展开，激发起对于生活现实的个体价值体验意愿，进而催生出人对自身生活的改良热情与积极行动。

进一步来看，由生活美育所引导的人生改良努力，根本上缘于人对自身生活现实的直接感知——日常状态下的机械无趣及其意义空洞化，以及由此而生的改良意愿与热情，都出自人的具体生活活动本身。所以，对于生活美育来说，"当下"必定是一个无法离开的、直接的践行场所。"当下——尽管转瞬即逝——在某种意义上也是超越时间的，也为其本身被理解为完全的在场，并由此超出了从过去到未来时间性延展的概念之外。"② 当下即是一种在场。既然人们无法不生活在当下，那么，对于每一个生活现实中的个体而言，当下的每一个过程、每一个瞬间都有其自身具体的在场感知特

---

① 马克思：《资本论》，载马克思、恩格斯《马克思恩格斯全集》第 44 卷，人民出版社 2001 年版，第 486—487 页。
② 理查德·舒斯特曼：《通过身体来思考：身体美学文集》，张宝贵译，北京大学出版社 2020 年版，第 297 页。

性。如何能够在行色匆匆、日复一日的当下活动即在场的生活中，引导人们不断通过自身生活感知能力的培养与锐化，逐步自觉地走向个体心灵的沉着，迈向生命精神的新高地，凸显了生活美育基本的"在场性原则"。

具体而言，强调生活美育的在场性，突出表明了两个方面：其一，人的活动在日常状态中塑造和具体呈现着生活现实的"可感肌理"，其直观可见性是生活美育的践行根据，也是生活美育的直接出发点——这一点，既是对生活美育"当下"特质及其可能性的直观确认，也确认了生活美育"去熟悉化"策略的存在语境。其二，在现实的人的生活中，由生活美育引导展开的人的生活感知活动以及由此激发起来的个体价值体验与人生改良热情，不能不具体联系着人在自身生活中的直接感知及其经验形式。它在向人们提供生活现实与其历史和未来的价值关系之际，也进一步肯定了人在当下生活中展开和实现意义体验的必然性。

在这个意义上，可以认为，在人的生活当下，生活美育实际上积极地构成了一种现实中的"介入性"力量。它一方面直接置身于生活现实的情境性关系即人的生活活动的当下展开，强调人的生活感知及其能力发展与人的生活发展的当下关系；不是把生活现实与人生改良的价值意愿对立起来，而是在人生改良的实践语境中完成生活意义的转化、生活性质的改善。另一方面，生活美育的在场性实践，通过直接进入人生活动的现场，在人的感知层面不断聚集起迷人而高洁的和谐、诱人的精神高贵和新颖的创意表现等生活感知形态，进而主动引导人的深层感知能力活跃展开，使生活现实及其具体行动在人的感知世界里就如艺术一般，成为人在"最崇高的和紧急时刻内他所考虑到的"生活。

19 世纪的美国思想家爱默生曾经说："任何呆滞刻板的或束缚于有限之中的东西都不会令人产生美，唯有那种与生命一道流淌，努力超越极限的东西才能令我们兴趣盎然。"① 诚然，人的生活现实有其日常状态下的存在合理性。然而，在大多数的时候，人的生活行动又总是日复一日地往复循环于一种固化认知模式的囿限之中。生活美育所带来、所造就的审美力量，恰恰在于能够在一个或肯定或否定的生活体验过程中，独特地激活人的内在生命情绪。可以认为，在积极介入人的当下生活行动并唤醒人对日常现实的清明知觉这一点上，生活美育的功能性实践其实与艺术相仿佛：对于人来说，艺术的存在价值，不啻是它直接联系了人的审美知觉唤醒与内在情绪激活；艺术品不仅是一种人生活动的复制或收藏，更是以其"超越极限"的方式，激励着人在生活中的自我反思能力、创造表现和修养提升意愿。同样的，作为一种积极的生活介入性力量，生活美育同样在一个特定的生活行动的时刻，唤醒着被日常状态桎梏和弱化的人的感知能力，使人得以集中关注自己的情感心灵，投入"最崇高的和紧急时刻内"所能想到的有意义的过程之中，充满热情和希望地走向个体生命的清明之境。

> 虽然在自然界中有一种至善至美的法则，然而，它的魅力却只能通过与人的联系，或者通过在人的心灵里生根发芽来显示。人的知识、风度、气宇，以及对个人影响力的感受，这一切永远不会落后于时尚。这属于一门无需资料就可以研究的科学。这门科学的老师永远都在我们的生活中。②

在当下的生活行进中不断锐化人的感知、激发人的内心反思意识，在人生现实的具体行动中敞开创意表现的冲动、张扬意义创造的精神追求，正是生活美育立足生活现实而又超越现实生活本身的介入

---

① 拉尔夫·瓦尔多·爱默生：《生活的准则》，史士本、牛雅芳译，安徽教育出版社2008年版，第169页。
② 拉尔夫·瓦尔多·爱默生：《生活的准则》，史士本、牛雅芳译，安徽教育出版社2008年版，第167页。

性实践。其目标，是要把人从一种将自己的生活当作异化客体的现实中解放出来，使现实生活的改良意愿能够持续地成为人生当下的积极力量，使"过一种有意义的生活"成其为人生发展的普遍坐标。这也就是丰子恺指出的：

> 人生目的为何？从伦理的哲学的言之，要不外乎欲得理想的生活。亦即欲得快乐的生活。换言之，欲满足种种欲望。人欲有五：食欲，色欲，知欲，德欲，美欲是也。食色二欲为物质的，为人生根本二大欲。但人决不能仅此满足即止，必进而求其它精神的三大欲之满足。此为人生快乐的向上，向上不已，食色二欲中渐渐混入美欲，终于由美欲取代食色二欲，是为欲之升华。升华之极，轻物质而重精神。所欲有甚于生，人生即达于"不朽"之理想境域。①

"人们视美重于财产，即使最讲实用的人也不满足于富有。相反，一旦他看见美，生活就具有了非常高的价值。"② 在日复一日、往复循环的日常行动中，在生活日常的机械单调和寻常无趣中，努力将人引入生活内在的热力与生动之中；在生活的现场，热情地发现、自觉地投入和享受人生意义的丰富与深邃。这些是生活美育之于现实中每一个个体的最大效用，也体现了生活美育引航人的生命发展的巨大价值。③

（原载《社会科学辑刊》2022 年第 6 期）

---

① 丰子恺：《精神的粮食》，载《丰子恺文集·艺术卷》4，浙江文艺出版社 1990 年版，第 49 页。
② 拉尔夫·瓦尔多·爱默生：《生活的准则》，史士本、牛雅芳译，安徽教育出版社 2008 年版，第 168 页。
③ 本文系国家社会科学基金艺术学重大项目"'微时代'文艺批评研究"阶段性成果。

"社会美育"三题：含义、实践、功能

孔新苗 ◆（山东师范大学美术学院）

含义："社会美育"概念的两个维度及中国实践

"社会美育"是"美育"的次一级概念，以"社会"定义了美育的实践领域和人文意义生产特点。在狭义上，以教育学的教育对象、教育形式为划分标准，有家庭教育、学校教育、成人与社会教育。社会美育可以在这一框架中指家庭与学校美育之外的，伴随人终生的，贯穿于各类社会活动、人与自然关系中的社会美育文化。社会美育与家庭美育、学校美育既有区别又有重叠，是社会中人必然参与的基本活动。例如，参观博物馆、美术馆、自然保护区，去音乐厅、剧场观看演出和参与业余艺术活动，都是参与社会美育活动。社会美育的内容、形式相比学校美育更加丰富而零散，与社会文化服务水平和家庭、个人的生活条件、兴趣选择相关。

在广义上，社会美育更突出美育的"社会性"，即审美与社会精神文明、日常生活礼仪、流行时尚、消费行为等社会活动的关联。同时，社会美育又通过博物馆和剧场、音乐厅等社会文化艺术机构，实现对大众的历史与国家认同、审美文化共识的建设。在这个意义上，社会美育是现代国家治理体系中体现国家文化意识形态建设的一个重要维度。因而广义的"社会美育"，贯穿美育于家庭、学校、社会三大部分的整体系统中。

（一）源自西方语境中的"美育"，立足"完整人性/社会现实"的二元对立

"美育"，首先由德国作家、美学家席勒在 18 世纪提出，他针对 18 世纪末西方资本主义工业化引发的社会生存改变对西方人文理想扭曲的问题，力求通过美育而规划出一条实现"完整人性"的以"自由"为标志的审美超越之途。席勒在《美育书简》中指出，现代化是历史的必然，非此方式人类就不能取得进步。同时，与现代工业文明相伴随的社会现实生存状态又导致了人性的分裂，"法律与道德习俗都分裂开来了；享受与劳动，手段与目的，努力与报酬都彼此脱节。人永远束缚在整体的一个孤零零的小碎片上，人自己也只好把自己造就成一个碎片"；"仅仅变成他的职业和他的专门知识的标志"。由此他质疑，在人性完整的意义上"有哪个单个的近代人敢于走出来，一对一地同单个的雅典人争夺人的价值"①？进而，席勒指出了通过美育的求解之途：

> 我们将会发现现实的人因而也就是受到限制的人不是处在紧张状态就是处在松弛状态，根据不同的情况，不是单个力的片面活动破坏了他的本质的和谐，就是他天性的一体性是建立在他的感性力和精神力的同样松弛的上面。正如我们将要证明的，两种对立的限制将通过美来消除，美在紧张的人身上恢复和谐，在松弛的人身上恢复振奋，并以这样方式本诸它的本性把受到限制的状态再带回到绝对状态，使人成为一个他自身就是完整的整体。②

席勒规划的这一通过艺术审美唤回"完整人性"，克服现实社会生存给人带来的"分裂""碎片"感，在人类文明的现代性问题中建

---

① 席勒：《审美教育书简》，冯至、范大灿译，北京大学出版社 1985 年版，第 30、29 页。
② 席勒：《审美教育书简》，冯至、范大灿译，北京大学出版社 1985 年版，第 88 页。

构了"完整人性/社会现实"的鲜明二元对立话语以求超越。在这里,"社会"以其现实性、功利性和对理想"人性"的扭曲力量,成为席勒美育思想中追求自由生存之人必欲抗争的对立面。其后的叔本华、尼采,又进一步在这一"人性/社会"的二元对立焦点下,将艺术感性/工具理性、生命力量/社会生存……的二元对立推向极致。叔本华从非理性"生命意志"的悲剧人生哲学中,阐发出艺术这一"人生的花朵"对于人"在一个异己的世代中遭遇到的寂寞孤独是唯一的补偿"的审美存在论;① 尼采宣告"上帝死了",视艺术为"生命的最高使命和生命本来的形而上活动",盛赞酒神精神而提出人生美学论。②

"完整人性/社会现实"的二元对立,是西方经典美育思想立足批判社会现实对人性完整的扭曲,以实现绝对精神自由的意识形态。

(二)中国现代美育的第一代开拓者,借鉴西方思想并以经世致用之心实践之

中国现代美育的第一代开拓者王国维、蔡元培、朱光潜等人的思想,与西方哲人康德、席勒、叔本华、尼采等联系密切。一方面,他们部分秉承了"人性/社会"的二元对立观念,力求以强调"审美无关利害"、倡审美"无用之用说"(王国维),要想"人心净化"必先"人生美化"(朱光潜),来唤起人性向美向善的人道力量,从而克服中国传统旧文化的尊卑等级观和自私功利的社会习俗狭隘性,"盖人心之动,无不束缚于一己之利害;独美之为物,使人忘记一己之利害,而入高尚纯洁之域,此最纯粹之快乐也"③;另一方面,他们又在中国传统儒学修身观和知识学问"经世致用"的信念下,力求以推行新美育为切入点,实现"育新民以兴邦,倡科

---

① 叔本华:《作为意志和表象的世界》,石冲白译,杨一之校,商务印书馆1982年版,第369—370页。
② 尼采:《悲剧的诞生:尼采美学文选》,周国平译,作家出版社2012年版,第2页。
③ 王国维:《论教育之宗旨》,载《情志之美:王国维美学精选集》,吉林人民出版社2020年版,第140页。

学以强国"的社会变革目标。显然，这一鲜明的以美育实施社会变革的理想，与西方哲人偏重以审美经验超离社会现实，追求纯粹个体精神化的自由体验形成了差异。蔡元培在中华民国教育总长任上力倡美育，其思想陈述和行动，建构了一个通过美育的现代国民性教育来实现社会改造的方案，代表了他们那一代美育开拓者的基本特点：用现代大学教育来培养新一代文化精英；代表新的思想道德、行为操守的新知识精英成为国民偶像；其中的"美育"功能承担了类似宗教般的社会道德规范、精神代际传递的塑造新国民的社会化教育途径；进而实现养育现代国民性而建成现代国家的目标。有研究者将蔡元培的这一美育思想提炼为"大学——精英——民众——国家"，并以"社会美育"命名之。① 又有学者认为蔡元培美育思想的一大特点，是把与家庭、学校美育相区别的社会文化机构、环境建设，作为测量一个社会文明发展水平的重要标尺，是最早从社会公共文化建设角度提倡狭义"社会美育"的发声者。"蔡元培认为，公共艺术与社会审美教育是随着人类历史与文化的进步而逐步实现自己的逻辑本性的，公共艺术与社会审美教育的逻辑展开史就是人性进步的历史。"② 如此，上述研究者从蔡元培美育观点与实践中提炼出的"社会美育"含义，一是有超越西方思想而针对中国问题的社会实践性品格，赋予了美育实施国民性改良而落实社会改造目标的现实的广义教育功能；二是有与家庭、学校美育相区别的，建设社会公共文化空间以提升社会文明的狭义"社会美育"功能。如此两方面理解"社会美育"的概念，典型代表了20世纪初中国第一代美育开拓者的人文眼界与社会改良的文化变革实践，表征了"美育"这一源自西方的概念在跨文化旅行中的中国话语实践特点。在这一过程中，西方思想中的"人性/社会"鲜明二元对立被消解，代之以通过美育的"经世致用"培养一代新知识人，培育

---

① 戚辰曦：《"社会美育"和"艺术运动"——蔡元培与林风眠的教育改革实践（1920—30年代）》，中国美术学院博士学位论文，2017年，第15—16页。

② 曾繁仁等：《现代美育理论》，河南人民出版社2006年版，第291页。

社会情感的"普遍性"和"公众性"素养,摈弃旧文化的利己主义而更新人性,进而实现国民性的更新。"夫人类共同之鹄的,为今日所堪公认者,不外乎人道主义……而人道主义之最大阻力,为专己性。美感之超脱而普遍,则专己性之良药也。"①"社会美育"话语在中国现代美育早期语境中的酝酿与生成,是西方哲学具有鲜明个人主义色彩的"精神自由"与中国文化传统"修身""兼济天下"的现世人文情怀在美育话语实践中对话、再造的结果。回望历史,这一思想眼界在20世纪初中国历史现实中的人道主义乌托邦色彩十分鲜明。

(三)"艺术为人民":社会主义美育价值观的确立与中国实践

直面中国现代社会发展的深层次问题,建立起全面改造旧文化、建设新国家、建设人民当家作主的社会主义新审美文化的观念、制度、生活氛围的指导思想与行动纲领,是以20世纪中期毛泽东《在延安文艺座谈会上的讲话》所提出的"艺术为人民"的文艺思想为标志的。在其指引下,经过多年实践所建立起的一系列社会主义文艺创作观念、成果和工作体制、传播机制,营造了社会主义中国的审美文化氛围。"要使文艺很好地成为整个革命机器的一个组成部分,作为团结人民、教育人民、打击敌人、消灭敌人的有力的武器,帮助人民同心同德地和敌人作斗争。"②这一"团结人民、教育人民"的新文艺的关键功能,建构了针对中国问题、具有中国特色的"社会美育"话语体系。其中有两个核心原则:党对文化工作的领导权、文艺为工农兵服务。在美育的社会实践中互为因果地联系起来,即美育方向领导权的合法性、牢固性,取决于执政党对美育服务对象根本利益的代表性、服务的质量与效果;而美育服务的方向性坚持、质量保障,又是无产阶级政党的领导权得以稳固、持续的基本条件。这一特点鲜明地区别于以往的美育思想与实践

---

① 高平叔编:《蔡元培哲学论著》,河北人民出版社1985年版,第155页。
② 毛泽东:《毛泽东选集》(一卷本),人民出版社1964年版,第850页。

方略：

其一，通过强调党对文艺工作的领导权问题，将中国早期社会美育思想强调人性的社会"普遍性""公众性"的观念（抽象的人），转换为具有鲜明文化与社会改造实践问题针对性的人的阶级利益分析（现实的人），突出强调了精神生产通过对人的意识形态价值观的影响与塑造，反作用于"人的生产""物质生产"的社会改造文化效应。

其二，提出为什么人服务、如何服务的课题，抹去了西方美育在感性/理性、人性/社会等二元对立中张扬精神自由的蹈虚理念；超越了中国第一代美育开拓者以培育人道主义的求美、求善之心来实现社会改造的乌托邦愿景，代之以直面现实的文艺创作代表谁的利益、为谁服务、服务对象是否"喜闻乐见"的精神文化生产的政治立场、审美传播与社会接受的现实功利效果追求，从而将文艺的社会美育功能作为"文化战线"工作的核心能量（中国人民解放事业的"文武两个战线"之一）。这一美育能量的源泉来自"只有做群众的学生才能做群众的先生"[①] 的熟悉群众生活、了解群众需要的教育者与接受者的对话原则。马克思指出，"生产的条件同时也就是再生产的条件"[②]，美育的价值观表征与传播，如果不能实现对现实生活的改造和接受者自觉的认同，那么再生产将难以继续。伟大的社会建设理想目标，现实地要求着历史阶段中具体功利效果的递进实现。

在半殖民地半封建的基础上建立新中国、在具有千年传统的文化背景下建立社会主义的新审美文化，首先面对的紧迫现实课题是：在社会阶级地位关系的翻天覆地的革命变化中，审美文化资源作为阶级区隔的表征符号必然面临"旧的"需要改造、"新的"需要建立的当务之急。这一特殊的审美文化价值重建语境，一方面，

---

① 毛泽东：《在延安文艺座谈会上的讲话》，载《毛泽东选集》第三卷，人民出版社1952年版，第866页。

② 马克思：《资本论》，远方出版社2011年版，第335页。

在阶级地位的革命性大反转中使钢琴、名画、古玩等成为"旧趣味"的符号而面临价值消解,家庭、学校美育的传统文脉在"移风易俗"中出现断裂;另一方面,塑造新时代劳动者的新形象、新趣味的文艺创作全面启动,追求"广大人民群众所喜闻乐见"的民俗趣味、"普及的"通俗易懂的大众表达形式、引领时代风尚"提高的"新艺术创作,首先依赖社会文化艺术机构去生产、传播。自 20 世纪 50 年初始,从文化部、全国文联、新闻出版机构,到市县群众文化馆、城市公园和乡村文化站,自上而下形成了推行新美育的主渠道。相比之下,同一时期学校、家庭美育的作用退居次位,美育整体依托广义社会美育资源得以实施。

今天拉开一定时空距离看 20 世纪中后期中国社会美育的进程,不难理解对一个刚刚摆脱积贫积弱百年屈辱的新中国来说,对一个阶级关系、文化传统和教育育人理念发生剧烈变革的特定历史时期来说,尽快唤起民族自信自强自立于世界的精神文化觉醒,让人民有效生成国家主人的社会形象、身份自觉,社会美育必须首先担负起新的形象符号生产与传播的作用,引导家庭美育走向新时代趣味、为学校美育提供新的审美资源……历史的真实是:在"艺术为人民"文艺方针指导下,一个关于"新中国"的想象在特定历史时期里从城市到农村鲜明、迅速、普及化地建立起来,为从旧时代走来的"一盘散沙"的中国在世界现代性进程中建立了"现代中国"的审美文化资源,这一审美文化资源在凝聚民族的自信与统一、人民的团结与建设激情以及推动有效的精神文化建设等方面起到了积极作用。同时,在日常生活中"移风易俗""学习雷锋""劳动光荣""勤俭持家"等新社会风气广为传播,为一扫旧习俗、建设新生活发挥了社会美育的作用。

如果基本认可上述对"社会美育"在 20 世纪中国的实践特点的解读,那么就可以说,这一过程典型体现了美育在中国现代性进程中的精神文化生产特点,展现了广义"社会美育"的人文内涵。同时,从狭义"社会美育"与家庭、学校美育三者间关系及不同教育功能、特点发挥的角度看，其又必然会随新的社会生产力（物质的、文化的）发展所建构的新环境，而发生新的变化、迎接新的课题。

实践："社会美育"在数字传媒和全球化时代的新课题

　　狭义的"社会美育"与家庭、学校美育既相互联系、重叠，又在实践形态上差异明显。社会美育的主要载体，首先是各类政府公益的和市场经营的社会文化艺术机构（图书馆、博物馆、剧场音乐厅和文化媒体、社会教育机构等），其次是城乡环境文明建设与公共服务。在美育实施的功能与形态上，社会美育与家庭、学校美育的最大区别，是"外在引领/内在选择"的比较差异。即家庭、学校美育的主导力量来自接受主体的外部（家长的影响和期待，家庭教育条件；学校的育人目标与教学水平），这两个空间中美育育人的目的、教育过程的具体性、效果可评估性都很鲜明，其特点是美育接受者受"外在引领"为主。而社会美育，则更多是以主体自身的审美兴趣、生活态度取向为主导，以个人"内在选择"为动力参与社会审美活动。成熟社会个体的审美选择，又是以早期家庭、学校对个体审美素养的基础塑造为起点的，个体参与社会美育活动，表现为这种"起点"在人生际遇中的成长与变化。概言之，如果说家庭、学校美育偏重对受教育者的基本美育素养的培育，社会美育则偏重通过人的审美情感与社会文化生活的互动而形成经验塑造。在这个"互动"的意义上，特定时段的社会美育现象，是特定社会文化氛围、精神生活状态的重要表征。

　　无须赘言，今天的人类物质文明环境与社会文化生活情境较前述几个历史阶段已然不同，互联网数字传媒的高速发展和资本与贸易、产业、供应链的全球化特点，给21世纪的跨文化交流带来了空前广泛与深化的需求。随着中国在短短的70余年发展中一改贫穷落后的形象而成为世界第二大经济体，中国社会美育的当下语境发生了根本的改变，但党的"艺术为人民"的宗旨、国家审美文化建设的基本原则没有改变。就当下狭义"社会美育"的建设实践看，主要面临着以下三个新课题：

首先，对社会美育的新形式、新产品的社会需求大增。比较于以往，新传媒时代的社会美育面对的受众群体、实施渠道、活动形式遇到了可以说"无限多样"的新局面，而覆盖所有大众又是社会美育的实施理想。在新形态下，除博物馆、美术馆、音乐厅等传统公共文化机构之外，数字技术和互联网的发展又催生了对各类新型艺术体验、文化遗产展示方式、数字传播新形式的各种各类新需要；新型城镇化建设中的历史文化遗产街区、美丽乡村景点、主题公园、自然保护区、文化广场等具有时代特点的新文化空间大量出现；随大众文化生活水平与需求的提高，对各类社会业余艺术活动、艺术教育培训机构的服务业态需求日益多样化……所有这些新形式、新业态之间又通过互联网而交叉融合。① 如此，研究新生活、新科技、新媒介而满足大众日益多样化的审美文化需求，是社会美育在当下的重要发展课题。

其次，对社会美育产品的生产观念、传播方法更新提出了新要求。今天，社会美育如何将 20 世纪以"革命""改革"为主题的、主要面向国内受众的美育实施，更新为展示中华文化自信的、面向国内外更广泛受众的多样化新主题设计，成为时代新课题。在审美文化资源利用上，区别于"革命叙事""改革开放叙事"的单一角度，整体面对中华优秀传统文化、红色文化、社会主义先进文化来建构已然身处世界性对话中的"21 世纪中国"的文化形象自塑，成为方法更新的核心点。如果说，20 世纪中后期的社会美育是以"移风易俗"的革命、改革之"新"（建设新中国、改革开放）为特点，那么今天则是以整体理解"中华文脉"的体验之"识"（展示中国

---

① 孔铎：《网络媒介：重塑城市空间意象的新途径》，《江西社会科学》2020 年第 9 期。

文化魅力）为特点。新课题的难度在于：在具体落实党在新时代社会主义文化建设目标的前提下，生产者对中国文化整体历史逻辑的把握（三个文化的整体视域），对特定接受群体知识、趣味认同的预期（全球化时代的受众多元化特点），对新媒介、新体验形式的技术运用、设计智慧，以及与家庭、学校美育有效衔接的社会美育活动设计等，都呼唤着新观念、新方法的产生。

最后，社会文化治理意义上的"马赛克效应"，是当下狭义"社会美育"审美文化建设的效果追求。比较于学校美育的课程系统性，社会美育以场景化、消费化、业余性和时间碎片化为特点。因此，社会美育产品的受众分层针对性、审美体验的场景化和时尚性，作品类型、类别的趣味多样化等特点与追求全方位覆盖社会各个接受群体而服务于社会审美文化主流价值观建设的关系，是社会美育文化生产管理的基础性课题。如前述，20世纪中期的社会美育，展现出自上而下的"统一组织""革命叙事"和创作动员的"运动化"特点，在今天，则发展为围绕国家文化建设总目标，自上而下与自下而上相结合，政府、市场、社会参与多方结合，[①] 在当代"日常生活审美化"的新语境中展开。如此，社会美育既需要厚积而成的大型作品来建构崇高的民族国家审美大境，也需要品类丰富、趣味多样的美感、设计来营造丰富的生活体验……不同美学品格、媒介特点、作品类型所组成的马赛克般多彩的整合效应，建构出对"中华文化""现代中国"立体的文化共识经验塑造。所谓"马赛克"，指用丰富形状拼接成一个宏大的完整形象，用其描述社会美育文化意义传播效果的用心在于：（1）马赛克效应突出了组成一个整体形象时各个不同单元元素之间必要的内在联系与经验化外在多样化差异的关系——既互相配合以形成整体，又保持一定的个性而形成面对不同需求的针对性与吸引力；（2）马赛克的视觉效果

---

① 《中共中央办公厅、国务院办公厅关于加快构建现代公共文化服务体系的意见》(2015.01.14) 中，在"（二）基本原则"一节中，提出了"坚持正确导向""坚持政府主导""坚持社会参与""坚持共建共享""坚持改革创新"五项基本原则。

相对不追求细节的绝对清晰，而追求体验过程的丰富性与经验生成的潜在逻辑，即让观者在欣赏过程中通过审美的趣味性体验而达到对文化经验共识的塑造；（3）观察马赛克形象，距离愈远，整体形象愈清晰；距离愈近，对具体元素的色彩、质感、形式体验愈真切。在传播学意义上整合了整体与局部、统一与丰富的关系。从这一角度看，当下社会美育管理与生产的难题是：对"多与一"内在逻辑关系的调控——断片经验塑造与主流价值认知的辩证关系。如此，新形态下如何在社会文化管理政策、文化产业制度和社会效果评价方法的制定、保障方面，发挥好各类、各色社会艺术文化机构的不同特点，使他们既有互相不可替代的产品特色，又共同服务于国家审美文化建设总目标，实现新媒介形态下百川归海的社会主义审美文化共识建设效应，是当下狭义"社会美育"实践空间中文化管理的新课题。

功能："社会美育"在日常生活审美氛围中的文化价值生产

马克思和恩格斯在《德意志意识形态》一文中提出了"精神生产"与"物质生产"的不同及关系，进而通过对社会分工的分析，揭示了精神生产独立出现的重要意义。① 但在精神生产如何凝聚社会文化共识的视野中，精神生产究竟具有哪些与物质生产不同的独特性、规律性？物质生产究竟在哪些方面制约并影响了精神生产？反之物质生产又如何被精神生产所影响？这是马克思和恩格斯未系统论及的问题。20世纪中期毛泽东提出的文艺思想与中国实践，是对这一问题的理论创新与实践。但显然，今日世界的物质生产和精神生产形态距离伟大思想家们提出问题时的历史情境又有了很大变化，他们的哲学方法论与人文理想依然是我们在新情况下继续探索

---

① 马克思、恩格斯：《德意志意识形态》，载《马克思恩格斯选集》第1卷，人民出版社1995年版，第81—83页。

的理论导引，这就为今天的社会美育研究与实践创新提供了时代机遇。"社会美育"在 20 世纪中国社会现代性进程中的孕育与生成，其鲜明的中国话语实践内涵，也历史地要求着我们在 21 世纪贡献出新创造新智慧。

随着 20 世纪后期世界性后工业社会"文化转向"的发生，关于审美与自由的讨论在西方思想界产生了新视角：审美自由与社会现实的关系不再被看作对立，"审美及自由之间的诸种关系，已经作为治理的一个独特领域的诸组成部分而产生了影响，而不是作为治理的外表，能够以解放的名义为其超然的批判提供基础"①。从这一角度理解个体的审美经验与现实的社会治理，就走出了以席勒古典美育思想为代表的"人性/社会"的二元对立视界。现代文化治理理论认为，社会文化政策、文化机构引导下的社会文化活动，是社会对个体人文理想、日常行为塑造、调控的重要载体。"文化被建构为既是治理的对象又是治理的工具。"② 审美文化活动用感性的、体验的方式，让个体理解、接受了审美的符号系统，并引导其在生活中把握其象征含义，进而使用这些符号的意义进行社会交流表达。与此同时，这个符号系统的生产和运用语境，又是依附于现实的意识形态、国家机器和社会组织结构的。如此，通过参与社会审美活动的"主体客观化"过程，个体与社会之间的公共性对话得以具体形成，社会美育活动对接受者公共意识、文化自觉意识的影响与塑造得以实现。③ 从这个角度理解"社会美育"的当下实践，启示了一个利用审美文化的符号生产技术，来使社会文化治理的过程具体化、细节化，通过渗入社会日常生活的不同侧面而建构"审美的磁力"，引导参与者向国家主流价值观方向聚集的文化生产理论

---

① 托尼·本尼特：《文化、治理与社会：托尼·本尼特自选集》，王杰等译，东方出版中心 2016 年版，第 489 页。
② 托尼·本尼特：《本尼特：文化与社会》，王杰等译，广西师范大学出版社 2007 年版，第 162 页。
③ 托尼·本尼特：《本尼特：文化与社会》，王杰等译，广西师范大学出版社 2007 年版，第 21—45 页。

视域。在此,"社会美育"以自己特有的"社会化"方式,与家庭、学校美育形成共同体现国家意志、塑造文化共识的美育功能互补。

结　语

广义的"社会美育",通过各种美育活动塑造大众的国家认同、文化认同的审美文化价值观;狭义的"社会美育",在与学校、家庭美育不同的社会生活空间中,针对多样的接受群体,运用丰富而多层次、多样化的渠道和产品,建构"马赛克效应"的精神充实、社会文明的审美文化共识。在这个意义上,"社会美育"更多围绕当下的政治经济、文化生活议题而展开,具有更强的社会公共话语特点,相对而言,学校美育则更多使用经典的审美文化资源。因此,社会美育具有更强的"文化生态"特点,其与特定社会的物质生产水平、科技环境、人文传统、流行时尚和自然地域特点及生活习俗等有着复杂的互动、互生变量关系。对"社会美育"历史、现状的解读、实践探索和新发展研究,是一个需要多学科参与的新的社会科学问题域。

(原载《美术》2021年第2期)

作为美育知识学导引的艺术史

刘　毅◆（南京大学艺术学院）

美育受到国内学术界、艺术界与教育界的关注始于 20 世纪 50 年代。经过数十年的积累，美育逐渐从边缘走向舞台中央，成为关乎国民精神与国计民生的重要议题。这条"逆袭之路"实则映射的是国家在经济发展、科技创新与现代化建设等方面的节节攀升。这正是美育本有的逻辑。愈是物质条件丰盈、经济基础雄厚，美育的价值及其对于社会民众的意义也就愈加得到突显。但是目前，我国的美育工作尚处于起步与打基础的阶段，亟待解决的问题仍旧不在少数。归总起来，诸多表征所共同指涉的问题之一便是美育的知识学问题。无论从何种角度加以理解，知识学其实都是一个基础性问题，既关涉学术概念、理论与基本议题，又直接地影响教学系统规划以及培养目标的设定。而作为多个学科汇聚的交叉领域，美育尽管展现出不俗的跨学科适应能力以及多样化的知识生产，但也在很大程度上显示出自有学术根基与学理依据的薄弱。何为美育？如何美育？实施路径与评价标准为何？这些问题仍旧莫衷一是、悬而未决。显然，美育尚缺乏一种必要的专业性自洽，而通常是"因地制宜"地依存于其他学科的理论资源与教学经验之上。因此，对于美育知识学问题的讨论无疑是必要的，而且也切实地影响着美育的体系化建设、教学与科研的系统性规划，以及美育长效运行机制的建立和建全等工作。进言之，探究美育的知识构成与导引，建构起符合美育诉求的知识生产与教学实践的目标方向，并且依此处理好各学科关系，促成彼此之间的合力，也就成为现阶段我国美育事业发展的关键所在。

美育的当代症候及其表征

近年来，我国美育事业取得了长足的发展，在较短的时间周期内，形成了颇具规模的科研与教学团队，以及囊括各个培养层级且兼顾社会性美育的庞大系统。转瞬之间，美育事业可谓焕然一新，充满勃勃生机，与以往的只言片语或零星散论形成了鲜明的对照。而在如此这般规模化发展的背景下，美育自身所暴露的问题也更加明显与突出。

美育有着区别于其他学科的独特性。这一方面表现为居间属性，即是说，美育是一个存在于学术研究与教学实践之间的中间地带，既涉及自上而下的观念导向，又关乎自下而上的现实反馈。而另一方面，美育具有跨学科属性，是由美学/感性学、艺术学、教育学、心理学等学科共建的交叉领域，关涉的问题域及方法论盘根错节，不可谓不复杂。这些特性构筑起了美育规模宏大的话语体系与知识系统，并且造就了多种学术生产机制以及教育技术与模式并存的局面。因此美育的问题症候必然牵扯多个方面。这部分体现为学术科研与教学实践的脱节，部分体现为目标方向的不一致乃至相互抵牾，还有部分表现为关键概念、主旨对象以及应用范畴的模糊不清。诸多问题及其表征固然与美育的独特性密切相关，但是对美育理解与认知上的偏差也是种种问题产生的关键原因。笔者以为，后者显然比前者所占比重更大，更具决定性意义，而且在当代中国美育的发展过程中也表现得尤其显著。

首先是在学术科研方面。笔者通过中国知网检索，发现仅在2021年发表的美育主题的学术论文就有4143篇，如果将"审美教育""艺术教育"等相关主题涵括进来，总数将达至万余篇。该项数据较五年前增加了一倍多，彰显出学术界对美育问题的关注以及在科研方面的增长力。但是问题也同样显著，所有论文分布在二十余个二级、三级学科中，占比较大的学科包括文艺理论、美术、舞蹈、音乐、戏剧影视、文化经济以及各级教育与教育理论研究等。① 显然，有关美育的学术研究呈现出较为分散的态势，多是依据每个学科的专业视角来谈美育问题。比如基于绘画、书法、音乐等专业特长来谈及美育的教学方法及实施路径，抑或从文学研究、美学研究、文化研究等角度来对美育的理论问题加以解析。这番看似繁盛的学术景象，实则潜藏着一个学术生产的合法化问题。即是说，作为目前的热点，美育这块极具发展力的学术公田，大多需要依靠外部力量，以其他学科的专业概念、术语以及观念与逻辑来做讲解，但专注于美育的对象、范畴及知识体系与话语系统等本领域的问题研究较少。

这一问题在国内高校的美育课程中有着更为直观的表现。就现阶段来看，开设美育课程的高校大致分为两类，其一是艺术类的专业院校，其二是综合性的普通高校。艺术专业院校在美育方面具有很强的优势。这些院校汇聚了从事各门类艺术的师资人才，而且配置有展览馆、影音厅等艺术展演空间，营造出极佳的美育教学环境及审美体验的艺术氛围。据此宋修见指出，专业高校浓厚的艺术气氛，近距离"触摸"各门艺术的便利条件，以及各类型的专业性论坛讲座与艺术活动，提供了丰富的美育资源与潜移默化的美育契机，为美育学生的"专业成长发展提供了得天独厚的有利条件"②。专业资源上的诸多优势无疑确保了艺术院校优质的美育教学环境，这是综合性高校难以企及的。但是问题同样显著。基于以往的教学经验，美育被理解为艺术的技巧与技能培训，抑或也将艺术鉴定、活动策划以及艺术市场管理归为美育的主旨。如果就美育自有的概念及功能属性来讲，即"美育作为感性教育，着眼于促进个体的审

---

① 数据来源于"中国知网"，最后查询时间为2022年3月20日。
② 宋修见：《中央美术学院美育学科建设的优势》，《美术研究》2020年第5期。

美（感性）发展，激发生命活力，提升情感境界，培养创造力，最终与其他教育一起服务于人的全面发展"①，那么专业技能培训至多仅是美育的一个局部或构成要素而已。作为感性教育的美育，其目标终归在人的精神与素养培育，这绝非是在技能与技巧的"术"的层面能够达成并实现的。笔者以为，艺术专业院校的职能并不在教育实践本身，更加重要的应是人才培养与梯队建设，只不过要突破"术"的局限，为艺术教育专业增添人文与感性精神的维度。如果紧守"局部美育"的观念，那么在小学、初中、高中等各个培养层级以及社会大众领域中，美育也就会始终停留在"术"的层面了。这与"以美育人、以美化人、以美培元"的主旨目标是有所偏离的。

与艺术专业院校有所不同，综合性普通高校一方面存在技能与技巧上的短板，另一方面又在健全完善的人文学科配置上具有绝对优势，所以一般是以人文通识性教育为着眼点，进行理论性讲解及知识性传授。通常情况下，综合性高校美育的起点是美学。这是由美育的学理逻辑及其源起之际的领域归属所决定的。自德国美学家、诗人席勒于《论人的审美教育书简》（*Über die ästhetische Erziehung des Menschen in einer Reihe von Briefen*，1795）中首次提出美育概念开始，美育便与美学保持着亲熟关系，并且持续存在于美学的话语系统中，较多涉及诸如审美精神与人格健全、审美理想与真理观以及平衡感性与理性精神等重要议题。国内学界也延续着此种模式，尤其是经历了 20 世纪 50 年代、80 年代以及 90 年代至今的三次美学热潮的洗礼，有关审美教育或感性教育的学术讨论几乎均来自于美学领域。因此目前综合性高校的美育教学工作，往往是以美学为基础，链接与之相关联的"文史哲艺"各人文学科，继而构成多学科融合的教学团队以及囊括多方面知识要素的培养体系。比如华南理工大学较早开设的"大学美育"课程，即是以美学理论知识为导引，再分别就绘画、诗歌、戏剧及艺术哲学与建筑美

---

① 杜卫：《美育三义》，《文艺研究》2016 年第 11 期。

学等内容加以讲解。再比如南京大学开设的"美育工程核心课程",将重心放置于审美素养与人文素养提升上,分别设置有"视觉人文""文学人文""戏剧人文""音乐人文""媒体人文""工艺人文"六个课程单元,并且配合课堂知识讲解,设置有不同的实践性体验课程。所以,综合性高校的美育教学强调从"知"的层面着手,对不同审美对象进行理论分析与知识讲授,但是在艺术技能与审美体验上则有所欠缺。

除上述两种类型之外,还有从心理学与教育学角度开展的美育研究,以及诸如博物馆、美术馆与各类型艺术剧院等专业机构开展的社会性美育。这类美育往往不仅浅尝辄止,还缺少学术研究的深度及教学实践的持久性与稳定性。所以,艺术专业院校与综合性普通高校是目前国内高校美育的两股主导力量。两者各有所长也各有侧重,并且依据话语体系、学科倾向与课程主旨等方面的不同,在美育的理解上存在较大的差异。看似殊途同归,于不同层面、角度施行美育之事,但实际上彼此之间较少形成有效的互动与融合。这种情况的出现有其历史原因,即国内艺术界与学术界的关系在美育领域中的映射与延伸。但是比较起来,更为关键的应归结为各界对美育及其跨学科属性的理解偏差。诚如周宪所指出的:"从学科间关系来看,美育显然是一个具有跨学科特性的知识或教育领域。这倒不是说美育问题可以从不同的学科及其合作来研究,而是强调美育本身就包含了不同学科的知识要素,美育共同体必然是由来自不同学科的学者构成,这既是美育知识生产和教学的内在要求,亦是美育共同体构成的知识学基础。"[①] 总而言之,美育的科研系统及教学体系固然是由不同学科组成的,是由不同专业群体的专家付诸实践的,但是绝不意味着可以置美育共同体而不顾,继而舍弃美育本有的逻辑及其赖以存在且有效发展的知识学基础。

---

① 周宪:《美育的学科共同体及其想象力》,《美育学刊》2021年第4期。

学科化美育及其知识学基础

　　学科化可谓是关乎美育发展的一个重要命题。上述诸问题症候，既有学术科研、也有教学实践方面的，均缘于美育的向心力或约束力不足，因此从学科建设的角度理解美育就显得尤为必要了。特别是在目前崇尚跨学科的整体学术环境下，明确自身的学科身份归属以及学科知识的专业界分，不论对于美育还是其他人文学科，皆具有基础性意义。

　　学科是在大学中设置的特定研究领域或专业科目。学科的专业划分来自现代化社会分工，同时也是现代大学体制崛起并得以确立的现实表征。一方面，伴随机械化大生产推动的工业转型以及启蒙运动对现代理性的推崇，传统宗教价值观与信仰体系受到严重的冲击，致使社会发生较大规模的变动。依据韦伯的诊断就是，宗教—形而上学世界观的崩塌导致了世俗社会的价值领域分化，继而形成了阶层划分及社会分工。① 学科化建制即是这种变动的直接反映。另一方面，学科化与科学观念的兴起密切相关。在 19 世纪初期的德国，自然哲学的终结及学术研究的专业化与职业化发展，逐步促成了以"科学"（wissenschaft）理念为导向的德式现代大学体制的确立。此一概念有别于英国或者法国的"精密科学"（exactscience），既有哲学的形而上学意味又贴近于现实，同时也彰显出作为人的伦理理想与理智理想。② 因此那些本不具备狭义"科学性"的领域也被编排或归类为各式"学科"。诸如艺术、历史等人文学科，皆因附加上 wissenschaft（科学）的尾缀而成为一门科学学科。不过，在经过英美国家的矮化及庸俗化之后，即剔除了其中的哲学与伦理

---

① 关于社会分工议题，参见马克思·韦伯《经济行动与社会团体》第一篇第三章，康乐、简惠美译，广西师范大学出版社 2004 年版。
② 参见杨庆余《德意志民族伟大心智的凸现——德国大学体制度的"Wissenschaft"理想》，《科学技术哲学研究》2009 年第 4 期。

价值后,"科学"概念随即成为自然科学的代名词,将知识的确定性与可实证性作为判断是否"科学"的标准。格罗斯与莱维特曾对此有过专论,并且对于自然科学的"僭越之举"——依据自然科学的逻辑来对各个学科领域进行高低排序——予以批判。他们指出,在自然科学的主导下,科学被划分为硬科学与软科学两种。硬科学是指提供切实可被验证的知识,而像历史与文学便被归入软科学之列,被认为是仅能在事实层面带来一种相对可靠的知识,看似高度智力化但却百无一用。[1] 在此种观念的影响下,诸多软科学被迫进一步细化与细分,以求通过缩小学科范围而达成知识与对象——对应的实证关系。如今在人文学科领域倡导的跨学科合作、跨领域融合实质上便是对这种不断细分为狭小领域的现状的回应。换言之,是对具有广义性的 wissenschaft(科学)概念的复归。笔者以为,这里所讲的"学科化美育"也是就此概念层面而言的。

在 20 世纪 80 年代,盖蒂基金会开展的名为"基于学科的艺术教育"(Discipline-Based Art Education)的专项研究与教育计划,对于理解学科化美育颇具参考意义。该计划的出发点所瞄准的是对艺术及艺术教育的传统理解。通常情况下,艺术是创造性的,而且有诸多偶然性因素夹杂其间,艺术教育也因此被理解为一件顺其自然的事情了。依据伯顿(David Burton)对全美中学艺术教育课程的调研,有近乎半数以上的教师较少或者完全不做教案设计与课程规划。[2] 个中原因自然同这种传统理解密切相关。而肖特(Georgianna Short)在调研中也有发现,教师在艺术教学过程中具有独断权,往往是依据自有的特长与专业背景来开展教学工作。而

---

[1] 参见保罗·R.格罗斯、诺曼·莱维特《高级迷信:学术左派及其关于科学的争论》(第二版),孙雍君、张锦志译,北京大学出版社 2008 年版,第 13—14 页。

[2] 参见 David Burton, *1999 Survey of Secondary Art Education Instruction in U. S. Schools*, VCU Arts, Virginia Commonwealth University, 2000。

且，与国内艺术院校相类似，通常是以技能培训来替代美育教学。①有鉴于此，"基于学科的艺术教育"便调整了目标方向，力图通过融合艺术创作、艺术批评、艺术史与美学四个具体科目来搭建教学系统，继而取代艺术教育原本松散、顺其自然的旧模式。该系统也就此作出说明："正是通过这四个学科或领域的研究和探索，学生们才能把握到使艺术教育具有实质性和意义的内容。熟悉这些学科的内容可使学生能用不同方式来关联艺术。"②而且该系统还特别强调学科间的融合性，即是说，作为艺术教育的组成部分，"这些学科是相互重叠并交织于一体的"③。进言之，艺术教育并不是教授艺术，而是关联艺术却又独立成系统的。尽管国外的艺术教育与美育存在一定的差异，概念、范畴与目标均有不同，④但是无论在问题表征还是解决路径与方向上，两者却具有高度的逻辑同一性。这也就是说，目前我国的美育也在课程结构、观念理路及教学实践等方面存在着顺其自然的情况，而且各学科之间呈现出较为明显的离散状态。显然，学科化美育是一个解决各类问题的总的方向。

美育学科化绝非狭义上的学科细分，亦非依据各分支学科特长进行专业化美育发展，或者进行美育的科层化建设。相反，学科化建设应在明确美育自身特点及目标愿景的基础上，着眼于各分支学科的学科间性，继而形成多学科相互指涉且关联紧密的总体架构。教育部曾对高校美育目标有过说明，即"针对学生美育的实际需要，积极探索建构以审美和人文素养培养为核心、以创新能力培育

---

① 参见 Georgianna Short, "Understanding Domain Knowledge for Teaching: Higher-order Thinking in Pre-service Art Teachers Specialists," *Studies in Art Education*, 39 (3): 154-169.

② 译文转引自周宪《美育的学科共同体及其想象力》，《美育学刊》2021年第4期。Stephen M. Dobbs, *The DBAE Handbook: An Overview of Disciplines—Based Art Education*, Getty, 1992: 22.

③ Stephen M. Dobbs, *The DBAE Handbook: An Overview of Disciplines—Based Art Education*, Getty, 1992: 71.

④ 参见杜卫《当前美育和艺术教育关系的若干认识问题》，《美育学刊》2019年第3期。

为重点、以中华优秀传统文化传承发展和艺术经典教育为主要内容的公共艺术课程体系"①。而中共中央办公厅与国务院办公厅的联合发文更加明确地要求美育要达成"育人成效显著增强，学生审美和人文素养明显提升"②的预期目标。由此可见，美育的主要目标在"审美和人文素养"，并非在某个方面拥有专业特长或者促成技能上的熟巧。这与美育的本意以及彼时席勒所讲的"感性教育"的定义相吻合。于此而言，美育的学科化建设便不仅仅是几个专业学科的事情了，而是要充分并广泛地联系到艺术、审美、信仰、情感、理想、道德、价值等问题领域，遍及人文学科的各个部分。作为"关于人和人的特殊性的学科群"③，现代人文学科同样缘起于19 世纪的德国，与科学学科的概念是密切相关的，因此亦被写作"Geisteswissenschaften"。依据狄尔泰的分析，这种被称作人文科学或精神科学的知识领域可以划分为三个层面，即"事实、命题、价值判断和规则"④，分别指代感知实在的历史成分、抽象实在的理论部分与预定规则的实践部分。由此来讲，美育的学科化建设，以及支撑起学科化美育的知识学基础必定是多元复杂的。诚如周宪所讲："对于大学美育来说，理论上讲应该有更多的学科参与进来，而美学、艺术学、教育学和心理学则应视作美育的四个基础性学科。除此之外，哲学、文学、社会学、文化学、历史学、传播学等学科，应该作为美育的外围学科参与到美育事业中来。"⑤

归结起来，美育的学科化建设可以理解为向"前学科性"的知识领域回归。杂多但却不失联系，繁复而又不乏主干。所以，学科

---

① 中华人民共和国教育部：《教育部关于切实加强新时代高等学校美育工作的意见》，教体艺〔2019〕2 号。
② 《关于全面加强和改进新时代学校美育工作的意见》，中办发〔2020〕36 号。
③ 李醒民：《知识的三大部类：自然科学、社会科学和人文学科》，《学术界》2012 年第 8 期。
④ 韦尔海姆·狄尔泰：《人文科学导论》，赵稀方译，华夏出版社 2004 年版，第 27 页。
⑤ 周宪：《美育的学科共同体及其想象力》，《美育学刊》2021 年第 4 期。

化美育的关键即在于把握主导方向，抑或探究能够串联各分支学科、规划统筹美育体系知识结构的总的导引。

作为知识学导引的艺术史

美育绝非大而化之或随意而为的事情。但是依据美育的受众群体及其知识背景，美育却不得不降低其所辖各分支学科的专业性，借此来达成或从根本上提升美育可资接受的程度。尽管这里存在一定的矛盾，即兼顾美育的学科化发展与分支学科的去专业性，但是这却是居间与跨学科的美育的内在要求以及实施美育的现实诉求。

杜卫曾指出降低专业度及提升"参与性"对于美育的价值所在："作为通识教育的艺术课程，面对几乎是零起点的学生……让基本上没有接触过西洋音乐的学生首先面对巴赫的作品，很可能使他们那么一点宝贵的好奇心彻底泯灭，从此对西洋音乐望而却步。"① 这也就是说，美育实施的起点是审美对象及方式的通俗易懂。这就要求开放专业边界、降低专业门槛，凭借生动活泼的审美现象或艺术作品来激发学生的参与热情。那么问题的关键在于，如何把握开放与降低的程度及标准，何种类型与属性的对象可以有效调动学生的好奇心，又或者是在什么样的语境或教学场景下，才能够使学生切实地获得审美体验及心灵上的感性滋养。多数情况下，这些问题仍旧是见仁见智的，一种普遍的适用性标准似乎很难形成。基于此，麦肯（Penny Mckeon）从效果以及应用性角度对美育专业标准的讨论颇具参考意义。与前述观念相近，麦肯在参与性的基础上，更加强调学生未来如何应用美育知识与经验的问题，即所谓美育的"前瞻性"价值。麦肯指出，虽然大部分审美与艺术教育是在艺术家工作室开始的，目的是为了让学生有效地参与艺术实践并逐步积累个人的审美经验，但是这些所学与所感通常在毕业后并

---

① 杜卫：《当前美育和艺术教育关系的若干认识问题》，《美育学刊》2019年第3期。

不会得到延续，而且也缺少必要的应用场景与实践契机。接受审美教育的学生，终归很少会成为从事原创性工作的专业艺术家。相反地，在毕业之后，他们多会进行理论意义上的审美与艺术活动，诸如参观博物馆与美术馆，到画廊购买艺术品等。因此从发展的角度来看，美育经验在学生未来生活中的调用与输出通常是理论或知识属性的，而非实践性的。基于丹托的"艺术界"以及哈贝马斯的知识论与公共交往理论，麦肯明确地指出，美育最终是通过审美感与艺术感来实现其价值的，绝非是形而上的美学理论或者纯粹的艺术技能实践。那么，这种"感"的形成则有赖于"艺术理论的氛围和艺术史的知识"，因而应将艺术史而非其他专业课程视为美育或艺术教育的基础。① 可以设想，如果在课堂上讲解康德、黑格尔或者席勒的美学名作，学生们多会不知所云、面面相觑；而哪怕是面对最基本的艺术佳作，比如齐白石、徐悲鸿或赵无极等，如果没有必要的艺术史知识作为铺垫，不知所谓的情况也不会在少数，领悟作品中的创造力、想象力与形式美感也更加无从谈起。因此，介于哲学美学与艺术创作中间层面的艺术史，毋庸置疑地为美育提供了一条可行的实践路径。

同美育的属性相通，艺术史学也是一门以综合性见长的交叉学科，不仅兼顾着哲学美学及历史学、社会学等理论问题，而且还广泛地涉及形态各异的艺术对象及现象。但是这种综合性绝非像现阶段的美育一样，成为发散型的公共知识领域，而是有着明确的学术旨意与目标。基于众多对现代艺术史学的重要阐释，该学科的基本任务是将讲不清道不明的艺术创造及感知问题，通过科学严谨的方法，转化为具有客观依据且可普遍传达的知识。维也纳艺术史学派的重要学者陶辛（Moriz Thausing）就曾指出，艺术史学是类同于"解剖学"的一门精准的分析科学，而并不是单凭个人好恶及独特

---

① 参见 Penny McKeon, "The Sense of Art History in Art Education," *The Journal of Aesthetic Education*, No. 2 (Summer 2002): 99。

的趣味准则来讲述艺术的故事。因为"充满主观性的趣味标准终究无法成为艺术史研究的核心……趣味判断所收获的永远是相对价值,极不稳定,因为趣味总是伴随时空而发生变化"。① 而施玛索(August Schmarsow)则更为直接地表示,艺术史学就是"将艺术显现的感官特性,以智性概念的模式予以呈现"②。由此可知,艺术史学实际上是将艺术现象的杂多及审美趣味的个性化,凝练为一般意义上的客观知识。进一步而言,经过学科建设与发展的不断深化,艺术史学一方面形成了以风格、形式、视觉、观看、语言等为核心的概念矩阵及问题域,另一方面又构成了以形式分析与图像研究为主导的方法论系统,为呈现暧昧不清的艺术与美感提供了较为完善的知识体系与话语系统。其实不难理解,居间的、跨学科的美育所需要的,正是艺术史这种既非纯理论又非纯实践的知识性内容作为基础。

事实上,艺术史学与美育本就具有很强的历史关联。同席勒美育观念提出的时间大致相当,建构科学严谨的艺术史学的自觉意识也在18世纪末19世纪初的德国开始蔓延。两者不单分享着共同的历史背景与原生语境,而且在发展过程中也是彼此交织、相互渗透。其中最具代表性的表征莫过于现代的博物馆或美术馆。作为文化传统及文明象征与传承的公共空间,博物馆与美术馆承担着重要的社会与文化职能,并且被视作一种国家性事务。因此在工业革命之后,博物馆与美术馆迎来了大规模的发展,一系列重要场馆也悉数登上历史舞台。博物馆与美术馆的基础工作是古物研究以及艺术品的收藏与展示。进言之,它不单是一个公共文化空间,而且还深刻地影响着知识生产、传播以及公众的艺术与审美教育。就知识生产与传播而言,博物馆与美术馆实际上成为艺术史学的策源地。经过粗略的观察便可发现,大多对后世影响颇深的艺术史学者其实都

---

① Moriz Thausing, "The Status of the History of Art as an Academic Discipline," *Journal of Art Historiography*, No. 1 (2009): 6.

② August Schmarsow, *Grundbegriffe der Kunstwissenschaft*, Druck und Verlag Von B. G. Teubner, 1905: 249.

具有博物馆或美术馆的职业背景。鲁莫尔是普鲁士政府筹建公共艺术博物馆规划的顾问，瓦根是柏林绘画博物馆（Berlin Gemäldegalerie）的馆长，艾特尔贝格尔是奥地利工艺美术博物馆（Österreiches Museum für Angewandte Kunst）的馆长，陶辛是阿尔贝蒂娜博物馆（the Albertina Museum）的馆长，等等，担任部门负责人或者从事收藏、策展等具体工作的艺术史家更是不计其数。有别于艺术史学根植于高校的当代机制或模式，彼时的艺术史是在与文物、艺术品的直接交往中发生的，具有决定性意义，而后才逐步地影响并介入到大学中。诚如施洛塞尔在评价维也纳艺术史学派时所讲："我在从事学术工作的四十年来始终恪守这一传统。这是高校与博物馆之间建立的富有成效的联系，最早出现于维也纳。艾特尔贝格尔的伟大创造就在于为高校教师建立了这样一个培养基地。"[①] 那么，反观公共教育，博物馆与美术馆又通过各种类型的艺术展览、学术讲座以及相关的期刊发表等，建构起了艺术与审美教育实施的基本路径与运行机制。相比于席勒以来美学话语对美育进行的纯粹理论性讨论，博物馆与美术馆的公共教育则显得更具现实性，将提升感性精神以及恢复感官感觉能力的诉求带入到实务性层面加以实施。由此可见，艺术史与美育本就关系紧密、互为连理，不过是一方在行知识生产之职，另一方则是将艺术感与审美感通过知识的形式在大众层面上进行传播与教育。

如果更进一步，即可理解艺术史与美育在深层的逻辑构成上也具有紧密的关联性。换言之，艺术史学是美育得以实施的重要基础与学理依据。一方面，艺术史为美育实践提供了基本的概念与术语。从各个时代的审美标准与审美理想，到不同艺术的感官感觉方式，再到各门类艺术创作的原理与方法，甚至是在教学规划与日常

[①] 施洛塞尔等：《维也纳美术史学派》，张平等译，北京大学出版社2013年版，第26页。

教学实践中所涉及的概念与术语，皆源自艺术史的研究成果。诸如形式、风格、比例、透视、节奏、气韵、意象等各类术语，实际上正是从艺术史领域借取，并且跟随艺术史研究的深入而持续进行调整的。另一方面，艺术史是美育课程规划与设置的重要依据。在美育教学中所强调的参与性，或者通过由浅入深、由表及里的课程设置来调动学生的热情，对于深与浅、表或里的程度判断也是以艺术史学为依据的。具体而言，美育课程的设置及其逻辑依据，诸如哪件作品具有典型性、哪位艺术家具有代表性，以及艺术作品缘何呈现出这般状态，美学精神如何体现并有序传承等相关问题均无法独立于艺术史的判断而任意规划。换言之，在设定美育课程体系时，我们实际上调动的多是艺术史的知识要素，而非其他。相较于上述两个方面，更加重要的在于，艺术史学绝不是处理艺术与审美问题的一门专业技能，而是普遍联系到哲学、美学、文化学、人类学、历史学、考古学、文学等学科，编织出一张具有广博性的人文精神之网。比如李格尔（Alois Riegl）提出的"基于人的意志的艺术创造力"、沃尔夫林（Heinrich Wolfflin）提出的"形式与视觉想象的发展史"或者德沃夏克（Max Dvořák）提出的"作为精神史的艺术史"，均是将艺术问题置于广阔的人文精神语境中加以理解。所以才有了潘诺夫斯基（Erwin Panofsky）"作为人文学科的艺术史"的著名论断。在此意义上，艺术史实则成为了串联各人文学科的重要导引与纽带。而且对于美育的建设与发展而言，亦即增强美育专业的自主意识以及学术与教学上的约束力，艺术史也具有奠基性意义，不仅能够将存在属性差异及不可通约性的要素转化为艺术史的知识话语，并且能够通过理论建构合理地规划各人文学科在美育体系中的层级与位置。

结语：艺术史学进入美育

艺术史家克莱因鲍尔（Eugene Kleinbauer）曾指出过艺术史研

究有着层级或内外之分。内部研究意指艺术作品鉴定或鉴赏，主要涉及作品的媒介材料、制作技术、作者身份、作品年代，以及对诸如艺术风格、形式语言、构成语法与图像意义等问题的分析与判定。外部研究意指艺术史与其他学科及方法论的交融，包括传记研究、格式塔心理学、符号学、经济史以及理解艺术家创作的思想史背景等。这种理解其实并不新鲜，在过往多有涉及与讨论。[①] 而克莱因鲍尔观点的重要性则在于，指明了内部艺术史研究是美育的基础或必备的工具，为教学提供了基本的知识要素；而外部研究则是美育的进阶，促使在思维与逻辑理路上对艺术感与审美感有更加深刻且全面的认知。这种以艺术史为导引的美育观具有很强的现实性及参考价值。伴随数字技术的快速铺展及广泛介入，艺术创作与审美接受的传统模式已经发生了深刻变化。各种类型的新兴艺术模态及艺术大众化、娱乐化的发展趋向，不但降低了感性精神的比重，弱化了感官感觉的能力与敏感度，而且亦在逐步侵蚀甚至抹掉我们的文化记忆。因此，单凭各类艺术实践与体验实则难以调动学生们的参与热情，继而达成美育的目标愿景。由此可见，知识的价值与意义就当下而言是远超于艺术体验的，是重建感性精神、重塑健全的人格、推进社会和谐与健康发展的逻辑起点。当然，对于建设美育体系以及长效的运行机制来讲，艺术史学以其知识学导引的身份进入美育也是正当其时。[②]

（原载《中国文艺评论》2022年第7期）

[①] 比较有代表性的包括泽德尔迈尔（Hans Sedlmayr）的艺术史"第一科学"与"第二科学"，以及普罗恩（Jules D. Prown）的"艺术的历史"与"艺术史"的观点。参见施洛塞尔等《维也纳美术史学派》，张平等译，北京大学出版社2013年版，第26页；Jules David Prown, "Art History vs. the History of Art," *Art Journal*, Vol. 44, No. 4 (Winter, 1984): 313-314.

[②] 本文系2018年度国家社科基金艺术学单列项目"19—20世纪德语国家艺术史学传统与核心概念研究"的阶段性成果。

文艺批评参与美育的必要性探究

李 雷◆（首都师范大学文学院）

对于一位在校生而言，艺术教育无疑是其接受美育最常见、最便利和最核心的途径。真正对艺术和美抱持热切追求的学生，不可能仅满足于对平庸知识内容和普通创作技能的学习，而必然渴望尽可能地发现、感知和领悟艺术与美的诸般美好，并从中实现自我学习、自我操练和不断成长。在此意义上，艺术教育之美育目标的完满实现，不仅意味着学生在受教育过程中能够发现艺术之美，获取丰富鲜活的审美体验，并切实感受到艺术所带来的情感陶冶与精神快慰；更意味着其经过长期的艺术熏陶与美的滋养，逐渐养成良好的艺术感知力与审美鉴赏力，个体的内心、生命与人生更趋和谐，最终实现自我的全面发展。显然，无论是审美愉悦感的获得，还是艺术感知力与审美鉴赏力的提升，抑或是健全人格的养成，受教育者仅靠了解和掌握一些相关的艺术知识与专业技能是远远不够的，还必须拥有一定的艺术批评鉴赏能力，即能够自主地对艺术家意图和文艺作品的内涵、特征及价值等进行分析与呈现。唯其如此，当今的艺术教育适当引入文艺批评方面的课程，便尤为必要。

关于艺术美育的认知误区

目前我国普遍以艺术课程作为学校美育课程设置的主体，即以艺术教育作为美育实施的主要路径。艺术教育，包含艺术史、艺术创作、艺术批评和艺术哲学（美学）等多学科的知识内容，四个学科之间虽存在相当的交织重叠，但各自拥有相对独立的知识话语体系，需要采用不同的教学设计与方法，它们在具体的美育教学中发挥功能的方式与效果皆有差异。但现有的很多所谓"美育课程"，明显偏重艺术史或艺术创作的教育，更多是一些带有艺术知识普及或艺术技法训练性质的公共艺术课程，不仅未能将美育真正有效地融入其中，亦没有对文艺批评给予足够的重视。即便设有针对具体文学艺术门类的鉴赏课程或批评方法课程，但这些课程要么偏向对具体文艺作品的创作背景、形式特征、主题思想等知识的说明，要么重在对不同文艺批评方法的介绍与训练，其中虽会涉及对作品美学风格与审美价值的解析，但往往忽略作品的情感陶冶、心灵净化与精神改造等深层次作用，普遍缺乏将美育育人的核心理念融入课堂教学的自觉。这种状况与问题的产生，很大程度上源于对艺术教育及文艺批评认知的模糊不清。

首先，上述美育课程设置方面的偏颇与不足，充分说明国内关于"艺术教育"的理解认知存在着简单化或单一化的倾向。根据杜卫的观点，我国的"艺术教育"至少包含专业艺术教育和通识艺术教育（或称为"普通艺术教育"）两层意思。二者虽有重合之处，但亦有明显差异，具体表现在：对象上，前者仅面向艺术专业特长生，后者则覆盖全体学生；目标上，前者以培养艺术专门人才为目标，后者则旨在提升学生的审美和人文素养，促进学生的全面发展；教学内容上，前者以艺术专业知识和技能为主，后者教授少量艺术专业知识和技能，主要服务于学生的艺术兴趣及审美鉴赏力的培养。所以，作为美育主要途径的艺术教育，理应是通识艺术教育，而非专业艺术教育。即是说，作为一种面向全体学生的普及性、基础性教育，艺术美育具体而言是一种通识艺术教育。但我国目前学校美育的现实却经常是将二者混为一谈，或者将专业艺术教育的方法模式机械套用于通识艺术教育之上，或者将专业艺术教育直接等同于美育。①

其次，不同于一般的文艺鉴赏，严格意义上的文艺批评，是按照一定的批评方法与价值标准对文艺作品的描述、分析、阐释与评价等，旨在对艺术家的意图及文艺作品的内涵、特征及价值等进行发掘和解读。因此，艺术批评"通常被界定为对艺术作品的描述、解释和评价，尤其是在理论的氛围和历史的脉络中来定位艺术作品。换句话说，艺术批评就是在理论、历史与作品之间建立联系"②。艺术批评与艺术史、艺术创作、艺术哲学之间的紧密关联，由此可见一斑。一方面，艺术批评基本介于艺术研究（包括艺术史研究和艺术哲学研究）和艺术创作之间，发挥着沟通理论、历史与作品的津梁作用。另一方面，艺术批评受制于艺术历史及艺术哲学的发展，且必须围绕着具体的艺术创作和作品展开，由此，艺术批评水平高低、专业与否，便与批评主体对艺术史、艺术哲学理论及艺术创作技法等的熟谙程度密切相关。反观我国目前的学校美育，存在着另一个认识误区：既然艺术批评离不开专业的艺术理论、美学知识及艺术创作技能，那么，艺术批评理应主要由专业的批评家所为，即便设置艺术批评课程，也本该是专业艺术教育的必修课程；而作为美育的通识艺术教育对专业艺术知识和技能的要求相较专业艺术教育要低得多，也就无需开设专业性更强的艺术批评课程，更何况普通的艺术受教育者没有足够能力胜任文艺批评活动。

可以说，正是上述两个认知误区，导致我国目前学校美育课程设置中带有明确美育指向的艺术批评课程严重缺失。尽管熟知艺术发展历史和美学理论知识，拥有丰富的艺术创作技能与实践经验，一定程度上能够帮助接受者快速把握和解码艺术作品的技法、风格、特色等内容，并对作品作出更为专业的价值评判；但是，艺术批评作为特定社会文化时空中的文艺接受活动，本身异常错综复

---

① 参见杜卫《当前美育和艺术教育关系的若干认识问题》，《美育学刊》2019年第3期。

② 彭锋：《走出艺术批评的危机》，《文艺研究》2021年第6期。

杂，会受到多重主观和客观因素的影响。接受者对一部文艺作品的感知、阐释与评价，除了与其自身的社会身份、受教育水平、艺术鉴赏力和特定接受心境等直接相关外，还会受到时代的文化环境及主流审美风尚等外在因素的影响。

关于这一点，中国古代的许多往圣先贤早已传达出类似的文艺批评观念。比如，季札结合各地的政治民风状况来解读乐诗的不同风格；孔子不仅从个人"言志"的角度，还从社会政治、道德伦理层面来综合评价诗歌的"兴观群怨"功能。同时，我们还可借用20世纪著名文艺理论家M. H. 艾布拉姆斯的"文学活动四要素"理论加以说明。由于构成文学活动整体的作品、世界（时代）、作者和读者之间相互依存、相互作用，以读者为主体的文艺批评活动便不单纯与其自身的接受能力有关，而且与作品本身、作者和作品所在的世界（时代）密切相关。所以，对于艺术批评而言，系统且专业的技法、知识与理论固然重要，但并非唯一的决定要素，亦不是优质艺术批评的绝对保障。

与美育相关的艺术批评能力

如上所述，既然学校美育的主要途径是艺术教育，那么受教育者若想通过接受通识艺术教育来达到美育的效果，必须具备一个基本前提——能够发现、感知和领悟艺术之美，并对艺术作品的审美价值作出准确评判，这便需要受教育者具备一定的艺术批评能力。这是一种对批评主体的综合人文素养要求很高的能力，至少关涉艺术学、美学、社会学、政治学、历史学等多门学科的知识与理论，同时还必须拥有在长期批评实践中生成的敏锐感知力和丰富审美经验。如将其作用于美育功能的实现，具体可表现为两个方面：

其一，对文艺作品的语言、技巧、结构及风格等形式的分析能力。关于文艺形式的重要性，尽管自古以来的诸多中西方文艺理论家皆有所论及并予以强调，但直至20世纪初期的形式主义文论才将其提升至文艺之为文艺的本体论位置，文本细读及形式分析的能力随之愈益受到重视。事实上，这是每一位艺术美育接受者理应具备的一项基础性能力，因为自康德以来的主流审美观念普遍将艺术之美归结于作品的形式，而与其内容及内在的目的、意义等无关，认为美感生成于对艺术形式的凝神观照和超功利感知。显然，欲接受艺术美的熏陶和滋养，首先要具备这种通过艺术形式分析发现美、感受美的能力。

其二，关于艺术作品的辨识力与价值判断力。20世纪之后，随着艺术与生活界限的渐趋消弭，艺术的大众化、商业化和娱乐化倾向愈加明显，艺术固有的边界与本质不断遭到破坏和消解，关于艺术及艺术品的界定不再是不言自明的，而是变得愈发困难，由此关于艺术的宏大叙事及本质主义追问逐渐走向了终结，艺术的发展进入艺术家各显其能的多元主义时期。不止如此，自1960年代波普艺术、观念艺术等当代艺术出现之后，以康德为代表的欧洲哲学家所建构的关于艺术引发情感愉悦的审美观照，丧失了以往的普遍适用性，美在一般的艺术定义中不再拥有至高的权威地位，而似乎被废黜或被悬置了。对此，分析哲学家阿瑟·C.丹托发现，并不是每一件可能成为艺术的东西都是美的，好的艺术也不一定是美的，艺术与美学之间的联系很大程度上是一种历史偶然性。在他看来，"美既不属于艺术的本质，也不属于艺术的定义"[①]。

试想，如果一件艺术品不再拥有传统意义上的"审美价值"，那么其美育功能何在，或者说其会不会起到审美教育的作用呢？答案显然是否定的。那些根本不具有美感且令人厌恶、恐怖、恶心，但的确又被艺术界视为艺术品的大量当代艺术（例如达明·赫斯特的《生满蛆的牛头》、皮耶罗·曼佐尼的《艺术家的大便》等），或许可以丰富艺术的可能性与多样性，但对于美而言无疑是赤裸裸的

---

① 阿瑟·C. 丹托：《美的滥用：美学与艺术的概念》，王春辰译，江苏人民出版社2007年版，第43页。

背叛。它们无法带给接受者丝毫的审美愉悦体验，也就不具备美育的功能。在此意义上，判断一件物品是否是艺术的辨识力及对其价值作出客观评估的能力，对于每个美育接受者而言，就显得异常重要且不可或缺；或者说，其在接受美育的过程中，必须以掌握一定的艺术批评能力为前提。因为，"艺术批评一个最主要的功能是：确认新的艺术，使之能被理解并得到公正的评价，不论这些新创造的艺术如何怪诞，不符合艺术标准，甚至逆潮流"[①]。即是说，能否辨识艺术，并对艺术品的诸种价值作出准确合理的判断，将直接影响美育的接受效果。如果缺乏必要的艺术批评能力，非但无法收获美育的功效，还可能会对接受者既有的艺术认知、审美理想及道德价值观念等造成不利影响。

当然，赋予某物或某种新型文本以艺术品的资格，洞悉其深层的艺术意涵，发掘其潜在的艺术价值，并对未来艺术发展方向作出大胆且具前瞻性的猜测与研判，很多时候隶属于专业批评家的职责范围。客观地讲，让青少年学生承担这种艺术批评的职责并不现实，但这并不意味着他们不可以参与艺术批评或缺乏相应的能力。事实上，随着媒介生态的改变而来临的融媒体时代，为广大移动互联网用户接触艺术、参与艺术批评创设了前所未有的可能性，他们针对某些文艺作品、文艺现象自发地在微博、微信等自媒体平台上发帖、留言与讨论的行为，就是宽泛意义上的文艺批评。更何况，其中某些长期活跃于豆瓣、知乎等网络社区的青年学生，其艺术感知力、理解力和判断力并不逊色于专业批评家，某种程度上他们构成了与专业批评家相抗衡的另一种文艺批评力量。

所以说，在新时代学校美育工作中，为了提升学生的艺术批评能力，进而深化美育接受的效果，引导他们收获更为丰富深刻的审美感知体验，让艺术更好地作用于他们的生活与人生，有必要引入

[①] 沃尔夫、吉伊根：《艺术批评与艺术教育》，滑明达译，四川人民出版社1998年版，第20页。

文艺批评方面的课程。

文艺批评与"完全的人"

众所周知，席勒于18世纪晚期敏锐洞察到近代工业社会的发展，将人的天性的内在联系撕裂开来，造成了人性的严重分裂。对此，他认为，"在人的一切状态中，正是游戏而且只有游戏才使人成为完全的人，使人的双重天性一下子发挥出来"①，因为人的"游戏冲动"可以同时扬弃因"感性冲动"所带来的物质强制和因"形式冲动"所带来的精神或道德强制，使人在物质与精神两方面都得到自由，从而恢复感性与理性的和谐统一状态。他将"游戏冲动"的对象指向最广义的"美"。换言之，人通过艺术活动对纯粹形式外观进行无利害关系的游戏式审美鉴赏，可以无需完全放弃感性物质世界而实现对其的暂时超脱，走向真正的精神自由。所以，席勒主张让美在自由之前先行，强调对人的审美教育并把美育的目标指向人性的和谐与"完全的人"。

出于对席勒美育思想的服膺和高度认同，20世纪初期的中国现代美育思想先驱普遍视美育为促进"完全的人"塑造的教育必不可少的组成部分，并加以积极的引介和倡导。例如，王国维在发表于1903年的《论教育之宗旨》中即认为，美育可以"使人忘一己之利害而入高尚纯洁之域"，可与德育、智育、体育一道助力于教育之宗旨——"完全之人物"的塑造。②蔡元培则如此界定美育，"纯粹之美育，所以陶养吾人之感情，使有高尚纯洁之习惯，而使人我之见、利己损人之思念，以渐消沮者也"③，并反复强调美育可与德

---

① 席勒：《审美教育书简》，冯至、范大灿译，上海人民出版社2022年版，第130页。
② 王国维：《论教育之宗旨》，载姚淦铭、王燕编《王国维文集》第3卷，中国文史出版社1997年版，第57—58页。
③ 蔡元培：《以美育代宗教说》，载高平叔编《蔡元培全集》第3卷，中华书局1984年版，第33页。

育、智育、体育一同作用于"养成健全的人格"①。可以说,美育的"全人"功能,几乎构成了中国现代学者言说和倡导美育时的一种基本出发点和普遍共识,而且这种共识一直延续至今,这尤其体现在我国近年来的两份官方文件②中,这两份官方文件皆明确将美育视为我国构建德智体美劳全面培养的育人体系中不可或缺的重要组成。

尽管在国家政府层面的大力提倡和推动之下,我国当前的学校美育工作,无论是系统的美育理论研究还是具体的美育工作实施,较之以往皆已取得巨大的进步,但依然存在着诸多亟待完善的问题,且与国家设定的2022年美育发展目标③存在着较大的差距。其中,在美育课程设置方面的一个突出问题是,将美育直接等同于艺术教育,仅仅把以往的艺术教育课程加以简单改头换面便冠之以"美育课程体系"。王德胜曾指出:

> 这些"美育课程"又大多是各类文学艺术课程的"知识普及版",并且主要以"通识"形式来体现对于学生专业知识的补充(扩充),而在"成人"指向上却往往缺少一种内在而必要的有机性,甚至缺少与整个学校课程体系的结构性关联。④

显而易见的是,此类过分注重普及艺术知识和传授艺术技法的所谓

---

① 蔡元培:《普通教育和职业教育》,载高平叔编《蔡元培全集》第3卷,中华书局1984年版,第474页。
② 详见2019年3月29日教育部下发的《关于切实加强新时代高等学校美育工作的意见》和2020年10月15日中共中央办公厅、国务院办公厅联合下发的《关于全面加强和改进新时代学校美育工作的意见》。
③ 《关于全面加强和改进新时代学校美育工作的意见》设定的主要目标为:"到2022年,学校美育取得突破性进展,美育课程全面开齐开足,教育教学改革成效显著,资源配置不断优化,评价体系逐步健全,管理机制更加完善,育人成效显著增强,学生审美和人文素养明显提升。"(《中共中央办公厅 国务院办公厅印发〈关于全面加强和改进新时代学校体育工作的意见〉和〈关于全面加强和改进新时代学校美育工作的意见〉》)。
④ 王德胜:《学校美育的三个难点与三重关系》,《东北师大学报》(哲学社会科学版)2020年第3期。

"美育课程",并未充分理解美育潜移默化的情感陶养作用,仍停留于过去视美育无外乎教学生画画画、唱唱歌、跳跳舞的肤浅认知水平,既没有将"以美育人、以美化人、以美培元"的理念有机融入艺术教育之中,更未能从"全人"的目标指向出发,妥善处理美育与整个学校课程体系之间的结构性关系。由此所培育的学生可能了解一些相关的艺术知识,并掌握了一定的艺术创作技法,但其艺术理解力和鉴赏力普遍不高,这表现在:不仅不能清晰地阐明作品美在何处,而且难以从中获得具体可感的审美愉悦体验,遑论对作品的质量与价值作出合理的评判。

那么,如何妥善解决上述问题,引导学生以一种敏锐的感受力和熟练的操作能力来领悟艺术之美,并积极作用于自己的生活和人生,进而实现个人的全面发展?我们认为,将艺术批评教育纳入学校美育课程体系之中不失为一条合理有效的路径。因为,如果说艺术审美教育的目标是通过引领学生品鉴和体验艺术之美,来健全学生主体的审美能力,导向人性的和谐与各方面能力的协调发展的话;那么,艺术批评教育对艺术感知力、鉴赏力和判断力的培养与训练,不仅能使学生对于艺术美的感知更加敏锐、细腻,而且能够发展健全学生的综合感知能力和情感结构,从而为学生的美育接受提供丰厚的审美经验积淀和能力基础,帮助其获得更佳的美育效果。

根据约翰·杜威的观点,审美批评是对审美对象的知觉,无论是对自然还是对艺术的批评,总是由第一手感知的质量来决定的,即取决于主体关于对象的直接审美经验。进而言之,艺术批评是批评主体感知、体验和判断艺术作品的复杂过程,在反复的艺术批评实践活动中,主体自身的审美经验得以不断扩展和深化。因此,"批评的功能是对艺术作品知觉的再教育;它对学会看与听这一过程,这一困难的过程,起着辅助的作用"[①]。前已述及,对艺术品的知觉与评价,是美育接受必要的能力和素养,既然艺术批评对于艺

---

① 杜威:《艺术即经验》,高建平译,商务印书馆2005年版,第360页。

术知觉能力的开发和发展具有重要的辅助性作用,便必然可以助力学生的美育接受,对于其全面发展也肯定不乏益处。

文艺批评与"寓教于乐"

诚然,审美对于人的道德选择并不具有决定性的作用,二者之间亦不存在必然性的关联,但这并不足以抹杀美善之间的内在统一性,也无法否认美育与德育在"全人"目标上的一致性,以及审美对人之德性的渗透、涵养与陶冶作用。席勒在《审美教育书简》的开篇即指出:"我要谈的对象,同我们幸福生活中最好的部分有直接的联系,同人的天性中道德的高尚也不相违阔。"① 在之后的论述中,他始终把道德崇高作为人之理想性存在——"完全的人"的必要状态和建立真正自由社会的前提条件,同时坚持把道德人格的养成建基于审美人格的塑造,认为"道德状态只能从审美状态中发展而来,而不能从物质状态中发展而来"②。即是说,拥有自由心境的审美状态,是人从物质状态向道德状态过渡的中间津梁或第三种状态,人只有通过持续的审美经验方能达到个体的成熟与完满,拥有良好的素质和完善的人格,由此社会才可以达到和谐的状态。席勒的这一看法明显深受康德的美学及道德哲学思想的影响,后者在《判断力批判》中,虽强调美的无利害性、与道德的善的相异性,但同时指出"美是道德的象征",并举例说明,"我们称呼自然的或艺术的美的事物常常用些名称,这些名称好像是把道德的评判放在根基上的。我们称建筑物或树木为壮大豪华,或田野为欢笑愉快,甚至色彩为清洁,谦逊,温柔,因它们所引起的感觉和道德判断所引起的心情状况有类似之处"③。足以见得,正是康德关于审美与道

---

① 席勒:《审美教育书简》,冯至、范大灿译,上海人民出版社 2022 年版,第 24 页。
② 席勒:《审美教育书简》,冯至、范大灿译,上海人民出版社 2022 年版,第 189 页。
③ 康德:《判断力批判》上卷,宗白华译,商务印书馆 1964 年版,第 202—203 页。

德之间关系的辩证认识——对于纯粹、独立、无利害的美的训练，有助于道德的成长；反之，道德的成长也会使得个体倾向于美，并引导个体进入更高层次的审美欣赏——影响和启迪席勒并未脱离人的智识和道德层面而孤立片面地谈论美育。

席勒继承康德思想衣钵在艺术审美与道德完善之内在关系方面所作的深入思考，无疑构成了其美育思想的核心，也极大地影响和塑造了后世关于美育的基本认知。席勒的忠实信徒赫伯特·里德认为，人们通过音乐、诗歌和造型艺术等审美活动所养成的修养境界，"并非一种肤浅的学习成就，而是打开所有知识与所有高尚行为之门的钥匙"，鉴于此，"我们务必在教育中优先发展各种形式的审美活动，因为在制作美的事物的过程之中，才会对人产生陶冶性情的道德教育作用"。[①] 同样地，中国现代的美育思想先驱们在强调审美的精神陶养功能的同时，也意识到美育在人之精神境界提升和道德人格完善方面的基础性作用。例如王国维在《论教育之宗旨》中指出："美育者一面使人之感情发达，以达完美之域；一面又为德育与智育之手段。"[②] 与王国维仅把美育视为德育的手段不同，蔡元培虽强调德育是"五育"[③]的核心，但将美育作为德育乃至整个教育的基础来看待，认为美育无论对于个体的人格完善还是社会的进步皆有益处，"如其能够将这种爱美之心因势而利导之，小之可以怡性悦情，进德养身，大之可以治国平天下"[④]。在此基础上，不少中国现代学者尝试将席勒的美育思想与中国经典儒家的"诗教"

---

① Herbert Read, *The Redemption of the Robot: My Encounter with Education through Art*, Simon and Schuster, 1966: 143. 转引自列维·史密斯《艺术教育：批评的必要性》，王柯平译，四川人民出版社1998年版，第30页。

② 王国维：《论教育之宗旨》，载姚淦铭、王燕编《王国维文集》第3卷，中国文史出版社1997年版，第58页。

③ 蔡元培在发表于1912年2月的《对于教育方针之意见》一文中，首次提出"五育并举"主张，"五育"具体包括军国民教育、实利主义教育、公民道德教育、世界观教育、美感教育。

④ 蔡元培：《〈美学原理〉序》，载高平叔编《蔡元培全集》第6卷，中华书局1988年版，第449页。

"乐教"传统相对照,阐发美育在道德人格完善方面的重要作用,甚至赋予美育以启蒙救亡和社会改造的宏大历史使命。可以说,一方面基于中国悠久丰厚的美育思想传统,另一方面则出于改造中国现代社会的现实需要,中国现代学者在建构本土美育理论话语时,格外重视美育的内在德育功能并尝试将之发扬光大。唯其如此,现代以来的中国教育思想观念皆不曾忽视美育的重要性,并特别推崇美育在提升学生的思想品性与道德情操方面的潜移默化的作用。

由上可见,美育作为一种独特教育形态,有其相对独立的性质、功能与规律,但同时与德育存在较大的关联性,能够服务或辅助德育目标的实现。这表现在,一个拥有健康高雅审美趣味的人,往往会自发地崇德向善,而且基于美育特有的情感陶冶与心灵美化作用,其所带来的个体情感健康与内心和谐,无疑能够加深个体对某些道德规范的理解及好感,利于调动和释放其内在的道德潜能,进而成就某些德育目标的实现。可以说,美育在某种程度上是作为德育的基础存在的,内在地具有德育的功能。[①]

美育带有内在的德育功能这一特性,决定了通过艺术教育来实施美育的过程,不仅需要明晰艺术作品的审美价值,同时需对其伦理道德价值、思想价值等有明确且相对客观的认知和判断。一个基本的事实是:并非所有的文艺作品皆可发挥美育的功能,一部道德上存有瑕疵或缺陷的作品,即使其艺术品质与审美价值颇高,其美育价值也会有所减损,或者说其美育之内在德育功能的发挥势必会受影响,甚至可能适得其反。鉴于此,艺术美育便需要文艺批评的介入和参与。究其原因,主要有二:

其一,真正的文艺批评并非简单地对艺术作品的总体价值作笼统含糊的囫囵评价,而是会对作品的认识价值、审美价值和道德价值等诸种价值进行细致清晰的辨析、阐释和说明,并给出判定好坏

---

① 参见杜卫《论美育的内在德育功能——当代中国美育基础理论问题研究之二》,《社会科学辑刊》2018年第6期。

优劣的具体标准和充足理由。基于艺术批评提供的价值判断与价值导向，便可以对一部作品是否具备美育的潜能及其美育价值的大小形成初步的认知与预估，从而减少美育在作品选择上的随意性和盲目性。

其二，审美标准与道德标准无疑是文艺批评最常见的两种价值标准，尽管围绕二者所展开的审美批评与道德批评，因在艺术的自律与他律问题上截然不同的态度而对具体作品的评价存在相互抵牾的情形，但二者并不构成绝对的或必然的对立。基于人类对真善美共同且永恒的追求，二者完全具有相互统一的可能，尤其是当一件文艺作品以富有形式美感的艺术语言和创作技巧来传达某种"善"的道德观念时，关于其的审美评价与道德评价便可趋向一致。如此，该作品在发挥美育功能的同时可以辅助和促进德育效果的实现。可见，文艺批评不仅可以为美育提供必要的、清晰的价值依据，而且能激发和帮助美育更充分地释放其内在的德育潜能，为"寓教于乐"之理想效果的实现创造可能。

所以，若想更好地发挥美育的内在德育功能，通过艺术教育来达到对学生审美人格和道德人格的双重提升，促进学生知情意心理结构的和谐完整，实现学生的全面自由发展，必须引入和强化艺术批评教育。

结　语

从育人的角度讲，艺术批评教育带领受教育者发现、感受与评判艺术之美的过程，亦是引导其接受美育的过程。而且，对于文艺作品价值的阐释与评判，可以帮助受教育者确立健康合理的文艺批评标准，促进其审美人格与道德人格的成熟和完善，有助于美育发挥其内在的德育功能。更为关键的是，艺术批评教育，不止于培养和提升受教育者的艺术感知力、理解力和鉴赏力，更与美育的"完人"目标高度契合，同样指向情感的和谐与人性的健全。所以，新时代学校美育课程体系建设必须克服关于艺术教育及艺术批评的认知误区，改变单纯重视艺术知识、技法的学习与训练的现状，在厘清专业艺术教育和通识艺术教育差异的基础上，将艺术批评教育纳入其中。文艺批评理应作为新时代学校美育课程体系的重要组成部分，在培养德、智、体、美、劳全面发展的社会主义建设者和接班人方面发挥更为重要的作用。

具体到艺术批评教育的对象，鉴于我们试图建构的是面向人人的学校美育育人机制，力求让所有在校学生都享有接受美育的机会，那么艺术批评教育也应面向每一位学生。而且，和美育一样，这种艺术批评教育应该从幼儿园到大学分阶段、有计划地逐步推进和深化，既要根据学生的年龄、身心特点与认知规律等做到循序渐进、因材施教，又需注意各个阶段的协调与配合，确保统筹兼顾、合理有序，构建大、中、小、幼相衔接的艺术批评教育系统课程。需注意的是，面向全体学生并贯穿其整个受教育过程的艺术批评教育，并非意在把每位学生培养成具备"披沙拣金""褒优贬劣"能力的专业批评家，而是尽力帮助他们养成独立的批评意识与接受习惯，更好地理解和欣赏艺术之美。正如进行美育普及，绝非旨在将人人都培养成艺术家或美学家，而是通过美的熏陶，促进其内心的和谐与健康，努力帮助其成为一个"完全的人"。[①]

（原载《中国文艺评论》2022 年第 11 期）

[①] 本文系 2021 年度国家社科基金艺术学项目"自媒体时代'学院批评'的话语困境与转型策略研究"的阶段性成果。

辑二

中国
美育思想研究

成大人：中华传统美育对理想人格的塑造

宋修见◆（中央美术学院马克思主义学院、美育研究院）

作为启蒙运动中一种哲学思想和教育理念，近代西方"美育"概念的出现，旨在恢复被科学理性主义至上思潮所遮蔽的人的感性，使人获得"美丽心灵"从而实现人的完整性；而中华传统美育从一开始就是以塑造感通天地、德达天下的君子和大人为目标，所以其理论深深蕴含在中国文化整体之中，其实践则全面渗透中国人的日常生活。从儿童吟诵诗文、描红临帖的蒙养之学到文人焚香、品茗、插花、挂画的风雅之事，从庙堂之上千载庄敬的"斯文在兹"到梁栋之间百年古雅的"耕读传家"，从朝野上下祭拜天地的岁时礼仪到大江南北婚丧嫁娶的生活风俗，都能够使人在美的潜移默化中获得趣味、境界和"成大人"的崇高人格理想，以及"士希贤，贤希圣，圣希天"这样拾级而上的通达路径。但晚清以后"三千年未有之大变局"使这一优良传统不可避免地在内忧外患中走向式微。20世纪初王国维、蔡元培等先贤引入西方"美育"概念，旨在激活中华美育传统，使其参与现代中国启蒙与救亡的时代浪潮，然而反帝反封建的急迫情势没有给先贤们实现美育理想的时代条件。所以，在中华民族走向"强起来"的新时代，我们要大力倡导美育，大力弘扬中华美育精神，使优良的中华美育传统获得现代性转换和创新性发展，使新时代的中国人以一种美感的视角来看待世界和理解人生，并且获得自由而全面的发展。

从君子到大人：中华传统文化中拾级而上的人格理想

历史悠久的中国优秀传统文化赋予一代又一代中国人以崇高的人格理想，无论是《孟子·滕文公下》中提出的"富贵不能淫，贫贱不能移，威武不能屈"的"大丈夫"之标准，还是《礼记·大学》中所指引的"古之欲明明德于天下者，先治其国；欲治其国者，先齐其家；欲齐其家者，先修其身"的路径，都激励着人们从个体的"小我"渐次进入"天地与我并生，而万物与我为一"的顶天立地之"大我"境界。通常认为，中国传统文化的人格理想是"君子"，但从中国文化元典及其注疏与思想演进传统来看，"大人"比"君子"的胸怀、格局和境界更为宽广、宏大和高远，可谓是理想人格的终极价值指向。

（一）"大人"是中国传统文化中的至高人格理想

通常而言，"君子"是中国传统文化中最具普遍性的人格理想。例如，在《易经》卦爻辞中，"君子"一词共出现20次；而《易传》中则出现了107次。比如其中的"君子终日乾乾，夕惕若厉"之句，讲的是"君子"每天勤奋谨慎没有丝毫疏忽懈怠。最为经典的"君子"之说无疑当属"天行健，君子以自强不息；地势坤，君子以厚德载物"。因此，通常认为，"自强不息"和"厚德载物"的刚柔并济的品格是君子人格的最重要特征。在《论语》中，"君子"一词也出现107次之多，因为《论语》本身就是一部教人成为"君子"的语录。比如"君子固穷""君子中庸""君子成人之美""君子和而不同""君子矜而不争，群而不党""文质彬彬，然后君子"等，内涵都极为丰富。《论语·宪问》还讲到君子之道有三，分别是"仁者不忧，知者不惑，勇者不惧"。既有仁义之心又智勇双全，比起"固穷""中庸""和而不同""文质彬彬"这些君子之道，其胸怀、格局和境界显然又上了一个台阶。

然而，在《周易》和《论语》等中国文化元典中，还有比"君子"更高的人格理想——"大人"之说。比如《易经·乾卦》九二"见龙在田，利见大人"；《论语·季氏》孔子曰"君子有三畏：畏天命，畏大人，畏圣人之言"。这里的"大人"指的都是具备高尚品德且身居高位之人。《周易·乾卦·文言》讲道："夫大人者，与天地合其德，与日月合其明，与四时合其序，与鬼神合其吉凶，先天而天弗违，后天而奉天时。"现代新儒家代表人物之一牟宗三认为，"四合"就是指"个人生命应与宇宙生命取得本质上的融合无间（或说和合 Conciliation）"。"大人与天地合德，就是说要与天地同有创生不已的本质。用今日的语言解释，就是要正视自己的生命，经常保持生命不'物化'（Materialization），不物化的生命才是真实的生命，因为他表示了'生'的特质。"①牟宗三的观点从一个方面说明了"大人"之"大"的内涵，就是"创生不已"的本质。《孟子·告子上》中认为"从其大体为大人，从其小体为小人"。"大体"是指人的心灵，即其精神性；"小体"是指人的耳、目、四肢等。孟子所强调的就是人要超越感官享乐而进入崇高的精神世界。《荀子·解蔽》提出："明参日月，大满八极，夫是之谓大人。"这是说如天地之大并与日月同辉者是谓大人。三国阮籍的《大人先生传》中的"大人"也是此意："夫大人者，乃与造物同体，天地并生，逍遥浮世，与道俱成。"

虽然看起来"大人"之说似乎不如"君子"的内涵丰富，但由于"大"在中国传统文化中的深厚意蕴，比如《道德经》第二十五章中讲："故道大，天大，地大，人亦大。域中有四大，而人居其一焉。"《中庸》第二十七章"修身"中讲："君子尊德性而道问学，致广大而尽精微，极高明而道中庸。"所以"大人"还可以理解为是在君子人格基础上进一步立言、立功和立德的"三不朽"之人，

---

① 牟宗三：《中国哲学的特质》，上海古籍出版社2008年版，第26页。

也即是具有更宽广的胸怀、更宏大的格局、更高远的境界之人。这种宽广、宏大、高远还可以在庄子的《逍遥游·北冥有鱼》"至人无己，神人无功，圣人无名"的思想中得到观照，无意于功名以至于"无我"的至人、神人、圣人的内涵，还有"大人之学"的"大学之道"中"止于至善"的境界，都可以看作是与"大人"相通的。王阳明在回答大学何以为"大人之学"时对"大人"的阐发是："大人者，以天地万物为一体者也，其视天下犹一家，中国犹一人焉。"综合来看，"大人"作为中国传统文化中人格理想的最高目标应该是比较恰当的。这也是"天人合一"的中国传统哲学在人格理想建构上的体现。

（二）中国传统文化还给了人们一条通往"大人"人格理想的"拾级而上"之路

古往今来，真正达到"四合"成为"大人"的圣贤显然并不多，但作为理想人格的最高目标，"大人"给了人们一种精神引领和意义旨归，并且还有"拾级而上"通达于斯的阶段性人格理想目标。如《孔子家语·五仪解》记载孔子在回答鲁国国君鲁哀公治国之道时说："人有五仪：有庸人，有士人，有君子，有贤人，有圣人。审此五者，则治道毕矣。"而北宋理学家周敦颐在《通书·志学》中提出的"士希贤、贤希圣、圣希天"之说，可以说是对孔子的庸人、士、君子、贤人、圣人这人格五层次的继承发展。清高宗弘历为其书房命名"三希堂"，可见这种"拾级而上"的人格理想的深刻影响。

现代新儒家另一重要代表人物冯友兰在《新原人》一书中，提出人生的四种境界：自然境界、功利境界、道德境界、天地境界。这是依据人对宇宙人生的觉解程度的深浅而总结出的一个从低到高的人格发展完善过程。"自然境界"可指那些没有启蒙觉悟的庸常之人的人格境界；"功利境界"则是那些已经开始探索人生意义、追求建功立业之人的人格境界；"道德境界"无疑是那些圣贤之人的人格境界；而"天地境界"即可以理解为"大人"所达到的合于"天道"的人格境界。这样的人格建构给了我们一种积极向上的人生观，使一代又一代中国人在数千年往圣先贤的文化艺术之美的陶冶中，在天地万物之美和生活礼俗之美的浸润中，如宋代大儒程颢《秋日》诗中所言，在"万物静观皆自得"中"道通天地有形外"，因而能够成为"富贵不淫贫贱乐"的"大丈夫"。

成大人之道：以整体性的艺术人文、天地自然和生活礼俗之美化育理想人格

20世纪初，王国维、蔡元培等先贤引入德国席勒的"美育"概念时，一致认为中国本土有美育传统，只不过这种传统未能以"美育"一词进行理论概括和阐释而已。而且，中华传统美育，不是作为一种哲学思想和教育理念被传播与倡导，而是作为一种综合文化艺术活动和整体生活方式潜移默化地作用于人，使人在对艺术人文之美、天地自然之美和生活礼俗之美的感受、鉴赏与创造中获得生活的趣味、艺术的享受和文化的教养，从而陶养理想的人格。

（一）"诗教""礼教""乐教"是中国传统美育"成大人"之道的主要育人方法

孔子在《论语》中多次讲到诗、礼和乐对人的重要作用。比如"兴于诗，立于礼，成于乐"，"不学诗，无以言"，"不学礼，无以立"和"小子何莫学夫诗。诗，可以兴，可以观，可以群，可以怨"，等等。朱光潜在《谈美感教育》中写道：

> 《论语》有一段话总述儒家教育宗旨说："兴于诗，立于礼，成于乐。"诗、礼、乐三项可以说都属于美感教育。诗与乐相关，目的在怡情养性，养成内心的和谐（harmony）；礼重仪节，目的在使行为仪表就规范，养成生活上的秩序（order）。

蕴于中的是性情，受诗与乐的陶冶而达到和谐；发于外的是行为仪表，受礼的调节而进到秩序。内具和谐而外具秩序的生活，从伦理观点看，是最善的；从美感观点看，也是最美的。①

诗歌和音乐给人以美的情感体验，让人的内心充满蓬勃向上的生命力；而礼仪给人以道德上的行为规范，让人的外在气质充满端庄优雅的风范。如此"内外兼修"的美育显然有助于人们在"成大人"之路上"拾级而上"。

蔡元培对中华传统美育的理解和概括远不止于"诗教"、"礼教"和"乐教"。在《美育》一文中，他讲到，中国古代的礼、乐、射、御、书、数这"六艺"中除"数"以外，无不含有美育成分，"其后若汉魏之文苑、晋之清谈、南北朝以后之书画与雕刻、唐之诗、五代以后之词、元以后之小说与剧本，以及历代著名之建筑与各种美术工艺品，殆无不于非正式教育中行其美育之作用"。②蔡元培对中国传统美育的概括无疑是比较全面的，而且他所阐发的美育所具有的塑造理想人格的价值指向也是比较明确的："为养成这种宁静而强毅的精神，固然有特殊的机关，从事训练；而鄙人以为推广美育，也是养成这种精神之一法。"③但正如钱穆所说"中国文化乃是整个的，它一发生就满布大地，充实四围"，而且不仅是"开始就摆在一个大局面上"，还"经历绵延了很长时期"。④所以，中国传统美育的发生同样是充满于人的全部生活整体之中，无论我们从育人的方式方法上如何全面地概括归纳美育之道，都会发现其不

---

① 朱光潜：《谈美感教育》，载《朱光潜全集》第4卷，安徽教育出版社1988年版，第145页。
② 蔡元培：《美育》，载高平叔编《蔡元培全集》第5卷，中华书局1988年版，第509页。
③ 蔡元培：《在香港圣约翰大礼堂美术展览会演说词》，载高平叔编《蔡元培全集》第7卷，中华书局1989年版，第212页。
④ 钱穆：《中国文化史导论》，商务印书馆1994年版，第236—237页。

止于文化、艺术和教育领域。比如王国维在《孔子之美育主义》一文中就提出"玩天然之美"的说法。

（二）重视山水自然的美育功能而"玩天然之美"，是中华传统美育"成大人"之重要路径

在《孔子之美育主义》一文中，王国维提出孔子教人"始于美育，终于美育"的观点："孔子之教人，于诗乐外，尤使人玩天然之美。故习礼于树下，言志于农山，游于舞雩，叹于川上，使门弟子言志，独与曾点。"① 王国维在这里所揭橥的"玩天然之美"可谓是中华传统美育潜移默化地塑造"大人"理想人格的又一鲜明特色。在"兴于诗，立于礼，成于乐"的同时，于广大的山河间习礼、言志、咏叹、周游……那些"童子"与"冠者"得以从天地万物之美和"斯文在兹"的人文之美中获得生命的觉知从而由自然境界、功利境界进入道德境界和天地境界。所以，在古老神州的三山五岳间，有数不清的亭台楼阁及其楹联诗赋，加之数千年来数不清的"山水画""田园诗"等，为我们营造了一个可以通过"玩自然之美"而感悟宇宙人生、通达理想人格的诗情画意之中国。比如"衔远山，吞长江，浩浩汤汤，横无际涯，朝晖夕阴，气象万千"的岳阳楼，让人在感受"先天下之忧而忧，后天下之乐而乐"的天下情怀与人文关怀之际，便可在"与有荣焉"的美感中"见贤思齐"，即以千古江山之美与圣贤忧乐之情激发其人格理想，从而在"成大人"之路上拾级而上。

（三）在日常生活中渗透美的要素使其发挥美育涵养人格的功能，是中华传统美育"成大人"的另一重要方式

中华传统美育的另一个重要特点是其寓美育于生活之中。在人们的日常生活中，还有诸多滋养、熏陶着人们心灵的美育之道，深刻影响着人们的理想人格养成。如钱穆在论及中国文化传统时所

---

① 王国维：《孔子之美育主义》，载姚淦铭、王燕编《王国维文集》第3卷，中国文史出版社1997年版，第157页。

言,在宋代以后的平民家庭里,厅堂墙壁上会有几幅字画,日常使用的茶具上也会有几句诗或几笔画。而在房屋建筑方面,"只要经济上稍稍过得去的家庭,他们在院子里,往往留有一块空地,栽几根竹子,凿一个小池,池里栽几株荷花,或者养几条金鱼。这种设置,看来极平常,但使你身处其间,可以自遣自适"①。实际上,除了厅堂、庭院与器物,中国传统民居中匾额、楹联、年画和窗花都充满了伦理教化和理想人格塑造的美育功能。而除此之外,丰富多彩的传统节日、民间文学、手工技艺等非物质文化遗产也在很大程度上发挥着唤醒心灵美的觉知、陶养崇高理想人格的美育功能。尤其是农耕文明特有的岁时礼俗,把苍穹大地的深奥节律化为生养万物的时令节气,汇聚起千秋万代中国人的情感、信仰与希望,承载着农耕民族四季轮回里"晴耕雨读、诗书传家"的安身立命之道。在这样文化底蕴深厚、天地四时风雅的人居环境中,人的胸怀、格局与境界自然可以日趋宽广、宏大和高远,理想人格修为的"拾级而上"便成为可能。

成大人的现代性转换:以整体性美育促进人的全面发展

虽然中国现代美育的发生,激活了中华美育传统,但在当时的社会条件下,作为新文化运动的一部分而肩负着启蒙与救亡的时代使命的美育,其塑造理想人格的功能显然难以实现。如蔡元培在1930年与《时代画报》记者谈话中所言:"我以前曾经很费了些心血去写过些文章;提倡人民对于美育的注意。当时有许多人加入讨论,结果无非是纸上空谈。"② 在中华民族追求站起来的烽火硝烟里,在追求富起来的汗流浃背时,使人"成大人"的美育难免是

---

① 钱穆:《中国文化史导论》,商务印书馆1994年版,第249页。
② 蔡元培:《与〈时代画报〉记者谈话》,载高平叔编《蔡元培全集》第5卷,中华书局1989年版,第519页。

"纸上空谈"。所以在中华民族走向强起来的新时代，我们特别需要倡导美育，激发人们爱美、懂美、会美，养成以美感的视角来认识这个世界以不断增进对宇宙人生的理解，使自己的生命也能够臻于天地境界，获得从狭隘功利主义桎梏中的解放，成为新时代中国自由而全面发展的"大人"。

（一）新时代美育要关注人们所面临的"美盲"困境和人格理想的缺失问题

从某种意义上说，正由于20世纪以来的历史所造成的美育的"纸上空谈"，使新时代中国美育需要关注与解决的问题显得特别急迫，比如"小鲜肉""网红脸"等青少年审美焦虑问题，春天来了树上"开满"大妈的问题，还有丑形象、土味家居、奇葩建筑、非人街道等"低美感"社会问题。人们普遍认识到当下所面临的"美盲"困境和人格理想缺失的危机，认识到人需要从狭隘的功利主义解放出来，获得自由而全面的发展，从而成为完整的人。

朱光潜在《谈美感教育》一文中写道："西方人有一句恒言说：'艺术是解放的，给人自由的。'（Art is liberative）这句话最能见出艺术的功用，也最能见出美育的功用。"[①] 朱光潜认为，艺术和美育能够教人获得本能冲动和情感的解放、眼界的解放和自然限制的解放。在马克思、恩格斯看来，人的解放和全面发展，必然是与一定的物质生产力水平和社会发展条件紧密联系在一起的。如《德意志意识形态》中所讲的：

> 只有在现实的世界中并使用现实的手段才能实现真正的解放；没有蒸汽机和珍妮走锭精纺机就不能消灭奴隶制；没有改良的农业就不能消灭农奴制；当人们还不能使自己的吃喝住穿在质和量方面得到充分保证的时候，人们就根本不能获得解

---

① 朱光潜：《谈美感教育》，载《朱光潜全集》第4卷，安徽教育出版社1988年版，第147页。

放。"解放"是一种历史活动,不是思想活动,"解放"是由历史的关系,是由工业状况、商业状况、农业状况、交往状况促成的……①

所以,"任何一种解放都是把人的世界和人的关系还给人自己"②,这也正是新时代中国美育有条件不再"纸上谈兵"的根本原因所在。但由美育的性质和特点尤其是中华美育传统,我们可以清楚地认识到,推动人们实现自身的解放和全面的发展,显然不仅仅是一个简单的教育问题,甚至也不单纯是经济问题、社会问题和文化问题,而是一个需要以美育引领的全社会整体构建的时代问题。

(二)只有整体性美育才能使人从狭隘功利主义的桎梏中解放出来

美育的性质和特点就是以其普遍性和超越性使人在潜移默化的美感体验中超越实用主义和功利主义。当年王国维在《孔子之美育主义》一文中就已明确讲到:"以我国人审美之趣味之缺乏如此,则其朝夕营营,逐一己之利害而不知返者,安足怪哉!安足怪哉!"③今天的人们要从"朝夕营营"于"逐一己之利害而不知返"的生命状态中获得解放,同样必须借助美育的力量。解放不仅是指人要挣脱自然对人的束缚、摆脱社会对人的压迫,还包括人实现对自身本能的超越,人"以一种全面的方式,就是说,作为一个完整的人,占有自己的全面的本质","不仅通过思维,而且以全部感觉在对象世界中肯定自己"。这种对人的全面本质的"占有"与

---

① 马克思、恩格斯:《德意志意识形态》,载《马克思、恩格斯选集》第1卷,人民出版社2012年版,第154页。
② 马克思:《论犹太人问题》,载马克思、恩格斯《马克思、恩格斯全集》第1卷,人民出版社1956年版,第443页。
③ 王国维:《孔子之美育主义》,载姚淦铭、王燕编《王国维文集》第3卷,中国文史出版社1997年版,第158页。

"肯定"，是一种人之为人的尊严与价值的基本需要，也是一种走向"大人"的人格理想的内在诉求。所以，只有融合艺术人文之美、天地自然之美和生活礼俗之美并且贯穿于学校、社会和家庭之中的整体性美育，才能够不再是"纸上谈兵"，而真正促进人们从狭隘功利主义的桎梏中解放出来，进入崇高的精神境界，沿着新时代的"士希贤、贤希圣、圣希天"的理想人格建构之路拾级而上。

由美育的性质和特点我们可以理解，美育是以美化育人心陶养人格的审美体验，而不是一种知识性、技能型的艺术教育。所以，美育是面向人人的，是潜移默化的，可以造就钟子期这样从琴声中获得"峨峨兮若泰山"和"洋洋兮若江河"之审美体验的人；而艺术教育是要培养俞伯牙那样能够在鼓琴之时表现出高山流水之志的琴师。既然是面向人人的、潜移默化的美育，就不可能仅仅通过学校艺术课程来完成，而必须是贯穿于学校、社会和家庭的全部环境并且融合艺术人文之美、天地自然之美和生活礼俗之美的整体性美育，只有这样，才能够唤醒人们的心灵美感，陶养人们的人格情操，激发人们的创新活力。如果一名青少年在学校上过一堂有关宋代绘画的美育鉴赏课，年少的心沉浸在溪山行旅和芙蓉锦鸡等山水花鸟的典雅意境中，但下课后却不得不走过眼见耳闻并没有一点美感的脏乱而嘈杂的街道，回家窝在小屋里完成繁重的家庭作业，而没有条件或者没有时间和精力走进美术馆、图书馆、音乐厅、博物馆等，甚至于阳春三月的周末也无暇、无心感受春风十里杨柳青青的广大的春天，他如何能成为一个爱美懂美会美的人、一个有崇高人格理想追求的人、一个超越狭隘的功利主义而全面发展的人？所以，只有人人美育、处处美育、时时美育的整体性美育才能真正创造出有益于美育人人的全方位美育环境，即在学校、社会和家庭，都能够感受到美的陶养，使人体验到美育的力量，获得生活的趣味和提高生命的境界。只有这样，才能建构起新时代中国的"大人"

人格理想，使人人都努力成为具有天下情怀和人文关怀的、自由而全面发展的审美的人、健全的人、完整的人。[①]

(原载《美术研究》2021 年第 4 期)

---

① 本文系中央高校基本科研业务费专项资金资助项目"中国美育传统与中华美育精神研究"的阶段成果。

中西美育精神的比较阐释及"游艺"范式的当代转化

柏奕旻 ◆（中国社会科学院文学研究所）

2018年，习近平总书记在给中央美术学院八位老教授的回信中指出："做好美育工作，要坚持立德树人，扎根时代生活，遵循美育特点，弘扬中华美育精神，让祖国青年一代身心都健康成长。"①"中华美育精神"作为时代命题由此凸显，美育研究亟待再出发，尤其应在中西文明互鉴的视域中，通过再问题化加深学科自觉，通过再脉络化予以理论重构。②

中华现代美育思想的萌发与演进，一度以日本为中介，深受西方现代美育思潮的启发。在西学东渐的理论旅行中，"美育"的历史语义生产始终隐现着话语权力关系的变动，与中国现代性工程的展开、文化认同的塑造息息相关。③ 追求人性完整、人格自由是东西方美育的共通旨归，近四十年来的美育研究也充分阐明了这一点。

值得追问的是，以美育人，需要哪种"完整"，哪种"自由"？以席勒美育学说为重要代表的西方美育精神脱胎于"社会的道德与

---

① 《习近平给中央美术学院老教授回信强调做好美育工作弘扬中华美育精神让祖国青年一代身心都健康成长》，《人民日报》2018年8月31日。
② 近年有代表性的成果，参见杜卫《美育三义》，《文艺研究》2016年第11期；冯学勤《中华美育话语的现代建构与当代发展》，《美术研究》2019年第4期。
③ 柏奕旻：《走向"世界美学空间"的"美育"——一个"明治—五四"的概念史考察》，《文学评论》2020年第4期。

习俗",把"时代的需要和风尚"当作义务,①适应着"新教—市民社会"的欧式现代性状况。比较而言,无论是文明传统的生成,还是习俗风尚的延续,中国的现代性模式皆与之迥异。

中华美育精神的范式特征是什么?其存在论的依据是什么?探索一条会通古今中西、适应当代生活的美育新路如何成为可能?本文尝试将中华美育精神的核心概括为以"学—习"为体的"游艺"范式,区别于西方美育精神以"教"为本的"游戏"范式,进而探究"游艺"范式的当代转化路径,彰显当代美育介入生活、共享生活的创造性价值。

游戏与鉴赏:审美现代性的形上取径

在西方美学史上,特别是在康德以后,"游戏"(spiel)成了一个重要的审美概念。早在"前批判时期",康德就把审美活动的理想状态视为一种"游戏"状态,"当我们不以思想来工作时——在工作时我们的思想必须有一个目的——我们就以思想来游戏",因而广义上"诗的艺术"是思想的一种游戏,它"把心灵中的一切机能和动力置于游戏之中"。②进入"批判哲学时期",康德针对诸项认识能力提出,仅有知性能够提供先天的建构性认识原则,理性唯有就欲求能力而言包含先天原则,判断力构成了知性和理性的中介环节。他进而将判断力划分为审美的判断力和目的论的判断力,通过超越唯理论与经验论的对立,宣告知性的立法与理性的立法在审美领域获得最终的联结。此时,康德主义美学已经成型,他把"艺术"作为制作的产品与"自然"区别开来,作为人为的技巧与"科

---

① 弗里德里希·席勒:《审美教育书简》,冯至、范大灿译,上海人民出版社2003年版,第19页。

② 康德:《美,以及美的反思:康德美学全集》,曹俊峰译,金城出版社2013年版,第192—193页。

学"区别开来，作为自由的游戏与"手艺"区别开来，① 指出美的艺术以愉快的情感为直接意图，它不同于纯然以享受为目的的适意的艺术，是一种真正天才的艺术。

在此，康德把"审美判断力"具体化为"鉴赏判断"、把"游戏"等同于"思想的游戏"这一事实更值得注意。对康德而言，尽管判断力的原则不是从先天概念中推导出来的，也不属于知性能力而仅仅关涉知性的运用，它却与纯粹理性、实践理性同样处于一种"我们的认识能力的秩序中"。② 康德在《判断力批判》的前言中强调，对于鉴赏能力的研究不是以陶冶和培养鉴赏为目的，而纯粹是在先验意图中进行的。因此，康德美学指称的主体是先验的主体，这一主体具有的审美鉴赏力虽然是纯粹无目的的，与道德欲望无涉，却能够不受外在限制保持自身的尺度，成为道德的象征，又基于共感原则而保证普遍有效。在这一意义上，康德开启了美学研究中一个充满张力的基本范式：当哲学家宣布美的艺术为天才的艺术时，"天才"是指艺术创作者；当他指认一项艺术为"美"时，身兼鉴赏者的哲学家自身才是"天才"的真正所指。艺术制作本身的物质性、具身性最终被排除在外，哲学家因为发明了审美的游戏规则，成为美和艺术的立法者。

康德美学有关创作者与立法者的张力，在席勒学说中得到了更富问题性的呈现。席勒充分吸取了康德的思想，又对其观点作了关键改造。一方面，在席勒看来，康德对美的概念是否客观存在持怀疑态度，并未提出美的概念。席勒则力图超越康德，推导出美的定义。席勒认为，美既是感性的，又是客观的，"美就是一种不要求说明的形式"，"美是人为中的自然"。③ 另一方面，席勒最终取消了

---

① 康德：《判断力批判》，载李秋零主编《康德著作全集》第5卷，中国人民大学出版社2006年版，第315—317页。

② 康德：《判断力批判》，载李秋零主编《康德著作全集》第5卷，中国人民大学出版社2006年版，第177页。

③ 席勒：《卡里亚斯，或论美》，载《席勒经典美学文论》，范大灿等译，生活·读书·新知三联书店2015年版，第42、56页。

纯粹知识与经验知识的张力。康德定义纯粹理性时着力区分感性与知性，承认一切知识始于经验，并同时指出需要一种独立于一切感官印象的知识。①席勒虽将美学研究视为知性活动，但在实际描述审美活动的过程中，却统合了知性与感性，把来自人的物质存在或感性天性的冲动直接称作感性冲动。在这一前提下，席勒提出，游戏冲动具有连接感性冲动和形式冲动的桥梁意义。因此，席勒关于审美教育的研究具有鲜明的现实指向。席勒相信，人们要在经验中解决政治问题必须假道美学问题，这是因为人们只有通过美才可以走向自由。这样一来，审美问题本身成为需要关注的中心和亟待应对的难题。康德意义上遵循先天原则的审美判断被席勒实在化了，康德意义上的实现手段在席勒这里则成了目的。

席勒力图证明审美作为纯粹游戏的合法性。"我们不能一谈到游戏，就想到现实生活中进行的、通常只是以非常物质性的对象为目标的那些游戏"；②"在美的观照中，心情处在法则与需要之间的一种恰到好处的中间位置，正因为它分身于二者之间，所以它既脱开了法则的强迫，也脱开了需要的强迫"。③所以，席勒断言人同美只应是游戏、人只应同美游戏，这种审美的游戏始终是一种头脑的心灵的游戏、一种回避物质性的精神游戏。实际上，强调文艺和审美的自律性，既与席勒受到康德的启发相关，也离不开席勒对法国大革命的态度的转变。席勒一度将文艺看作批判社会和道德教育的手段，并为此创作了《阴谋与爱情》等作品。法国国王路易十六被送上断头台后，席勒不再寄望通过实际的政治变革实现自由，不再

---

① 康德：《纯粹理性批判》，载李秋零主编《康德著作全集》第3卷，中国人民大学出版社2004年版，第26页。
② 弗里德里希·席勒：《审美教育书简》，冯至、范大灿译，上海人民出版社2003年版，第122页。
③ 弗里德里希·席勒：《审美教育书简》，冯至、范大灿译，上海人民出版社2003年版，第121页。

规定文艺具有实现外在目的的功用。"现在是心灵提供了游戏美",①席勒开始在精神领域中探寻温和改良、争取自由的契机。这一阶段,席勒对审美问题的探讨多立足鉴赏视角。在谈论文学创作时,席勒仅指出作家必须努力克服语言表达的抽象性与被表现对象的感性本性之间的矛盾,却没有解决这一矛盾。在谈及雕刻家、画家、演员的创作时,席勒也仅根据自身的审美理念分析作品、评论艺术,展现出鲜明的鉴赏姿态。②

重心灵游戏而轻身体实践,强调鉴赏者而忽略制作者,根本上尊奉哲学话语的权威性,这是康德、席勒所开创的审美研究的内在倾向,也是对静观知识、贬抑实践的西方哲学传统的深刻继承。柏拉图曾借苏格拉底之口说明,爱智慧者追求"知识"而非"意见",但在当时的城邦中,政治家、诗人、手艺人等的见解都局限在特定领域,他们对真正的智慧一无所知。③《理想国》宣称,荷马以来所有的诗人应被视为"只是美德或自己制造的其他东西的影像的模仿者",治理良好的城邦拒绝他们的进入。④ 在《法律篇》中,真正的诗人应该是能把握自然法律的立法者:"我们是像你们一样的诗人,构成同一种类型,你们的作曲家、艺术家,以及在最好的戏剧中的演员,只有真正的法律才具有自然的力量使其'产生'并臻于完善(这一点我们是十分自信的)。"⑤

把游戏的状态看作一种自由状态,用游戏的方法了解孩童天性并教育孩童,这在古希腊城邦中被当作一个重要任务。鼓励游戏又非一味迁就玩乐,古希腊思想深刻地规定了游戏的本体论意义。到

---

① 席勒:《论秀美与尊严》,载《席勒经典美学文论》,范大灿等译,生活·读书·新知三联书店 2015 年版,第 131 页。
② 在后人通常认为的席勒专攻美学研究、倡导美育的时期(1787—1796 年前后),席勒几乎没有进行文学创作,这是值得注意的现象。
③ 柏拉图:《柏拉图对话集》,王太庆译,商务印书馆 2004 年版,第 30—32 页。
④ 柏拉图:《理想国》,郭斌和、张竹明译,商务印书馆 1986 年版,第 396、404 页。
⑤ 柏拉图:《法律篇》,张智仁、何勤华译,孙增霖校,上海人民出版社 2001 年版,第 241 页。

了德国古典美学中，游戏的意义和审美现代性紧密相连。美的艺术本身被视为游戏，这为后来的思考者提供了一个重要的对话前提。由于游戏通常追求某些外在目的，格罗塞在游戏与艺术之间划出一条界线。尽管如此，他仍将游戏视为实际活动和审美活动的过渡形式，并承认游戏与审美活动都包含愉快的情感因素。[①] 加达默尔立足本体论阐释，把游戏界定为艺术作品本身的存在方式。[②] 在他看来，游戏具有相对于游戏者及其意识的优先性，艺术乃至广义的人类文化都可以在游戏中找到起源。麦克卢汉则指出，游戏是人的延伸，是集体的通俗艺术形式，是神奇游戏和古老仪式的文明替代品。[③] 当现代西方学者以"游戏"来命名其哲学观念时，诸如海德格尔的"世界游戏"、罗兰·巴特的"解读游戏"、德里达的"解构游戏"、伊瑟尔的"文本游戏"、利奥塔的"公正游戏"等，这些"游戏"概念隐现了西方形而上学传统的特定承续性。在这一意义上，现代或后现代哲学家通过重构、拓展游戏规则，进一步护持了其艺术立法者的身份。

修养与技能：西方美育论的实践难题

"教育"在西方文明史中具有极为重要的意义。在古希腊城邦中，教育"正是一切活动中最重要的活动"。[④] 在宗教社会学的视域中，韦伯试图澄清学术工作在世俗时代不再承担引导通神道路的重任这一事实，并严正廓清了教师不是领袖或生命导师这一观点。[⑤]

---

① 格罗塞：《艺术的起源》，蔡慕晖译，商务印书馆1984年版，第38页。
② 加达默尔：《真理与方法：哲学诠释学的基本特征》上卷，洪汉鼎译，上海译文出版社1999年版，第130页。
③ 麦克卢汉：《理解媒介：论人的延伸》，何道宽译，商务印书馆2000年版，第293页。
④ 柏拉图：《法律篇》，张智仁、何勤华译，孙增霖校，上海人民出版社2001年版，第224页。
⑤ 韦伯：《韦伯作品集Ⅰ·学术与政治》，钱永祥等译，广西师范大学出版社2004年版，第182页。

他的看法从反面确证了教育与教师在西方文明传统中具有持续而关键的作用。

席勒"审美教育"的精神也需要在这一语境中进行考察。根本而言，席勒倡导美育旨在追求神性的复归，其教育内涵关乎而不限于古希腊语源中本就包含的游戏意义,① 更在于传达对神性存在的信念。席勒承认，他关于美育的思考最终意在回到神性概念这一出发点。② 按照他的推论，无限的存在是绝对的、永恒的、必然的，人格虽然也具有神性的倾向，但人既有理性，又有感性，因而必须通过审美的游戏状态才能真正调和这两者。席勒美育学说的核心精神在于"归还"和"恢复"。他宣布人性只有在审美状态中才能完整地、纯洁地表现出来，只有通过审美生活才能把自由归还给人，才能使人本来的天性得到恢复。席勒实际要说的是，相较于神性，人性是分裂的、破碎的，所以人必须成为接受教育的对象。

席勒进一步阐扬美育旨在回应现代性（modernity）引发的社会与主体的困局。作为现代性的一个重要特征，世俗性指涉了宗教信仰及其实践的失落。对"宗教"的理解，关键在于抓住"超越"与"内在"的区分。③ 在现代性的世俗时代，人取代神成为万物的主宰，试图运用科学和技术掌控自然。由于信仰权威被启蒙理性予以祛魅，私人领域和个体价值的膨胀使人类面临新的危机：客观上，人的社会生活逐渐失范；主观上，人的精神世界陷入分裂。如何从"自在"走向"自由"，如何在"天真的"宗教信仰已然终结的时代追寻一种完满（fullness）的体验，构成了关乎社会和人性双重发展的重大问题。通过审美教育来塑造"完整的人"，这不仅显现为一

---

① 伽达默尔：《赞美理论：伽达默尔选集》，夏镇平译，上海三联书店1988年版，第11页。
② 弗里德里希·席勒：《审美教育书简》，冯至、范大灿译，上海人民出版社2003年版，第93页。
③ 查尔斯·泰勒：《世俗时代》，张容南等译，徐志跃、张容南审校，上海三联书店2016年版，第20—21页。

个神学隐喻，更表征着席勒在世俗时代对社会与主体双重同一性的追求。在对古希腊往昔整体生活的追忆中，席勒揭示了个体的撕裂如何与集体的分裂相互作用，甚而强化了公共社会中的裂隙；恢复人的完整性则有望治愈社会的弊病。神性复归、主体游戏、社会救治，共同构成了席勒美育方案的三个要旨。

那么，意旨如此遥深的美育究竟该如何落实？是理论教育，还是实践教育？是鉴赏教育，还是创作教育？是培养主体修养，还是培养创作技能？现代性脉络中的审美教育一般重前者，轻后者。纯艺术或美的艺术在长时间内被现代美学家看作天才灵感迸发之作，但已被不少研究揭露为一个神话。一直到17世纪末，艺术（Art）的含义都与技术密不可分，并作为自然（Nature）的对比。"艺术"是指人类技能作用下的产物，广泛包括中世纪大学课程中的"七艺"和后来的人文学科等不同技术。① 中世纪的作坊隶属行会，只有基督教徒能够成为匠人。在法律、宗教信仰及共同体仪式的保证下，特定教育仪式实现了技艺的传承，师傅不仅口传心授，更重要的是面对面、手把手带领学徒掌握技能。反复模仿有利于学徒领悟权威的奥义。学徒在历时漫长的模仿、考核、见习后，最终用"高级杰出作品"赢得取代师傅的资格。因循守旧未必由于匠人自身创造力不足，文艺复兴的艺术家最早都是匠人，他们并非骤然出现，也很少独自工作。②

伴随个人主义的兴起、世俗时代的到来、艺术市场的出现，具有想象力和创造力的艺术家（artist）日益占据主导地位，他们凭借不可言传的天才与讲求技术纯熟、注重实际效用的手工艺者（artisan）区别开来。③ 随着"艺术"从"技术"中脱离，身体劳

---

① 雷蒙·威廉斯：《关键词：文化与社会的词汇》，刘建基译，生活·读书·新知三联书店2005年版，第17页。
② 理查德·桑内特：《匠人》，李继宏译，上海译文出版社2015年版，第67页。
③ 雷蒙·威廉斯：《关键词：文化与社会的词汇》，刘建基译，生活·读书·新知三联书店2005年版，第18页。

作也不再必要。艺术家的工作被界定为纯粹精神性的，艺术创作的原理被神秘化，艺术的知识对大众而言变得隐秘且难以习得。于是，艺术鉴赏开始进入教育领域。在文艺复兴艺术家最初登场的时期，赞助人与艺术家之间的权力关系引人注目。"原创性"的定义掌握在权贵手中，艺术家的自主性颇为有限，这说明艺术鉴赏标准具有社会性、历史性。布尔迪厄指出，这种社会性、历史性的更复杂之处在于，文化资本的传承逻辑和学校教育的运行逻辑之间存在一种社会再生产的共谋关系。学校教育并不能赋予个体以艺术才能，甚至不提供艺术教育，艺术教育主要由家庭的文化传承来保证，但学校教育却能通过知识配置与认可赋予艺术鉴赏能力以合法性。①

席勒将"美"描述为"事物对它的技艺性的自愿认同"，②但"技艺性"概念仅被抽象指认，"美"根本上仍是自由观赏或曰反思的产物。相比席勒，康德在思想与生活之间的张力显得更加意味深长："除了军队进行曲之外他讨厌所有的音乐，这一点确实众所周知，同样众所周知的还有他对视觉艺术也毫不在意——他只有一幅版画，是一位朋友送给他的卢梭的肖像。"③康德喜爱诗歌，却对音乐和美术兴趣阙然。维特根斯坦的经历也提供了有价值的信息。这位犹太富有家族的子嗣继承了家族的高超艺术修养，甚至发明"语言游戏"概念并将其引入哲学研究。20世纪20年代，维特根斯坦致力于为他的姐姐设计、建造一栋楼房。他把哲学理论运用到建筑领域，意在使该作品完美实现"囊括所有可能性"的理念。楼房的形式、比例贯彻了设计方案，室内用具精美至极。然而，维特根斯坦后来成为这一作品最严厉的批评者。他称它缺乏健康和自然的生活气息，并且终

---

① 皮埃尔·布尔迪厄：《区分：判断力的社会批判》上册，刘晖译，商务印书馆2015年版，第32页。
② 席勒：《卡里亚斯，或论美》，载《席勒经典美学文论》，范大灿等译，生活·读书·新知三联书店2015年版，第60页。
③ 罗杰·斯克鲁顿：《康德》，刘华文译，译林出版社2011年版，第6、8页。

身未再涉足建筑业。相较而言，他的友人、建筑家路斯（Adolf Loos）在同时期的建筑作品却成功得多。受财力所限，并为了兼顾美观与实用，路斯采取了和维特根斯坦迥乎不同的"创作"路径。

针对上述事例，值得追问的是，作为立法者的美学家是否等于好的鉴赏者？有修养的鉴赏者能否成为好的创作者？进一步说，审美教育究竟应如何把握理论知识、鉴赏修养、创作技能这三者的关系呢？桑内特试图重新强调匠艺、手法、技巧等创作技能的重要性。在他看来，维特根斯坦与路斯之别展现了判定匠人是否优秀的标准，即优秀的匠人总能合理克制自己的痴迷情绪，他们尽管明白理论方案的重要性，却也重视偶然因素，避免钻牛角尖，不固执于完美，懂得适可而止。① 桑内特力图证明"人人皆可为匠人"，依其界定，匠人需要亲自从事创作实践，必须通过身体活动熟练掌握一项技能，匠人的劳作产品应当是具体的物质现实。实际上，西方思想却常常警惕匠艺及物质制作，如担忧原子弹或机器人作为技术产品会反噬自身。尽管桑内特认为矛盾根源"就是（西方文化长久以来——笔者注）自然和文化的对立"，② 然而只要跳出桑内特旨在申辩的匠人情怀与匠艺立场，就不难发现在理论知识、鉴赏修养、创作技能之外，伦理意涵已若隐若现。在教育领域，或许仅仅从鉴赏修养走向创作技能是不能解决审美教育的难题的，还需进一步关注创作技能的伦理意涵。这对于那些把席勒的美育理想寄托于创作技能教育的民主主义者来说，仍是亟须应对的实践难题。

学习与游艺：中华美育观的存在内涵

韦伯认为，自然科学的发展是现代西方独有的特征，这源于古希腊罗马哲学的理性思维形式和从文艺复兴发展而来的技术经验。

---

① 理查德·桑内特：《匠人》，李继宏译，上海译文出版社 2015 年版，第 326—327 页。

② 理查德·桑内特：《匠人》，李继宏译，上海译文出版社 2015 年版，第 366 页。

理性与技术，共同形塑了西方现代艺术特征：以手工业为基础的经验技能和以理性主义为特征的功名追求。① 韦伯的宗教社会学旨在通过东西比较凸显基督教文明的独异之处。他洞悉儒家要求一种俗世伦理，儒家精神与西方新教伦理那种既崇尚禁欲主义又遵奉职业伦理的世界观大异其趣。在他看来，官僚制度和考试制度决定了中国历来把人文教育作为社会评价的标准，中国的士人阶层是基于书写知识和文献知识的"活书库"，他们欠缺以手工艺为基础的经验技能，难以养成自然科学思维及职业伦理，进而导致在中国难以发展出资本主义。

西方本位的价值取向阻碍了韦伯真正进入中国士人的精神世界。《论语》开篇并非"教"，而是"学"："学而时习之，不亦说乎？"许慎《说文解字》与班固《白虎通》都将"学"训为"觉悟"。② 钱穆解释："孔子一生主在教，孔子之教主在学。孔子之教人以学，主在学为人之道"；"孔子之学，皆由真修实践来，学者无此真修实践，即无由明其义蕴也"。③ 钱穆认为，编者将"学"列于《论语》篇首饱含务本的深意，他明言孔子的事业并非居高临下地"教"人知识，其根本在于传授"学"做人的道理。子安宣邦也作过相通的解释。他认为，现代学者把"教"直接理解成"教育"，将孔子视为信奉平等主义的教育家，都是现代主义的谬误，"教育"作为 Education 和 Erziehung 的现代译词，是伴随现代国家的成立、平等理念的确立而问世的，从一开始就带有浓厚的现代色彩。④ 子安宣邦指出，《论语》中除了寥寥数语几乎不谈"教"或"教育"，因为真正要紧的问题是"学"。孔子的身份首先是一位"学"人，他营造了鼓励"学"及"志于学"的氛围。通过这种学问，每个人

---

① 马克斯·韦伯：《儒教与道教》，洪天富译，江苏人民出版社 2010 年版，第 159 页。
② 刘宝楠撰，高流水点校：《论语正义》，中华书局 1990 年版，第 2 页。
③ 钱穆：《论语新解》，巴蜀书社 1985 年版，第 3 页。
④ 子安宣邦：《孔子的学问：日本人如何读〈论语〉》，吴燕译，吴素兰校译，生活·读书·新知三联书店 2017 年版，第 30、34 页。

都获得了扩充一己、实现人性向善的可能。

"学"的内涵远比韦伯所谓文献书写知识更丰富、更生动，它具有文化实践论的意义，涉及对先觉著述的诵读领会和对道理知识的躬行实践（"习"），其首要目的在于"为己"或"己欲立"，这一手段和目的共同构成了完整的"学—习"。在此基础上，"学—习"实质上还与文明的存在论关联紧密。白川静将"儒"解释成祈雨仪式中被用作牺牲的巫祝（Shaman）。① 据他推论，孔子曾长期生活在巫祝社会的底层，通过参加各地的丧礼仪式，孔子从贫贱的巫祝者那里习得丧葬祭典的知识并加以运用。白川静强调，孔子作为圣人的伟大之处不在于言语，而在于言行。李泽厚则将中国文明的特征提炼为以血缘宗法家族为纽带的氏族体制和理性化了的"巫史传统"。② 李泽厚指出，巫术礼仪注重活动而非静观，强调激情而非理性。③ 政教合一、天人合一、礼法交融、情理交融构成了传统中国人的生活结构与生命世界，这区别于西方文化基于神人殊异、灵肉两分的超越性结构。因此，中西文明的存在论结构有根本差异。中华文明是"一个世界"，人与神和光同尘，始终没有形成绝对的、全知全能的、远超世俗生活经验之上的神。西方文明则是"两个世界"，人或依归上帝、从属上帝，或取代上帝、置换上帝。据此，"学—习"作为文化实践，深深扎根于"一个世界"的文明存在论结构。

中华文明传统善于应物、造物而又倡导忠恕、爱人，"学—习"正是中国士人处理人与人、人与物、人与世界之间关系的核心方法，具有深刻的存在论意义，涉及中国人安身立命的根本。中华美育精神诞生于"一个世界"，以"学—习"为体，与人为善，与物

---

① 白川静：《孔子》，韩文译，联经出版事业股份有限公司2013年版，第53—54页。
② 李泽厚：《由巫到礼 释礼归仁》，生活·读书·新知三联书店2015年版，第4页。
③ 李泽厚：《美学三书》，安徽文艺出版社1999年版，第219页。

为春。西方美育精神则依托于"两个世界",以"教"为本,人神区隔,主客对立,身心分离。中华美育精神具有独特的存在论特征、实践性意义、伦理化价值,既重视道法自然,又追求日新开物,更兼顾立人达人。如李泽厚所言,中华文明既包含外在物质文明(人文),也包含内在精神文明(人性)。①"度本体"和"情本体"构成了中华文明处理"天道"与"人道"关系的核心范畴:"度本体"是强调"掌握技术、恰到好处","技术或艺术,技近乎道"的"社会—工艺"本体;"情本体"则是主张"道由情生","经由历史洗礼和文化积淀的情感形式"的"文化—心理"本体。"度"与"情"成了中华美学精神的两个关键支点,"度"源于技术而又超越技术,"情"脱胎感性而不滞于感性。"实用理性""乐感文化"与由技术(手工业)和理性(功名心)形塑的西方现代艺术显出了存在论的差异,同时也是美育论的差异。如果说中华文明传统的存在论是"一个世界"及"学—习",那么中华美学精神的支点就是"度本体"和"情本体",中华美育精神则有待召唤"游艺"范式。

"游艺"语出《论语·述而》,"志于道,据于德,依于仁,游于艺"。这历来被看作孔门学习的纲目。"艺"包括礼、乐、射、御、书、数"六艺"。"蓺""藝"二字虽未见于《说文》,但作为字源的"埶"字却与农业息息相关。段玉裁认为,儒家之"六艺"可比农者之树艺,②这足见"艺"有树人、立人之意。"游"则彰显了传统中国士人的身心感受、情理结构。《礼记·学记》将"游于艺"解释为"不兴其艺,不能乐学","故君子之于学也,藏焉修焉,息焉游焉",③意谓好学、乐学与兴艺、游艺相辅相成,由此成就君子品格。庄子在《逍遥游》中也阐发了无所待、游无穷的自然德性,

---

① 李泽厚:《实用理性与乐感文化》,生活·读书·新知三联书店2005年版,第19页。
② 许慎撰,段玉裁注:《说文解字注》,上海古籍出版社1981年版,第113页。
③ 引自刘宝楠撰,高流水点校《论语正义》,中华书局1990年版,第257页。

在《养生主》中又通过庖丁解牛的事例，描绘了道进乎技、游刃有余的技法同心性的有机结合。郭象指明这反映了庄周崇尚任物之性、称事之能、各当其分、各安其分的"自得"境界。① 儒道的交融互补奠定了后世士人"游目""游心""游世"的思想根基，刘宝楠称之为"不迫遽"，② 钱穆则曰"泳也"。③

概言之，"游艺"范式源自轴心时代的中华文明，是指在早期中国"礼乐文明"这一存在论结构中，士人君子经由沉浸式、具身性的礼仪文化学习，达到一种人格自立的自由境界。较之"游戏"，"游艺"隐现了中华美育精神的独特内涵："游"是悠游从容的自由境界，"艺"则兼顾理论知识的掌握、鉴赏修养的培育、实践技能的操演。"游艺"包含了理论、鉴赏、实践、自由的四重意涵：即理、及物、上手、从心。较之西方的天才或匠艺，士人君子不一定从事实际生产劳动，也未必都是天赋异禀，但能通过"礼乐文明"的长期训练，达到掌握知识、提升修养、得心应手的境界。巫鸿将早期中国称为"礼制艺术的时代"，他对"礼"的解释是"既是世俗性也是宗教性的人类关系和交往的原则与形式"，④ 并认为"中华文明的历史也就是'礼'或'祭'产生与完善的过程"。⑤ 据此，士人君子以"礼"为方法，不但要在知识上了解相关礼仪、器物，而且要身体力行，甚至能够熟练自如，呈现出一种礼仪活动的审美自由感、"祭如在"般身心一致的道德尊严感。所以，"游艺"范式融知识、道德、审美于一体，就性质而言，是达成了合目的性与合规律性的统一。

---

① 郭象注，成玄英疏，曹础基、黄兰发点校：《庄子注疏》，中华书局2011年版，第2、11页。
② 刘宝楠撰，高流水点校：《论语正义》，中华书局1990年版，第257页。
③ 钱穆：《论语新解》，巴蜀书社1985年版，第160页。
④ 巫鸿：《中国古代艺术与建筑中的"纪念碑性"》，李清泉、郑岩等译，上海人民出版社2008年版，第24页。
⑤ 巫鸿：《中国古代艺术与建筑中的"纪念碑性"》，李清泉、郑岩等译，上海人民出版社2008年版，第26页。

礼制之外,"游艺"范式还可视为儒家讲求"人化的自然"与道家崇尚"人的自然化"融通的结果。儒家的"天人合一"强调人的自然性必须符合和渗透社会性才能成人,道家的"天人合一"则要求人彻底舍弃社会性来实现与自然的重新合一。① 儒、道看似南辕北辙,但在"度"和"情"的意义上,两家分享了对感性生命的肯定态度,在"自然—人文合一"的存在论取向上殊途同归。以儒为主,以道为辅,儒道相参,儒道互补,"游艺"范式孕育自中华文明传统,又体现了中华美育精神。

生活与共育:游艺当代化的创造潜能

激活中华传统美育资源,博采世界经典美育学说,赋义当代现实美育经验,构成当前开展美育学建构工作的必要环节。考掘中华美育精神的"游艺"范式进而予以创造性转化、创新性发展,面临着"当代化"问题。"当代"(Contemporary),就是"既与自己同构,也与自己同时",跳出从过去到未来的编年框架来定向自身的时间。② "当代性"作为一种批判性的历史意识,旨在反思现代性的线性时间观,建立一种"与自己时代的奇特关系","既依附于时代,同时又与它保持距离"。③ 开展"当代化"工作,意味着保持对自己时代的凝视,想象乃至现实地开启别具可能的当下时刻。有鉴于此,"游艺当代化"既不是简化"游艺"概念、止步口号操演,也不是僵化"游艺"形式、抒发怀旧情结,而是立足"游艺"范式及其文明存在论意义,重新理解被现代化、城市化进程遮蔽的存在状态,重新彰显被现代性教育制度忽略的育人环节。同时,通过

---

① 李泽厚:《美学三书》,安徽文艺出版社1999年版,第292页。
② 阿兰·巴迪欧、让-吕克·南希:《德国哲学谈话录》,扬·沃尔克编,蓝江译,东方出版中心2021年版,第75页。
③ 吉奥乔·阿甘本:《何谓同时代人?》,载《论友爱》,刘耀辉、尉光吉译,北京大学出版社2017年版,第63页。

"游艺当代化",中华美育精神也将寻找契机重新深度介入当代中国社会生活,通过"美育的生活化"和"美育的共育化"致力于"美丽中国"的现实构建与社会实践。

"美育的生活化"涉及"审美"与"生活"的关系,这一问题自20世纪90年代以来获得了学界的高度重视。寻求对它的解答,则构成了21世纪前后"美学的复兴"的内在动力。① 围绕"当代审美文化研究""日常生活审美化"等议题,学界展开了热烈争鸣,进而召唤"生活美学",反思精英主义传统范式,倡导美学介入日常生活。② 相关研究援引韦尔施对于消费主义时代"美学膨胀"的诊断,借鉴费瑟斯通关于后现代社会"日常生活审美化"的分析,直面中国城市化进程迅猛、消费文化急剧扩张等问题。③ 这些研究大致上共享了某种问题预设,即中国与西方在社会进程、文化氛围、生活经验上日渐趋同。因此,就"审美"与"生活"而言,学者们多聚焦"重构美学",但问题在于,中国与西方的"生活"质地也许并不相同,更迫切的应该是"重构生活"。

"美育的生活化",意指对中华美育精神进行古典的现代化、精英的大众化、仪礼的日常化的创造性转化。"生活"对于有着"一个世界"存在论的中国人具有安身立命的意义。值得注意的是,"生活"迥异于"生命"。"生命"是现代与后现代西方美育精神的一个关键词,尼采的生命美学、福柯的生存美学、德勒兹的生成美学,都把自我保存作为生命本能,把个体生命价值作为核心旨归,其生命观根本上是由"两个世界"存在论所决定的。西方美学探讨人性时离不开人和上帝的关系这一预设,"自然人"的"生命"乃至"裸命"就构成了相关讨论的自明前提。与之有别,中

---

① 高建平:《"美学的复兴"与新的做美学的方式——兼论新中国60年美学的发展与未来》,《艺术百家》2009年第5期。
② 王德胜、李雷:《"日常生活审美化"在中国》,《文艺理论研究》2012年第1期。
③ 陶东风:《日常生活的审美化与文艺学的学科反思》,《天津社会科学》2004年第4期。

国人的"生活"则是"过日子",包括出生、成长、成家、立业、生子、教子、养老、送终、年老、寿终等一系列环节,亦即一个人一辈子的过程。① 在"一个世界"中"过日子"才是中国人的生活常态,既不是赤裸裸的生命状态,也不是神性和罪性相结合的自然状态。

同时,"生活"与西方马克思主义的"日常生活"(everyday life)也有差别。卢卡奇开启了日常维度的思考范式,列斐伏尔主张日常生活是反抗资本主义的总体性革命的策源地,赫勒则呼求走向一种人道的、民主的、社会主义的日常生活。他们着力批判资本主义导致了人的异化,试图通过思考"日常生活"来克服现代性危机,塑造"总体的人"。诸种探索虽饱含关切却不乏浪漫色彩,"日常生活"作为实现"总体"目标的手段得以凸显,而"日常生活"与"总体性"仍处于"两个世界"的存在论结构之中。作为对照,中国人的"生活"就是"日常""日子",无需将"日常"(everyday)作为定语附着在"生活"(life)上,来显示其同"生命"(life)的语义差别。中国人的"生活"通常以家庭为单位展开,家庭不仅是社会学意义上的基本单位,同时作为"修齐治平"的内在组成,更是中国人的意义感与价值感的重要来源。在"一个世界"中生活的中国人,往往以家庭为核心来看待人,"入则孝,出则悌,谨而信,泛爱众,而亲仁",绝不将人视为私人化的、原子化的个体。在传统中国,"游艺"范式体现为士人君子沉浸礼乐文明的自我涵育过程。在当代中国,"游艺"的实践主体则应涵盖普通人民群众,"学—习"也从庙堂书斋扩展至生活的方方面面。简言之,生活就是"学—习"。"美育的生活化",用老百姓的话说就是"会过日子",即人在生活中的待人、接物、处世皆显出行止有度、通情达理的分寸感和人格魅力。进一步说,"游艺当代化"的核心旨趣并非单单追求"完整的人",而是将"完整的人""完整的生活""完

---

① 吴飞:《论"过日子"》,《社会学研究》2007年第6期。

整的世界"融为一体。

　　据此,"美育的共育化"就构成了中华美育精神创新性发展的另一要旨。相对于精英个体式的"完整",中华美育精神更注重民众共同体的"完整"。中国人的"生活"既然深深扎根于家庭生活,"美育"就必然蕴藉着"共同美育"亦即"共育"的意涵。费孝通以"差序格局"定义中国乡土社会的组织逻辑,并指出由亲属伦常组合形成的"家"是其中的基本社群。现代以降,尽管中国人的家族制度、家庭规范相较传统中国发生较大变化,基本理念却一以贯之,即以家庭为核心,在"一起过日子"的背景中理解自己的人生。① 在公与私、情与理、立己与立人、独善与兼济、庙堂与江湖的生活结构中,中国人"学—习"的过程始终处于一种"共"(com-)的关系中,"岂曰无衣,与子同袍","但愿人长久,千里共婵娟",与家人"共",与他者"共",与万物"共",与世界"共"。"游艺当代化"的另一旨趣并非追求原子个体主义的主体性自由,而是致力于共同体文明传统的主体间性自由。一言以蔽之,"当代美育"即"共育"。

　　"美育的共育化",意即中华美育精神创新性发展的历史潜能是使中国老百姓共同过上有意义、有尊严、有滋味的美好生活。"美育的共育化"旨在强调"共同性"(community)。"共同性"不是西方美学重视的精英化"公共性"(publicity),它表征着中国人生活中血脉相连的社会关系纽带,支撑着中国人从身体、物质、情感等多维度建立"和而不同""感同身受"的共通感,倡导推己及人、共同富裕、立人达人的"好日子",彰显独特"审美—伦理"境界及文明价值的"小康美学"。② 注重"游艺"范式的当代转化,开展"美育的生活化"和"美育的共育化",正回应了新时代对中华美育精神创造性转化、创新性发展的历史吁求。

---

①　吴飞:《论"过日子"》,《社会学研究》2007年第6期。
②　罗成:《"风味"的精神——"小康美学"及文明意义》,《探索与争鸣》2021年第5期。

这是一个美学复兴的时代，更是一个美育复兴的新时代。"美美与共，天下大同"，弘扬中华美育精神，要以美启真，也要以美储善，更要以美致"共—同"，将"共—同"设定为当代美育的学理价值与实践方向，参与铸牢中华民族共同体，推动构建人类命运共同体，从"游戏"走向"游艺"，从"主体性"走向"主体间性"，从"完整的人"迈向"完整的世界"。①

［原载《首都师范大学学报》（社会科学版）2022年第3期］

---

① 本文系国家社会科学基金青年项目"日本现代诗学'实在论'及其当代意义研究"阶段性成果。

诗教与美育
——从唐弢先生的一道试题说起

汪 晖◆（清华大学中文系）

1984年，唐弢先生在中国社会科学院中国现代文学（鲁迅研究）专业博士生入学考试中出了这样一个问答题：

> 孔子说："诗三百，一言以蔽之，曰：思无邪。"根据孔子对诗歌的一贯论述，你以为"思无邪"的美学意义如何？它在中国文学史上产生过什么影响？[1]

对于这道考题，唐先生后来解释说，孔子的影响遍及各个方面，文学也不例外："虽然李斯碑铭、老庄哲学、屈宋辞藻乃至佛经故事，都曾浸润及于文学，但孔子及其门徒的影响却是主要的。"[2] 他此处提出的问题是，关于孔子的诗教，人们历来只是从道德、伦理和政治的角度去诠释，"而不知道更重要的应是从美学上去研究它，解释它"，他甚至进一步认定"'思无邪'其实是孔子的美学思想的根本"。[3] 换句话说，孔子的诗教很可能就是中国历史上

---

[1] 唐弢：《由现代文学博士研究生试题想起的事》，载《唐弢文集》第九卷，社会科学文献出版社1995年版，第475—476页。
[2] 唐弢：《由现代文学博士研究生试题想起的事》，载《唐弢文集》第九卷，社会科学文献出版社1995年版，第477页。
[3] 唐弢：《由现代文学博士研究生试题想起的事》，载《唐弢文集》第九卷，社会科学文献出版社1995年版，第477页。

最早的有关美育的思想。美学、美育都是从西方传入的现代概念，在孔子的时代，美与美育也不是现代人所理解的所谓自主的领域，孔子自然不会如此使用，唐弢在他论鲁迅美学思想的长篇论文中对此有清晰的说明，但他还是提出了从审美的角度理解孔子思想的问题。如何理解这一点？下文将展开详细论述。

诗教与美

让我们从孔子自己的表述谈起。《论语·八佾》载："子夏问曰：'"巧笑倩兮，美目盼兮，素以为绚兮。"何谓也？'子曰：'绘事后素。'曰：'礼后乎？'子曰：'起予者商也！始可与言《诗》已矣。'"[1] 所谓"绘事后素"，即先有白底为质，然后可施五彩，犹言人有美质，后可有文饰，而子夏从绘事后素推论礼也是后起之事，深得孔子之心，以为"可与言《诗》已矣"。这里不正暗示了绘画之美与礼乐的关系吗？

孔子对于音乐的判断也同样植根于此。《论语·卫灵公》载："颜渊问为邦。子曰：'行夏之时，乘殷之辂，服周之冕，乐则《韶》舞。放郑声，远佞人。郑声淫，佞人殆。'"[2]《论语·阳货》又从否定方面疾呼："恶紫之夺朱也，恶郑声之乱雅乐也，恶利口之覆邦家者。"[3] 温柔敦厚之诗教是伦理和政治的根基，它所欲达至的是尽善尽美之状态，但牵涉国家安危的声之善恶、乐之邪正，首先需要从音乐、舞蹈和色彩的形态中把握，审美问题不正蕴含其中吗？

雅乐与郑声之别在美丑之间，也在善恶之间。美与善相关，但这是否意味着美等同于善呢？不尽然也。对孔子而言，尽美未必尽

---

[1] 朱熹：《论语集注》卷二，载《四书章句集注》，中华书局1983年版，第63页。
[2] 朱熹：《论语集注》卷八，载《四书章句集注》，中华书局1983年版，第163—164页。
[3] 朱熹：《论语集注》卷九，载《四书章句集注》，中华书局1983年版，第180页。

善，美不同于善，却又内在于善，构成善的要素，没有美的形质，善无以呈现。孔子闻《韶》而三月不知肉味，因乐而起之美感存乎其间。《论语·八佾》载："子谓《韶》，'尽美矣，又尽善也'。谓《武》，'尽美矣，未尽善也'。"朱熹解释说："《韶》，舜乐。《武》，武王乐。美者，声容之盛。善者，美之实也。"舜与武王皆为圣人，"然舜之德，性之也，又以揖逊而有天下；武王之德，反之也，又以征诛而得天下，故其实有不同者"。① 舜乐、武乐皆美，唯有《韶》为尽善尽美，武乐虽尽美而未尽善，足见美与善并非一事，且美和善也都有次第之分。因此，美不仅存在于与丑的对立之中，而且也存在于不同层次之间。朱子的这一注解为解释美的独特性和美的不同类型留下了空间，但对孔门儒学而言，美的独特性不是孤立的特征，美与善相互匹配才是最高境界，故朱子曰："善者，美之实也。"

在前引句子中，值得细细品味的是"尽"字，孔子没有说不善而美，或不美而善，却通过暗含的褒贬说明未尽善而可以尽美。至于未尽美是否可以尽善，孔子未言及，但按照朱子善为"美之实"的解说，善是更高的、体现于声容之盛的实质，而美是通达尽善尽美之境界的阶梯或前提。如果没有声之雅正、乐之和谐、舞之精准、玉帛之精美、纹饰之绚丽，礼乐秩序又从何谈起？这不只是"有意味的形式"，更是善的形态，其形式必然是美的，故郝敬《论语详解》云："尽美，言其声容可观可听，此乐之文也。尽善，即可观可听之中，一则清明广大，泰和元气，一则发扬蹈厉，微少和平，此乐之情也。"② 乐之文涉及可观可听之形式，乐之情则在可观可听之形式中内蕴清明广大之内核，尽善尽美之乐合二而一，是文情一体的最高境界。

孔子论绘事后素、辨声之邪正，均源于其诗教。孔子论诗最有

---

① 朱熹：《论语集注》卷二，载《四书章句集注》，中华书局1983年版，第68页。
② 郝敬：《论语详解》卷三，载《续修四库全书》第153册，上海古籍出版社1996年版，第121页。

名的莫过于《论语·八佾》中所言"《关雎》,乐而不淫,哀而不伤",①这一符合节度的中和之美也正是《礼记·经解》中所提及的诗教:"孔子曰:'入其国,其教可知也。其为人也温柔敦厚,诗教也。……诗之失愚……温柔敦厚而不愚,则深于诗者也。'"②近代思想和文学重视个性,对于诗教的批评也多由此产生,那么,从审美的角度说,孔子的诗教是否就是泯灭个性呢?

诗教与观物/物观

王阳明曾谈及孔子的狂狷精神,而"狂狷"也正是唐弢描写鲁迅的关键词之一。

> 王汝中、省曾侍坐。先生握扇命曰:"你们用扇。"省曾起对曰:"不敢。"先生曰:"圣人之学,不是这等捆缚苦楚的,不是妆做道学的模样。"汝中曰:"观'仲尼与曾点言志'一章略见。"先生曰:"然。以此章观之,圣人何等宽洪包含气象!且为师者问志于群弟子,三子皆整顿以对。至于曾点,飘飘然不看那三子在眼,自去鼓起瑟来,何等狂态。及至言志,又不对师之问目,都是狂言。设在伊川,或斥骂起来了。圣人乃复称许他,何等气象!圣人教人,不是个束缚他通做一般:只如狂者便从狂处成就他。狷者便从狷处成就他。人之才气如何同得?"③

对于孔子而言,人的表达不可能是纯粹自我的,而总是处于一

---

① 朱熹:《论语集注》卷二,载《四书章句集注》,中华书局1983年版,第66页。
② 郑玄注,孔颖达疏:《礼记正义》卷五十,载李学勤主编《十三经注疏整理本》,北京大学出版社2000年版,第1597页。
③ 王守仁:《传习录》卷三《语录三》,载吴光等编校《王阳明全集》上册,上海古籍出版社1992年版,第104页。

定的社会伦理关系之中，但在王阳明的解释中，社会伦理关系（如师道尊严）的功能并不是压抑个性，恰恰相反，是个性得以呈现的条件，故孔子欣赏曾点的鼓瑟和狂言。所谓狂者进取、狷者有所不为，"狂者便从狂处成就他，狷者便从狷处成就他"，凸显了解除束缚、尊重个性乃教育的真谛。不过，此处虽言狂狷，批评束缚，但既然强调因材施教、顺势而为，其间的分寸感与乐而不淫、哀而不伤、怨而不怒的诗教早已血脉相通。

《论语·阳货》载："子曰：'小子！何莫学夫诗？诗，可以兴，可以观，可以群，可以怨。迩之事父，远之事君，多识于鸟兽草木之名。'"① 关于兴、观、群、怨，论者众多，兹不赘述，但它从艺术方式、道德风尚、社会关系、干预批评等各个方面综合了诗歌的审美和社会功能，对于我们理解美育具有极高的启发性。不仅兴、观、群、怨需要通过艺术的方式来呈现，而且比兴等艺术技巧也以呈现其道德和政治为指归，但诗教的伦理意涵不是直达目的的道德宣示，审美乃至修辞的技巧是其内在的、不可或缺的环节，后者也是人的境界和体验能力的呈现。孔子在谈及诗教"迩之事父，远之事君"的功能时，还建议"多识于鸟兽草木之名"，除了比兴手法常常起于自然现象，笔者以为还可以与下文参照阅读。

孔子在静默无言之中发出感喟，引导人们在日常经验中重新体会宇宙运行的永恒、人世沧桑的变化。这是他的自然之教。紧接着是"恶紫之夺朱也，恶郑声之乱雅乐也，恶利口之覆邦家者"的愤激之语，孔子说："予欲无言。"子贡问："子如不言，则小子何述焉？"孔子回答说："天何言哉？四时行焉，百物生焉，天何言哉？"② 这也暗示美与善不可能仅仅通过说教与训诫达成，而必须激发人的内在体验和直觉能力，由内向外达成，参天地、泣鬼神，领略天地流行的自在与自由。

---

① 朱熹：《论语集注》卷九，载《四书章句集注》，中华书局1983年版，第178页。
② 朱熹：《论语集注》卷九，载《四书章句集注》，中华书局1983年版，第180页。

与此相互映衬的是《论语·子罕》中更为著名的句子："子在川上，曰：'逝者如斯夫！不舍昼夜。'"①《孟子·离娄》载："徐子曰：'仲尼亟称于水，曰："水哉，水哉！"何取于水也？'孟子曰：'原泉混混，不舍昼夜。盈科而后进，放乎四海，有本者如是，是之取尔。苟为无本，七八月之间雨集，沟浍皆盈；其涸也，可立而待也。故声闻过情，君子耻之。'"②同样是水，孔子所见为逝者如斯、不舍昼夜、放乎四海的不竭源泉，而寻常眼中所见多为无本之水，如"七八月之间雨集，沟浍皆盈"，毫无宇宙生命的活力。无言之教的真正意义在于召唤或激发人们投身于宇宙自然的运行，从涓滴之中发现天地和人生的奥秘。这里言及观物之别也正说明美的发现有赖于观者的目光和境界。孔子没有诉诸人格性的天，他望水而叹，观天道流行，以无言之教凝聚对宇宙和人生的经验和理解，其意义之广阔、感喟之深远，不但可以而且应该从审美的角度加以理解。审美在这里不但内在于孔子对宇宙、自然、生命的观照与理解，而且也是表达其道德理想的方式、途径，两者本属一体。

然而，观物的目光和境界如何养成呢？孟子的有本无本之说深邃透彻，但未免说教之态，相比而言，《论语·先进》中的记载就活泼多了。

> 子路、曾晳、冉有、公西华侍坐。子曰："以吾一日长乎尔，毋吾以也。居则曰：'不吾知也！'如或知尔，则何以哉？"子路率尔而对曰："千乘之国，摄乎大国之间，加之以师旅，因之以饥馑；由也为之，比及三年，可使有勇，且知方也。"夫子哂之。"求！尔何如？"对曰："方六七十，如五六十，求也为之，比及三年，可使足民。如其礼乐，以俟君子。""赤！尔何如？"对曰："非曰能之，愿学焉。宗庙之事，如会同，端

---

① 朱熹：《论语集注》卷五，载《四书章句集注》，中华书局1983年版，第113页。
② 朱熹：《孟子集注》卷八，载《四书章句集注》，中华书局1983年版，第293页。

章甫，愿为小相焉。""点！尔何如？"鼓瑟希，铿尔，舍瑟而作。对曰："异乎三子者之撰。"子曰："何伤乎？亦各言其志也。"曰："莫（同'暮'——笔者注）春者，春服既成。冠者五六人，童子六七人，浴乎沂，风乎舞雩，咏而归。"夫子喟然叹曰："吾与点也！"①

国之大事，在祀与戎，故军旅、宗庙之事最重。然而，孔子喟然而叹的却是"冠者五六人，童子六七人，浴乎沂，风乎舞雩，咏而归"的描述。它传达出的是自由感、超越感或者别的什么？孔子以此教人，其中难道没有今人所谓美育的意义吗？

朱子未如后儒将"浴"训为沐之误植，或据《周礼·春官》"若国大旱，则帅巫而舞雩"的说法，②将这句话释为祈雨的仪式，而是用春浴日（上巳节）祓除疾病、清洁身心阐释其意义。③他没有也不会用自由感或超越感解释曾皙的回答和孔子的感叹。这些概念超出了礼乐自然的范畴。但即便如此，朱子还是意识到了这段叙述的不同寻常之处，他说："曾点之学，盖有以见夫人欲尽处，天理流行，随处充满，无少欠阙。故其动静之际，从容如此。而其言志，则又不过即其所居之位，乐其日用之常，初无舍己为人之意。而其胸次悠然，直与天地万物上下同流，各得其所之妙，隐然自见于言外。"④唐弢将孔子对山川自然的感喟与对生命的自由和短暂的

---

① 朱熹：《论语集注》卷六，载《四书章句集注》，中华书局1983年版，第129—130页。

② 郑玄注，贾公彦疏：《周礼注疏》，载李学勤主编《十三经注疏整理本》，北京大学出版社2000年版，第808页。

③ 由于《先进》一节的表述在《论语》中颇为特别，历来解释各有不同。例如围绕东汉王充《论衡·明雩篇》中对《论语》学者的解说（"浴者，浴沂水中也；风，干身也"）的批评（"周之四月，正岁二月也，尚寒，安得浴而风干身？"），从时间、地点到"浴"之含义，议论纷纭。晚近新解又以考古文献为据，将"浴乎沂"改写为"容乎近"，本文暂不取其说。参见陈侃理《西汉海昏侯刘贺墓出土〈论语〉"曾晳言志"简初释》，《文物》2020年第6期。

④ 朱熹：《论语集注》卷六，载《四书章句集注》，中华书局1983年版，第130页。

叹息联系起来，他发挥想象说："穿单袷的时候，邀集五六个刚成年的小伙子和六七个未成年的童子，往沂水洗澡，坐在祈雨的祭坛下晾身，然后唱着歌归去。真是自由自在的生活。现在，祭坛大概没有了吧，沂水一定还不舍昼夜地流着，流着。虽然孔子并没有在那里洗过澡，便是曾皙也没有，这仅仅是他们的愿望。不过可能的话，我认为不妨绕到川上看看，也许什么地方还有一点迹象，暗示圣人面对湍湍流水曾在那里吐出一声'逝者如斯夫'的低低的然而长留人间的叹息。"① 这段论述摆脱了旧礼乐论的约束，更像是一幅生动的风俗画，其描写之生动活泼与朱子所谓"人欲尽处，天理流行"遥相呼应。

孔子的喟叹长留人间，或正是人的内在世界与天地运行无限接近的结果。我们不妨将这段描写与王阳明论"逝者如斯"的内容相比较。《传习录》载："问：'"逝者如斯"，是说自家心性活泼泼地否？'先生曰：'然。须要时时用致良知的功夫，方才活泼泼地，方才与他川水一般。若须臾间断，便与天地不相似。此是学问极至处，圣人也只如此。'"② 从兴、观、群、怨的诗教，到四时、百物的自然运行，孔子以无言之教体现天道流行，表达生命的感受。联系其"多识于鸟兽草木之名"的建议，难道不是将天视为内在于自然万物及其运动的秩序吗？在人的世界里，这一秩序就是礼乐，所谓礼乐即自然，难道不是说礼乐就是超越了形式之形式、内涵仁义而不言的自然进程吗？在礼乐世界里，这一进程的"自然性"就体现在人的不勉而中、不思而得、从心所欲而不逾矩的状态之中。

天之道与人之道相互沟通，其根本理由在于作为天及万物之根本属性的"诚"。文质相循，内容由其形式而呈现，形式因其内容而充实，在礼崩乐坏的语境中，孔子大声疾呼："礼云礼云，玉帛

---

① 唐弢：《伟人和圣人——鲁迅和孔子》，载《唐弢文集》第九卷，社会科学文献出版社1995年版，第500页。
② 王守仁：《传习录》卷三《语录三》，载吴光等编校《王阳明全集》上册，上海古籍出版社1992年版，第103页。

云乎哉？乐云乐云，钟鼓云乎哉？"（《论语·阳货》）礼乐的形式需要用由内而发的仁来充实，这或许便是对形式与内容的关系最好的解释。《礼记·中庸》云："诚者，天之道也。诚之者，人之道也。"又云："诚者物之终始，不诚无物。"① 孟子因此将人之道归结为"思诚"（《孟子·离娄上》），并说："反身而诚，乐莫大焉。"（《孟子·尽心上》）诚是美与善的前提，而思诚、反身而诚也是向善而行的过程。但唐弢提醒我们思考这一问题的另一侧面，即这一自然进程需要一种审美观照和美的形式才能获得表达，亦即向善而行同时也必须向美而行。

我们不妨从这里出发反顾孔子论绘事后素、辨声之邪正、味《韶》舞之美、赞曾点之狂狷、喜童子之自由、叹天地之流行，并以此重新体会其诗教的审美意义。王阳明论诗教：

> 问："'思无邪'一言，如何便盖得三百篇之义？"先生曰："岂特三百篇，《六经》只此一言便可该贯，以至穷古今天下圣贤的话，'思无邪'一言也可该贯。此外更有何说？此是一了百当的功夫。"②

唐弢认为孔子诗教的方方面面"几乎都是从'思无邪'这一美学思想中派生出来的"，这一论断与王阳明的论述桴鼓相应、一脉相承，但稍有不同的是，唐弢所论侧重审美方面。他从审美技巧的角度申说："在这些观点影响下，形成中国文学史上评论多用'春秋笔法'，创作多用暗示和隐喻，出现诗的含蓄和词的婉约，以至美术、音乐、舞蹈、戏曲方面许多意在言外、余音缭绕的风格。甚至连总体上并非'温柔敦厚'的'骚体'诗，也往往保持着局部的

---

① 郑玄注，孔颖达疏：《礼记正义》卷五三，载李学勤主编《十三经注疏整理本》，北京大学出版社2000年版，第1689、1694页。
② 王守仁：《传习录》卷三《语录三》，载吴光等编校《王阳明全集》上册，上海古籍出版社1992年版，第102页。

类似暗示和隐喻之类的特点。可见这一派美学思想影响的博大和深远了。"①

这里可以做一点补充,仅仅从艺术技巧和风格的角度理解诗教的影响是不够的,含蓄蕴藉的审美风格不仅源自一种宇宙观,而且也是一种道德境界。所谓"天何言哉?四时行焉,百物生焉,天何言哉?"(《论语·阳货》),正是基于这一宇宙观的生命感喟和尽善尽美之境的表达。无言即让物自行呈现,而让物自行呈现,又基于一种独特的观物方式。邵雍《观物内篇》中的一段话或可用于对"天何言哉"一节的诠释:

> 夫所以谓之观物者,非以目观之也,非观之以目而观之以心也,非观之以心而观之以理也。天下之物,莫不有理焉,莫不有性焉,莫不有命焉。所以谓之理者,穷之而后可知也;所以谓之性者,尽之而后可知也;所以谓之命者,至之而后可知也。此三者,天下之真知也。②

所谓观物,不是观之以目或观之以心,而是观之以理,从第一个层次言,这是将观物从纯粹主观行为转向客观之理。理内在于万物而贯穿天地,故为普遍之理。但从第二个层次言,观物又离不开主观行为,但这一主观行为是一个持续趋近于普遍之理的进程,其根据是包括人自身在内的天下之物各有其理、性、命,而各自的理、性、命同时也是普遍之理、普遍之性、普遍之命,故穷理、尽性、至命的主观行为也正是抵达普遍之理的进程。因此,穷理、尽性、至命的行为不再是个体意义上的主观行为,而是物我两忘的认知审美道德境界。故邵雍又云:

---

① 唐弢:《由现代文学博士研究生试题想起的事》,载《唐弢文集》第九卷,社会科学文献出版社1995年版,第478页。
② 邵雍:《观物内篇》,载中国科学院哲学研究所中国哲学史组、北京大学哲学系中国哲学史教研室编《中国历代哲学文选·宋元明编》,中华书局1963年版,第18页。

圣人之所以能一万物之情者，谓其能反观也；所以谓之反观者，不以我观物也。不以我观物者，以物观物之谓也，既能以物观物，又安有我于其间哉？是知我亦人也，人亦我也，我与人皆物也。此所以能用天下之目为己之目，其目无所不观矣；用天下之耳为己之耳，其耳无所不听矣；用天下之口为己之口，其口无所不言矣；用天下之心为己之心，其心无所不谋矣。①

圣人"能一万物之情"的原因在于"反观"，即"以物观物"，而以物观物的前提在于消解人与人、人与物的界限，将"我"置于万物之间，从而达到以天下之目、耳、口、心为己之目、耳、口、心的境界，由此观物的视角转换为物观的视角，故"我"的不观、不听、不言、不谋反而成为无所不观、无所不听、无所不言、无所不谋的前提。因此，从宋儒的视角来说，"天何言哉？四时行焉，百物生焉，天何言哉？"的感喟植根于以物观物的视野和境界，而这一视野和境界是通过从观物向物观的转变达成的。

在这个意义上，物观也是天下为公的观念在认知审美道德等领域的体现。如果将美育置于这一物观的视野下观察，其范围绝不仅仅限于美术教育，而是渗透到所有领域和日常生活世界的实践中。梁启超将这一"不我物，则能物物"的物观解释为去除"心中之奴隶"。他说：

学莫要于善观，善观者观滴水而知大海，观一指而知全身，不以其所已知蔽其所未知，而常以其所已知推其所未知，

---

① 邵雍：《观物内篇》，载中国科学院哲学研究所中国哲学史组、北京大学哲学系中国哲学史教研室编《中国历代哲学文选·宋元明编》，中华书局1963年版，第18页。

是之谓慧观。①

对梁启超而言，慧观可以运用于一切领域，举凡牛顿、瓦特、哥伦布、莎士比亚、达尔文等，都是通过祛除"私念"直接抵达宇宙的真谛，从而发现了宇宙之大理或定理，并以科学、技术、文学、艺术等形式加以表达。慧观就是认识论上的去私存公，但审美的领域同样是去私存公，呈现世界之本来样貌的方式、途径，或世界呈现自身的形式，却不同于科学、技术或其他领域。

美育与功利

1984年，究竟是什么样的时代氛围促使唐弢向可能入门的弟子提出这一问题的呢？

一个最为浅显的理由是孔子与鲁迅的再评价。20世纪80年代上半叶，中国知识领域奔涌着两个并存而又方向不同的"回归"潮流：一个潮流是回归"五四"与启蒙，重新评价鲁迅及其国民性批判正处于这一思潮的中心位置；另一个潮流是回归古典传统，孔子再评价则是这一潮流的关键环节。从政治的角度说，这两个潮流存在着某种汇聚点，但在思想和价值观的深处，二者之间的矛盾是显而易见的。在唐弢的学术领域，第一个潮流占据中心地位。他试图重新勾勒两者之间的关系，既维系对于"五四"和鲁迅所代表的批判传统的忠诚，又尽力沟通反传统的传统与孔子所代表的古典传统，为新思想和新学术奠定方向。这在唐弢1985年为日文版《中国的旅行》而作的文章《伟人和圣人——鲁迅与孔子》中有清晰的表达。在这篇文章中，唐弢借助毛泽东有关"鲁迅在中国的价值，据我看要算是中国的第一等圣人，孔夫子是封建社会的圣人，鲁迅是

---

① 梁启超：《自由书·慧观》，载《饮冰室合集·专集之二》第4册，中华书局1989年版，第47—48页。

新中国的圣人"的表达,强调"时代不同,作为中华民族的伟大的代表,两个人却有许多一致的地方"。①他将鲁迅对孔子的批判对准了"权势者们加在圣人身上的假象",②试图将孔子从官衙、公差、大大小小衍圣公们的天下中解放出来,再现其活泼泼的思想状态。"鲁迅批评过孔子,但这批评,略一考察,难道不正是一种最好的有选择的继承吗?"③从孔子的"仁政"到鲁迅的"爱人",唐弢似乎在历史的对立之中发现了一条穿越曲折隧道的连接线。但指出两者的相互连接并不等同于抹杀他们之间在宇宙观、价值立场和审美趣味上的抵牾与冲突,例如同样以爱人为出发点,孔子倡导恕道,鲁迅主张直道,绝不抹杀仇恨;前者讲究温柔敦厚、怨而不怒,后者"立意在反抗,指归在动作",④甚至对于陀思妥耶夫斯基的异常的慈悲与异常的残忍也有深刻的理解。

其实,这一思考在唐弢于1982年发表的论文《西方影响与民族风格》中有清晰的表达。他提及"五四"的激进口号"重估一切价值"与对西方思潮和形式的引进,但同时指出"即使在那个时期,民族的传统影响和固有风格也并未真正间断或灭绝,相反地,以科学方法整理和研究中国古典文学,恰恰就从'五四'开始"。他列举不同类型的作品,点明"民族风格一脉相承的绵延不断的线索",而作为这一线索的美学呈现,他首先提及了风土人情、世态习俗,而这"就是历来强调的采风的内涵",⑤其次是风格上的含蓄,再次是语言上的传神。他援例举譬,如数家珍,在反映现代生活和斗争

---

① 唐弢:《伟人和圣人——鲁迅和孔子》,载《唐弢文集》第九卷,社会科学文献出版社1995年版,第497页。
② 唐弢:《伟人和圣人——鲁迅和孔子》,载《唐弢文集》第九卷,社会科学文献出版社1995年版,第499页。
③ 唐弢:《伟人和圣人——鲁迅和孔子》,载《唐弢文集》第九卷,社会科学文献出版社1995年版,第502页。
④ 鲁迅:《摩罗诗力说》,载《鲁迅全集》第1卷,人民文学出版社2005年版,第68页。
⑤ 唐弢:《西方影响与民族风格》,载《唐弢文集》第九卷,社会科学文献出版社1995年版,第326、333页。

的文学描写中发掘诗教及其影响下的美学传统。① 综合两个方面，现代中国文学贯穿着与《诗经》所传递的礼乐精神一脉相承的、体现时代气息的风俗画卷，流淌着在诗教传统中形成的中国文学和艺术的含蓄蕴藉、意味深长的现代风格。这或许便是唐弢所发现的民族形式和民族风格。

另一个理由是对正在发生的文学和美学思潮的回应，其中心问题是美育与功利、文艺与政治的关系。李泽厚是这一时代主体性美学理论的奠基人，他说："如果从美学角度看，我以为，并不是如时下许多人所套的公式：康德→黑格尔→马克思，而应该是：康德→席勒→马克思。贯串这条线索的是对感性的重视，不脱离感性的性能特征的塑形、陶铸和改造来谈感性与理性的统一。"② 这一学说脱胎于20世纪50年代的美学大讨论，因此即便以康德学说为突破点，马克思的影响始终存在："不脱离感性，也就是不脱离现实生活和历史具体的个体。当然，在康德那里，这个感性只是抽象的心理；在席勒，也只是抽象的人，但他提出了人与自然、感性与理性在感性基础上相统一的问题，把审美教育看作由自然的人上升到自由的人的途径，这仍然是唯心主义的乌托邦，因为席勒缺乏真正历史的观点。马克思从劳动、实践、社会生产出发，来谈人的解放和自由的人，把教育学建筑在这样一个历史唯物主义的基础之上。这才在根本上指出了解决问题的方向。所以马克思主义的美学不把意识或艺术作为出发点，而从社会实践和'自然的人化'这个哲学问题出发。"③ 然而，20世纪80年代美学讨论风起云涌，并非单一线索的逻辑发展。从康德的主体性学说，中间经过尼采和萨特的虚无主义，抵达感性的扩张，再转向以形式主义为理论动力的"纯文学""纯艺术"，构成了庞杂、矛盾的线索，而在经典的反映论影响

---

① 唐弢：《西方影响与民族风格》，载《唐弢文集》第九卷，社会科学文献出版社1995年版，第333—343页。
② 李泽厚：《批判哲学的批判：康德述评》，人民出版社1979年版，第414页。
③ 李泽厚：《批判哲学的批判：康德述评》，人民出版社1979年版，第414页。

之下的现实主义的美学趣味并未退场，但显然居于守势。

自 20 世纪初期美学和美育进入中国思想和艺术领域起，文艺的功利性与非功利性、文艺与政治的关系就居于中心地位。梁启超《论小说与群治之关系》开宗明义，将小说的社会功能推至极致："欲新一国之民，不可不先新一国之小说。故欲新道德，必新小说；欲新宗教，必新小说；欲新政治，必新小说；欲新风俗，必新小说；欲新学艺，必新小说；乃至欲新人心，欲新人格，必新小说。何以故？小说有不可思议之力支配人道故。"[1] 与此相对立，王国维认为中国自古而来的哲学家或文学家都以政治为业，文学艺术因依附于政治而失去独立价值。[2] 在《叔本华之哲学及其教育学说》一文中，他将美的发生与"无欲之我"紧密联系，彻底驱除美的功利性。"唯美之为物，不与吾人之利害相关系，而吾人观美时，亦不知有一己之利害，何则？美之对象，非特别之物，而此物之种类、之形式，又观之之我，非特别之我，而纯粹无欲之我也。"[3] 鲁迅在《摩罗诗力说》中也声明，文学艺术等美学领域"与个人暨邦国之存，无所系属，实利离尽，究理弗存"。[4] 1913 年，他为民国政府教育部所拟定的《拟播布美术意见书》与王国维的说法一脉相承："发扬真美，以娱人情"，"沾沾于用，甚嫌执持"。[5] 孔门儒学对美的发现和关注是在礼乐论的框架之中展开的，并未像康德以降的欧洲思想一样，将美作为一个自主领域来呈现自身，而王国维、鲁迅实际上就是在欧洲浪漫派美学的影响下，将美作为一个自主领域来

---

[1] 梁启超：《论小说与群治之关系》，载《饮冰室合集·文集之十》第 1 册，中华书局 1989 年版，第 6 页。

[2] 王国维：《论哲学家与美学家之天职》，载《王国维遗书》第 5 册，上海古籍书店 1983 年版，第 100—103 页。

[3] 王国维：《叔本华之哲学及其教育学说》，载《王国维遗书》第 3 册，上海古籍书店 1983 年版，第 319 页。

[4] 鲁迅：《摩罗诗力说》，载《鲁迅全集》第 1 卷，人民文学出版社 2005 年版，第 73 页。

[5] 鲁迅：《拟播布美术意见书》，载《鲁迅全集》第 8 卷，人民文学出版社 2005 年版，第 52 页。

加以论述。因此，这一关于美与美育的自主性论述针对的也正是将美约束在礼乐论范畴内的思想方式。

历来关于鲁迅美学思想的研究都曾指出1928年"革命文学"的论争以及普列汉诺夫、托洛茨基和日本马克思主义文艺思想对鲁迅的影响。鲁迅有关文学与阶级性、文学与宣传的论述也是这一时代的典范性表述，较之早期有关美育的论述更为成熟和丰满，然而两者并非截然对立。终其一生，鲁迅始终坚守着文学与文化空间，并通过这一独特场域与其他社会场域的间距介入时代的政治。在这个意义上，文学、艺术作为独特领域的出现，以及对其自主性的辩护，不宜按其字面意义解释为否定文学艺术与社会、政治或伦理问题的密切联系，而应以此创造介入全部社会生活领域之批判性的间距。在当代世界消费主义文化渗入一切领域包括艺术领域之时，这一反对"沾沾于用"的美育观也可以从新的角度加以论述。

无论是王国维、鲁迅早年倡导的超功利的美学观，还是20世纪80年代主体性和形式主义学说的再兴，对美的功利性和政治性的批判从来都具有功利性和政治性。但这一功利性和政治性是通过将美的领域从政治、经济和其他领域中疏离或独立出来而实现的，即通过创造美与其他领域的间距以获得介入甚至重构这些领域的能量。就像唐弢在1961年所写的长文《论鲁迅的美学思想》中指出的，鲁迅一方面主张文学艺术远离功用，但另一方面却正在用摩罗诗力呼喊："今索诸中国，为精神界之战士者安在？"他期待用至诚至美之声，"致吾人于善美刚健"，"援吾人出于荒寒"。[①] 唐弢既没有沿着人的主体性、艺术的主体性、形式主义超功利的路径论述美和美育，也不打算将美框定在功利性和政治性的范畴之内，而是另辟蹊径，既承认艺术与科学共享"启人生之闷机"的目的，又相信艺术有其独特性，"用鲁迅的话来说，'人生诚理，直笼其词句中，使闻

---

① 鲁迅：《摩罗诗力说》，载《鲁迅全集》第1卷，人民文学出版社2005年版，第102页。

其声者,灵府朗然,与人生即会'。身入'人生',相'即'相'会',感染陶冶,潜移默化。'此其效力,有示教意;既为示教,斯益人生。而其教复非常教……'"① 通过综合诗教的传统和20世纪为人生的美学观,唐弢以为文学艺术有教育作用,但这种教育作用不是"以一教训一格言相授",而是在暗示、影响、涵陶、启发的作用之下,"而自能'美善吾人之性情,崇大吾人之思理'"。②艺术是独特的,但其独特又在于与生活本身的浑然一体。

正由于此,唐弢在孔子诗教的传统中发现了这种内在于生活本身又必须通过美的形式或形态加以呈现的世界,他强调美的形式的重要性,却并没有将自己包裹在美作为绝对自主领域的现代幻觉之中。在这个世界中,礼乐与自然合一,观者的视线与物的视线相互重叠,宇宙与人生如川流之水,变化无穷,动静相续,生生不息;恰如礼乐的精神,美育不是"以一教训一格言相授",而是可以体现在如曾点之狂狷、逝者如斯之自在、乐之文与乐之情之浑成那样的状态之中。作为鲁迅的弟子,唐弢对于孔子诗教的政治内容和伦理关系十分清楚,但既不因此简单地否定或抛弃,又非亦步亦趋,而是突出《风》之传统,在现代文学与艺术的画卷中,星星点点,钩稽、描摹那些富于时代感的风俗习惯、表达方式和人的性格与命运,看旧的褪去,新的上升,劳动和劳动者的生活替换了才子佳人,呈现完全不同的政治、社会和文化的运动。逝者如斯,历史的运行在文学和艺术的形式中被赋形,仿佛如生活本身一般,千回百转,活泼泼地往返于天地间。与历来儒者对于诗教的阐释不同,唐弢切入的角度是美,是形式,是风格,是韵味,是人物的一颦一笑,是关系的微妙复杂,是紧张的冲突和斗争中展示的诗情与画卷,是由无数生动而朴实的细节铺垫出来的生活的诗篇,是美学效

---

① 唐弢:《论鲁迅的美学思想》,载《唐弢文集》第七卷,社会科学文献出版社1995年版,第386—387页。
② 唐弢:《论鲁迅的美学思想》,载《唐弢文集》第七卷,社会科学文献出版社1995年版,第387页。

果中蕴含的伦理和政治意义，是新礼乐的诞生。在现代世界复杂的利益关系之中，观物的眼光、物观的角度、发现和创造美的能力、辨别艺术作品的趣味，不正与移风易俗、培养新人直接相关吗？

在这个意义上，诗教即美育，而美育的作用、功能和涉及范围，几乎与我们的生活世界一样宽广。

（原载《文史哲》2021 年第 3 期）

"心为主,技为从"与中国现代艺术教育精神营构

陈　剑◆(山东师范大学音乐学院)
谭好哲◆(山东大学文艺美学研究中心)

中国现代艺术教育无论在理论还是实践方面,都取得了较大的成就,对这些理论和实践经验进行总结和阐发,是当代艺术教育研究的一项重要任务。而在中国现代艺术教育所遗留下来的众多思想资源中,最具统摄性意义的是"心为主,技为从"这一观念。中国现代艺术教育不仅以此为基点构建起了艺术教育的实践原则,而且由此出发将艺术教育引入美育之中,开启了影响深远的现代艺术审美教育潮流。时至今日,随着新时代文化建设的推进,美育热潮重新兴起,与之相关的理论问题随之成为学界的热门话题,这其中尤以"艺术教育与美育的关系"问题最为引人注目。而从理论构建的现实来看,"心为主,技为从"观念是在对这一问题进行思索与回应的过程中发展而来的。因此,深入挖掘"心为主,技为从"的内涵和精神,不仅能够全面呈现中国现代艺术教育在理论建设方面所取得的巨大成就,而且能为新时代美育热点问题的解决提供有益的启发与参照。为此,本文聚焦于"心为主,技为从"内涵的阐发,通过横向和纵向的比较,展现这一观念的理论拓展轨迹及核心精神追求,以期为新时代美育理论建设输送有价值的思想养分。

"心""技"关系的康德渊源

所谓"心为主,技为从",简单地说,就是指艺术教育应该以

"心"的培育为主，以"技"的训练为辅。这一观念首先是由丰子恺提出的："今上午结束艺术教育课。选读《乐记》三节。并为结论曰：半年来授课共十六讲。要之，不外三语：'艺术心'——广大同情心（万物一体）。'艺术'——心为主，技为从（善巧兼备）。'艺术教育'——艺术精神的应用（温柔敦厚、文质彬彬）。"[1] 而在后来的理论拓展中，朱光潜关于"技巧"的论述为这一观念提供了有益的理论补充。从理论根源的层面上说，"心为主，技为从"首先是在西方思想的影响下生成的，但是，这一西方渊源却颇为复杂，要想彻底理清这一脉络，还需从康德谈起。

康德曾对艺术做过详细的分析，其中涉及所谓的"心"和"技"的问题，不过，康德的探讨远比中国现代艺术教育的探讨复杂得多。关于这个方面，需要详细讨论。

康德认为，"技"是艺术的基础，艺术之所以不同于科学，就是因为科学是知识，而艺术是"熟巧"。科学与艺术的区别，是理论能力与实践能力、知与能的区别：有了某种知识，然后能够遵照这种知识而做出来的事，不能算是艺术；"只有那种我们即使最完备地知道但却还并不因此就立刻拥有去做的熟巧的事，才在这种意义上属于艺术"。[2] 康德凸显了独立于知识之外的技巧的地位，以此判定科学与艺术的区别，把技术作为艺术的一个特色性要素来加以强调。需要着重指出的是，康德在这里所说的"艺术"，指的是一般的艺术，也就是说，它包含机械的艺术、快适的艺术以及美的艺术等所有的艺术类型。"熟巧"是一般艺术的基本特点，艺术也由此而区别于非艺术；既然"熟巧"是所有艺术类型的基本特点，那么它自然也就是美的艺术构成的基本要素。这是我们首先需要明确的内容。

除了"熟巧"之外，美的艺术还包含其他要素，这些要素及其

---

[1] 丰子恺：《丰子恺全集·书信日记卷二》，海豚出版社2016年版，第349页。
[2] 康德：《判断力批判》，邓晓芒译，杨祖陶校，人民出版社2002年版，第146页。

相互之间的联结关系，使得美的艺术展现出了自身与机械的艺术、快适的艺术不同的性质。康德非常看重天才在艺术中的作用。他认为，美的艺术是天才的艺术，所谓天才，指的是人的一种天赋的能力，其本质是一种非凡的想象力；天才的作品也因此而具有独一无二性、不可模仿性。这种天才的能力完全是自然生成的，只有极少数的幸运儿具有这种非凡的能力。从这个方面来说，天才的能力是不可教的，无法通过后天的学习和训练而获得。所谓艺术教育，对于人的天才能力的获得或提升来说是无能为力的。这是理解康德美的艺术观时需要明确的一点。

在强调天才对美的艺术所具有的重要意义的基础上，康德还强调了形式与美的艺术的创造的关系，对于形式创造的讨论，又引出了美的艺术的其他要素。在康德看来，天才对于美的艺术的创造虽然具有重要意义，但仅仅有天才却创造不出美的艺术来。除了天才之外，还需要一些其他因素的参与才能创造出美的艺术作品，而这个其他要素指的就是形式——天才只有与美的形式结合起来，才能创造出富有精神的美的艺术作品。缺失了美的形式的支持和容纳，天才的作品就只是一种灵气十足却又怪诞、无规律的胡闹，算不上是美的艺术。只有将天才融入美的形式之中，才能创造出既有灵气同时又符合知性规律的美的艺术作品。对此，康德这样写道："但在一切自由的艺术中却都要求有某种强制性的东西，或如人们所说，要求有某种机械作用，没有它，在艺术中必须是自由的并且惟一地给作品以生命的那个精神就会根本不具形体并完全枯萎。"[①] 在这里，所谓的"给作品以生命的那个精神"指的就是天才的创造力，这是美的艺术产生的关键。但是，将这种天才的创造力变成现实的艺术作品，却需要"某种强制性的东西""某种机械作用"——形式，康德曾列举"诗艺中语言的正确和语汇的丰富，以及韵律学

---

① 康德：《判断力批判》，邓晓芒译，杨祖陶校，人民出版社2002年版，第147页。

和节奏"① 来加以说明。

在美的艺术的创造中，形式的创造是一个重要的方面。那么，如何发现和创造形式呢？康德又重新提到了鉴赏力。所谓鉴赏力，就是对于美的评判的能力。康德认为，发现形式，将形式赋予美的艺术作品，要靠鉴赏力来完成："把这形式赋予美的艺术的作品，所要求的却仅仅是鉴赏力，在艺术家通过艺术或自然的好些榜样而对这种鉴赏力加以练习和校正之后，他就依凭这鉴赏力来把握他的作品，并且在作了许多满足这种鉴赏力的往往是辛苦的尝试之后，才发现了那使他满意的形式。"② 这就是说，要找到满意的形式，人们首先需要对自己的鉴赏力进行艰苦的磨炼，只有具有了出色的鉴赏力，美的形式的创造才成为可能，天才的艺术作品才有可能被现实地创造出来。基于此，康德一再强调鉴赏力在美的艺术中的作用，并且后来将其抬高到了比天才更重要的位置上，明确提出当二者产生矛盾时，要以鉴赏力来规训天才，而不是相反："鉴赏力正如一般判断力一样，对天才加以训练（或驯化），狠狠地剪掉它的翅膀，使它有教养和受到磨砺；但同时它也给天才一个引导，指引天才应当在哪些方面和多大范围内扩展自己，以保持其合目的性；又由于它把清晰和秩序带进观念的充盈之中，它就使理念有了牢固的支撑，能够获得持久的同时也是普遍的赞扬，获得别人的追随和日益进步的培育。所以如果在一个作品中当这两种不同的特性发生冲突时要牺牲掉某种东西的话，那就宁可不得不让这事发生在天才一方；而判断力在美的艺术的事情中从自己的原则出发来发表意见时，就会宁可损及想象力的自由和丰富性，而不允许损害知性。"③

总而言之，在康德的观念中，美的艺术主要涉及人的三种能力，即天才、技术与鉴赏力。在这三种能力中，天才是先天因素，

---

① 康德：《判断力批判》，邓晓芒译，杨祖陶校，人民出版社2002年版，第147页。
② 康德：《判断力批判》，邓晓芒译，杨祖陶校，人民出版社2002年版，第156—157页。
③ 康德：《判断力批判》，邓晓芒译，杨祖陶校，人民出版社2002年版，第165页。

技术与鉴赏力更多的是后天因素。因此，从康德美学生发出来的艺术教育，从能力培育的层面上说，主要就是技术与鉴赏力的培养。因为天才是自然赋予的，不可能通过教育来获得，因而所谓的艺术教育，就只能是艺术技巧的教育与鉴赏力的教育的结合。康德的这一思想为"心""技"关系问题的探讨奠定了基础，后来的19世纪欧洲艺术教育改革者就是在康德思想的基础上进行观念建构的，并对中国现代艺术教育中"心""技"关系观念的形成提供了决定性的理论支撑。从理论的直接性来说，康德的思想算不得"心为主，技为从"观念的直接源头，因为在康德与中国现代艺术教育之间，还有19世纪欧洲艺术教育改革，"心为主，技为从"观念直接从这一运动中汲取养分；但从理论的最终根源来说，19世纪欧洲艺术教育改革思想主要还是在康德思想的导引下构建起来的，中国现代艺术教育对于"心""技"关系的看法从根本上说与康德美学有着深远的联系。因此，追溯"心为主，技为从"的西方思想渊源，需要从康德的思想入手，只有这样，才能清晰地呈现出这一观念在中国现代艺术教育中的成长和发展轨迹。

19世纪欧洲艺术教育改革中"感知力"的培育

从社会现实层面说，直接触发19世纪欧洲艺术教育改革的事件是1851年在英国伦敦水晶宫举办的第一届世界博览会。在这次博览会上，各国展出了工业革命的最新成果，但令人遗憾的是，这些参展的工业产品普遍出现形式粗陋、美感匮乏的问题，其中又以英国、德国的情况最为严重。受此状况的刺激，当时艺术教育界一些颇具影响力的人，如英国的罗斯金、莫里斯，德国的利希德沃克、朗格等，纷纷开始探讨提升工业产品审美水准的方法。在经过了认真的思考和分析之后，艺术教育家们发现，工业产品之所以美感匮乏、品味低下，主要是由工业设计与艺术的割裂所造成的，这种割裂使得工业设计（尤其是工业图画设计）完全背离了审美的轨道而变成了单纯的数学、几何图形的绘制。

在当时的艺术教育者看来，要想从根本上改变这一状况，必须从两个方面入手：首先，需要提升工业设计者的审美和艺术素养，要把"设计人员当作艺术家来培养，而不要把艺术当作产品的一个部分来教授"。① 只有这样，才能把工业设计从单纯的几何图形绘制改造成充满美感和生机的艺术创作，进而制作出具有极高审美含量的工业产品。其次，更为重要的是要提升消费者的审美品位，消费者审美品位的提高意味着审美需求的提高，而高品位的审美需求能够起到督促工业产品设计者提高产品审美水准的作用。在这种情况下，一场旨在提升人的审美能力和艺术素养的现代艺术教育运动开展起来，而这其中必然伴随着对于艺术教育技能化、知识化倾向的批判。正如当时的人们在评价罗斯金的艺术教育观念时所说的："这位风景画教师（罗斯金——笔者注）希望他的所有学生普遍都能理解一点，即本课程的教学既非旨在把他们训练成为艺术家，也非用直截了当的方式来提高他们目前所从事的某种职业的能力。向他们教授绘画的主要目的是为了把他们的注意力引向物质世界中上帝造物的美。"② 在罗斯金的观念中，艺术教育主要不是为了培养艺术家，也不是为了提升人的职业能力，而是为了培育人们发现美的能力。罗斯金将人在艺术方面的心理能力分为创造力与感知力两个方面，其中创造力是天赋的能力，它不可以通过教授来获得，感知力则主要依赖后天的磨炼，可以通过教育的方式来提升，所以，艺术教育的目标就是"通过感觉力的培养来提高审美能力"。③ 很明显，罗斯金的观念是对康德思想的继承。在这里，罗斯金所说的"创造力"与康德所说的"天才"都是指人的天赋能力，艺术教育

---

① 阿瑟·艾夫兰：《西方艺术教育史》，邢莉、常宁生译，四川人民出版社2000年版，第180页。
② 阿瑟·艾夫兰：《西方艺术教育史》，邢莉、常宁生译，四川人民出版社2000年版，第182页。
③ 阿瑟·艾夫兰：《西方艺术教育史》，邢莉、常宁生译，四川人民出版社2000年版，第182页。

对其无能为力；罗斯金所说的"感知力"对应康德的"鉴赏力"，二者都是指对于美的发现和评判的能力，是艺术教育的重要内容。由于当时的机械工业所暴露出的弊病，罗斯金对技术采取了保守的态度，将技术训练放到了低于感知力训练的位置上，这可以算是对康德思想的改进。罗斯金通过对康德所勾勒出的艺术教育的基本理念加以具体化的改造，构建起了以人的"感知力"的培养为核心的现代艺术教育观念，这可以说是"心为主，技为从"观念的西方式表述。

　　罗斯金的观念颇具代表性，当时的很多理论家都表达过类似的思想。比如，丰子恺在《艺术教育 ABC》中就曾这样总结过德国艺术教育家朗格的观点："图画教育的所以不振者，是为了图画上过重数学的方法，结果使图画变成了'应用几何学'；又拒绝一切艺术的分子的原故。反之，图画教授非从直观的科学回复为美的教科不可。"[1] 图画教育的本质是"美的教科"，而非纯技能的学科，其目的在于培养学生的审美能力，因此应该将图画教育从科学的教育转变为美的教育。以罗斯金为代表的 19 世纪欧洲艺术教育改革者，出于对机械工业片面发展所导致的弊病的忧虑，以康德思想为理论基础，提出了艺术教育应以人的审美感知能力的提升为核心、以技能的培训为辅助的观念，由此形成了极具特色的西方现代艺术教育思想。

　　19 世纪欧洲艺术教育改革对"心为主，技为从"观念的生成产生了决定性的影响，丰子恺正是在翻译和整理 19 世纪欧洲艺术教育改革者的理论主张的基础上提出这一观念的，二者的理论内涵有着很大的相似性。比如，丰子恺曾指出："依艺术教育的原理，图画科的目的不在作成几幅作品，即不在技巧的磨练，而在教以美的鉴赏力与创作力的，以养成其美的感情，使受用于其生活上。"[2] 在这

---

[1] 丰子恺：《丰子恺全集·艺术理论艺术杂著卷十》，海豚出版社 2016 年版，第 29 页。

[2] 丰子恺：《丰子恺全集·艺术理论艺术杂著卷十二》，海豚出版社 2016 年版，第 249 页。

里,"美的鉴赏力与创作力"与罗斯金、朗格所说的"感知力""美的教科"一脉相承,是对罗斯金等人的观念的直接吸纳和改造。因此,"心为主,技为从"观念是承续西方思想观念而产生的,这是我们首先需要承认的。

但是,"心为主,技为从"观念毕竟产生于 20 世纪前期的中国,其文化语境与 19 世纪欧洲艺术教育改革的理论境遇有着巨大的差异。因此,除了部分相似之外,"心为主,技为从"观念与 19 世纪欧洲艺术教育改革的理论主张又有着很大的区别。首先,二者的文化追求大不一样。19 世纪欧洲艺术教育改革与资本主义世界的经济发展有着密切的关系,感知力、技术等是为了解决现代工业进程中出现的文化问题而提出来的,是西方现代工业理性批判的组成部分。中国现代艺术教育者强调"心为主,技为从",将艺术教育视为改造国民性、养护人心进而实现国家独立和民族振兴的重要途径,这其中蕴含着中国现代启蒙的渴望与追求。其次,更为重要的是 19 世纪欧洲艺术教育改革与中国现代艺术教育对"心"的理解不同。从上述讨论可以看出,19 世纪欧洲艺术教育改革所强调的"心",主要指的是"感知力""直观能力",是发现、评判美的能力,他们将此置于艺术教育的核心位置。中国现代艺术教育所强调的"心",除了包含 19 世纪欧洲艺术教育改革所倡导的"感知力""直观能力"的要素之外,又加入了人格、品质乃至道德等要素,其内涵要远远大于 19 世纪欧洲艺术教育改革所说的"心"的观念。虽然 19 世纪欧洲艺术教育改革中的一些理论家(主要是罗斯金)也极为强调艺术与道德的关系,但从总体上说,罗斯金所说的道德主要指的是通过对造物之美的发现而产生的对上帝的敬畏和赞叹,带有浓郁的宗教色彩,它与中国现代艺术教育所强调的人格、品质是完全不同的。"心为主,技为从"观念在吸纳西方思想的同时又展现出了与西方思想相异的一面,而这相异的一面则是通过对中国传统艺术精神的回归来实现的。可以说,中国现代艺术教育对"心为主,技为从"观念的建构,在聚焦西方思想的同时,也展现出了本土化的视野，这一兼顾中西的理论建构方式使得这一观念具有了既不同于西方又有异于传统的本土现代性色彩。

"先器识而后文艺"与艺术教育的人格修养维度

在中国传统艺术观念中，一直存在着"道"与"技"、"神"与"形"的分野，这其中对于"道""神"的主体性地位尤为注重。比如，明代琴家徐上瀛在《溪山琴况》中就曾说过，古琴演奏"当先养其琴度，而次养其手指，则形神并洁，逸气渐来"。[①] 古琴演奏应该以"琴度"的培养为主，然后再考虑"手指"亦即技能的训练问题。这其实就是"心为主，技为从"的观念。而从理论的承续性来说，直接激发"心为主，技为从"观念生成的传统思想，却是明人刘宗周所提出的"先器识而后文艺"。丰子恺从他的老师李叔同那里接受了这一观念："他（李叔同——笔者注）红着脸，吃着口（李先生是不善讲话的），把'先器识而后文艺'的意义讲解给我们听，并且说明这里的'贵显'和'享爵禄'不可呆板地解释为做官，应该解释道德高尚，人格伟大的意思。'先器识而后文艺'，译为现代话，大约是'首重人格修养，次重文艺学习'，更具体地说：'要做一个好文艺家，必先做一个好人。'可见李先生平日致力于演剧、绘画、音乐、文学等文艺修养，同时更致力于'器识'修养。他认为一个文艺家倘没有'器识'，无论技术何等精通熟练，亦不足道，所以他常诫人'应使文艺以人传，不可人以文艺传'。"[②] 在这里，"器识"指的就是文艺家的人格修养，它是文艺家养成的首要条件，与"器识"相比，技术只是次一位的存在，只有将"器识"放在技术之"先"，才能造就出真正意义上的艺术家。这一思想对丰子恺的触发很大："听了他这番话，心里好比新开了一个明

---

① 蔡仲德注译：《中国音乐美学史资料注译》（增订版）（下），人民音乐出版社2007年版，第750页。

② 丰子恺：《丰子恺全集·文学卷三》，海豚出版社2016年版，第26页。

窗，真是胜读十年书。"①后来丰子恺所讨论的艺术中的"美德"与"技术"问题，其实就是对这一思想的直接发挥："欲为艺术家者，必须先修美德，后习技术；必须美德为重，而技术为轻。何以言之？因为具足美德而缺乏技术，其人基础巩固，虽不能为成全的艺术家，自不失为高尚善良的一个'人'。人不是一定要做艺术家的。反之，倘学会了技术而缺乏美德，其人就不能正当地应用其技术，误用技术，反而害人。"②这就是说，培养合格的艺术家，应该首先培养他的美德，使其养成宽厚的胸襟和气度，其次对其进行技能训练；如果单纯地进行技能训练，不注重人品、人格的修炼，是很容易走上歪路的。这其实就是对"先器识而后文艺"思想的吸纳与阐发。所以说，"心为主，技为从"观念在积极汲取西方营养的同时，与传统的艺术观念也是有着千丝万缕的关联的，深入阐发"先器识而后文艺"思想，可以更加清晰地呈现出"心为主，技为从"的精神实质。

从中国传统艺术精神来说，"器识"主要指人的胸襟、眼界、气度，涉及高尚的人格、品质问题，正如徐上瀛在《溪山琴况》中所说的，古琴演奏者要"清虚为体""清静贞正""胸次磊落"，"其人必具超逸之品，故自发超逸之音"。③这种高洁的品格和超逸的气度，是人之"器识"的主要内容，主要是靠后天的学习和磨炼而获得的，而非完全依赖先天的禀赋。叶燮就曾明确地论述过这个问题。叶燮将艺术创造的主体要素归结为"才胆识力"四个方面，这其实就涉及了"器识"。在"才胆识力"中，叶燮极为看重"识"的作用。所谓"识"，就是学习、思考和认知，它主要是靠后天的努力来提升的。在叶燮看来，艺术家之"才""胆"甚至包括"力"的强弱，虽有一定的天赋因素，但更重要的还是要靠"识"来支

---

① 丰子恺：《丰子恺全集·文学卷三》，海豚出版社2016年版，第26页。
② 丰子恺：《丰子恺全集·文学卷二》，海豚出版社2016年版，第152页。
③ 蔡仲德注译：《中国音乐美学史资料注译》（增订版）（下），人民音乐出版社2007年版，第756、751、761、750页。

撑，如果没有"识"，"才""胆""力"是不可能最终生成的。他说道："其歉乎天者，才见不足，人皆曰才之歉也，不可勉强也，不知有识以居乎才之先。识为体而才为用，若不足于才，当先研精推求乎其识。人惟中藏无识，则理事情错陈于前，而浑然茫然，是非可否，妍媸黑白，悉眩惑而不能辨，安望其敷而出之为才乎？文章之能事，实始乎此。"①"才"如此，"胆""力"亦如此。所以，"器识"依靠后天的学习和磨炼而获得，艺术家必须通过艰苦的自我修炼和广泛的学习，才能造就出超凡高致的"器识"。这是中国传统艺术理论对"器识"的深层规定。从这里可以很明显地看出，"器识"的理论精神与西方现代艺术观念是大不相同的。在康德与罗斯金的观念中，艺术主要涉及两种心灵能力，一是天才的创造力，二是鉴赏力或感知力。这与"器识"所指向的胸襟、气度、人格、品质等内容大异其趣。此外，更为重要的是，从西方现代艺术思想的角度来说，创造力是先天生成的，这就使得艺术创作带有了一定的神秘性，同时也使得艺术教育（主要是专业艺术教育）具有了一定的局限性。这两种不同的艺术观念导致了两种完全不同的艺术追求：中国传统艺术一直以培育具有超逸气度和伟大人格的艺术家为目的，而西方现代艺术则热衷于呼唤灵气十足、天马行空、惊世骇俗的旷世天才的降世。这其中的差异可以说是十分明显的。中国现代艺术教育者所说的"心"的观念，虽然也包含康德和罗斯金所说的"鉴赏力""感知力"的要素，但其基本精神更多地融合了传统的"器识"观念。正如丰子恺对"美德"所作出的解释："所谓'美德'，就是爱美的心，就是芬芳的胸怀，就是圆满的人格。"② 在这里，"爱美的心""芬芳的胸怀""圆满的人格"包含审美感知能力的因子，但除此之外，传统观念中的超逸、高洁的人格和宽广的胸襟、度量等同样也蕴含其中；并且，这种"爱美的心""芬芳的

---

① 郭绍虞主编：《中国历代文论选》第三册，上海古籍出版社2001年版，第346页。
② 丰子恺：《丰子恺全集·文学卷二》，海豚出版社2016年版，第151页。

胸怀""圆满的人格"从本质上来说是人的修养问题，它需要经过不断地学习和修炼才能形成。正是由于这个原因，我们才需要加强艺术教育，以此来达到对"心"的修炼和培养。

由"技"入"心"："技"的意义

除了"心"之外，"技"在艺术中也占有重要位置。康德关于艺术的三个基本要素——熟巧、鉴赏力、天才——的论述，将技术作为艺术的首要问题加以强调。客观地说，艺术教育是不能忽略技术训练的，在普通的艺术教育中，技巧的学习可以帮助人们更好地理解和把握艺术；而在专业的艺术教育中，技巧的训练更具决定性意义，没有高超技巧的支撑，就不可能创造出真正意义上的艺术作品。"心为主，技为从"观念在注重"心"的培育的首要地位的同时，并没有忽视"技"的训练的意义。这是我们在理解这一观念时所要明确的一点。所谓"心为主，技为从"，并非贬低"技"的价值，而是强调要在育"心"的前提下谈论"技"，将"技"建立在育"心"的基础上，以育"心"来引领"技"的提升。中国现代艺术教育的这一观念主要体现在朱光潜的思想中。丰子恺在提出"心为主，技为从"这一观念时，主要侧重于强调"心"的培养在艺术教育中的主导性地位，他虽然并没有否定"技"的价值和意义，但也并未给予其过多的关注。所以，单就丰子恺的阐述来看，"心为主，技为从"观念是存在着一定的理论不足的，而朱光潜关于艺术教育中技能训练问题的论述恰好弥补了这一观念的不足。正是通过朱光潜的理论阐述，"心为主，技为从"才真正成为一个既有理论完善性又有现实实践性的现代艺术教育命题。

与丰子恺不同，朱光潜十分注重"技"在艺术中的地位。他曾明确指出："凡是艺术家都须有一半是诗人，一半是匠人。他要有诗人的妙悟，要有匠人的手腕，只有匠人的手腕而没有诗人的妙悟，固不能有创作；只有诗人的妙悟而没有匠人的手腕，即创作亦难尽善尽美。妙悟来自性灵，手腕则可得于模仿。匠人虽比诗人身份低，但亦绝不可少。"① 从这一前提出发，朱光潜强调"技"的训练在艺术教育中的优先性地位："各种艺术都各有它的特殊的筋肉的技巧。例如写字、作画、弹琴等等要有手腕筋肉的技巧，唱歌、吹箫要有喉舌唇齿诸筋肉的技巧，跳舞要有全身筋肉的技巧（严格地说，各种艺术都要有全身筋肉的技巧）。要想学一门艺术，就要先学它的特殊的筋肉的技巧。"② 在这里，朱光潜强调了"筋肉的技巧"在艺术教育中的意义，艺术教育，尤其是专业的艺术教育，首先要从技巧的训练入手，从筋肉技巧的模仿出发，如此艺术的创造和学习才有可能取得成功。在"心""技"关系的问题上，朱光潜突出强调的是"技"的基础性，并没有涉及"心"的问题，这似乎与"心为主，技为从"观念相背离。其实，这只是表面现象，从根本上说，朱光潜所讨论的"技"的最终落脚点依然是"心"，他对"技"的优先性与基础性的强调并未脱离"心为主，技为从"的基本精神。要搞清楚这一点，需要联系朱光潜对"技"所作的特色性论述。

在朱光潜的观念中，"技"首先表现为一种人体筋肉生理活动："穷究到底，艺术的创造不过是手能从心，不过是能任所欣赏的意象支配筋肉的活动，使筋肉所变的动作恰能把意象画在纸上或是刻在石上。"③ "技"是一种规律性的人体筋肉活动，掌握了这种筋肉活动规律之后，人们就会下意识地以筋肉活动的舒适性或节奏性为准则来进行艺术的营构。这很有点"熟能生巧"的意味。但是，朱光潜所说的"技"，绝不仅仅限于对筋肉运动规律的掌握这一点。朱光潜是艺术生理学的倡导者，在他看来，人的情感变化体现为人体的筋肉生理变化："情趣最直接的表现是循环呼吸消化运动诸器官的生理变化，这些变化在心理学实验室中可以用种种器具很精确

---

① 朱光潜：《朱光潜全集》第 2 卷，安徽教育出版社 1987 年版，第 83 页。
② 朱光潜：《朱光潜全集》第 2 卷，安徽教育出版社 1987 年版，第 79 页。
③ 朱光潜：《朱光潜全集》第 2 卷，安徽教育出版社 1987 年版，第 79 页。

地测量出来。"① 艺术中的"技"虽然从表面上看只是人体筋肉运动，但从本质上来说却是与"心"相贯通的。正如有研究者所指出的："美感筋肉活动，看来仅是一种重复性的技巧，其实它和主体生命、主体灵魂是密切联系在一起的。筋肉运动的类型、模式，都是主体性灵的反映。"② "技"与"心"、筋肉活动与情感流动并非完全隔绝的两个不同世界，而是具有同一性，能够相互融通、相互转化的。人们对经典艺术作品的筋肉技巧的模仿过程，也就是感受和品味艺术作品中的气韵、气势等主观要素的过程。正是从这个方面朱光潜认为，技巧的模仿是把握艺术主观精神的一条极为有效的路径，艺术教育中的技巧训练的根本价值不在于对筋肉活动规律的掌握，而在于让人们通过对筋肉技巧的揣摩来把握艺术作品的深层意蕴，由此深入地领会创作主体灌输在艺术中的气势和精神。他曾引用曾国藩的话加以解释："凡作诗最宜讲究声调，须熟读古人佳篇，先之以高声朗诵，以昌其气；继之以密咏恬吟，以玩其味。二者并进，使古人之声调拂拂然若与我喉舌相习，则下笔时必有句调奔赴腕下，诗成自读之，亦自觉琅琅可诵，引出一种兴会来。"③ 通过这一途径，受教育者在提升筋肉技巧能力的同时，窥见了艺术中深层的灵魂和生命，自己的心灵由此得到艺术的熏染和洗礼，艺术教育的目的和价值也就在此过程中得以实现。所以，筋肉技巧的训练说到底还是围绕着"心"的培育来进行的，在技巧的磨炼之中包含着对于情感、生命、心灵等"心"的要素的关注；练"技"就是练"心"，缺失了"心"育的"技"的训练是没有独立价值的。

综上所述，朱光潜对艺术教育中筋肉技巧训练优先性地位的强调不仅没有背离"心为主，技为从"的基本精神，反而优化和拓展了其内在的理论构成：艺术教育以"心"的培育为主，并不意味着其对"技"的要素就完全无视，相反，"技"的训练依然有着基础

---

① 朱光潜：《朱光潜全集》第3卷，安徽教育出版社1987年版，第368页。
② 劳承万：《朱光潜美学论纲》，安徽教育出版社1998年版，第213页。
③ 朱光潜：《朱光潜全集》第2卷，安徽教育出版社1987年版，第80页。

性的地位，只不过其价值的发挥要通过"心"的培育来进行，由"技"入"心"才是艺术技能教育的根本路径之所在。可以说，通过朱光潜的阐述，"心为主，技为从"观念在注重"心"的养护的同时，又将"技"纳入自身的统摄范围之内，进一步完善了"心""技"关系的理论内涵，中国现代艺术教育正是由此最终构建起了极富现实性的艺术教育实践原则。

艺术教育人文性质的守护与宣扬

"心为主，技为从"通过吸纳西方思想和中国传统思想而生成了丰富的内涵，这些内涵最终都指向了同一个主题，那就是对于"人"的关注。"心为主，技为从"在深层的理论精神上所强调的是艺术教育的人文性这一特征。中国现代艺术教育通过对散落于中国和西方文化中的人文思想的积极吸取和改造，建立起了以"心"的养护为核心的现代艺术教育观念体系。从思想根源层面上说，这一体系明确地表现出了对席勒思想的继承，深刻地呈现出了中国现代艺术教育与以席勒为代表的现代美育精神之间的密切关联。

从历史的角度来看，无论是中国还是西方，都不乏通过艺术来进行人文教育的言论及实践，但是，真正将这种言论上升到理论的层面，并从人学的高度系统地加以讨论的，则是美学家席勒。

席勒是现代美育思想的开创者，他的思想属于西方现代人文主义思潮的一个组成部分。中世纪结束以后，人文主义在文艺复兴中得到了高扬，为人性的解放与现代文化的进步打下了牢固的基础；到了17、18世纪，人文主义逐渐汇入启蒙浪潮之中，演变成对现代资产阶级革命有着深远影响的人道主义。席勒的美育思想就是在这一大潮的推动下形成的。但是，与启蒙时代的人道主义关注人权、法制的特点不同，席勒更多地将审美置于人道主义的核心位置，将美学问题的解决作为政治问题解决的前提。当法国大革命爆发之时，席勒与很多思想家一样，热烈地欢呼革命，认为他所向往的

"理性的国家"就要来临,政治理想的实现指日可待。但是,革命形势的发展超出了席勒的预期,尤其是雅各宾派的恐怖政策彻底击碎了席勒的政治美梦。在经过冷静的思考之后,席勒认为,原本承载着伟大梦想的革命最后之所以演变成了一场疯狂杀戮,其根本原因在于人性的堕落,堕落的人性如同脱缰的野马把革命拖入了无底的深渊。席勒曾经这样描绘他那个时代的人性状态:"在希腊的国家里,每个个体都享有独立的生活,必要时又能成为整体;希腊国家的这种水螅性如今已被一架精巧的钟表所代替,在那里无限众多但都没有生命的部分拼凑在一起,从而构成了一个机械生活的整体。现在,国家与教会、法律与道德习俗都分裂开来了;享受与劳动、手段与目的、努力与报酬都彼此脱节了。人永远被束缚在整体的一个孤零零的小碎片上,人自己也只好把自己造就成一个碎片。"①

在席勒看来,现代文明在取得重大进步的同时,也付出了巨大的代价,这个代价就是人性的分裂,人变成了机器上的单个零件,因此失去了天性的完整;丧失了完整人性的人,要么蜕变成只有兽性的"野人",要么堕落为腐朽专制的"蛮人",而依靠粗野、懒散的"野人"和"蛮人"来进行革命,最后的结果只能是失败。由此,席勒指出,要想真正建立起"理性的王国",首先要做的是对人性进行改造,将分裂的人性重新弥合起来,恢复人的天性的完整性,只有在这个基础上,理想的道德国家才有可能建立起来。这是席勒从现实出发所提出的政治建设思路,在这一思路的引领之下,席勒将理论的触角伸向了艺术和审美领域。席勒认为,改造人性的唯一现实的道路就是审美教育,艺术和审美是恢复人的天性的完整性的良药:"只是在审美状态中,我们才觉得我们像是脱开了时间,我们的人性纯洁地、完整地表现了出来,仿佛它还没有由于外在力

---

① 弗里德里希·席勒:《审美教育书简》,冯至、范大灿译,上海人民出版社2003年版,第47—48页。

的影响而受到任何损害。"① 同时,他也指出:"人丧失了他的尊严,艺术把它拯救,并保存在伟大的石刻中。"② 艺术或审美的状态,就是人性的完整状态,分裂了的人性只有通过审美才能重新得以恢复。正是因为这个原因,席勒指出,要想把自然的人变成道德的人,首先是要使他成为审美的人;同样,要想把"力的可怕王国"变成"法则的神圣王国",首先要建立起"游戏和假象的快乐王国"。③ 在这种情况下,以人性的完善为核心的艺术审美教育,在政治发展的道路上就有着难以估量的价值。由此,席勒才主张:"人们在经验中要解决的政治问题必须假道美学问题,因为正是通过美,人们才可以走向自由。"同时,席勒也强调要"让美在自由之前先行"。④ 这是席勒美育思想的基本理路。席勒美育思想的出发点是现实的政治问题,但其最终的落脚点却是艺术或审美问题,对于人性的关注和审视是其理论建构的关键所在。席勒从政治现实出发,呼吁人性完善的重要意义,并以此为依据凸显艺术审美教育的必要性。席勒通过这种方式将人性放置在美育或艺术教育的核心位置,指出了美育或艺术教育与人性完善之间的必然联系:美育或艺术教育,从根本上说是关于"人"的教育,人性、人格或人生的培育或建构,是美育或艺术教育的核心内容,也是其最终的目的和归宿;美育或艺术教育的社会价值,只有在坚持自身作为人的教育的前提下才能最终得以实现;同时,也只有坚守住自身作为人的教育的特性,美育或艺术教育才能在现代文明格局中寻求到自己的合理位置,才能在文明的进步中发挥出自身不可或缺的文化价值。这是

---

① 弗里德里希·席勒:《审美教育书简》,冯至、范大灿译,上海人民出版社2003年版,第172页。
② 弗里德里希·席勒:《审美教育书简》,冯至、范大灿译,上海人民出版社2003年版,第71页。
③ 弗里德里希·席勒:《审美教育书简》,冯至、范大灿译,上海人民出版社2003年版,第235页。
④ 弗里德里希·席勒:《审美教育书简》,冯至、范大灿译,上海人民出版社2003年版,第21页。

席勒美学所蕴含的基本精神，同时也是席勒所开创的现代美育思想的基本追求。

席勒的这一思想对中国现代美育和艺术教育的发展产生了深远影响：中国现代美育思潮所确立起的"立人"主题、所提出的"完全之人物"的美育目的，都与席勒的这一思想有着直接的联系；而具体到"心为主，技为从"观念，则更是与席勒的精神相融通。中国现代艺术教育将"心"置于艺术教育的主导位置上，就是出于对"人"这一要素的关注与重视；而其之所以一再强调"技"的训练在艺术教育中不具有独立性意义，就是由于看到了单纯的技术和知识训练对人本身所具有的负面作用。"心为主，技为从"所强调的是艺术教育应该围绕着"人"的发展来进行的思想，人性能力的提升、人格的完善以及人生的构建理应成为艺术教育的旨归，一切有违这一宗旨的艺术教育都是不正常、不健康的，都是需要加以改进或修正的。正是从这个方面看，"心为主，技为从"的核心精神在于对艺术教育的人文性质的守护与宣扬，这是对艺术教育必须以"人"为目的的这一观念的强调与凸显。这一思想与席勒所开创的现代美育精神息息相通，中国现代艺术教育也由此进入现代美育的发展格局之中，成为现代美育发展的一个重要组成部分。

"心为主，技为从"的这一深层观念或曰核心精神所产生的影响是巨大的，正是在这一思想的支撑下，中国现代艺术教育才始终聚焦人心、人格、人生等"人"的问题，使自身成为现代人文精神建设的一股重要力量。同时，也正是在这一思想的引领下，中国现代艺术教育提出了一系列极具中国本土特色的现代艺术教育概念，并积极地将其贯彻到艺术教育实践中，开启了现代艺术教育发展的兴盛局面。

就当下的艺术教育发展来说，这一观念也同样有着重大的启示意义。新时代的艺术教育在取得重大进步的同时，依然面临诸多困境，比如仅仅将艺术教育作为一项指标而停留在文件中，或者将其作为纯粹的技能与知识来进行训练或传授等。这些困境存在的一个重要原因就是人们对艺术教育的人文性质认识不足,由此使艺术教育偏离了正确的方向。笔者认为,要使艺术教育真正摆脱尴尬的困境,必须最大限度地彰显艺术教育的人文性质,将艺术教育引到人文教育的轨道上来,以"人"的教育的旗帜来引领艺术教育的发展。这具体表现在两个不同的层面上:对于通识艺术教育来说,要将重点放在学生的艺术素养和审美能力的培育上,以学生的人格培养为核心,以学生的人性能力的全面提升和拓展为最终目的,将艺术教育打造成推行美育最坚实的手段,真正实现艺术教育与美育的融通;对于专业艺术教育来说,要使教育者充分认识到专业艺术人才培养中人格、修养、品德培养的重要性,认识到学艺术先学做人的重要意义,只有这样才能培养出更多的"德艺双馨"的艺术家,创作出更多既有高超的艺术技巧又有伟大的人格魅力的艺术作品,实现专业艺术教育的实质性跨越。总之,只有将"人"置于艺术教育的核心,将艺术教育看作对于人性、人格以及人生的培养与打造,艺术教育才能真正在新时代的文化发展中发挥重要作用,成为时代征程中不可或缺的文化因子。[①]

(原载《天津社会科学》2021年第4期)

[①] 本文系国家社会科学基金重大项目"当代中国美育话语体系构建研究"阶段性成果。

中国现代期刊与美育思潮的流变

陆晓芳 ◆（《山东社会科学》杂志社）

20世纪上半叶，出版业迅猛发展，中国现代期刊的创办、编辑和发行逐步呈现繁荣景象。作为思想言说的一种重要载体，期刊记录了时代思潮的演变轨迹，中国现代美育思潮的发展流变，就与现代期刊的传播倡导密切相关。

中国现代美育思潮经历了从情感教育到艺术教育，再到人生艺术化的发展历程，仔细观察其与期刊的互动历史，我们能发现这样一条脉络：在现代美育思想的传播中，20世纪初，《教育世界》《教育杂志》《东方杂志》等综合教育期刊着力宣扬推介；二三十年代随着艺术教育的兴起，以两份名为"美育"的期刊为代表的艺术教育期刊成为宣传主力军；30年代末期至中华人民共和国成立，除上述期刊之外，《中学生》《文学杂志》等具有广泛影响力的其他类型期刊也宣传美育，对前期理论和实践成果进行综合深化。本文拟在这一脉络基础上，全面审视中国现代期刊与现代美育发展的互动关系，借古鉴今，以期为中国新时代美育与期刊的共同发展提供历史参照。

综合教育期刊的宣扬与现代美育的中国化初创

1901年5月，中国最早的综合教育期刊《教育世界》在上海创刊，为半月刊，至1908年1月停刊，从未间断，共出版166号（期）。创办者及前期主编为罗振玉，自69号始改由王国维主编。

教育包含美育，这是王国维在编辑《教育世界》时特别重视与强调的。为此，他在《论教育之宗旨》一文中提出，教育的宗旨是在使人成为完全之人物，"完全之人物不可不备真美善之三德，欲达此理想，于是教育之事起。教育之事亦分为三部：智育、德育（即意育）、美育（即情育）是也"①。王国维早年曾对德国古典美学做过专门研究，席勒、康德等哲人将人之精神世界分为理智、意志与情感三个方面，并以求真、求善、求美作为其对应的理念，科学、道德以及审美得以划分各自领域。王国维将其应用到教育领域中，强调只有智育、德育和美育三者完备的教育才能够在精神上培育完全的人，他着重指出："德育与智育之必要，人人知之，至于美育有不得不一言者。盖人心之动，无不束缚于一己之利害；独美之为物，使人忘一己之利害而入高尚纯洁之域，此最纯粹之快乐也。……要之，美育者一面使人之感情发达，以达完美之域；一面又为德育与智育之手段，此又教育者所不可不留意也。"② 王国维指出，审美是无利害的、纯粹的精神状态，有迥异于理智和意志的作用；同时作为情感教育的美育，又能促进情感完善，为理智与意志的发展助力。此论简明扼要，从美的本质角度揭示了审美活动的特征以及美育与德育、智育的关系。

为了使西方现代美育思想融入中国语境，王国维还试图将其与中国传统美育加以联系。他匿名发表了《孔子之美育主义》③一文，先是引用康德、叔本华等德国哲学家关于美的理论，详尽地解释了美的无利害之特质，转而以这种理论来观照孔子以来的中国美育传统之变迁。他声称："今转而观我孔子之学说。其审美学上之理论虽不可得而知，然其教人也，则始于美育，终于美育。"④ 文中引

---

① 王国维：《论教育之宗旨》，《教育世界》1903年第56号。
② 王国维：《论教育之宗旨》，《教育世界》1903年第56号。
③ 该文发表时未署名，据佛雏先生考订，为王国维所作。参见佛雏校辑《王国维哲学美学论文辑佚》，华东师范大学出版社1993年版。
④ 王国维：《孔子之美育主义》，《教育世界》1904年第69号。

《论语》中谈诗、论乐的语句,说明孔子在诗歌和音乐等艺术门类上修养颇深;又称"且孔子之教人,于诗乐外,尤使人玩天然之美"①,引孔子与弟子言志独赞曾点的典故,说明孔子对自然之美亦有所领略并重视审美教育。然而,由孔子开创的中国美育却在后代迂儒"玩物丧志"的诋毁中逐渐衰退,导致现代中国人审美趣味的匮乏。王国维由此感慨:"呜呼!我中国非美术之国也!一切学业,以利用之大宗旨贯注之。治一学,必质其有用与否;为一事,必问其有益与否。美之为物,为世人所不顾久矣!"②概而言之,为了推动美育在现代中国的发展,王国维可谓用心良苦:他不仅多次撰文阐述美育之价值、功用,而且考据圣人孔子言行以证明美育在中国古已有之。作为现代教育期刊的编辑者和教育家,王国维在中国现代美育发展史上功不可没。

王国维之所以提倡美育,是因为他对当时中国社会现实有着深刻认识。他认为:"自国家之方面言之,必其政治之不修也,教育之不溥及也;自国民之方面言之,必其苦痛及空虚之感深于他国民,而除鸦片外别无所以慰藉之术也。"③政治黑暗、教育落后,是晚清社会的典型特征,在这样压抑的氛围里,许多国民的精神也陷入痛苦和空虚之中,以吸食鸦片作为麻痹自我的方式。很显然,这种自我麻痹是病态的、颓废的,也说明人的情感世界出现了问题。"感情上之疾病,非以感情治之不可。必使其闲暇之时心有所寄,而后能得以自遣。夫人之心力,不寄于此则寄于彼;不寄于高尚之嗜好,则卑劣之嗜好所不能免矣。"④凡人皆有欲望,皆求快乐,于是嗜好由此产生,但嗜好有优劣之分,鸦片可以麻醉人的精神,使人获得暂时的快感,却无益于身心健康,唯有文艺的审美享受才能

---

① 王国维:《孔子之美育主义》,《教育世界》1904年第69号。
② 王国维:《孔子之美育主义》,《教育世界》1904年第69号。
③ 王国维:《去毒篇》,载姚淦铭、王燕编《王国维文集》第3卷,中国文史出版社1997年版,第24页。
④ 王国维:《去毒篇》,载姚淦铭、王燕编《王国维文集》第3卷,中国文史出版社1997年版,第25页。

提升精神的境界，完善人格的养成。王国维在这里谈文艺、谈美育，就是将文艺的审美价值作为一种替代品，替代以鸦片为象征的一切低俗、有毒的趣味和嗜好，这既于国民自身素质提高有益，对政治的修明、社会的改良更是一剂良药。他说："其道安在？则宗教与美术二者是。前者适于下流社会，后者适于上等社会；前者所以鼓国民之希望，后者所以供国民之慰藉。兹二者，尤我国今日所最缺乏，亦其所最需要者也。"① 在这里，王国维将宗教与"美术"相并列，又对它们适用的不同社会形态和功效进行了区别。所谓"美术"，实则就是美育。他把美育放在整个社会发展的框架之中来谈论，说明在他心中，美育肩负着改良社会、改造国民的时代使命。

　　1909 年 2 月创刊、1948 年 12 月停刊的《教育杂志》是中国 20 世纪上半叶发行时间最长、影响最大的教育期刊，其主编为近代著名出版家、教育家陆费逵。陆费逵是民国初年教育改革的先行者，他在 1912 年 1 月 10 日的《教育杂志》上刊出《敬告民国教育总长》《民国普通学制议》等文，直接向时为民国教育总长的蔡元培提出了自己关于教育改革的意见，受到后者及教育界的普遍关注。不久，蔡元培发表《对于教育方针之意见》以作回应，文中提出"教育家欲由现象世界而引以到达于实体世界之观念，不可不用美感之教育"②，将美育作为世界观培养的重要方式，并且初步将美育与宗教加以联系，为他后来提倡"以美育代宗教"奠定了基础。陆费逵与蔡元培本为好友，二人的思想观念也颇为相近。蔡元培倡导美育，《教育杂志》亦大加宣扬，刊发了不少重量级文章，如余箴的《美育论》刊于 1913 年 6 月第 5 卷第 6 号，蔡元培的《普通教育和职业教育》刊于 1921 年 1、2 月第 13 卷第 1、2 号，李石岑的《美育之原理》刊于 1922 年 1 月第 14 卷第 1 号，蔡元培的《美育实施

---

　　① 王国维：《去毒篇》，载姚淦铭、王燕编《王国维文集》第 3 卷，中国文史出版社 1997 年版，第 24 页。
　　② 蔡元培：《教育部总长蔡元培对于新教育之意见》，《东方杂志》1912 年第 8 卷第 10 号。

的方法》和既澄的《小学校中之美育》刊于 1922 年 6 月第 14 卷第 6 号，黄公觉的《嘉木氏之美育论》刊于 1922 年 9 月第 14 卷第 9 号，吕澂的《艺术和美育》刊于 1922 年 10 月第 14 卷第 10 号，等等。另外，陆费逵创办的另一份教育期刊《中华教育界》也同样刊载了不少有关美育的文章。尽管陆费逵本人并非美育家，但是作为几种教育期刊的主编，他为中国美育的本土化初创提供了重要宣传阵地。

蔡元培因回应陆费逵关于教育改革的意见而进行了深入思考，提出了"以美育代宗教"说，他此后陆续发表了《以美育代宗教说》《以美育代宗教》《美育代宗教》等题目极为相似而时间跨度长达十余年的演说和论文，可见他对这一学说的重视与坚持。但因忙于各种社会事务，他始终未著书加以系统论述，散篇文章难以尽其意，但我们可结合当时的历史背景来理解一二。

首先，从"以美育代宗教"说自身的内在理路来看，蔡元培认为作为情感教育的美育可以代替宗教在此方面的功能。蔡元培与王国维等人一样，在美育问题上受到德国古典美学的影响，把人的精神世界分为知识、意志、感情三个领域，但他同时认为"最早之宗教，常兼此三作用而有之"[1]，肯定了在人类社会发展早期宗教对人类精神生活的意义。随着人类文明的进步，科学逐渐发达，自然知识和道德原则都可以由人类自己掌握，因此，知识、意志都无需外求于宗教，但是感情一途尚未能脱离宗教而独立，其原因在于宗教对感情有"激刺"的作用。然而，宗教所"激刺"的情感易有排异现象，如基督教与伊斯兰教之间的冲突。只有美育在情感教育上是具有普遍性的，众人皆可以通过对美的事物的欣赏而获得超脱功利的情感满足，而不会相互攻讦、彼此排斥。蔡元培将这种情感教育方式称为"陶养"，认为"鉴激刺感情之弊，而专尚陶养感情之术，则莫如舍宗教而易以纯粹之美育。纯粹之美育，所以陶养吾人之感情，使有高尚纯

---

[1] 蔡元培：《以美育代宗教说——在北京神州学会演讲》，《新青年》1917 年第 3 卷第 6 号。

洁之习惯，而使人我之见、利己损人之思念，以渐消沮者也"。

其次，从"以美育代宗教"说提出的历史背景来看，蔡元培倡此学说有其现实观照和政治意图。蔡元培早年即投身推翻清朝的革命活动，其一生以民主共和为念，怀抱教育救国之志，锐意求新，与保守派格格不入。提倡"以美育代宗教"实质上是蔡元培配合新文化运动主潮，反对保守派旧思想、旧观念的一项举措。他言道："一部分之沿习旧思想者……以孔子为我国之基督，遂欲组织孔教，奔走呼号，视为今日重要问题。"① 其中所指"组织孔教"者，是以康有为等为首的保皇党，他们虽然已经处在共和时代却仍然想着复辟清廷，满脑子还是封建忠君的旧思想。组织孔教，即模仿基督教的形式，意图将儒学宗教化、神圣化，达到钳制国民思想与情感的目的。这种逆历史潮流而动的思想倾向和社会动向，自然为蔡元培所深恶痛绝。他批评宗教，实质上也是批判保守派借孔教之名蛊惑人心、为其复辟倒退的野心来张目；他提倡美育，实质上是与新文化运动所提出的科学和民主的口号遥相呼应，一起为推动新思想、新观念深入人心而摇旗呐喊。由此观之，"以美育代宗教"说绝非坐而论道，而是紧扣时代脉搏，言有所发，意有所指。时隔多年，蔡元培更为简明扼要地重申："然则保留宗教，以当美育，可行么？我说不可。一、美育是自由的，而宗教是强制的；二、美育是进步的，而宗教是保守的；三、美育是普及的，而宗教是有界的……"② 由此可见，与其说蔡元培在意的是美育与宗教之争，不如说他在意的是自由与强制、进步与保守、普及与有界之争。

艺术教育期刊的勃兴与现代美育的实践转向

中国第一本以"美育"为题的期刊诞生于 1920 年 4 月，主编为

---

① 蔡元培：《以美育代宗教说——在北京神州学会演讲》，《新青年》1917 年第 3 卷第 6 号。

② 蔡元培：《以美育代宗教》，《现代学生》1930 年第 1 卷第 3 期。

吴梦非。作为"中华美育会"的会刊，它集结了众多艺术工作者参与撰稿、编辑，成为中国现代美育史上第一本以艺术教育为核心内容的期刊。称其为艺术教育期刊而不直称美育期刊，原因有两点：第一，《美育》期刊的编辑与作者虽然大多为学校教师，但尚不具有蔡元培、陆费逵等教育家的资历，他们更为显著的身份是各种艺术门类的专业人士，如吴梦非是音乐家，欧阳予倩是戏剧家，丰子恺是漫画家，等等。这种身份特征直接影响了他们对美育问题理解的视角，即他们往往并不着意于美育的哲学观念，而是关注从具体的艺术表现方式着手进行的理论探索和创作实践，以及由此延伸出的教育理念。在创刊号发表的《本志宣言》中，编辑者们就明确了这一思路，声称"本志是我国美育界同志公开的言论机关。亦就是鼓吹艺术教育，改造枯寂的学校和社会，使各人都能够得到美的享乐之一种利器"①，明确将美育等同于艺术教育。第二，从《美育》期刊发表的文章来看，绝大多数与艺术直接相关，除介绍艺术知识和探讨艺术理论之外，有近乎一半的文章涉及图画、音乐、手工等具体艺术门类，讨论的内容是较为细致的教学实践及革新问题。尽管有零星几篇与美育理论贴近的文章，如第1期吴梦非的《美育是什么？》、吕澂的《说美意识的性质》等，可视为对前期美育思想的深化，但从内容比重上看仍以艺术教育为主导。《美育》期刊共出版了7期，在20年代初期接续了综合教育期刊在美育领域的影响，标志着美育转向了具体的艺术教育实践。

  1928年1月，李金发主编的另一本以"美育"为题的期刊创办，以不定期的方式发行了4期（1928年12月第2期、1929年10月第3期、1937年1月第4期）。与吴梦非主编的《美育》不同，李金发主编的《美育杂志》参与编辑者极少，几乎由他一人撰写、翻译和编选，但二者相似的是，都以艺术教育为主题。或因时代的发展，也或因李金发本人所涉猎的艺术门类较为繁杂，这本《美育

---

① 《本志宣言》，《美育》（吴梦非主编）1920年第1期。

杂志》在"艺术"这一框架下增添了更丰富的内容,不仅译介了大量欧美艺术评论的文章,刊载小说和诗歌,还刊登了大量关于雕刻、绘画、建筑、舞蹈、电影等的图画、照片,显示了其多样性和灵活性。

以上述两种《美育》期刊为标志,20世纪二三十年代迎来了艺术教育期刊大发展、大繁荣时期,① 推动现代美育步入艺术教育阶段。除两种《美育》期刊之外,蓬勃发展的各类艺术专业期刊也发挥了重大作用,促进了美育的具体化、实践化,如《音乐杂志》1920年6月第1卷第4号上发表的杨昭恕的《论音乐感人之理》,就从音乐何以感人的角度谈论美育问题。这一阶段与前期的"情感教育"既有关联,也有流变,显示出自身的特点。

首先,从艺术为人生到为艺术而艺术。1919年成立的"中华美育会"实为众多艺术工作者为响应五四新文化运动而自发组织形成的,故而他们所推动的艺术教育运动也自觉地追随新文化运动的脚步,以期融入时代大潮。在吴梦非主编的《美育》发刊词《本志宣言》中,编者说:

> 我国人最缺乏的就是"美的思想",所以对于"艺术"的观念,也非常的薄弱。现在因为新文化运动的呼声,一天高似一天,所以这个"艺术"问题,亦慢慢儿有人来研究他,并且也有人来解决他了。我们美育界的同志,就想趁这个时机,用"艺术教育"来建设一个"新人生观",并且想救济一般烦闷的青年,改革主智的教育,还要希望用美来代替神秘主义的宗教。②

---

① 刘晨在考察民国时期艺术教育期刊发展的时间线索时,将"1919—1926年"划定为"新兴勃发期",将"1927—1936年"划定为"增长繁荣期",大致与吴梦非主编的《美育》创刊到李金发主编的《美育杂志》停刊的时间节点相符,可资参考。参见刘晨《民国时期艺术教育期刊与艺术教育发展》,团结出版社2010年版,第22—24页。

② 《本志宣言》,《美育》(吴梦非主编)1920年第1期。

这段宣言不仅清楚地表达了《美育》创刊与新文化运动之间的呼应关系，而且把建设"新人生观"、救济"烦闷的青年"当作目标，这简直与《新青年》的主旨一般无二，特别是如末句所示，蔡元培"以美育代宗教"的思想因子也被融入其中。《美育》1920年6月第3期刊载的周玲荪《新文化运动和美育》一文，更直接承续了蔡元培"文化运动不要忘了美育"的号召，开篇即提出："从去年五四学潮以来，新文化运动的呼声一天高一天了，各种新出版物也一天多一天了。这确是我们中华民国一件极可喜可贺的事。不过兄弟以为大家既在提创新文化运动，那末对于美育一方面，最好亦要提创提创。"①

如果说吴梦非主编的《美育》因诞生于五四时期而在宗旨上与新文化运动主动合流，在视线上由较为抽象的情感教育转移到更为具体的艺术教育上，那么随着历史语境的变化，李金发主编的《美育杂志》所表现出来的思想观念就迥异于前了。此本《美育杂志》刊行之时正值北伐成功而抗战尚未全面爆发，社会局势相对稳定，对艺术教育的发展较为有利；同时作为主编的李金发早年留学法国，在欧洲艺术之都学习雕塑并涉足象征主义诗歌，至1925年回国，未曾亲身参与新文化运动。受上述历史环境和个人经历的影响，李金发对20世纪初期启蒙教育家的思想观念不以为然，所以尽管他颇受蔡元培的照拂与提携，但是在美育观念上却与之大异其趣。在《美育杂志》创刊号《编辑后的话》中，他宣称："这个杂志，吾绝不敢希望在吾国文化上，有什么影响；亦不敢望美育将来会代替宗教。但若读者读了，能觉到人生尚到处是美，尚有一息可以留恋，而来同我们共同研究，则是欣幸的。"②即明确不提倡"以美育代宗教"，而指向纯粹之美。创刊号首篇署名"华林"的文章又进而提出："艺术是不顾虑道德，也与社会不是共同的世界。艺

---

① 周玲荪：《新文化运动和美育》，《美育》（吴梦非主编）1920年第3期。
② 金发：《编辑后的话》，《美育杂志》（李金发主编）1928年第1期。

术上唯一目的,就是创造美;艺术家唯一工作,就是忠实表现自己的世界。所以他的美的世界,是创造在艺术上,不是建设在社会上。"①即提倡为艺术而艺术,以纯粹的、非功利的审美眼光来看待艺术。由于深受欧美艺术的熏陶,李金发对中国守旧的、缺乏艺术审美能力的社会现状不遗余力地进行批判:"常常在中国最高级之社交与生活中,亦可发现可怕的丑恶,虽西洋最平庸之人,亦不会做到的。这是因为民族太少审美性的缘故。这个社会,若不'美育'之,是罕有文明可言的。"②措辞虽然过激,但也能见其倡导美育、改良社会的初心。

其次,从"以美育代宗教"到以美育合宗教。虽然蔡元培的"以美育代宗教"说在 20 世纪前期影响甚大,但是不可否认的是,宗教对艺术的影响无论古今中外都是极为深刻的,在古代中国,佛教之于艺术的影响更是无可比拟的。就如蔡元培在指责宗教之偏狭性方面,也主要以基督教、伊斯兰教为例,暗指保守派以孔子比附基督,但是谈及佛教,也称其"圆通,非他教所能及"③。佛教旨在解脱人生苦厄,宣扬众生平等,并无强烈的排他性,且不干涉世俗事务,恰与超脱的、无利害的美育相近。唐宋以降,源自印度的佛教逐渐中国化,形成了以禅宗为主的流派,极大地影响了中国艺术的品格和追求,形成了以意境为重要美学特征的传统,体现于文学、绘画、雕塑、音乐等各种艺术门类之中。在 20 世纪中西艺术观念、艺术手法及审美体验的相互碰撞中,这种带有禅宗意味的本土艺术传统并未像技术和制度那样发生剧变,而是呈现出中西相互借鉴、相互融合的样貌。因此,这一时期兼有艺术家身份的美育工作者,往往更为关心艺术与宗教的相合之处,丰子恺是其中最具代表性的人物。

---

① 华林:《烈火——生命的燃烧》,《美育杂志》(李金发主编)1928 年第 1 期。
② 金发:《中国宝贝》,《美育杂志》(李金发主编)1928 年第 1 期。
③ 蔡元培:《以美育代宗教说——在北京神州学会演讲》,《新青年》1917 年第 3 卷第 6 号。

丰子恺是吴梦非的同学，也是其主编的《美育》的创办人和编辑者之一，在文学、美术、音乐上都有很深的造诣。他早年受教于李叔同（弘一法师），不仅接受了初步的音乐与绘画教育，而且同老师一样皈依佛门。他在谈及李叔同何以出家时，提出了"人生三层楼"的观点："我以为人的生活，可以分作三层：一是物质生活，二是精神生活，三是灵魂生活。物质生活就是衣食。精神生活就是学术文艺。灵魂生活就是宗教。"①可见他把宗教看作高于文艺的精神追求。从他个人经历来看，虽推崇李叔同排除一切时间虚幻而专注灵魂探索的宗教徒生活方式，但自身还徘徊在第二层楼上，只是力求艺术与宗教相契合的精神境界。受这种人生境界观的影响，丰子恺特别重视童心、童趣，认为儿童的心理是纯真而未被成人世界利害关系所浸染的，也就最接近于纯粹的灵魂生活境界。于是，如何让儿童保持这种纯真的天性，不因长大成人而遭受压抑，就成为其艺术教育的根本出发点。他认为，艺术的作用就是为人生提供慰藉和享乐的方法，使人们从天性受压抑的苦闷中解脱出来，这样就可以艺术地生活。

期刊载体的多样化与"人生的艺术化"

20世纪二三十年代，中国现代美育的重大理论和实践问题皆已涉及探讨，因此自30年代末期始，美育思潮展现出一种综合深化的趋势。从期刊角度来看，美育思想的传播载体更加多样化，相关文章散见于各种类型的期刊之中，其中叶圣陶主编的《中学生》和朱光潜主编的《文学杂志》尤为突出。

朱光潜留学欧洲期间，为开明书店的《一般》杂志撰写书信体文章，内容是对青年所面临的人生境况做一番指导，由于文笔流

---

① 丰子恺：《我与弘一法师——卅七年十一月廿八日在厦门佛学会讲》，《京沪周刊》1948年第2卷第49期。

畅、风格亲切自然，受到读者广泛欢迎。后来这些书信被结集成《给青年的十二封信》出版，其中不乏有关美育之作，其人生艺术化思想在此时初步形成。1932年，朱光潜又出版了《谈美》一书，称之为"给青年的第十三封信"。在《谈美》中，朱光潜系统地阐述了人生艺术化思想，而《谈美》中的一些著名篇章都发表在《中学生》杂志上，如《"子非鱼，安知鱼之乐？"：宇宙的人情化》（第26期）、《希腊女神的雕像和血色鲜丽的英国姑娘：美感与快感》（第27期）等；此外，《中学生》杂志还发表了朱光潜的《丰子恺先生的人品与画品：为嘉定子恺画展作》（第66期）、《给青年朋友们谈文艺的甘苦》（第56期）、《谈读诗与趣味的培养》（第61期）等。通过《中学生》杂志的传播，朱光潜的人生艺术化思想得到了更为广泛的关注。1935年，朱光潜回国后任职北大，并与当时"京派"文人如周作人、沈从文、俞平伯等交往密切。1937年5月，由朱光潜担任主编的《文学杂志》月刊创办，成为当时广受欢迎、发行量最大的文艺期刊。这与朱光潜所倡导和坚持的兼容并蓄的编辑原则紧密相关，他在稿件选择上反对宗派主义，只求质量上乘，杂志虽由"京派"文人发起，但是绝不因此自设藩篱、排斥异己，如左翼作家萧军的长篇小说也能够在该杂志上发表，并且受到朱光潜的好评和推介。编辑工作虽然不能直接反映朱光潜的美育思想，但是能折射出他思考问题的态度：对单一的、专制的事物表现出强烈的反感，对多样性、自由的事物与样态极为推崇。在《文学杂志》上，朱光潜发表了《诗的难与易》（第2卷第1期）、《看戏与演戏——两种人生理想》（第2卷第2期）、《生命》（第2卷第3期）等文章，进一步拓展了其人生艺术化思想的理论深度。

在美育问题上，朱光潜继承且综合了前两代美育家的思想观念，他既把美育视为情感教育，这与他留学欧洲并专门研究过席勒、康德和黑格尔等德国古典美学家的经历有关，使他对知、意、情和真、善、美等精神领域问题的把握更为系统；同时他又把美育视为艺术教育，认为艺术作品是美在客体事物中最集中的体现，艺术创作和艺术欣赏是培养人们审美意识、升华心灵境界的最佳途径。综合情感与艺术，以"审美"的方式连接主体和客体，这与他后来提出的"美是主客观统一"说一脉相承。

在情感教育方面，朱光潜认为，"教育的功用就在顺应人类求知、想好、爱美的天性，使一个人在这三方面得到最大限度的调和的发展，以达到完美的生活"①。朱光潜曾对自己的人生做过规划，一是从事学术研究，二是进行教育活动，所以他的美育思想是在对教育整体思考的基础上提出来的。他把"求知、想好、爱美"三者作为人的天性，而教育就是要"尽性"，全面满足人性发展的自然需求，所以在美育之外，他既重视德育，也重视智育，同时也重视体育。朱光潜的这种培养健全人格的教育思想与早期教育家的思路是一致的，都是谋求人的全面发展，把美育视为教育的重要方面。朱光潜强调美育的重要性，是因为他敏锐地发现，民国教育改革已经过去20多年了，虽然蔡元培等人大力提倡，但美育在整个教育体系中的地位仍然不高。他分析后认为，美育作为审美的需求并不像体育、智育那样能够直接带来身体和物质的福祉，也不如德育可以通过道德规范协调人际关系，美感的培育需要超脱实用目的和利害关系，所以才被功利性观念主导的教育所排挤。但是如果要使人的天性全面发展，美育是不可忽视的，它与德智体的教育应当是平等地位。同时，朱光潜还特别看重美育和德育的关系，认为美育能够激发人的道德感，有利于养成高尚的道德品格。在他看来，儒家"认定美育为德育的必由之径。道德并非陈腐条文的遵守，而是至性真情的流露。所以德育从根本做起，必须怡情养性。美感教育的功用就在怡情养性，所以是德育的基础工夫"②。如此一来，朱光潜就呼应了早期王国维在《孔子之美育主义》中将西方现代美育观移植于中国文化传统之中的意图，而且论说得更为圆通合理。

---

① 朱光潜：《朱光潜全集》第4卷，安徽教育出版社1988年版，第143页。
② 朱光潜：《朱光潜全集》第4卷，安徽教育出版社1988年版，第145—146页。

虽然从 20 世纪 20 年代开始，人生艺术化思想便开始涌动显现，但正式提出这一理论命题的是朱光潜。三四十年代，朱光潜先后在《中学生》《文学杂志》等刊物上发表了多篇讨论艺术与人生关系问题的文章，再加上《谈美》所产生的巨大影响力，人生艺术化思想在美育领域蔓延开来，这是朱光潜对中国现代美育的重大贡献之一。

具体而言，朱光潜的人生艺术化思想，是从对"演戏"与"看戏"这两种人生态度的讨论入手的。在他看来，"演戏"与"看戏"是人生的两种基本方式，"这演与看的分别主要地在如何安顿自我上面见出。演戏要置身局中，时时把'我'抬出来，使'我'成为推动机器底枢纽，在这世界中产生变化，就在这产生变化上实现自我；看戏要置身局外，时时把'我'搁在旁边，始终维持一个观照者的地位，吸纳这世界中底一切变化，使它们在眼中成为可欣赏底图画，就在这变化图画的欣赏上面实现自我。因为有这个分别，演戏要热要动，看戏要冷要静"①。

从这一论断出发，朱光潜首先分析"看戏"的态度："凡是不能持冷静的客观的态度的人，毛病都在把'我'看得太大。他们从'我'这一副着色的望远镜里看世界，一切事物于是都失去它们本来的面目。所谓冷静的客观的态度，就是丢开这副望远镜，让'我'跳到圈子以外，不当作世界里有'我'而去看世界；纵然看'我'自己时，也还是把'我'与类似'我'的一切东西同样看待。这是文艺的观世法，这也是我所学得的观世法。"② 在朱光潜看来，"看戏"本身强调的是一种无功利的"观照"态度，从"我"的小圈子里跳出来，用一种更为纯粹和超越的态度观照人生，"我不敢说它对于旁人怎样，这种超世观世的态度对于我却是一种救星。它帮助我忘去许多痛苦，容耐许多人所不能容耐的人和事，并且给过我许多生命力，使我勤勤恳恳地做人"③。正是从这种"文艺的观世

---

① 朱光潜：《看戏与演戏——两种人生理想》，《文学杂志》1947 年第 2 卷第 2 期。
② 朱光潜：《给青年朋友们谈文艺的甘苦》，《中学生》1935 年第 56 期。
③ 朱光潜：《给青年朋友们谈文艺的甘苦》，《中学生》1935 年第 56 期。

法"出发,朱光潜对艺术的意义进行了界定,强调艺术的本真价值就在于确立这种超然的"观世"态度:"诗的疆土是开发不尽的,因为宇宙生命时时刻刻在变动进展中,这种变动进展的过程中每一时每一境都是个别的,新鲜的,有趣的。所谓'诗',并无深文奥义,它只是在人生世相中见出某一点特别新鲜有趣而把它描绘出来。"①

如果说"看戏"是用一种无功利的态度来观照人生的话,那么"演戏"则是用无功利的超然态度投身人间。朱光潜写道:"我不在生活以外别求生活方法,不在生活以外别求生活目的。……你如果问我,人们应该如何生活才好呢?我说,就顺着自然所给的本性生活着,像草木虫鱼一样。你如果问我,人们生活在这幻变无常的世相中究竟为着什么?我说,生活就是为着生活,别无其他目的。"②在这里,朱光潜强调的是"无目的"的生活,认为人应顺应自然所赋予的本性,像草木虫鱼一样品味生活的本真滋味。从这个方面说,"演戏"与"看戏"一样,都是强调用一种超然无功利的态度来对待人生,从中品味情趣与滋味,这是人生艺术化精神的关键。进一步来说,这种情趣与滋味,其本质是一种充满旺盛活力的生命精神,对于生命的眷恋与回归,才是人生艺术化的内核。朱光潜曾这样描述生命:"生命是一个说故事底人,虽老是抱着那么陈腐的'母题'转,而每一顷刻中底故事却是新鲜底,自有意义底。这一顷刻中有了新鲜有意义底故事,这一顷刻中我们心满意足了,这一顷刻的生命便不能算是空虚。"③ 生命本身的流转就是人生意义的源泉,"看戏"与"演戏"之所以能带来无尽的人生情趣,就是由于人在"看"或"演"的过程中观照或体悟到了运转的生命本身,在这一顷刻之间,人找到了栖息的原初家园。这是朱光潜人生艺术化

---

① 朱光潜:《谈读诗与趣味的培养》,《中学生》1936 年第 61 期。
② 孟实:《谈人生与我——给一个中学生的十二封信之十二》,《一般》1928 年第 4 卷第 3 期。
③ 朱光潜:《生命》,《文学杂志》1947 年第 2 卷第 3 期。

思想的核心精神意涵。

谭好哲先生指出,"中国现代美育在其发展进程中,历史地确立下了艺术与人生的关系性理论框架,并且在这一框架内经历了从艺术为人生到人生艺术化的内在转型"[1]。作为知名美学家,朱光潜在美育问题上有着比前辈编辑更系统的研究和阐述,他统合初期教育家情感教育为人生的理念和之后艺术家艺术教育重艺术的精神,转化为其人生艺术化思想。由于朱光潜的理论贡献,"'人生艺术化'就成为中国现代美育中一个具有广泛影响的重要命题"[2]。

结　语

综上所述,我们将中国现代美育的历史进程大致分为三个阶段,即20世纪初开始在中西文化融汇中进行本土化初创,二三十年代转向偏重实践的艺术教育,30年代末期至中华人民共和国成立进入综合深化阶段,每一阶段都有各自之核心命题,即情感教育、艺术教育和人生艺术化。同时,各阶段皆有其突出代表人物,也与期刊载体形成了呼应互动关系。不过,虽然有个大致的时间分期,但是我们更关注历史映照下的逻辑线索,而不是削足适履地强求其一一对应。因为从美育家的角度来说,他们并不只在某个时段发声,而是持续深化阐述自己的理论主张,比如蔡元培和他的"以艺术代宗教"说;从期刊角度来看,虽然有些期刊的兴衰颇与各自时代的美育思潮相合,但很多期刊的影响几乎贯穿整个中国现代美育发展进程,如《教育杂志》。因此,中国现代美育思潮的流变并非简单的替代更迭,新思想蓬勃而兴汇入了20世纪上半叶美育思想的大潮中,它带来的新视角、新思路以及新生力量如同浪花一般涌出潮

---

[1] 谭好哲:《从艺术为人生到人生艺术化——中国现代美育价值追求的内在转型》,《中国文学批评》2020年第4期。

[2] 谭好哲:《从艺术为人生到人生艺术化——中国现代美育价值追求的内在转型》,《中国文学批评》2020年第4期。

头,推动了美育发展的生生不息。

百年沧桑忆峥嵘,回望战火纷飞、百端待举的现代中国,几代美育家、编辑家们求新求变,倡导、构想、探索中国现代美育的发展之途,为今日之美育工作提供了宝贵经验。检视过往,瞩目当代,先驱者的志业尚未真正完成,发展新时代中国美育、培养国民健全之人格,仍需我辈继续努力。[①]

(原载《学习与探索》2021年第7期)

---

① 本文系国家社会科学基金重大项目"当代中国美育话语体系构建研究"的阶段性成果。

被忽略的王国维
——对中国美育首倡者的考辨

姚文放 ◆(扬州大学文学院)

多年来，笔者在做美育研究时，有一疑问存在心里很久：近代中国美育史上，谁是"美育"的首倡者？众所周知，蔡元培曾自谓"美育"一词是他民国元年最早从德文引进的，而王国维因在20世纪初撰写和编译了若干篇美育文章，被研究者认定为我国倡言美育的第一人。二说颇为悬殊，但至今悬而未决。笔者结合既有材料的新发现对此做一考辨。

一

王国维1901年春从日本回国，协助罗振玉编《教育世界》半月刊，1904年接替罗振玉任《教育世界》杂志主编，在1903年至1907年间发表了五篇与美育有关的重要文章，前两篇为专论：《论教育之宗旨》(《教育世界》第56号，1903年8月)、《孔子之美育主义》(《教育世界》第69号，1904年2月)；后三篇为编译：《哥罗宰氏之游戏论》(《教育世界》第104—106、110、115、116号，1905年7月至1906年1月)、《教育家之希尔列尔》(《教育世界》第118号，1906年2月)、《霍恩氏之美育说》(《教育世界》第151号，1907年6月)。

王国维在《论教育之宗旨》一文中指出，教育之宗旨在使人成为完全之人物,而完全之人物的能力无不发达且调和。人之能力分为内外二者:外者为身体之能力,内者为精神之能力。教育包括身体能力的教育与精神能力的教育。身体能力的教育为体育,精神能力的教育则根据知力、意志、感情与真、善、美之间的三种关系而分为智育、德育、美育三个部分。智育即知力的教育,德育即意志的教育,美育即情感的教育,也称"情育"。在此三者中,"独美之为物,使人忘一己之利害而入高尚纯洁之域,此最纯粹之快乐也","美育者一面使人之感情发达,以达完美之域;一面又为德育与智育之手段"。总之,"三者并行而得渐达真善美之理想,又加以身体之训练,斯得为完全之人物,而教育之能事毕矣"。①

王国维在《孔子之美育主义》一文中提出,孔子"其教人也,则始于美育,终于美育",而其美育主张"兴于诗,立于礼,成于乐",既推广诗教,又施行乐教,进而提高受教育者的道德境界,因此孔子倡导美育"安而行之",可与席勒标举的美育"乐于守道德之法则"相媲美。不仅如此,孔子于诗乐外,还主张以自然美涵养受教育者的审美情怀:"故习礼于树下,言志于农山,游于舞雩,叹于川上,使门弟子言志,独与曾点。……之人也,之境也,固将磅礴万物以为一,我即宇宙,宇宙即我也。光风霁月不足以喻其明,泰山华岳不足以语其高,南溟渤澥不足以比其大。"总之,孔子的美育主义足以辉映今世、打通中西而具有普遍意义:"故备举孔子美育之说,且诠其所以然之理。世之言教育者,可以观焉。"②

《哥罗宰氏之游戏论》一文旨在彰明席勒《美育书简》中的"游戏说",借助于哥罗宰(谷鲁斯)阐发游戏之义的浅近和单纯,再与康德、斯宾塞等人的"游戏说"合而论之,揭示了"游戏之成立,以感情为至要","儿童之游戏常由强势而多方之感情要素,以

---

① 王国维:《论教育之宗旨》,载佛雏校辑《王国维哲学美学论文辑佚》,华东师范大学出版社1993年版,第252、253页。
② 王国维:《孔子之美育主义》,载佛雏校辑《王国维哲学美学论文辑佚》,华东师范大学出版社1993年版,第256—257页。

隐隐启导之",游戏"是即其感情生活之发端也","是即寓审美的感情于游戏之中者也"等美育的特点、途径和方法。①

在《教育家之希尔列尔》一文中,王国维推崇作为教育家的席勒的美育思想,"以为真之与善,实赅于美之中",认为"一切学问,一切思想皆以此为极点。人之感情惟由是而满足而超脱,人之行为惟由是而纯洁而高尚。其解美术文学也如此。故谓教人以为人之道者,不可不留意于美育"。而其《美育书简》之大旨,则"谓不施美育则德育无自完全",此与希腊人所谓"人之精神不取径于美,不能达于善"者如出一辙。但希腊人之所谓美育,仅就个人之修养而言,如若"由人道之发展上而主张美育者,不得不推此世界大诗人矣"。②

《霍恩氏之美育说》一文则通过对美国教育哲学家霍恩（Horne）的美育说（包括审美教育之性质,审美教育之重要性,美育之休养、社会学、心理学、伦理的价值,宜推广技能之学科课程,宜改良技能科之教法,宜创造审美的之校风,宜培养审美的之教师等）的介绍和品评以推而广之。③

总之,就以上五篇文章合而论之,基本上在美育的学科定位、理论内涵、方法途径、功能取向、实施方案特别是谋求西方渊源与中国本土的美育思想的相互"化合"④,以陶铸新的具有本土特色的美育概念等方面已初具框架。这些篇目除了《哥罗宰氏之游戏论》一文篇幅较长之外,体量都不算大,但它宣告了一个新的概念、一种新的理论、一个新的学科的诞生,从此"美育"在中国的土地上落地生根、接上了地气。

---

① 王国维：《哥罗宰氏之游戏论》,载佛雏校辑《王国维哲学美学论文辑佚》,华东师范大学出版社1993年版,第276、277页。
② 王国维：《教育家之希尔列尔》,载佛雏校辑《王国维哲学美学论文辑佚》,华东师范大学出版社1993年版,第258页。
③ 王国维：《霍恩氏之美育说》,载佛雏校辑《王国维哲学美学论文辑佚》,华东师范大学出版社1993年版,第260—265页。
④ 王国维：《论近年之学术界》,载佛雏编《王国维学术文化随笔》,中国青年出版社1996年版,第7页。

二

耐人寻味的是，民国年间王国维在美育方面的创见影响寥寥，几乎不为人知。蔡元培的著述提及王国维的文字并不多，但不乏褒奖之辞，特别是对其哲学研究予以激赏。其《五十年来中国之哲学》（1923）一文肯定"王氏介绍叔本华与尼采的学说，固然很能扼要；他对于哲学的观察，也不是同时人所能及的"①。但蔡元培对王国维在美育方面所做的开创性工作却未予置评，倒是在20世纪30年代仍声明："美育的名词，是民国元年我从德文的 Ästhetische Erziehung 译出，为从前所未有。"②

与之互为呼应的是，舒新城在较早对中国近世美育研究进行总结的《美感教育思想》（1929）一文通篇未提王国维及其对美育的引进和发展所起的开创性作用，而是明确肯定了蔡元培对美育的开辟之功，将其独家产生影响的时间也大大推后了："美感教育的倡议，要以民国元年为始，首倡者为蔡元培。……中国十余年来的美感教育思想，实以他为唯一的中坚人物。"③

这一情况一直延续到20世纪80年代以后，这也恰可反证学界对王国维首倡美育之功有所忽略。人们在研究王国维早期的美育思想时对上述几篇文章的研究总体上仍不够充分甚至付之阙如。聂振斌的《王国维美学思想述评》（1986）、《中国近代美学思想史》（1991）是研究王国维美育思想的较早著作，《王国维美学思想述评》一书对王国维《论教育之宗旨》一文有较为充分的研究，但《孔子之美育主义》一文似乎尚未进入研究的视野；《中国近代美学

---

① 蔡元培：《五十年来中国之哲学》，载高平叔编《蔡元培全集》第4卷，中华书局1984年版，第359页。
② 蔡元培：《二十五年来中国之美育》，载高平叔编《蔡元培美育论集》，湖南教育出版社1987年版，第216页。
③ 舒新城：《美感教育思想》，载俞玉滋、张援编《中国近现代美育论文选（1840—1949）》，上海教育出版社1999年版，第184页。

思想史》一书仅提《孔子之美育主义》书名一次，并未展开论证，也未提《论教育之宗旨》；此外，该二书对王国维推介席勒、谷鲁斯、霍恩的三篇文章均未涉及。单世联、徐林祥的《中国美育史导论》（1992）是较早研究中国美育史全程的专著，但对王国维上述五篇文章的研究情况与聂振斌的著作差不多。上述著作在讨论王国维的美育思想时较多依据《红楼梦评论》《去毒篇》《古雅之在美学上之位置》《人间嗜好之研究》《文学小言》以及"教育小言"等，但缺了《孔子之美育主义》及上述几篇译述，目标终究不算精准。总的说来，王国维《红楼梦评论》等文章大都以美学为主，美育的意味并不浓重，因此要说王国维的美育研究，应仍以上述五篇文章为要。

三

这一局面一直到《王国维哲学美学论文辑佚》（以下简称《辑佚》）一书的问世才得到改观。[①] 佛雏在校辑该书时对王国维的著述做了大量的考据、辨析、鉴定、别异、正名等工作，发现了若干因未署名或未收入文集而长期失于考证、疏于认定，逐渐被遗忘而散失的佚文。据佛雏鉴定，"美学之部"有佚文十二篇，重要的是关于美育的这五篇论说，其"最显赫的建树在首倡美育，此为我国近代教育史、美学史上的一大开拓"[②]。他对其中每一篇文章的宗旨、意义和功能都做了精当的概括：《论教育之宗旨》是王国维第一次揭橥教育之宗旨，以美育与德、智、体育相配，合而培养一种"完全之人物"；《孔子之美育主义》运用西方美学原理来整理我国

[①] 佛雏在《王国维哲学美学论文辑佚》成书之前就已将相关研究成果陆续发表，如《评王国维的美育说》（《文艺理论研究》1981 年第 3 期）、《介绍王国维的美学佚文——〈孔子之美育主义〉》[《江海学刊》（文史哲版）1987 年第 4 期]、《王国维与江苏两所"师范学堂"》[《扬州大学学报》（人文社会科学版）1990 年第 1 期] 等。佛雏编《王国维学术文化随笔》一书可与《王国维哲学美学论文辑佚》相互参照。

[②] 佛雏：《〈王国维哲学美学论文辑佚〉序言》，载佛雏校辑《王国维哲学美学论文辑佚》，华东师范大学出版社 1993 年版，第 24 页。

美学遗产；《教育家之希尔列尔》实即席勒之美育主义；《哥罗宰氏之游戏论》则为席氏的游戏说做了积极的补充；《霍恩氏之美育说》则着眼于美育之普及。从以上概括说明得出的结论是："王氏当年倡导美育，'热心鼓吹'，可谓并世无二，其后蔡元培先生继王氏之后而倡'以美育代宗教'（1917）。世人知蔡而忽视王，今天有必要重新再版此类文字，使先辈业绩不致随时间而沦没，是亦区区后学者之宿愿也夫！"① 出于以上宿愿，佛雏对这五篇文章的辑佚工作所下的功夫尤力，在这些篇什中，他所创造的所谓"九大论据"的辑佚方法得到了充分的运用。不仅如此，佛雏还为其辑佚的《孔子之美育主义》特地加了一篇"跋"以详加说明，以"六证"（"九大论据"中的六种证据）支撑"此文虽未署名，但可断定其必出王氏之手无疑"的判断。②

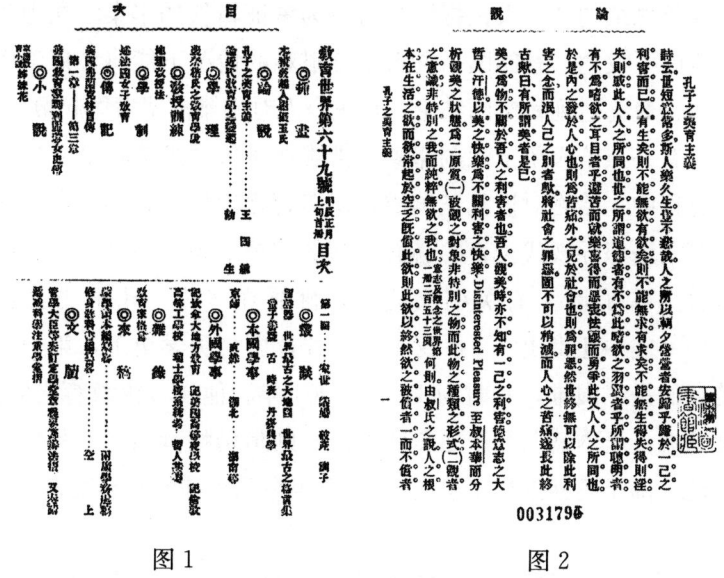

图1　　　　　　　　图2

---

① 佛雏：《〈王国维哲学美学论文辑佚〉序言》，载佛雏校辑《王国维哲学美学论文辑佚》，华东师范大学出版社1993年版，第24—25页。

② 佛雏：《跋〈孔子之美育主义〉》，载佛雏校辑《王国维哲学美学论文辑佚》，华东师范大学出版社1993年版，第362页。

此处有一问题必须说明，关于王国维《孔子之美育主义》一文的署名，佛雏在《辑佚》以及其他文章中多次认定王国维本人并未署名，据此将该文划归"佚文"之列。后来的研究者大多沿用这一说法。① 但据笔者查阅《教育世界》第 69 号（1904 年第 1 期，1904 年 2 月）原刊，发现该刊的目录中已署名"王国维"（图 1），只是可能由于该期的版式，在正文的标题之下并未署名（图 2）。② 但即便如此也不能说该文没有署名。按常理推论，在王国维刚刚接任主编的首期刊物发表的首篇重头文章，不应该也没必要将自己"雪藏"起来。

通览《辑佚》全书，佛雏为考证落实该文为王国维所作，着实花费了大量的精力，耗费了大量的笔墨。但事实就是如此：《孔子之美育主义》一文王国维是署名的。不过这一认定恰恰无可辩驳地支持了佛雏的结论，证明了佛雏所做的考证是完全正确的、科学的，他所总结的"九大论据"法将成为考证辑佚的圭臬。在当年信息交流尚不发达、查阅图书资料十分艰难的情况下能将考证工作做到极致、最终达到科学的结论，真正令人对佛雏前辈肃然起敬！

还有一点给人留下深刻印象：佛雏在对王国维美育论文进行辑佚的过程中，始终对恢复王国维首倡美育之功抱有强烈意向，在不否认蔡元培倡导现代美育的赫赫功绩的前提下还王国维以应有的历史地位。除了以上有关引文之外，佛雏在《跋〈孔子之美育主义〉》一文中还指出："在我国近代教育史与美学史上，第一个提倡美育的是王国维，其时为 1903—1904 年。他在《论教育之宗旨》中开其端，至本篇《孔子之美育主义》则稍稍畅其绪。"③ 另外，作为旁证，佛雏还根据早于蔡元培 1917 年在北京神州学会发表"以美

---

① 如俞玉滋、张援编《中国近现代美育论文选（1840—1949）》所收该文"编者注"；谢维扬、房鑫亮主编《王国维全集》第 14 卷（浙江教育出版社 2009 年版）所收该文篇目注 2。

② 图 1、图 2 引自《全国报刊索引数据库》，感谢南京图书馆历史文献部陈立主任的帮助。

③ 佛雏：《跋〈孔子之美育主义〉》，载佛雏校辑《王国维哲学美学论文辑佚》，华东师范大学出版社 1993 年版，第 362 页。

育代宗教"的演讲11年之前，王国维《去毒篇》（1906）就已提出"美术者，上流社会之宗教也"，认为"在我国，第一个提倡'美育——情育'者是王氏，第一个倡言'以美术代宗教'者，也是王氏"①。此说作为一家之言，不妨录以备考。

四

那么，是什么原因导致王国维生前身后作为中国近现代美育史上首倡者的地位一度被忽略呢？王国维关于美育的五篇文章何以成为"失名"或"失收"的佚文呢？综观王国维从主编《教育世界》杂志到1908年初该杂志停刊，参照王国维自编《静安文集》（1905）以及赵万里编《海宁王静安先生遗书》（1940），大致可以概括为以下几条原因：

第一，署名问题。王国维主编《教育世界》半月刊，既编又写，每一期他本人都会有几篇文章，为避免在同一期上重复出现，故有的文章，并不署名，这就有可能造成后来因"失名"而散佚的情况。对此佛雏曾做过比较详备的分析，认为"此为最主要原因"②。以上五篇文章中有三篇编译的文章（《哥罗宰氏之游戏论》《教育家之希尔列尔》《霍恩氏之美育说》）属于这一情况。已如上述，《孔子之美育主义》一文不属此类，该篇不宜说因"失名"而散佚，只能说是因后来"失收"而沦为"佚文"。

第二，以上五篇文章王国维并未将其收入《静安文集》，后人也未将其收入《海宁王静安先生遗书》，这种"失收"状况使之无法借助文集这一平台产生影响。佛雏指出："后来王氏的《遗书》既失收，赵万里的《王静安先生年谱》亦未载，致使一代哲学美学

---

① 佛雏：《王国维诗学研究》，北京大学出版社1987年版，第115页。
② 佛雏：《〈王国维哲学美学论文辑佚〉序言》，载佛雏校辑《王国维哲学美学论文辑佚》，华东师范大学出版社1993年版，第22页。

文献郁湮不彰。"① 此类情况，古往今来可谓不乏其例。笔者认为，这一点应是以上五篇文章成为佚文的主要原因。

第三，王国维参与和主编的《教育世界》杂志发行量很小，非常小众，加之于1908年初停刊，刊物的社会关注度遭到削弱，在民国年间搜集就已非常困难，更遑论以后。可以想见，仅仅在该刊发表而未编入其他文集的文章，其影响无疑会受到极大局限。

第四，王国维本人的思想状况和学术旨趣发生转移，1907年以后从治哲学、诗学转向治史学、考古学、经学、小学，原先的美育研究难以为继。对此蔡元培指出："王氏那时候热心哲学到这个地步。但是他不久就转到古物学、美术史的研究；在自序（按：指《静庵文集自序》）中所说'研究汗德'的结果，嗣后竟没有报告也没有发表关于哲学的文辞了。"②

以上诸端原因，致使王国维对于中国美育的首倡之功遭到埋没，一度被后人所忽略，加之王国维后来在历史学、考古学、文字学等学问上大放异彩，掩盖了他前期推行美育的闪光点。至于20世纪80年代以来人们发现了这一可贵的闪光点，到今天已然成为学术热点，乃是时势使然。再回眸当年的冷落，顿觉反差巨大。不过，就凭王国维一元复始、发轫之初提交的以上几篇论文，已足以为中国美育开一代之风气，引世纪之新潮。③

（原载《天津社会科学》2021年第6期）

---

① 佛雏：《〈王国维哲学美学论文辑佚〉序言》，载佛雏校辑《王国维哲学美学论文辑佚》，华东师范大学出版社1993年版，第1页。
② 蔡元培：《五十年来中国之哲学》，载高平叔编《蔡元培全集》第4卷，第360页。
③ 本文系国家社会科学基金重大项目"作为'艺术生产'的文学批评研究"的阶段性成果。

从天然雕塑到审美心态：论王朝闻的美育路径

卢春红◆（中国社会科学院大学哲学院　中国社会科学院哲学研究所）

现代美学学科在中国的建立始于19、20世纪之交，王国维对西方美学思想的解说引入了美学研究的新思路。受时代背景的影响，国内美学的学科体系建构在尝试理论探索之余，也从实践层面对展开审美教育的可能途径投入较多关注。然而，如何在实践层面将现代审美教育的理念呈现于中国的现实环境，是一个有待不断探索的问题。在推进国内美学研究的多角度探究中，王朝闻对审美活动的关注显示出明显的美育指向，并在其最终指向上承接了蔡元培"以美育代宗教"的总体构想。不同之处在于，蔡元培注重的是理论层面的倡导和制度层面的保证，艺术家出身的王朝闻则从具体艺术门类切入，经艺术作品到自然事物，由审美对象到主体心态，探索属于自己的现代美育路径。

"耐看"的关注点挪移：从雕塑艺术到天然雕塑

1992年，82岁高龄的王朝闻出版了《雕塑雕塑》。这是一部以雕塑为主题的艺术美学论著，他说，因为题材的专题性质，该著的写作"历时最久，校样改动最多，花费精力最大"[①]。王朝闻结合其

[①] 王朝闻：《雕塑美学》，生活·读书·新知三联书店2012年版，第484页。该书1992年首次由东北师范大学出版社出版时，名为《雕塑雕塑》。本文使用原书名，引文主要参考2012年版。

作为雕塑艺术家的创作经验，从传神与入神、模仿与虚构、概括与抽象、细节与整体、形式的美与丑、运动与矛盾等方面对雕塑艺术的审美特点给予展开和解说。不过，本文更感兴趣的是他在将艺术专题与审美活动相结合时内含的关注点挪移。

首先值得注意的是第一章《耐看与乏味》结尾处所做的说明："我这部书稿的基本内容，主要是表达我对雕塑艺术是否耐看的理解。"① 以"耐看"作为雕塑艺术的评判标准，初看起来并未显现出特别之处。作为造型艺术，雕塑的形式结构在审美活动中占据重要地位，针对的也主要是视觉效果。然而，王朝闻对耐看形式的描述有些许偏离，他认为"耐看的作品的形象的内涵往往较不明显，往往引起难解的困惑感"②。也就是说，艺术作品是否耐看，并不在于其外在形象吸引我们的程度，相反，恰恰因为形象内涵的不确定性，阻碍着主体的进入，造成了艺术作品与审美主体之间的张力关系。这一关系也被他称作作品形式与欣赏者之间的矛盾。在王朝闻看来，这种矛盾时时存在，其所带来的效果是，主体的想象力被充分调动起来，在反复体验和不断揣摩中呈现出艺术形式的诸种可能性。

不过，如果由此便认为"耐看"显示的是艺术作品形式所拥有的对于主体审美感受积极性的激发作用，显然尚未贴近王朝闻在使用这一术语时的主体方向。问题的关键不在于形式因素在"是否耐看"中的重要性如何，而是王朝闻在这一矛盾关系中对于审美主体一方的偏重。作者对耐看原因有进一步说明："对象使我觉得耐看的原因，不完全是被动地接受它的赐予；不能否认，观赏者的感受自身也有所创造……"③ 据此可见，重心的转移无疑是存在的：在观赏过程中，耐看的产生固然与对象的形式有关，但王朝闻想要关注的则是主体感受在这一过程中的作用。但这并非是说，是否耐看只与主体的感受有关。既然是耐看，就意味着要"看"出什么来，

---

① 王朝闻：《雕塑美学》，生活·读书·新知三联书店2012年版，第32页。
② 王朝闻：《雕塑美学》，生活·读书·新知三联书店2012年版，第9页。
③ 王朝闻：《雕塑美学》，生活·读书·新知三联书店2012年版，第30页。

由此，主体的感受最终依然会与形象相关联，却未必是作为观赏之源的艺术形象。因而，重心的挪移，所潜含的是关注对象的变化，通过主体的感受，形象不再是原初的艺术形象，而是审美感受所创造出的"审美意象"。由此，当王朝闻直接指出，"雕塑有没有耐看的作用，同主体的审美经验有关"[1]，其强调的重心固然与主体相关，实际的用意却是要完成外在对象的形式由艺术作品向审美对象的转化。相对于雕塑所呈现的艺术形式，作为审美对象的特质才是他关注的重心。二者在面对具体的艺术作品时难免交错，区分的关键则是审美主体的视角。

当然，在将"耐看"作为审美标准时，关注点挪移所带来的审美对象的变化还只是潜含其中，通过落实于所关注的对象，王朝闻的进一步解说让这一变化浮出水面。《雕塑雕塑》第二章以"雕塑与非雕塑"为题对二者关系的论述就是一个意图明显的尝试。作者首先将切入点由雕塑艺术转向非雕塑艺术，认为"观赏者对非雕塑的审美活动，可能间接创造掌握雕塑美的特殊能力"[2]。从接下来的分析可看出，这一论断的提出基于一个根本性前提，即雕塑与非雕塑艺术"在精神感受方面的一致性"[3]。由此带来的效果是，可从两个角度来理解这一关系。一是艺术的角度。如吴为山分析过王朝闻"对'雕塑'概念的拓展"，认为非雕塑艺术与雕塑之间的这一共通之处，会对雕塑造型的纯化和简约化产生积极影响。[4] 本文关注的则是另一个角度，即在非雕塑艺术与雕塑概念一致性的发掘中，王朝闻分析问题的特殊维度——主体感受的维度。从这一维度看，雕塑作为独特的艺术门类，自然会以适合自己的方式给主体带来审美感受，却不妨碍其他艺术作品以自己的方式承载审美特性。若就艺术作品自身而言，不同的艺术拥有各自不同的特质，但从审美感受

---

[1] 王朝闻：《雕塑美学》，生活·读书·新知三联书店2012年版，第13页。
[2] 王朝闻：《雕塑美学》，生活·读书·新知三联书店2012年版，第34页。
[3] 王朝闻：《雕塑美学》，生活·读书·新知三联书店2012年版，第34页。
[4] 吴为山：《王朝闻雕塑美学观初探》，《民族艺术》2009年第1期。

的角度，不同对象之间却呈现出可以相通的基础。与此相关的另一个关键点是王朝闻对雕塑概念所做的较为另类的理解。除了在艺术类型的意义上使用"雕塑"，王朝闻还提出了另一种特殊的雕塑概念，即"天然雕塑"，用来指称那些并非由艺术家创作、却同样能够被当作艺术作品来对待的自然事物。他曾申明"天然雕塑"只是一种"戏称"①，表明其并非严格意义上的概念界定，但我们很难由此判定这是一个无足轻重的术语。在《雕塑雕塑》中，"天然雕塑"的说法一再被提及，其他著作也涉及对这一术语的使用，甚至在2000年出版的《石道因缘》中，王朝闻还以自家藏石为代表拓展了"天然雕塑"的话题。凡此种种，透露出的至少是作者的一种态度。

在学科归类的意义上，雕塑被归于艺术，有着明晰的学科领域。在这一意义上，将原本不属于雕塑的自然物称作"雕塑"，会对概念的确定性造成干扰。但是，王朝闻在"雕塑"之外另立"天然雕塑"，并不是意图修订学科领域的现有界定，恰恰相反，他将自然的形态也称作"雕塑"，意图消除的是艺术与自然之间的明确界限。这其实与他此前对雕塑与非雕塑艺术之关系的分析一脉相承。一旦将雕塑与非雕塑艺术的相通之处归于审美感受，其范围就不限于诸艺术之间，作者的解说过程也证实了这一点。从雕塑艺术之外的其他艺术乃至文学作品的角度来获得对雕塑艺术的理解，这贯穿其论述过程，不仅如此，他还跳出艺术范围，从自然存在的现象中获得对雕塑艺术的理解。由此，他对雕塑概念给予特殊的理解，也可以从这一思路合理推导出来。

对艺术界限的打破无疑符合当代美学发展的总体方向——将艺术引入生活之中，让生活成为艺术化的存在。海德格尔的存在论解说堪称代表。通过对艺术作品之本源的分析，在世界与大地的亲密争执中呈现出诗意存在，被海德格尔认为是真理之呈现自身的重要方式。②

---

① 王朝闻：《雕塑美学》，生活·读书·新知三联书店2012年版，第16页。
② 海德格尔：《艺术作品的本源》，载《林中路》（修订本），孙周兴译，上海译文出版社2004年版，第59页。

虽然我们认定王朝闻也拓宽了审美对象的范围，并因此由艺术进入生活，这符合其著述所产生的客观效果，但并非其主观意图。从作者此后的着力重心可看出，在将艺术与自然相关联并进而由艺术进入自然的整体进程中，其核心关注都指向一个明显不同的方向：并非是作为一种存在方式的艺术，而是处于审美关系中的主体的审美感受。这一点在如下论断中得以强化："我所戏称的天然雕塑，并不专指形态近似人或者动物的顽石，也指那些不宜牵强附会地给它命名，也近似雕塑基本形态的顽石或山头。后者对我的魅力不在于它像什么，而在于它的基本形和气势、形象独特的例如雄伟或奇拔引起我的快感。"① 这里，重心并不在于天然雕塑自身能提供什么样的形式，而在于主体的审美感受被调动。因为正是通过这一审美感受，新的形象——审美意象——得以形成。

王朝闻从关注雕塑艺术的非雕塑视角，到将自然事物称作"天然雕塑"，在一脉相承的基础上又有一层现实的推进。在将对艺术、自然的关注指向主体的审美感受时，需要进一步探究的是，何以在将关注重心置于主体的审美感受时，却还要时时打破艺术与自然的界限？单纯艺术对象难道不也同样能令人获得审美感受吗？对这一问题的回答，涉及艺术存在与审美存在之间的复杂纠葛。

美学与艺术的关联是近代思想转换所带来的直接效果。审美主体需要通过"无利害性"摆脱与生活世界的功利关联，展示纯粹的审美态度，而艺术以其与生活的明确界限呈现出其他审美对象所不拥有的天然优势，并由此成为审美活动的主要关注对象。这一现象在 18 世纪的西方思想世界成为主导趋势，人们通过提出"美的艺术"的概念②，尝试建构美学的学科体系，而恰恰在此后 19 世纪的美学发展中，美学与艺术日益显示出彼此间的张力关系。如黑格尔

---

① 王朝闻：《雕塑美学》，生活·读书·新知三联书店 2012 年版，第 16 页。
② Charles Batteux, *The Fine Arts Reduced to a single Principle*, trans. James O. Young, Oxford University Press, 2015：147.

认为，美学这门学科的正当名称应是"艺术哲学"①，而"'伊斯特惕克'（Ästhetik）这个名称实在是不完全恰当的，因为'伊斯特惕克'的比较精确的意义是研究感觉和情感的科学"②，这无疑强化了在谢林那里业已存在的美学与艺术之间的潜在冲突。1906年，德国学者马克斯·德索在《美学与一般艺术学》一书中以分列方式将"美学"与"一般艺术学"并立，由此宣称艺术作为一门独立学科的诞生，在学科独立的意义上强调了艺术学与美学的区分，它们虽相互影响，并形成交集，却并不能彼此涵容③。20世纪以来，国内艺术学的发展显然是对上述艺术学独立化过程做出的应答，且处于这一学科独立的总体背景之中，艺术学科的建制便是这一发展过程的现实成果。④

  王朝闻在关注并分析审美活动时，所面对的正是这一整体背景。艺术学在学科建制的过程中，力图彰显的是其不同于审美存在的独立意义，而王朝闻着力打破艺术与自然之间的界限，目的也恰恰是通过从艺术向自然的过渡，在客观上拉开审美与艺术的距离，使不同于艺术的审美本色显示出来。如果艺术学有其不同于美学的特殊性，并因此有必要获得学科上的独立性，审美对象便也同样有其不同于艺术对象的特性，也需要在面对艺术对象时保持审慎态度、做出必要区分。在将雕塑艺术与天然雕塑相对照时，王朝闻之所以强调"我对所谓'天然雕塑'的兴趣，主要不在于顽石像不像什么人或动物，而在于它的形态可能唤起我的意象创造"⑤，或许正是要借助于天然雕塑，弱化对象作为艺术作品的形式维度，凸显其作为审美对象的存在。

---

① 黑格尔：《美学》第1卷，朱光潜译，商务印书馆1979年版，第3—4页。
② 黑格尔：《美学》第1卷，朱光潜译，商务印书馆1979年版，第3页。
③ 马克斯·德索：《美学与一般艺术学》，朱雯霏译，中国文联出版社2019年版，第190页。
④ 凌继尧在《艺术学：诞生与形成》（《江苏社会科学》1998年第4期）一文中梳理了作为一门独立学科的艺术学在国外、国内的诞生以及发展过程，可参看。
⑤ 王朝闻：《雕塑美学》，生活·读书·新知三联书店2012年版，第12页。

审美心态中的视角转换:从欣赏到创造

以雕塑艺术为切入口,王朝闻在对"耐看"标准的分析中呈现出关注点的挪移,而自然之物能以"天然雕塑"的方式存在,表明审美欣赏中审美主体与艺术作品之间的距离,以及不同于艺术作品的审美对象的呈现。这是就外在对象而言。对于审美活动的呈现,对象化的存在只是现实结果,更重要的则是处于这一审美活动中的主体自身。其实,《雕塑雕塑》一书对于审美对象的区分就已经关联着主体自身的审美感受,只不过重心在于审美对象,而对于审美感受的分析集中于较早出版的两部美学著作《审美谈》与《审美心态》。如果说在出版于1984年的《审美谈》中,对审美关系中主体感受的分析以略显漫谈的形式来进行,到1989年出版的《审美心态》,王朝闻则专门将主体的诸种审美感受称作"审美心态",并对其具体内涵给予专题式解说。[①]

一旦此前在审美对象的分析中作为背景的主体感受被置于前台,随之而来的问题是:从何种角度来分析这一审美心态?依据王朝闻的总体论述,存在两种关注审美心态的视角:一是创作的视角,即艺术家的立场;一是欣赏的视角,即观众的立场。这两种视角都出现于王朝闻的美学研究中,其探索路径存在侧重点的变化,如早期重点分析创作过程中的审美心态,后期则主要关注欣赏过程中的审美感受。刘纲纪认为王朝闻对审美关系的研究"弱点在于他停留在美的欣赏的层面"[②],这从另一层面确认了王朝闻在审美活动时侧重于欣赏视角。不过,在笔者看来,如果只依据这一表面概括

---

① 虽然《审美谈》与《审美心态》在《雕塑雕塑》之前出版,由于《雕塑雕塑》耗时较长,前后用了六年时间,与《审美谈》《审美心态》处于大致相同的写作时期,因而从时间上进行区分的意义并不大。本文先从外在对象切入,再分析主体感受,意图呈现论述逻辑上的递进关系。

② 刘纲纪:《中国马克思主义美学的建设者与开拓者——王朝闻美学研究的当代意义》,《文艺研究》2005年第3期。

而将创作过程与欣赏过程截然分开，不利于分析王朝闻美学思想中创作与欣赏之间不同层次的复杂关系。正如本文在对审美对象的分析中所指出的，如果我们关注的是审美对象而非艺术对象，那么艺术与非艺术存在之间的区分并不造成实质影响。转换到主体层面同样如此，如果要分析的是审美心态，那么艺术家与观众之间亦不存在本质性区分。取消了外物作为艺术作品所需要的专业素养之后，艺术家在欣赏审美对象时，心理感受或许较之普通观众更为丰富、细腻，却无改于其实质上也是一个欣赏者的身份。无论艺术家还是观众，在纯粹审美经验中承担的都是欣赏者的角色。因而，当王朝闻在《审美谈》第一章特意指出"作为艺术欣赏者的审美活动，不论当事人是不是企图做一个艺术家，他在一定意义上和艺术家的创作准备——艺术的构思过程有共性"[①]，便是为了说明两种活动虽然动机不同，但从审美的角度来看二者具有共通之处，艺术的构思过程本质上属于审美的欣赏过程。

就理论探求的一般角度而言，在审美对象呈现自身的过程中，欣赏者的视角无疑占据特殊位置，拥有重要意义。近代西方思想发展中一个无法忽略的事实是，"鉴赏"（taste）于17世纪开始成为美学的核心术语，并受到来自不同思路的解说。有经验角度的切入，如以夏夫兹博里为代表的英国经验论者，由此确定了近代西方美学的主体研究内容。也有先验角度的分析，如以康德为代表的德国古典美学，《判断力批判》对于鉴赏判断先验层面的剖析为美学学科的建立奠定了坚实的理论基础。细究之，鉴赏之所以会受到集中关注，并非只是因为它是近代思想主体转向的后果，即审美对象被回溯为主体的审美感受，更重要的是这一审美感受中的欣赏者视角。后者虽然在近代思想中未曾得到展开分析，但一旦进入当代西方思想，主体的审美感受成为生活世界中的审美存在，欣赏者视角便随即呈现出自身的本质意

[①] 王朝闻：《审美学》，载《审美基础》上卷，生活·读书·新知三联书店2011年版，第14页。

义。集中关注并阐发"观赏者"(Zus-chauer)之重要性的,是诠释学的开创者伽达默尔。通过对游戏状态的分析,伽达默尔认为,虽然游戏活动需要借助游戏者来进行,但游戏本质的呈现与游戏者无关,真正感受游戏并因此呈现出游戏之意味的,是"那种并不参与游戏、而只是观赏游戏的人"①。而观赏之所以"是一种真正的参与方式"②,恰恰在于这一活动所具有的"外在于自身存在(Aussersichsein)的性质"③,它使游戏得以通过审美经验而呈现自身。

这表明,抛开艺术家与观众的身份限定,"欣赏"并不是与"创作"并列的概念,而是呈现审美活动的本质性存在。有研究者关注到王朝闻对审美关系的分析中呈现出来的这一视角,并将其与当代西方接受美学中的读者视角对照。不过,对照带来的是两种不同的结果。如简圣宇指出:"王朝闻早在20世纪50年代就开始从'作者—观者'的交互影响层面研究审美活动,他的许多论述近似于德国接受美学学派且早于他们提出。"④李少白持相反观点。他也在王朝闻对电影美学的分析中注意到这一"欣赏"视角,并由此将王朝闻的美学称作"欣赏美学"⑤。李少白同时指出,王朝闻的美学思想虽与西方的接受美学有些相似,但不同之处更为根本:"如果说,西方接受美学主要以科学论证方法,探讨读者对作品接受这两者之间的联系中的各个层次的意义,具有一种冷静的客观态度;那么,朝闻同志的欣赏美学,对欣赏和被欣赏之间的联系,在他的不乏理性分析的语境里,始终渗透着一种主观的审美玩味情趣。"⑥

---

① 伽达默尔:《诠释学 I:真理与方法——哲学诠释学的基本特征》(修订译本),洪汉鼎译,商务印书馆2007年版,第155页。
② 伽达默尔:《诠释学 I:真理与方法——哲学诠释学的基本特征》(修订译本),洪汉鼎译,商务印书馆2007年版,第175页。
③ 伽达默尔:《诠释学 I:真理与方法——哲学诠释学的基本特征》(修订译本),洪汉鼎译,商务印书馆2007年版,第177页。
④ 简圣宇:《王朝闻在"美学大讨论"中保持沉默之原因分析》,《美与时代》(下)2017年第12期。
⑤ 李少白:《欣赏的学问——王朝闻电影美学思想随谈》,《电影创作》1999年第6期。
⑥ 李少白:《欣赏的学问——王朝闻电影美学思想随谈》,《电影创作》1999年第6期。

笔者认为，就欣赏视角在审美活动中的重要地位而言，伽达默尔的解说阐明了其内在缘由。审美活动中的欣赏者能受到王朝闻的关注，很可能源自相同的思想基础。英国现代实验戏剧之父彼得·布鲁克通过对不同状态下戏剧的分析指出观赏者的重要性，认为戏剧想要通过再现而摆脱重复、"创造现在"，观众是不可缺少的环节，是观众的"帮助——充满了视线、关注、渴望、愉悦和专注的帮助——把重复变成了再现"①，使戏剧得以呈现于当下。王朝闻也认为，戏剧的表演活动得以完成，"同样有待于欣赏者的'合作'和'再创造'"②。在这一意义上，将欣赏与创造相关联便是顺理成章的结果。早在1958年发表《欣赏，"再创造"》一文时，王朝闻就明确指出欣赏与"再创造"的内在关联，强调欣赏的创造性维度③，到了《审美心态》，欣赏中的创造性特质已经是中心话题。在从欣赏视角关注审美对象时，审美感受的创造性维度容易遭到忽略，尤其是在与艺术家相对照时，人们常常将创造性赋予艺术家，而欣赏相对而言只是潜移默化的接受过程。然而，如果将欣赏视角接纳为审美活动的本色，欣赏活动必然会指向创造。伽达默尔对于游戏中观赏者的分析，阐明的正是其对于审美经验中真理的呈现。王朝闻同样强调欣赏过程并非简单接受："当他受形象所感动的同时，要给形象作无形的'补充'以至'改造'。"④ 换言之，即使是面对艺术对象时，呈现于欣赏者心中的形象并不等同于作品本身所固有的形象。前者作为一种意象，本质上由审美主体在欣赏过程中创造。

不过，相同的基础，却有着不同的方向。诠释学力图在一般意义上强调欣赏对于审美存在的本质意义，王朝闻的关注重心却不是

---

① 彼得·布鲁克：《空的空间》，王翀译，中国友谊出版公司2019年版，第163页。
② 王朝闻：《生活不就是艺术》，载《一以当十》，复旦大学出版社2005年版，第169页。
③ 王朝闻：《欣赏，"再创造"》，载《一以当十》，复旦大学出版社2005年版，第86页。
④ 王朝闻：《欣赏，"再创造"》，载《一以当十》，复旦大学出版社2005年版，第88页。

审美存在，而是审美心态，他尝试分析的是具体审美活动中欣赏视角对于审美心态的特殊意义。换言之，前文一再强调王朝闻并非在与艺术创作者相对照的意义上来理解观众，也着重指出欣赏视角对于审美活动有着根本的重要性，却不意味着创作活动可以由此不受关注。恰恰是在呈现欣赏的创造性维度时，艺术创作者与观众之间的对照才显示出另一层作用。将欣赏指向"再创造"，在类比的意义上强调艺术欣赏与艺术创作都属于创造性活动，但同时还显示出另一层意旨：欣赏即创造。这意味着欣赏不只体现出一种创造性，欣赏同时就是创造性活动。在这一意义上，欣赏作为创造性活动，并不等同于艺术创作过程所呈现的创造性活动。由此反思艺术家的创作过程，对于艺术形象的创造其实拥有复杂的内涵。就这一形象也是一种主体的内在意象而言，艺术的创作包含审美的创造；就这一意象还需要以合适方式外化为艺术形象而言，艺术创作过程还需要对相应技能的熟悉和掌握，这一技能会因不同艺术的特殊性而有不同要求，但由此而来的熟悉化过程是不可缺少的环节。如王朝闻所说，欣赏者并不需要"把在头脑里构成的形象，利用可以使第三者分明感受得到的形式加以表现"[①]，因为欣赏过程呈现的是审美创造，只涉及对主体内在的审美意象的创造，不关注形成于外的形象塑造。

换言之，只有在欣赏的过程中，与审美活动相关的创造性才以纯粹的方式呈现出来。欣赏过程中的再创造需借助于外在的艺术形象，然而正如王朝闻在评价天然雕塑形式上的不确定性时所强调的，因为这一差别，天然雕塑"对观赏主体提供了更大限度的审美的创造性和创造意象的自由"，这说明外在形象并不具有本质的重要性。这就意味着，从审美角度来看，欣赏过程中的创造性与艺术创造过程中的创造性并无本质性区别，区分的关节点在于，艺术创作过程的创造性因为对于艺术技能的需求而显示出双重内涵——除

---

① 王朝闻：《欣赏，"再创造"》，载《一以当十》，复旦大学出版社 2005 年版，第 87 页。

了审美过程中的创造性，还需要与技能相关的创造性。我们固然可以从艺术创作过程获得审美心态，却会由此与艺术所需要的技能化方式发生纠缠。与此相对照，由欣赏的角度切入则有利于避开这一纠缠，让与审美相关的创造性以纯粹化的方式呈现出来。

经由这一思路，从欣赏视角来分析审美心态显示出自身的特殊用意。在对主体审美心态的分析中，强调不同于艺术创作欣赏中的创造性，其深层目的在于区分两种自由——艺术中的自由与审美中的自由，并在这一区分中将不同于艺术自由的审美自由呈现出来。在审美活动中，审美感受之所以能呈现出创造性，在于其拥有自由的本性。为此，在对鉴赏判断的分析中，康德着意通过"诸认识能力的自由游戏"①强调审美状态中的这一特殊要素——自由。显然，这一自由不同于理性意义上的纯粹自由，而是感性的自由状态。前者是由理性而来的思维规定，后者是"想象力与知性的自由游戏中的心灵状态"②。后来，在《审美教育书简》中，席勒通过对于游戏冲动的复杂内涵的说明，进一步指出自由心境如何在绝对对立的统一中获得自身的现实性。

王朝闻在强调欣赏与创造的统一性时，所意图呈现的亦是审美心态中的这一自由本性。不过，与康德、席勒所侧重的先验解说不同，王朝闻面对的是现实对象，借助的是经验感受，也因此遭遇到艺术欣赏与审美欣赏两种本质不同却又彼此纠葛的问题。通过欣赏者的视角和对审美感受中创造性的说明，他不仅呈现出自由的心境，而且彰显出两种自由之间的界限。要形成一个外在的形象，艺术创作中的自由始终内含对技能的娴熟掌握，因而是一种伴随着"技巧"的"熟能生巧"的自由；而审美欣赏虽也与外在形象有关，其最终指向的却是审美意象，它正是凭借这一转换，摆脱了因依赖

---

① 康德：《判断力批判》，载李秋零主编《康德著作全集》第5卷，中国人民大学出版社2007年版，第247页。
② 康德：《判断力批判》，载李秋零主编《康德著作全集》第5卷，中国人民大学出版社2007年版，第225页。

于外在形象而来的被动性，使审美活动中的自由呈现为一种不受限制的自由。在这一意义上，只有审美活动中的自由才构成真正意义上的自由，因为除了自身，它什么都不可能创造。然而，创造性的全部来源恰恰就在于审美感受中的这一自由。

从审美能力的呈现到审美主体的创造：探索路径的美育指向

无论是从审美对象的角度消除艺术与自然的界限，还是从审美心态的角度强调欣赏与创造的统一，王朝闻对审美活动的探究均显示出明显的倾向：强调艺术与审美的区分，剥离艺术欣赏对审美感受的干扰，在审美欣赏的创造性中呈现审美活动的自由。需要进一步追问的是，王朝闻做此区分的意图何在？从前文分析来看，答案似乎显而易见，即通过区分将审美活动的不同特质呈现出来。然而，结合王朝闻文本的整体取向，如此推断却不够充分。剖解他对艺术作品、审美对象的分析，会发现一种潜在却不可忽视的旨趣，伴随着整个探索过程。

从艺术作品的角度切入审美活动时，王朝闻通过"天然雕塑"有意弱化艺术作品与非艺术作品之间的界限，一方面是想要通过审美感受的引领呈现出由艺术对象向着审美对象的转化，另一方面也关联着王朝闻的总体写作意图——对审美主体的关注。值得注意的是，这一主体已不再是使审美对象得以可能的审美主体，而是通过这一审美意象呈现出自身审美能力的主体。虽然这两种主体从本质上讲并无差别，其所承担的角色却有不同，前者是审美对象得以可能的条件，后者则是关注审美对象的最终目的。做出这一区分是想着重指出，在审美活动的这一"并行思路"中，后者无疑是作者的关注重心。

这一点在《雕塑雕塑》一书最初命名时就已定下总体基调。王朝闻对此的解释是："我只把第一个词当作动词，第二个词当作名词看待。基本意思是想说明，我所理解的雕塑艺术的审美特征，对观赏者的精神作用是什么。"[1] 显然，这不单是对术语的说明。在两

---

[1] 王朝闻：《雕塑雕塑》，东北师范大学出版社1992年版，第3页。

个同样的术语中,通过将前一个术语用作动词,传递的其实是关注重心的变化:将对雕塑审美特征的描述与对审美主体的精神作用相关联。在此后展开的论述中,分析"对观赏者的精神作用"也并未局限于审美感受,反而还扩展至对主体自身审美能力的发现与肯定。如果说在前一层面,论述还停留于对主体感受的理论分析,后一层面则将审美感受与培育审美主体的实践要求相结合。在关于形象与意象、空间的虚与实、时间的真与幻、实境与神境等诸内容的讨论中,对不同于外在形象的主体意象,以及由此而来的精神空间、虚幻时间乃至精神环境的呈现,都关联着主体审美能力。因而正如王朝闻所强调的,"当人们发现天然雕塑觉得它有神奇感的时候,其实,已经意味着对自己的发现能力的自我欣赏"[1],对于审美对象的感受与发现同时也是对主体自身审美能力的肯定与欣赏。

从审美心态的角度切入审美活动时,王朝闻强调欣赏所拥有的再创造性,固然是通过对审美心态的分析来呈现主体在审美活动中的创造能力,同时也是意图将这一创造性与主体自身相关联。当然,这一主体也已不再是此前分析时涉及的呈现创造性的主体,而是借助于这一创造活动同时创造自身的主体。我们可以从本质层面将两个主体同归于一,却不能忽略其所承担的不同身份。对于前者,创造性指向的重心是审美对象,主体只是构成这一审美意象的条件;对于后者,创造性指向的重心恰恰是主体,是通过审美活动对于主体自身的创造。王朝闻之所以将审美关系看作研究审美活动的基础,是因为一旦处于这一关系之中,则无论是面对审美对象,还是面对审美主体,都显示出双重指向:对审美对象的欣赏同时也是对主体自身的欣赏,主体对于审美意象的创造,同时也是对主体自身的创造。然而,当王朝闻着重强调"重要的不是审美主体怎样创造性地再现生活,而是不断创造能够独创性地感受美丑的审美主体"[2],则

---

[1] 王朝闻:《雕塑美学》,生活·读书·新知三联书店2012年版,第15页。
[2] 王朝闻:《审美心态》,载《审美基础》下卷,生活·读书·新知三联书店2011年版,第433页。

表明在"再创造"的双层结构中,通过审美活动对于审美主体的创造是其关注的重心,呈现审美主体创造生活,是为了借此来展示审美主体对自身的创造。

在《审美心态》一书中,王朝闻虽然从兴趣、想象、体验、揣摩和审美经验等方面对审美心态做了展开分析,其关注的重心却不是这一审美心态所展示的对审美意象的建构,而是审美心态在这一建构过程中所伴随并指向的对于主体自身的塑造。纵观整部著作,呈现审美心态的每一环节均涉及审美主体,无论是由兴趣而来的审美趣味的发展,想象力与多种审美心态的协同作用,还是审美经验在体验与揣摩中的深化,都指向对审美主体的创造以及再创造,这是因为,处于审美关系中的主体正是在其对客体的创造中被创造。由此我们可以理解王朝闻的这句话:"我写这部书稿的动机,是希望有助于审美主体的自我创造。"①

从对审美能力的呈现到对审美主体的创造,王朝闻对审美活动的分析始终没有离开对主体审美能力的关注与培育,其审美研究过程也一直伴随着审美教育这一总体目标。不过,本文由此将王朝闻的探索路径与美育相关联,却并非为了指出审美教育是王朝闻美学思想的一个专题,而是力图展示其探索路径中的美育指向。回顾王朝闻的学术生涯,对于美育的专题式探究似乎并不多见②,但美育思想在其美学研究中并非处于边缘位置。恰恰相反,在其对审美活动的关注与探究中,对于审美教育的内在关切是一条不可忽略的思

---

① 王朝闻:《审美心态》,载《审美基础》下卷,生活·读书·新知三联书店 2011 年版,第 39 页。

② 虽然王朝闻也曾说,"至于我对美育的有关设想如何,'且待下回分解'"(王朝闻:《审美心态》,《审美基础》下卷,第 39 页),却一直未能如作者所期望的形成专著,只是散见于一些文章中,如《寓教育于娱乐》(1979)、《始于足下——致〈美育〉编辑部》(1981)、《培养健康的审美情趣》(1982)、《美育三题》(1983)、《美育也是雪里送炭》(1984)、《审美教育》(1987)、《序〈美育新编〉》(1991)、《美育与丑育》(1999)。然而,我们无须对此感到遗憾,正如本文所尝试阐明的,王朝闻对美育的思考一直贯穿并融汇于其美学研究的系列著作中,这构成了他美育思考的主体路径,也由此显示出王朝闻美育探究的特色。

想脉络。在集中论述美学思想的三部专著《雕塑雕塑》《审美谈》和《审美心态》中，对于审美活动的分析与美育指向的关联性清晰可见，且已成为引导其审美分析的潜在线索。如果说在审美能力的呈现中，其关注点尚集中于对审美活动中主体审美能力的肯定，那么在审美主体的创造中，探究的重心已转向通过审美主体的创造而获得对审美能力的培育。相对于美育主题的专题式讨论，后一种探索具有更重要的意义。它表明，在对审美对象与审美心态的关注中，美育并非只是相伴随的并行思路，而且与这一分析发生关联。由此，此前对于审美对象与艺术对象的区分，对于审美心态中创造性维度的阐明，不仅呈现了审美活动的特质，还通过审美活动指向了审美教育。换言之，王朝闻从审美对象与审美态度两个角度关注这一区分，主要动机在于呈现其对审美教育所带来的影响。

20世纪以来，艺术学科逐渐独立于美学，既关系到美学学科在近代的诞生及其与艺术的关联这一现实状况，又可归因于艺术拥有不同于美学的技能性这一内在特性。然而，就理论层面而言，艺术获得学科独立的过程，伴随着美学摆脱艺术领域的束缚，将自身向自然拓展，以及融入生活世界的过程。尽管从这一发展过程的当前结果来看，艺术与美学的关系还处于纠葛之中，还可以在学理层面继续探讨，但作为学科的艺术与美学在当今视野下的独立已经是被接受和认可的事实。与此形成对照的则是与教育相关联的实践层面。审美活动可以通过理论解说而获得自身的独立性，审美教育的实践过程却需要一个现实的对象。相对于自然事物，艺术因其所呈现的审美世界的自足性而成为理想的对象，因而审美教育无论从观念层面还是现实环节都显示出对于艺术的依赖性，由此带来审美教育与艺术教育的复杂交错。从国内现当代审美教育的发展过程来看，混合艺术教育与审美教育，将艺术教育作为审美教育的主要途径，甚至以艺术教育替代审美教育，呈现为主导性趋势。由此，如何处理艺术与审美的关系依然是美育的一个主要困扰。

无论出于何种因由，身处这一现实境况中的王朝闻无疑直面了审美教育中的困境。在关注审美对象时，强调艺术作品与自然事物之间的相通之处，以及从雕塑艺术、非雕塑艺术到天然雕塑的转化，一方面是为了在与艺术作品相区分的意义上将审美对象呈现出来，另一方面则是要从以意象方式呈现的审美对象中肯定主体自身，获得自我欣赏，因为审美意象正是通过审美主体而被发现和呈现的，而这一发现过程同时也是对主体审美能力的肯定过程。在分析审美心态时，强调欣赏与创造的统一，固然是为了由此呈现不同于艺术创造的审美欣赏的创造性，也是为了将这一创造性指向对审美主体自身的创造，因为审美主体正是通过自身而呈现出这一创造性，而对创造能力的呈现同时也是对审美主体的创造。更重要的是，在对审美教育的探究中，无论是从外在的审美对象，还是从主体的审美心态，王朝闻通过阐明审美教育与艺术教育的不同，意图呈现自由与审美主体的关联。正是通过这一自由，审美主体在创造审美意象的同时也创造主体自身。

这就显示出审美教育实践的深层意旨。将自由与审美主体相关联，有如下两个目的。其一是强化审美教育之自由底蕴：真正意义上的审美主体的创造性体现为一种自由的状态，而对于审美主体的创造即对于自由的创造。其二，它更是彰显审美教育之人性本质：自由的状态是真正符合人性的状态，对于自由的创造就是对于人性的创造。就前者而言，关注的重心尚集中于主体的自由心境，在这一意义上，美育或许只是一种教育方式，区分于德育、智育、体育等诸种教育，它是一种让人获得自由的教育。就后者而言，关注的重心就不只是自由，还是承载这一自由的人，由此美育的目的既是呈现自由，同时也是创造呈现自由的人自身。这一呈现自由的人，席勒曾将其称作"活的形象"①，在与自然生命相区分的意义上，这一活的形象指向的是人性，因为人性归根结底"要由人的自由来决定"②，并展示为"完全意义上的人"③。一旦美育所要获得的是人性，那么美育便不再是诸多教育之一种，而是使人符合人性的教育，并在与其他教育相区分的意义上上升为一种本质性的教育。

艺术教育也可以培养出艺术工作者，但本质上通向专业技能的培育，与此相对照，审美教育则通过对审美主体的创造，将自由与人性相关联，最终指向对人性的培育。就此而言，对审美教育与艺术教育进行厘清和区分，并非只是在二者之间划定一条明晰的界分线，而是彰显审美教育的基础地位与现代特质。在日常生活中，美育常常被认为是"锦上添花"，王朝闻却坚持美育是"雪里送炭"④这显然不止是两个术语的对照，而是两种不同思路的呈现。就前者而言，审美教育充其量只是一种非必要的外在装饰，与生活世界最本质的存在并不相关；从后者来看，美育深入人性的建构，所指向的正是生存的本质。

从制度实施到实践探索：美育路径的同归与殊途

自近现代以来，国内美学学科的建构虽离不开作为其理论源泉的西方美学思想，却也不是"美学在中国"的简单移植与介绍，而是通过融入中国的现实境况与问题背景生发出"中国美学"⑤。在由

---

① 席勒：《审美教育书简》，冯至、范大灿译，上海人民出版社2003年版，第118页。

② 席勒：《审美教育书简》，冯至、范大灿译，上海人民出版社2003年版，第193页。

③ 席勒：《审美教育书简》，冯至、范大灿译，上海人民出版社2003年版，第124页。

④ 王朝闻：《美育也是雪里送炭》，载简平主编《王朝闻全集》第26卷，青岛出版社2019年版，第143页。

⑤ 高建平：《"美学在中国"与"中国美学"的区别》，《中国社会科学报》2021年10月20日。

"美学在中国"到"中国美学"的转化过程中，对于审美教育的思想追溯与实践探索，有两个关键性问题需要面对。

首要的问题是，如何从观念层面确立审美教育在当代中国现实生活中的准确定位。18世纪末席勒所阐发的审美教育理想，虽有着直面德国当时社会状况的现实针对性，却因对于自由心境的先验解说而指向"完全意义上的人"，呈现出其建构人性的现代思想特质。正是这一点构成席勒美育理论融入中国现代化进程的理论依据。然而，如何将这一思想与中国的现实状况相结合，以便在具体的生活实践中呈现审美教育的中心意旨，仍需进一步探索。

20世纪初期，在探索审美教育对于提升国民素质的作用时，蔡元培倡导"以美育代宗教"，固然是意欲赋予美育在其新教育体系中的重要地位，其深层用意则是要将审美教育与塑造国民性的历史使命相结合，指向对人性的培育。1912年就任教育总长后，蔡元培在《对于新教育之意见》中提出了"新教育"的基本框架。其中，军国民教育（体育）、实利教育（智育）、公民道德教育（德育）为"隶属于政治之教育"[1]，世界观教育和美育同属"超轶政治之教育"[2]。然而，通过将体育、智育、德育三者统而一之，世界观类教育显示出自身的特殊地位。如果说体育、智育、德育因与"政治"层面的实用功利相关，指向的是现象世界中的专业教育，那么，世界观类教育则通过"超轶政治"指向实体世界的观念教育。美育由此显示出自身的重要性。作为"由现象世界而引以到达于实体世界之观念"[3]的重要方式，审美教育通过超越于现象世界、直指实体

---

[1] 蔡元培：《对于新教育之意见》，载高平叔编《蔡元培全集》第2卷，中华书局1984年版，第134页。
[2] 蔡元培：《对于新教育之意见》，载高平叔编《蔡元培全集》第2卷，中华书局1984年版，第135页。
[3] 蔡元培：《对于新教育之意见》，载高平叔编《蔡元培全集》第2卷，中华书局1984年版，第134页。对于蔡元培美育思想与世界观的具体关联，参见拙文《"以美育代宗教"：三条思路论争的源起与旨归》（《美育学刊》2022年第1期）。

世界的人性，从而成为培育国民性的根本途径。

就审美教育对于培育人性的基础且重要的意义而言，王朝闻无疑承接了美育的这一现代定位，不仅将对人的自由心境的呈现作为审美教育的主要目的，还将自由的呈现与人性的培育相关联。当审美的自由状态指向对主体自身的创造时，伴随着这一创造而来的"人"已然不再是对知识抑或技能的呈现，而是拥有自由的人，这正是审美意义上的人性展示。不过，在落实呈现人性的具体方式时，王朝闻显示出不同的路径。如果说蔡元培是从大处着眼、从宏观立论，对审美教育的特殊地位予以观念与制度层面的认可，王朝闻则是从个体出发，做微观描述，在双重思路的并行与交错中逐步呈现审美教育的本色。将审美对象与审美主体置于彼此关联且相互规定的关系中，意味着审美对象不只是对自身特性的展示，也是对审美主体的肯定，审美主体不只会创造出审美意象，也要创造出主体自身。于是，通过"耐看"标准的关注点挪移和关注审美心态的视角转换，审美教育得以在与艺术教育的区分中彰显人的自由本性。

另一个关键问题是，如何从实践层面确立审美教育在现代世界的独立品格。如果说上述问题涉及审美教育对现代生活世界的意义，这个问题则涉及审美教育在与其他学科的交叉中对于自身独立性的维持。就后者而言，艺术学科的独立化过程对于审美教育的实践产生了重要影响。自近代开始，美学从哲学中独立出来并开启自身的学科建构，审美的领域因与艺术相关联而成为这一独立的伴生物，"美的艺术"则是美学与艺术相关联的直接结果。然而，当艺术以其自足性与非功利性而成为先验意义上审美存在的理想呈现者时，审美与艺术在现实层面隐含的不一致性也逐渐显露。20 世纪后持续推进的艺术学的独立，虽是站在艺术学科的角度强调其与美学的区分，却也在客观上表明，审美教育亦须借助于对二者之复杂关系的厘清以获得自身的独立品格。

由此，蔡元培在推进审美教育的现实举措中不断强调审美教育与艺术教育的区别,指出"只有美育可以代宗教,美术不能代宗教"①,以纠正审美教育在实施过程中被一再等同于艺术教育而产生的某种偏离。这一努力过程其实意在借助技能教育与审美教育的区分来彰显现代教育背景下美育的本色。如果审美教育的中心意旨是对人的自由本质的培育,那么这一本色就与以知识获得与技能训练为特点的专业化教育有着本质不同。在通过"以美育代宗教"确立审美教育的基础地位时,蔡元培敏锐地意识到将审美教育与艺术教育相混同对前者造成的不利影响,明确强调审美教育不局限于艺术教育:"美术馆的设置,剧场与影戏院的管理,园林的点缀,公墓的经营,市乡的布置,个人的谈话与容止,社会的组织与演进,凡有美化的程度者均在所包;而自然之美,尤供利用……"②他力图在这一区分中逐步建立美育的独立品格。

就这一点而言,王朝闻显示出与之相同的诉求。在经艺术切入审美教育时,艺术的界限是王朝闻首先要打破的对象,但打破这一界限的目的并不是将艺术融入生活之中——这是当代思想世界呈现诗意存在的主体方向——而是将非艺术的存在艺术化,以便在与艺术教育的距离中揭示不同对象中共同的审美意象,呈现真正属于审美的教育。为保证审美教育的实施,蔡元培主要从教育设施层面提供具体举措,王朝闻面对的则是具体的审美现象和审美心态,关注的重心是实践的过程。他从外在的审美现象与内在的审美心态两个层面分别剥离审美教育与艺术教育的纠缠,让真正属于审美教育的主体心态在审美活动中被创造出来,并在不断的再创造的过程中成长为审美的主体。这一过程所带来的客观效果是,艺术最大可能地贴近了生活,但这不意味着其对审美活动的探索通向当代视野下的审美存在。通过让生活上升为艺术,王

---

① 蔡元培:《以美育代宗教》,载文艺美学丛书编辑委员会编《蔡元培美学文选》,北京大学出版社1983年版,第160页。
② 蔡元培:《以美育代宗教》,载文艺美学丛书编辑委员会编《蔡元培美学文选》,北京大学出版社1983年版,第179页。

朝闻揭示出美育与艺术教育的应有距离，呈现出审美教育的独立品格。

回顾当代中国美学的发展过程，对美的本质的探寻无疑占据主导地位。无论是20世纪50年代从对朱光潜美学思想的批评开始的美学大讨论，还是80年代以来成为主流学派的以李泽厚为代表的实践美学，以及此后为超越实践美学而进行的诸种探索与尝试，美学的理论研究始终没有离开这一主题。处于这一整体背景下的王朝闻，从一开始就显示出与理论探讨主流方向的明显距离。在将对审美活动的探究置于主体与客体相互统一的关系中时，王朝闻对探究与美相关的理论问题兴致缺缺，而将重心置于这一审美关系中的主体一方，关注审美感受，关注这一统一体中审美活动对审美主体的影响，并在这一探索过程中显示出持续而稳定的美育指向。显然，就美育的实践层面而言，艺术家的身份给王朝闻提供了便捷的切入点，无论是作为对象的艺术作品，还是作为主体的艺术家，都是具有实践操作性的分析路径。然而，正如他因种种复杂原因远离了对审美活动的理论分析[①]，他同样也没有在严格意义上回归其作为艺术家的专业身份。对艺术学科的日渐独立有清醒意识的王朝闻，所延续的是蔡元培提出的现代思想背景下的审美教育理念，并在审美与艺术的距离中发掘出属于自己的美育路径。[②]

（原载《文艺研究》2022年第10期）

[①] 简圣宇在《王朝闻在"美学大讨论"中保持沉默之原因分析》一文中对王朝闻远离理论探究的原因做了时代背景层面的分析，可参看。

[②] 本文系国家社会科学基金一般项目"18世纪西方思想中三条思路的交汇与美学的逻辑建构问题研究"研究成果。

辑四

西方
美育思想研究

论马克思对德国古典美育思想的批判与超越
——基于历史哲学逻辑下的考察

朱立元 ◆（复旦大学中文系）

近年来，习近平同志就美育问题作过一系列重要指示，体现了对马克思主义美育思想的全面继承和创新发展。本文主要讨论马克思美育思想对德国古典美育思想的批判与超越。

马克思美育思想是从他那个时代的社会实践出发，对整个西方美育思想传统，特别是对德国古典美学、美育思想批判地继承和发展，达到全面超越的结果。德国古典美学、美育思想内容极为丰富，但如果就美育谈美育，也许还不能够把握它的灵魂和精髓。笔者认为，应该深入到历史哲学层面，考察其重要代表人物美育思想的根基，才有可能更加深刻地揭示其内在本质。同时，也只有站在历史哲学的高度，才能更加深刻地理解马克思对德国古典美学、美育思想超越的根本性和革命性。因此，本文将依据历史哲学逻辑，首先分别对康德、席勒、黑格尔美育思想的历史哲学基础进行审视和剖析，然后论述马克思如何站在唯物史观的高度从根本上批判他们历史哲学模式的唯心主义性质，在此基础上展开论述马克思美育思想是如何革命性地超越德国古典美育思想的。

康德的美育观基于历史乃是人类整体自由的实现的历史哲学

康德美育观的出发点是"人是目的"，其基本内涵是人有自由和道德。在人身上，自由和道德是二位一体的，是人之为人的根本，也是"人是目的"的核心依据。自由在康德的认识论、伦理学和美学中有不同层次、不同程度的内涵。在美学中，康德在研讨审美判断力的自由问题时，强调了审美具有本质性和优先性，并宣称对审美判断力的批判是一切哲学的入门。① 就此而言，审美承担着人通往自由和道德的最初使命，它最终指向的依然是作为目的的人的存在。

再深一层，让我们看看康德的"目的论"历史哲学。康德认为历史有一个确定的目的或终点，人类的行为是向着那个目的、终点不断前进的。在康德看来，人类历史的统一性在于，历史在整体上是一个合乎规律的发展过程，而这一合乎规律的发展过程是朝向一定目的的。这个目的不是来自于人的主观设定，而是大自然的一项隐秘计划。他说："人类的历史大体上可以看作是大自然的一项隐蔽计划的实现，为的是要奠定一种对内的、并且为此目的同时也就是对外的完美的国家宪法，作为大自然得以在人类的身上充分发展其全部秉赋的唯一状态。"② 这就把整个人类的历史发展过程归结为由"大自然的隐秘计划"操控的确定目的引领的。这是其目的论的历史哲学的根本理念。康德在《柏林月刊》上发表的《世界公民观点之下的普遍历史观念》（1784）中进一步解释了历史哲学和目的论的基本关系，他提出的首要命题是，"一个被创造物的全部自然秉赋都注定了终究是要充分地并且合目的地发展出来的"，这意味着历史事件的目的论结构首先基于自然的目的论结构，而"这些自然秉赋的宗旨就在于使用人的理性，它们将在人——作为大地之上唯一有理性的被创造物——的身上充分地发展出来，但却只能是在全物种的身上而不是在各个人的身上"。③ 这就由个体的道德实践或伦理活动深入到了整个共同体的层面。概言之，人的自由行动得以

---

① 康德：《判断力批判》，邓晓芒译，杨祖陶校，人民出版社2002年版，第30页。
② 康德：《历史理性批判文集》，何兆武译，商务印书馆1990年版，第15页。
③ 康德：《历史理性批判文集》，何兆武译，商务印书馆1990年版，第3、3—4页。

可能的前提乃是一个普遍法治的公民社会，康德说，"大自然迫使人类去加以解决的最大问题，就是建立起一个普遍法治的公民社会"，因为，"唯有在社会里，并且唯有在一个具有最高度的自由……从而这一自由便可以与别人的自由共存共处的社会里；——唯有在这样的一个社会里，大自然的最高目标，亦即她那全部秉赋的发展，才能在人类的身上得到实现"。① 如此，内部的道德行动就过渡到了外部的法权和"公民社会"，这意味着在整个自然史—社会史的连续发展中，自然目的论最终体现在人的道德行动之上，并进一步上升到建立一种代表世界公民的共同体。这就是整个自然计划的最后目标。由此可见，在康德那里，整个历史的展开乃是目的论多层次的推进和深化，自然意图作为最初也是最终目的，在历史中的实现落实为人逐渐社会化、世界公民化：在个人层面，赋予人理性和自由意志；在人类社会层面，保证个体与他人的自由能够共存；在共同体和共同体的国家关系层面，则确保不同的社会都能实现公民宪政，更大程度上保障每一个个体的自由权利。由是，我们可以把康德的历史哲学概括为历史乃是人类整体自由的实现。康德自信地认为，按照这样一个目的论的历史哲学来观看纷繁复杂、充满矛盾斗争的人类历史，就不会陷入迷茫和困惑，就"能够对于如此纷繁混乱的人间事物的演出提供解释，或者对于未来的种种国家变化提供政治预言的艺术"②。

康德目的论的历史哲学的另一个重要维度是，对人类历史的未来发展持乐观向善的预测。他从自然目的论出发，把人类这个物种的历史发生和演进看成从动物的野蛮状态过渡到自由的人道状态，进而走向完美状态的进步历程。他在1785年《人类历史起源臆测》一文中指出："从以上对于人类最初历史的叙述里，就可以得出结论说：人类之脱离这座被理性所描绘成是他那物种的最初居留的天

---

① 康德：《历史理性批判文集》，何兆武译，商务印书馆1990年版，第8页。
② 康德：《历史理性批判文集》，何兆武译，商务印书馆1990年版，第20页。

堂,并非是什么别的,只不过是从单纯动物的野蛮状态过渡到人道状态,从本能的摇篮过渡到理性的指导而已……不外是一场走向完美状态的进步而已。"①这个历史观显然是进步史观。这一进步史观集中体现为把人类历史总体上看成是根据"天意"(即大自然计划)、逐步向善的历史,他说,"哲学所探讨的一部人类最古老的历史的结论便是这样:应该满足于天意,应该满足于人间事务全体的总进程,这个进程并不是由善开始而走向恶,而是从坏逐步地发展到好"②。可见,康德将人类发展的历史进程看作是人类整体合目的地由自然性迈向道德化(向善)的过程,而且人这种"被创造物的身上的理性,乃是一种要把它的全部力量的使用规律和目标都远远突出到自然的本能之外的能力,并且它不知道自己的规划有任何的界限"③。这里目的论在人类历史发展中,指引着人的理性不断地超越"自然的本能",走向道德、走向善,而没有终止。

康德建立目的论的历史哲学,并非无的放矢,而是有他的现实意图。他在1778年致赫茨的信中祖露心声道,"我的主要目的是:传播善良的、建立在基本原则上的意向,把这种意向巩固在善良的心灵中,并由此为发展禀赋指出唯一合目的的方向"④。他是想要以此目的论历史哲学为导向,强调培养人的理性精神和善良道德,这就推出了他的道德哲学和文化哲学。

首先,他从"人的规定性"出发,提出"实用人类学的总体和人的培养的个性法",使人"受到教化、文明化和道德化",以克服自己身上"那种动物性倾向","积极地在与因他本性的粗野而纠缠着他的障碍的斗争中使自己配得上人性"。⑤这里,最值得重视的是康德提出的"教化、文明化和道德化"的"三化"原则,这是他历

---

① 康德:《历史理性批判文集》,何兆武译,商务印书馆1990年版,第67—68页。
② 康德:《历史理性批判文集》,何兆武译,商务印书馆1990年版,第78页。
③ 康德:《历史理性批判文集》,何兆武译,商务印书馆1990年版,第4页。
④ 康德著,李秋零编译:《康德书信百封》,上海人民出版社2006年版,第59页。
⑤ 康德著,李秋零主编:《康德著作全集·第7卷:学科之争、实用人类学》,李秋零译,中国人民大学出版社2008年版,第320页。

史哲学在道德哲学和文化哲学中的落实和深化。更重要的是，他突出了实施"三化"原则主要通过文化的途径，即我们今天说的以文化人。康德认为，在自然禀赋充分发挥最终迈向人的自由和全面发展的整个历史进程中，最为关键的一环乃是人类从受感性支配的粗野的动物性进入道德义务所支配的自由的实践行动，这个过程就是文化。康德认为，"一个有理性的存在者一般地（因而以其自由）对随便什么目的的这种适应性的产生过程，就是文化（Kultur）"①。在文化（即历史）中，人变得愈发趋近于自由，它与"人对于创造来说就是终极目的"② 是内在一致的，必须在整个目的论系统中才有其意义。其次，以文化人特别要靠"在社会中通过艺术和科学"的方式（手段）③ 来达到，其中，艺术的方式就是审美教育的方式。康德从文化哲学的维度详细阐发了审美活动对人性情的陶冶，由此在整个历史哲学中赋予了美育以极高的地位。人如何得到教化，进入成熟的文化状态离不开审美活动。他说："在一切能力和才能中，鉴赏力恰好是这样的东西，由于它的判断不能通过概念和规范来规定，它最需要的是在文化进展中保持了最长久的赞同的东西的那些榜样，为的是不要马上又变得粗野和跌回到最初试验的那种粗糙性中去。"④ 在此，康德将审美的价值和作用提升到使人摆脱野蛮和蒙昧从而进入文化的地位，着重强调了鉴赏判断和审美活动在整个历史进展和文化形成中的教育意义。实际上，康德从文化角度把审美教育的地位和作用提升到如此的高度，完全不亚于席勒，至少直接给予席勒的美育观念以极为重要的启示。康德对于审美的思考，本质上是思考一种"文化"的教化，它提供给康德一个人的世界的整体实现的希望，进而使他试图以此作为对于人类社会建构的目标与

---

① 康德：《判断力批判》，邓晓芒译，杨祖陶校，人民出版社2002年版，第287页。
② 康德：《判断力批判》，邓晓芒译，杨祖陶校，人民出版社2002年版，第291页。
③ 康德著，李秋零主编：《康德著作全集·第7卷：学科之争、实用人类学》，李秋零译，中国人民大学出版社2008年版，第320页。
④ 康德：《判断力批判》，邓晓芒译，杨祖陶校，人民出版社2002年版，第125页。

方式。就此而言，这仍然可以看作是他目的论历史哲学的一个实践方案。但因为康德严谨地坚守主观性的界限，所以，他的方案还保持在一种对于客观性最终的未到达状态。再次，康德还具体分析了鉴赏判断和审美活动如何起到促进文化的效果。他说，"美的艺术和科学通过某种可以普遍传达的愉快，通过在社交方面的调教和文雅化"[1]，为真正成熟的文化做好准备，因为天才和美的艺术提供了一种"社交性"的典范，从而能够在人的心灵中普遍唤起理性和自由意识。由是，艺术和审美能以社交性的方式陶冶和教化（调教）人，人能够在其中逐渐超越那些动物性的偏好享受，以及不平等的野蛮战争状态，达到"文雅化"。因此，审美和鉴赏对人通往整个历史"向善"的终点而言，具有不可替代的意义。

席勒的美育观根源于其世界历史乃是对人的教化的历史哲学

席勒不但是"审美教育"（die Ästhetische Erziehung）概念的提出者，而且也是西方现代美育理论的创立者。他的美育理论，对当时直至现在西方美育思想的发展，都产生了并继续产生着深远的影响。我们这里主要从历史哲学角度考察席勒美育观的思想基础。

虽然席勒没有系统的历史哲学方面的论著，但他还是有自己独特的历史哲学思想，而且与他的美育观念有密切的关联。在德国古典哲学的历史哲学发展脉络中，席勒构成了推进康德的历史观、影响黑格尔历史哲学的重要人物和中间环节。席勒较黑格尔更早提出了"普遍历史"（Universalgeschichte）[2]的概念。他认为普遍历史处理的是人类历史发展的整体过程，并第一次开创性地提出从当前出发回溯性考察人类过去发生的一切事件的历史学思路，指出："在眼下与人类起源之间，延伸着一条长长的而又环环相扣的事件

---

[1] 康德：《判断力批判》，邓晓芒译，杨祖陶校，人民出版社2002年版，第289页。
[2] 参见席勒在耶拿大学的就职演说《何为普遍历史？为何学习普遍历史？》（"Was heißt und zu welchem Ende studiert man Universalgeschichte"）。

因果链。只有无限的理智才能完全地纵观这些事件，个别的人们都会受制于狭窄的界限。"他同时认为，每个时代的文化、发展水平高低的判定也"只有普遍的世界历史才能给予答案"。① 这样一种以"普遍的世界历史"观念和"以今溯古"的方法来具体考察不同时期的历史、文化的发展，是席勒观念论历史哲学的基本内涵。席勒的历史哲学观念固然有一定的合理性，但是，这种"普遍的世界历史"观却是把精神性的"普遍历史"作为世界历史发展的根本原因，显然是一种唯心史观。

同时，席勒的历史观也沿袭了康德历史目的论的基本结构，但他"以今溯古"的思路却更审慎地将世界历史视为朝向未来的尺度，由此他比康德更多洞见到了世界历史对人的教化（Bildung）作用。如前所述，康德提出"教化、文明化和道德化"的"三化"原则，将其历史哲学落实到道德哲学和文化哲学中，在理论深度上是席勒所不及的，但是，席勒关于人的本质或人道乃是普遍的世界历史培养和塑造的结果的观点却是前人所没有明确提到的。他说："诸君没有人不会从（普遍）历史中受益匪浅。你们未来的职业道路千条万条，它们总会在某处交汇于（普遍）历史。然而，有一项天职，为你们所共享，它随诸君的降生而来到世间：将自己培养成人——（普遍）历史正是对着这样的人言说。"② 这样一种普遍历史的教化观既是历史性的，也是培育、教养性的，将人"培养成人"的命题，具有深刻的辩证性，对于黑格尔、马克思都有重要的启示。席勒将这种普遍历史的教化概括为"虽然不可避免地把个体引向谬误，但是把族类引向真理"，③ 这在很大程度上沿袭了康德"自然的计划"的思想。席勒的美育思想正是根源于这种普遍历史教化哲学，是它在美学上的体现。席勒继承了康德的美学美育思想，并结合时代语境加以转换和发展。在《审美教育书简》中，他按照自

---

① Friedrich Schiller, *Sämtliche Werke*, Band 4, Hanser, 1962: 760, 757.
② Friedrich Schiller, *Sämtliche Werke*, Band 4, Hanser, 1962: 761.
③ 席勒:《席勒美学文集》，张玉能编译，人民出版社2011年版，第236页。

己设定的"要揭露时代性格的有害倾向及其根源"① 的现实批判目标,来揭露现代市民社会的人性分裂和社会分裂的严重状况,揭露现代社会对每个个体的人性的戕害、肢解和撕裂的种种触目惊心的现状:"享受与劳动,手段与目的,努力与报酬都分离了","人永远被束缚在整体的一个孤零零的小碎片上","甚至连把个体联系到整体上去的那个微末的断片部分"也被切断了。② 不过,席勒并没有因此而陷入悲观失望。他明确提出以审美作为解决这一系列分裂的最佳方案。在他看来,通过艺术和审美这种教化方式,最终足以将人类(族类)整体"培养成人",带向人性再完善的道路。

席勒发展了康德论优美中想象力自由游戏的观点,赋予审美以实现人的心灵诸能力和各领域和谐整合的功能。在他看来,审美活动是把意志领域里自己规定自己的自由状态借用到现象领域里去,以这个视角看到被动的现象自由的一面,由此,自由和自然通过美获得整合。席勒进一步把和谐和自由等同起来,自由可以以一种和谐的状态走向现实化,这种整体提升人的精神的教化功能可以通过审美来达到。席勒指出,艺术能强烈地诉诸想象,进而深刻地影响我们的感受,使人们按照理想国家崇高的道德理想来生活。这并非席勒完全天真地以艺术教育代替国家政治的作用,而是他坚信艺术能激发内在于人自身之中的完善性,从而让人得到自我教化。

在席勒"美育"理论奠定之初,其扎根的位置具有本体性的深度,它作为功能性的行动的构成动机,形成了人之为人的根基,即自由及全面与完整的发展,也构成了社会与世界的基本关系。它彰显了西方启蒙时期以来,思想和社会发展的日渐变化所导致的对于理性,对于人、社会、历史的理解的新的范式。

---

① 席勒:《席勒美学文集》,张玉能编译,人民出版社2011年版,第235页。
② 席勒:《席勒美学文集》,张玉能编译,人民出版社2011年版,第234页。

黑格尔在"世界历史是自由意识的进步"的历史哲学基础上的美育观

黑格尔的历史哲学同康德、席勒一样，也是观念论的。它跟席勒关于普遍历史处理的是人类历史发展的整体过程模式相似，也是一种引领历史前行的"具体的普遍东西"，但其理论内涵的深广度远超席勒的历史观。黑格尔将以往的历史哲学概括为"原始的历史学"和"反思的历史学"，而将自己的历史哲学称之为"哲学的历史学"，指出："它是一种具体的普遍东西，是各个民族的一种精神原则和这种原则的历史……这种普遍东西是引领各种事件的灵魂，是墨丘利，是个体、行动和事件的精神向导。理念是各个民族和世界的引导者。精神引导世界，我们想要了解的就是精神的引导。"[①]他的历史哲学强调的是，世界和各民族的大历史是在普遍的精神原则即理念引导下的个体、行动和事件的具体展开。当然，黑格尔的历史哲学并不割裂普遍与具体，他既考察抽象普遍的历史原则，又不脱离具体的人事，即世界大历史中各民族的具体精神，因此真正意义上的世界历史乃是各民族在各个不同阶段按照不同历史原则而行动，不断向前发展的整体。

黑格尔历史哲学的核心理念是自由精神。他认为，历史的起点或历史得以展开的可能乃是自由，历史的进程由自由的各形态所规定，它的目的也是自由。如果说康德将历史的进步视为先于历史展开的自然计划，那么黑格尔则认为历史的发展并不是自然计划外在推动或内在激发的，而是过程本身，概言之，黑格尔并不是从个体或族类的目标或理念来考察历史，而是从历史活动本身来看待历史，而历史发展本身并不是体现为自由，而就是自由。在这一自由理念引导下，哲学的世界历史就是对自由意识贯穿于历史这一事实

---

① 黑格尔：《黑格尔全集·第27卷：世界史哲学讲演录（1822—1823）》，刘立群等译，商务印书馆2014年版，第20页。

的揭示。而黑格尔意义上的自由首先是精神本身的自由，而非国家或个体的自由，但是精神的自由绝不是停留在普遍原则的状态，而是必须在人的活动中得到体现，也唯有通过个体的具体行动，精神才能在历史的展开中返回自身，获得真正的自由。

黑格尔专门论及国家自由与个体自由的辩证关系，认为国家的自由乃是个体自由的限制也是其发展条件，因为国家乃是自由的实现，这是国家的首要规定。与此相联系的是，个人只有在国家中才有成为理性存在者的立脚点。更确切地说，在黑格尔看来，各个民族伦理实体自由程度的高低决定了它在哲学的世界历史之中的地位，而伦理实体自由之真正载体就是国家。可见，黑格尔把国家自由看得比个体自由更高。尽管黑格尔强调了自由在人类行动中的展现，并没有将国家与个人对立起来，但他对国家的重视很容易使人们将他的国家理论和德意志当时的社会政治和历史进程挂钩。而在市民社会和国家的关系中，黑格尔深刻地阐发了现代市民社会（即资本主义社会）造成的人的一系列异化以及个体自由片面和歪曲的发展："在这种工业文化里，人与人互相利用，互相排挤，这就一方面产生最酷毒状态的贫穷，一方面就产生一批富人，不受穷困的威胁，无须为自己的需要而工作，可以致力于比较高尚的旨趣。……但是他也就因此在他的最近的环境里也不能觉得自由自在，因为身旁事物并不是他自己工作的产品。凡是他拿来摆在自己周围的东西都不是自己创造的，而是从原已存在的事物的大仓库里取来的。这些事物是由旁人生产的，而且大半是用机械的形式的方式生产的。"[①] 黑格尔对市民社会的批判无疑充满了人道主义情怀，是对席勒现代性批判思路的继承。同时，黑格尔更注重在历史哲学的宏阔角度分析现代世界产生种种分裂的必然性，因此在深度和力度上又超越了席勒。他说，"只有近代文化教养才把它们推演成为最尖锐最剧烈的矛盾"，"因为从一方面看，我们看到人囚禁在寻常

---

① 黑格尔：《美学》第1卷，朱光潜译，商务印书馆1996年版，第331页。

现实和尘世的有时间性的生活里,受到需要和穷困的压迫,受到自然的约束,受到自然冲动和情欲的支配和驱遣,纠缠在物质里,在感官欲望和它们的满足里。但是从另一方面看,人却把自己提升到永恒的理念,提升到思想和自由的领域","生活和意识之间的这种分裂替近代文化和近代知解力带来了一个要求,就是这种矛盾必须解决"。① 得益于历史哲学坚实的基础,黑格尔更为清醒地指出个体异化的超越并不只依赖审美教育,而是要提升到国家的层面强调审美教育和艺术教育对公民意识的培养。简言之,黑格尔认为个人不能停留于自身的主观性,而要转化到民族的客观性之中,唯有在国家层面接受种种精神教化,才能实现个体的自由,而"国家的本性恰恰就是主观意志与普遍意志的统一,所以各个单个的人已经上升到了普遍性。主观意志上升到了它放弃自己的特殊性的水平"②。就此而言,在国家中,个体与国家之间的斗争与和解也就是整个精神的运动,这种精神寻求自由的发展过程就具体化为世界历史的各个阶段。

除了精神、国家和个体之间的关系,黑格尔还在历史哲学中提出了英雄史观。他认为,世界历史中的个体,即个体的激情能够构成世界历史发展的动力,精神的自由往往要通过英雄和天才的激情和野心得到推动,"恰恰是那些伟大的历史人物、世界史上的人物,把握住了这样一种普遍东西,并使其成为自己的目的。这样一来,他们就可以被称为能创造一种普遍东西的英雄,这东西是他们亲自创造、认识、希求和完成的"③。这其实就是黑格尔著名的"理性之狡计"命题的现实历史的注释。英雄和天才的个体追求利益的野心实际上体现了精神的自由,将特殊利益扬弃到了普遍原则之内。这

---

① 黑格尔:《美学》第 1 卷,朱光潜译,商务印书馆 1996 年版,第 66—67 页。
② 黑格尔:《黑格尔全集·第 27 卷:世界史哲学讲演录(1822—1823)》,刘立群等译,商务印书馆 2014 年版,第 76 页。
③ 黑格尔:《黑格尔全集·第 27 卷:世界史哲学讲演录(1822—1823)》,刘立群等译,商务印书馆 2014 年版,第 66 页。

种英雄史观在肯定伟大人物在历史发展中的重要作用，有时甚至是决定性作用方面，是有其合理性的，但把全部历史发展的动力归结为英雄和天才人物，则完全否定了人民群众才是历史发展的最强大动力，陷入了唯心史观。

在自由、世界历史中的个体、历史在个体的活动中展开的基本架构下，黑格尔的历史哲学分疏了世界历史的划分，精神逐步意识到自由就是历史划分的标准，由此出现了著名的"四个阶段"说，即东方—希腊—罗马—日耳曼，划分这四个阶段的历史原则分别为无对立的缺乏主体性、直接的伦理实体—美、主体性与抽象普遍性的对立、主体性与普遍性的统一。黑格尔由此得出了对历史发展的经典界定："世界历史是自由意识的进步"（Die Weltgeschichte ist der Fortschritt im Bewusstsein der Freiheit）。① 这种自由意识乃是精神对自身的意识，精神的意识通过人的意识而存在，而进步指的是时代精神或历史原则的内在进展。"世界历史是自由意识的进步"的历史哲学进一步展开，就是绝对精神三种基本形态即艺术、宗教、哲学的辩证运动。一方面，只有艺术、宗教、哲学才是精神获得对自身的意识、重新获得自由的活动，艺术也由此获得了崇高的定位，因为艺术作品是"第一个弥补分裂的媒介，使纯然外在的、感性的、可消逝的东西与纯粹思想归于调和，也就是说，使自然和有限现实与理解事物的思想所具有的无限自由归于调和"②，而且，艺术不仅不是理念的空洞显现，它比日常现实世界反而是更高的实在、更真实的客观存在。另一方面，伦理实体的目标是在知识和教育中使国家得到巩固，而艺术、宗教和哲学乃是最重要的教化媒介，使引导已经扬弃了特殊性的公民真正意识到自己是自由的，因此艺术的教化功能不能低估。这里实际上已经涉及黑格尔历史哲学在美学美育理论中的体现和运用。从前面谈论国家与个体的自由问

---

① G. W. F. Hegel, *Vorlesungsmanuskripte II* (1816 - 1831), GW. 18, hrsg von Walter Jaeschke, Felix Meiner, 1995：153.

② 黑格尔：《美学》第 1 卷，朱光潜译，商务印书馆 1996 年版，第 11 页。

题中,我们看到,黑格尔实际上区分了两种自由:国家、政治的自由与艺术、审美的自由,如果说谈论国家民族的自由是政治的自由,那么这里讲美的艺术,则是艺术、审美的自由。他对后者给予充分肯定和高度评价:"美的对象从向外在界的方向转回到它本身,消除了它对其它事物的依存性,对于观照,就把它的不自由和有限变为自由和无限了。"① 正是在这个意义上,黑格尔说出了以下名言:"审美带有令人解放的性质。"② 当然,在黑格尔看来,审美"只是一个解放的阶段,而不是最高的解放本身"③。按照他的绝对精神进展的三个阶段次序来说,最高的解放应该在哲学。但是,黑格尔最终还是对这种审美方式的自由无限性作出了不低于宗教、哲学的更高的评价,他精辟地总结道:"无论就美的客观存在,还是就主体欣赏来说,美的概念都带有这种自由和无限;正是由于这种自由和无限,美的领域才解脱了有限事物的相对性,上升到理念和真实的绝对境界。"④ 黑格尔对艺术、审美和美育的这个评价,可以说达到了至高的程度,他看到并承认艺术"作出了哲学所做的同样的东西",在某种程度上可以与哲学平起平坐了。他在另一处谈到艺术最高使命时也把艺术与宗教、哲学放在了同等高度的地位上:"只有靠它的这种自由性,美的艺术才成为真正的艺术,只有在它和宗教与哲学处在同一境界,成为认识和表现神圣性、人类的最深刻的旨趣以及心灵的最深广的真理的一种方式和手段时,艺术才算尽了它的最高职责。"⑤ 由此我们可以清楚地看到,黑格尔给予审美教育和作为精神自由之审美自由以与宗教、哲学并列的"绝对理念"的崇高地位,而且把"最高职责"的使命赋予它。我认为,这一点,在某种程度上不亚于也不低于席勒对审美教育的崇高评价。

---

① 黑格尔:《美学》第 1 卷,朱光潜译,商务印书馆 1996 年版,第 146 页。
② 黑格尔:《美学》第 1 卷,朱光潜译,商务印书馆 1996 年版,第 147 页。
③ 黑格尔:《精神哲学:哲学全书·第三部分》,杨祖陶译,人民出版社 2006 年版,第 377 页。
④ 黑格尔:《美学》第 1 卷,朱光潜译,商务印书馆 1996 年版,第 148 页。
⑤ 黑格尔:《美学》第 1 卷,朱光潜译,商务印书馆 1996 年版,第 10 页。

至此，黑格尔关于"世界历史是自由意识的进步"历史哲学在他的美学美育理论中得到了充分体现和落实。

黑格尔历史哲学对康德、席勒的超越之处就在于真正将个体的自由引入了历史之中并且合乎逻辑地阐明了个体自由的根据、前提和条件，第一次明确地点明了历史对社会的塑造进而对人的塑造，这乃是黑格尔历史哲学无可替代的重要意义。

历史是人的现实解放的历史哲学是马克思美育思想的奠基石

马克思的历史哲学是从批判黑格尔的整个哲学包括历史哲学入手的。在马克思看来，黑格尔哲学的整个体系是以"纯粹的思辨的思想"开始，而以"绝对知识"或者说以"自我意识的、理解自身的哲学的或绝对的即超人的抽象精神"结束的，整个体系不过是"哲学精神的展开的本质"，是"哲学精神的自我对象化"，而"哲学精神"不过是"在它的自我异化内部通过思维理解即抽象地理解自身的、异化的宇宙精神"。因此黑格尔历史哲学所展示的"全部外化历史和外化的全部消除"，不过是"抽象的、绝对的思维的生产史"，亦即"逻辑的思辨的思维的生产史"。[①] 据此，马克思指出黑格尔历史哲学有着如下的错误：1. "意识的对象"不过是"对象化的自我意识"或"作为对象的自我意识"，无论是"自然界"还是"世界历史"，其本质都被归结为"思想本质"；2. "对象性本身被认为是人的异化了的、同人的本质即自我意识不相适应的关系"，因而，意识对其"外在性"的克服，或者说"重新占有在异化规定内作为异己的东西产生的人的对象性本质"，不仅意味着扬弃"异化"，而且意味着扬弃"对象性本身"。[②] 概言之，马克思认为黑格尔的"自我意识"绝非现实的人本身，而是现实人的思维本质，由

[①] 《马克思恩格斯全集》第2版第3卷，人民出版社2002年版，第317—318页。
[②] 《马克思恩格斯全集》第2版第3卷，人民出版社2002年版，第321页。

此所谓的自由历史、或个体从中得到真正解放的世界历史并非现实的历史，而只是现实历史得以形成的思维前提。这就一针见血地揭示出黑格尔历史哲学的唯心主义本质。

与黑格尔相反，马克思的历史哲学总体上以人的现实解放为宗旨，以"现实的人本身"为出发点。从写作于1843年的《黑格尔法哲学批判》及其《导言》开始，马克思就不同于黑格尔撇开市民社会的物质基础而仅仅从人类精神的一般发展来理解个体自由和国家自由的关系的进路，而是从物质的生活关系入手，由此奠定了唯物史观的基础。而且马克思对黑格尔法哲学和历史哲学所作的批判性重新阐释，实际上是将市民社会确立为现代国家的基础和前提，他明确指出，"私有财产在政治国家中所具有的意义是它的本质的意义、它的真正的意义"，"'无依赖性的私有财产'或'真正的私有财产'不仅是'国家制度的支柱'，而且还是'国家制度本身'"。[①]在此基础上，马克思第一次在《巴黎手稿》中明确道出了现实的历史、现实的人的解放，在本质上乃是，"私有财产的运动——生产和消费——是迄今为止全部生产的运动的感性展现，就是说，是人的实现或人的现实。宗教、家庭、国家、法、道德、科学、艺术等等，都不过是生产的一些特殊的方式，并且受生产的普遍规律的支配"，这是马克思对唯物史观基本原理，即上层建筑和意识形态最终被物质生产普遍规律决定这一原理的最初、最清楚的表述。他接着指出了人的解放的根本性质："因此，对私有财产的积极的扬弃，作为对人的生命的占有，是对一切异化的积极的扬弃，从而是人从宗教、家庭、国家等等向自己的人的存在即社会的存在的复归。"[②]这里要强调的是，唯物史观的正式确立依赖于现实的人，依赖于现实个体的感性生存，《巴黎手稿》中真正以现实的人为出发点的历史哲学展开的逻辑路径，集中体现为：人的自我异化→异化的扬

---

① 《马克思恩格斯全集》第2版第3卷，人民出版社2002年版，第133页。
② 《马克思恩格斯全集》第2版第3卷，人民出版社2002年版，第298页。

弃→人的解放。马克思认为,在资本主义条件下,工人要消灭异化劳动造成的资本家与工人之间的奴役与被奴役关系,唯有诉诸于人(类)的解放,"因为工人的解放还包含普遍的人的解放;其所以如此,是因为整个的人类奴役制就包含在工人对生产的关系中,而一切奴役关系只不过是这种关系的变形和后果罢了"①。马克思的唯物史观正是沿着现实的人的解放的逻辑路径自然而然地推出的,而历史作为人现实解放的历史正如马克思所强调的,"任何解放都是使人的世界和人的关系回归于人自身。……只有当现实的个人把抽象的公民复归于自身,并且作为个人,在自己的经验生活、自己的个体劳动、自己的个体关系中间,成为类存在物的时候,只有当人认识到自身'固有的力量'是社会力量,并把这种力量组织起来因而不再把社会力量以政治力量的形式同自身分离的时候,只有到了那个时候,人的解放才能完成"。② 而人的解放在历史中的具体实现被马克思概括为消除异化,这种对异化的消除也构成了政治革命、政治解放和人的解放这一世界历史的总目标。马克思认为,政治革命把市民社会从封建主义下解放出来,政治解放同时也是同人民相异化的国家制度即统治者的权力所依据的旧社会的解体,因此整个人类解放的现实历史以人道主义为价值尺度,从而真正实现对资本主义阶段异化劳动的扬弃,最终达到"通过人并且为了人而对人的本质的真正占有"③ 的共产主义运动的现实目标。

马克思首次把人类的全部活动概括为"劳动"(异化劳动),认为"全部人的活动迄今为止都是劳动,也就是工业,就是同自身相异化的活动",但是,在现实中人们"总是仅仅从外在的有用性这种关系来理解,因为在异化范围内活动的人们仅仅把人的普遍存在,宗教或者具有抽象普遍本质的历史,如政治、艺术和文学等等,理解为人的本质力量的现实性和人的类活动。在通常的、物质

---

① 《马克思恩格斯全集》第2版第3卷,人民出版社2002年版,第278页。
② 《马克思恩格斯全集》第2版第3卷,人民出版社2002年版,第189页。
③ 《马克思恩格斯全集》第2版第3卷,人民出版社2002年版,第297页。

的工业中……人的对象化的本质力量以感性的、异己的、有用的对象的形式,以异化的形式呈现在我们面前"。①马克思这段话的意思是,"在异化范围内活动的人们"没能超越"外在的有用性"狭隘视域和认知,他们只是把宗教、政治、艺术、文学等等人的意识、精神活动看成为"人的普遍存在"、对象化的"人的本质力量的现实性",而没有看到更为基础性的"物质的工业"劳动,没有把这些精神劳动"理解为工业的一个特殊部分",即理解为以物质劳动为基础的整个工业的一个特殊部分。这实质上是以一种否定方式再次表述了唯物史观和人类现实解放的基本主张。马克思主张不但要在思想上(对黑格尔的继承)而且要在实践行动上对异化劳动的现实进行积极的扬弃(对黑格尔的超越):对异化的扬弃"只有通过付诸实行的共产主义才能完成。要扬弃私有财产的思想,有思想上的共产主义就完全够了。而要扬弃现实的私有财产,则必须有现实的共产主义行动。历史将会带来这种共产主义行动",虽然"那正在进行自我扬弃的运动,在现实中将经历一个极其艰难而漫长的过程",但这是不可阻挡的历史趋势。②这里,私有财产在整个人类现实解放的历史中起到了过渡性中介作用,体现为"人的自我异化的积极的扬弃"③。共产主义"以扬弃私有财产作为自己的中介","只有通过对这种中介的扬弃——但这种中介是一个必要的前提",④才能真正对异化劳动积极地扬弃,才能重新占有被异化了的人的本质。由此,共产主义就是"人以一种全面的方式,就是说,作为一个总体的人,占有自己的全面的本质"⑤。由此可见,马克思的历史哲学,本质上就是实践的唯物主义即唯物史观,以及在此基础上彻底消除人的异化、实现人的现实解放的共产主义的主张。

---

① 《马克思恩格斯全集》第2版第3卷,人民出版社2002年版,第306—307页。
② 《马克思恩格斯全集》第2版第3卷,人民出版社2002年版,第347页。
③ 《马克思恩格斯全集》第2版第3卷,人民出版社2002年版,第297页。
④ 《马克思恩格斯全集》第2版第3卷,人民出版社2002年版,第331页。
⑤ 《马克思恩格斯全集》第2版第3卷,人民出版社2002年版,第303页。

马克思对德国古典美育思想的革命性超越

我们认为，马克思总体上以唯物史观为指引，从经济学、哲学高度，对德国古典哲学美学，包括美育思想实现了全面的革命性的超越。

第一，马克思关于培养自由而全面发展的个人作为共产主义最终目的的学说是对康德"人是目的"思想的超越。康德的目的论历史哲学的出发点是"人是目的"，这是康德一以贯之、终身不变的最高理念。他的实用人类学从"人的规定性"出发，提出"总体和人的培养的个性法"，使人"受到教化、文明化和道德化"的"三化"教育，即文化教育，目的是以文化人，使人在文化（即历史）中，特别是在艺术和审美中，变得愈来愈趋近于自由。康德目的论的另一层思想是，把人的自由和全面发展看成是作为"天意"的"自然的隐秘计划"在人类身上的逐步实现。马克思从唯物史观出发，其共产主义学说的核心主张是，把培养、塑造"自由而全面发展"的个人和建设由这样的个人组成的人类共同体，看作是批判和推翻资本主义私有制，解放全人类，建设未来共产主义社会形式的最高理想和终极目标。这个终极目标，当然也是整个教育，包括审美教育的根本目标。马克思指出，"如果抛掉狭隘的资产阶级形式"，那么，财富就"正是在普遍交换中造成的个人的需要、才能、享用、生产力等等的普遍性"，"正是人的创造天赋的绝对发挥"，他强调，"这种发挥，除了先前的历史发展之外没有任何其他前提，而先前的历史发展使这种全面的发展，即不以旧有的尺度来衡量的人类全部力量的全面发展成为目的本身。在这里，人不是在某一种规定性上再生产自己，而是生产出他的全面性"。① 这段话的关键点是，要以面向未来的新的尺度，而不是资本主义"旧有的尺度"来

---

① 《马克思恩格斯全集》第 2 版第 3 卷，人民出版社 2002 年版，第 347 页。

衡量"人类全部力量的全面发展成为目的本身"。这里，马克思在资本主义高度发展的时代，提出要抛弃把发展生产力和积累财富，即追逐剩余价值的最大化作为最终目的的旧有尺度，而把人自身的精神文化建设，即人的全面发展作为目的本身。这个超越时代的远见卓识，既是对德国古典哲学美学中康德"人是目的"思想有所继承，更是在唯物史观基础上有新突破、新发展：一是颠倒了康德"天意"的"自然的计划"论的唯心史观。在《资本论》中，马克思结合对资本主义生产方式和生产力发展的现实考察，揭示出个人的全面发展的现实经济基础，他指出，生产力或一般财富的普遍发展、交往的普遍性，以及世界市场构成了"个人全面发展的可能性"的基础，这样"个人的全面性不是想象的或设想的全面性，而是他的现实关系和观念关系的全面性"。① 这就有力地论证了，人的自由和全面发展的现实基础是，推翻资本主义私有制，扬弃异化，通过共产主义运动实现人（类）的解放。二是超越康德仅仅把精神性的文化和教化作为培养人的全部手段，而把"抛掉狭隘的资产阶级形式"，通过社会化的物质生产劳动，"生产出他的全面性"作为精神文化生产的根本前提。当然，马克思同样重视对人的思想精神的教育教化，包括艺术和审美文化的培育。

第二，马克思的历史唯物主义的自由观是对席勒自由观的审美乌托邦主义的超越。席勒多处把美育的根本属性界定为自由性，他说，只有在审美状态中，心灵才能获得了自由，而且是"摆脱了一切强制的最高程度上自由"②。在此，席勒把审美自由看成高于一切其他方式获得的自由。这是席勒自由观的核心。席勒论自由几乎全部在审美活动的范围内进行，即使论及政治自由时，也没有脱离这个范围。而在对于审美自由的全部论述中，他始终强调审美是对感性与理性、知性与意志、自然与道德、欲望与思维等等两极对立方

---

① 《马克思恩格斯全集》第46卷下册，人民出版社1980年版，第36页。
② 席勒：《席勒美学文集》，张玉能编译，人民出版社2011年版，第270页。

面的有限性、片面性和强制性的消除和调和，达到心灵自由游戏的状态，从而实现"作为自由游戏的对象面面相对"，"把自由完全归还给人，使人能够成为他所应该是的东西"。① 在此，审美王国的基本法则就是"通过自由来给予自由"。② 在席勒那里，自由是人之为人的本质特征，而只有审美能够使人在现实中被剥夺的自由"归还"给人。他完全没有考虑不通过社会革命，彻底铲除剥夺人的自由的资本主义制度，而单靠审美，现实的人根本不可能获得真正的自由。显然，席勒的自由观具有空想的性质，是典型的审美乌托邦主义。马克思关于自由的论述是在政治经济学视域下，在批判资本主义异化劳动剥夺人的这种与生俱来自由本质的整体格局中展开的，是对席勒审美乌托邦主义的根本超越。在马克思看来，在阶级社会，特别是资本主义社会中人类这种普遍的自由被异化了，被分解为不同阶级的对立的自由。他强调，只有消灭了资产阶级的自由以及滋生它的资本主义生产关系，才能实现无产阶级即全人类每个人的个性和自由。他强调指出，自由王国开始于"由必需和外在目的规定要做的劳动终止的地方"，资本主义社会中工人的谋生劳动就是外在目的规定的劳动，就是为谋生需要的强制劳动即异化劳动，工人的剩余劳动大部分作为剩余价值被资本家掠夺和占有，他们的劳动只能是不自由的。工人要获得真正的自由，只能消灭资本主义私有制，消灭异化劳动，而不可能像席勒那样仅仅靠审美和美育使人获得自由。当然，马克思并不认为仅仅靠物质生产领域和经济制度的变革就能实现完全的自由。他说，真正的自由王国只"存在于真正物质生产领域的彼岸"，即精神生产领域，"在这个必然王国的彼岸，作为目的本身的人类能力的发展，真正的自由王国，就开始了"。③ 这种精神生产，集中体现为人类自身的自由本质和诸种精神能力的自由发展成为目的本身，而不再降低为手段或工具。这

---

① 席勒：《席勒美学文集》，张玉能编译，人民出版社2011年版，第271页。
② 席勒：《席勒美学文集》，张玉能编译，人民出版社2011年版，第293页。
③ 《马克思恩格斯全集》第25卷下册，人民出版社1974年版，第926—927页。

也是马克思为审美教育确立的根本目的,即人以全面塑造和提升自身的精神素质和自由全面发展的能力为目的。这也是马克思对康德"人是目的"观念的更高层面的超越。

第三,马克思自由劳动时间论是对席勒"审美无时间规定"论的超越。席勒认为,审美状态是一种摆脱了时间的具体规定性而对人的本质力量的整体开放的有益状态,他说,"唯有在审美状态中,我们才感到我们好像挣脱了时间;我们的人性才纯洁而完整地表现出来,仿佛它还没有由于外在力量的影响而受到任何损害",而一切其他状态都是在时间中的、因而是有限的,都会"给心灵设立了一种特殊的界限;唯独审美的训练把心灵引向无限制境界"。^① 所以,"要超越人的有限性",唯有通过审美教育和训练,才能帮助人挣脱在现实中有限的时间状态的束缚,回归完整、全面的人性状态。这就是席勒通过"审美无时间规定"论开出的美育有助于培养人性自由完善、全面发展的药方。这是他审美乌托邦主义的另一种表现。马克思论自由王国问题时提出了"自由劳动时间"的全新概念。他论述了共产主义社会中真正自由的劳动的经济学性质,指出:"个性得到自由发展,因此,并不是为了获得剩余劳动而缩减必要劳动时间,而是直接把社会必要劳动缩减到最低限度,那时,与此相适应,由于给所有的人腾出了时间和创造了手段,个人会在艺术、科学等等方面得到发展。"^② 这就是说,在共产主义条件下,最大限度缩减必要劳动时间,不是像在资本主义社会中那样,为了更多地获得和剥夺劳动者的剩余劳动,而是给劳动者(主体)腾出自由时间,以自由全面地发展他们的个性。马克思区分了自由时间在资本主义社会和未来共产主义社会中的相反作用:在资本主义社会中,"资本的不变趋势一方面是创造可以自由支配的时间,另一方面是把这些可以自由支配的时间变为剩余劳动"^③,进而变为榨取

---

① 席勒:《席勒美学文集》,张玉能编译,人民出版社2011年版,第272—273页。
② 《马克思恩格斯全集》第46卷下册,人民出版社1980年版,第218—219页。
③ 《马克思恩格斯全集》第46卷下册,人民出版社1980年版,第221页。

工人的剩余价值。而在共产主义社会中，自由时间却超越了谋生劳动所必需的社会必要劳动时间，成为人的自由个性和全面发展的实现条件。这种自由劳动时间，无限扩大了每个人的活动范围和领域，取消了活动的专门化、片面化，达到了活动的多样性、全面性；而且这种活动不是纯物质性的，而是具有精神性和消闲（或休闲）性，其中艺术和审美占有举足轻重的地位；这种自由劳动时间能够保证每个个体的艺术才能充分发展，资本主义条件下艺术家受到职业发展的局限和对分工的依赖现象不复存在，艺术天才集中于个别人、而广大群众的艺术天才受到压抑状况也得到彻底改变，展示出人人的艺术天才都得到充分发展，人人都成为艺术家，成为艺术创作的多面手的美好前景。这就远远超越席勒局限于精神领域的"审美无时间规定"论的狭隘视域，体现出唯物史观观照下的"自由劳动时间"论的广阔新视野，以及对审美教育的方向性引领。

第四，马克思对资本主义现代社会异化劳动造成的社会和人性的分裂的批判，超越了席勒对人性分裂的揭露和黑格尔对市民社会的批判。前面我们已经引证了席勒"揭露时代性格的有害倾向及其根源"的有关论述，主要是他对现实社会人性分裂的批判。在某种意义上，可以说席勒提出审美教育的主张，归根到底是为了弥补和克服这种人性分裂的现状。我们也引证了黑格尔对市民社会（即资本主义社会）造成的人的一系列异化以及个体自由片面、歪曲发展的犀利批判，他的批判起点高，剖析了现代世界产生种种分裂的必然性，在深广度上超越了席勒。这些批判当然是很有价值的，但还是有局限的，没有能够从社会制度根本变革的高度进行批判。马克思就完全不同。他在《巴黎手稿》中，用异化劳动理论尖锐地批判资本主义"私有制使我们变得如此愚蠢而片面，以致一个对象，只有当它为我们拥有的时候，也就是说，当它对我们说来作为资本而存在，或者它被我们直接占有，被我们吃、喝、穿、住等等的时候,总之,在它被我们使用的时候,才是我们的"①。他指出,在资本主义生产方式下,工人的劳动与他们自己的能力——生产力之间发生了分裂,"和这些生产力相对立的大多数个人,这些生产力是和他们分离的,因此这些个人丧失了一切现实生活内容,成了抽象的个人"②;异化劳动的片面性"把工人变成畸形物","成为某种局部劳动的自动的工具",造成"把人说成只是人身体的一个片断这种荒谬的寓言就实现了"。③ 马克思下面这段话最为经典,他指出:资本主义异化劳动使工人降低为奴隶,甚至降低为动物,"他创造价值越多,他自己越没有价值、越低贱;工人的产品越完美,工人自己越畸形;工人创造的对象越文明,工人自己越野蛮;劳动越有力量,工人越无力;劳动越机巧,工人越愚钝,越成为自然界的奴隶"④。这种异化劳动造成工人物质和精神的双重丧失,使人的"一切肉体的和精神的感觉都被这一切感觉的单纯异化即拥有的感觉所代替。人的本质必须被归结为这种绝对的贫困"⑤。马克思这样一种深刻批判基于唯物史观,不但远远超越了席勒局限于精神领域对人性分裂的批判,而且也大大超越了黑格尔的批判,因为黑格尔对市民社会一系列现实矛盾的揭露局限于"近代文化和近代知解力"的角度,认为"只有近代文化教养才把它们推演成为最尖锐最剧烈的矛盾"⑥。黑格尔把社会现实矛盾归结为文化教养的精神性原因,无疑陷入了唯心史观。

第五,马克思关于个体和人类共同自由发展的理想是对康德、席勒偏重于"族类"发展思想的超越。康德从其基于自然的目的论即"自然的计划"出发,强调人的自然禀赋通过人的理性,将在人的身上充分地发展出来,但只能是在全物种的身上而不是在各个人

---

① 《马克思恩格斯全集》第42卷,人民出版社1979年版,第124页。
② 《马克思恩格斯全集》第3卷,人民出版社1960年版,第75页。
③ 《马克思恩格斯全集》第23卷,人民出版社1972年版,第399页。
④ 《马克思恩格斯全集》第42卷,人民出版社1979年版,第92—93页。
⑤ 《马克思恩格斯全集》第42卷,人民出版社1979年版,第124页。
⑥ 黑格尔:《美学》第1卷,朱光潜译,商务印书馆1996年版,第66页。

的身上。在他看来,这种自然目的论必须在社会共同体即"普遍法治的公民社会"中,才能在人类的身上得到实现,即只有在作为"种族"的人类身上而不是个体身上才能得到实现。席勒在很大程度上沿袭了康德"自然的计划"的思想,其普遍历史的教化哲学同样偏重于族类而不是个体。黑格尔历史哲学对康德、席勒的超越之处就在于真正将个体的自由引入了历史之中并且合乎逻辑地阐明了个体自由的根据、前提和条件,这是黑格尔的一个重要推进。马克思的共产主义学说对个体和社会共同体(联合体)的自由发展作了极为辩证、精辟的论述。如果说在《巴黎手稿》中,马克思偏重于论述作为人的类本质的自由发展,那么,到了《共产党宣言》中,他已经把人的自由本质落实到每个个体身上,强调共产主义社会"将是这样一个联合体,在那里,每个人的自由发展是一切人的自由发展的条件"。① 一切个人的自由发展,必须要有一切人的"团结一致以及在现有生产力基础上的个人的共同活动方式","因为它本身就是个人自由发展的共同条件"。② 在马克思看来,如果没有每个个人的自由,一切人的自由也是不可能的,个人自由如果淹没在所谓类的普遍自由中,实际上也就同时丧失了这两种自由。这一点,显然是对康德、席勒偏重于"族类"发展思想的创造性超越,同时,也是在历史观高度上,对黑格尔承认个体自由思想的辩证性超越。

需要特别强调的是,马克思对德国观念论美育思想的革命性超越,立足于他把"环境的改变和人的活动或自我改变"归结为"革命的实践",③ 他把推翻旧制度的社会革命与工人阶级自身的精神建设统一起来,指出,"革命之所以必需,不仅是因为没有任何其他的办法能推翻统治阶级,而且还因为推翻统治阶级的那个阶级,只有在革命中才能抛掉自己身上的一切陈旧的肮脏东西,才能胜任重

---

① 《马克思恩格斯选集》第1卷,人民出版社2012年版,第422页。
② 《马克思恩格斯全集》第3卷,人民出版社1960年版,第516页。
③ 《马克思恩格斯文集》第1卷,人民出版社2009年版,第500页。

建社会的工作"。① 这就从根本上把康德、席勒、黑格尔等三人的唯心主义历史哲学模式及其美育观颠倒过来,指明了人的解放包括精神解放的现实道路。

以上五点,我们初步论述了马克思根源于唯物史观的美育思想,对于康德、席勒、黑格尔等三人的观念论历史哲学模式及其美育观所作的深刻批判,指出这种批判彻底否定和颠倒了他们历史观和美育观的唯心主义基础,从而实现了在唯物史观基础上对德国古典美学美育思想的革命性超越。从这几方面我们可以看到,马克思以人的现实解放为根本目标的历史哲学,实际上也设定了审美教育的根本目的,那就是通过审美和艺术鉴赏,培养人的审美能力和素养,塑造和改善人的美好心灵,全面提升人自身的精神文明素质和自由而全面发展的能力。这对于我们今天在立德树人、铸根塑魂总目标下开展全社会的美育工作有极大的启示和指导意义。②

(原载《学术研究》2022 年第 4 期)

---

① 《马克思恩格斯文集》第 1 卷,人民出版社 2012 年版,第 543 页。
② 本文系国家社科基金重大项目"西方美育思想史"的阶段性成果。

美育的人格化动因
——荣格对《美育书简》的心理类型学解读

饶 静◆（中国人民大学文学院）

荣格曾明确提出，外倾和内倾这两种基本心理类型的区分曾受惠于席勒有关天真与感伤之诗的论述①。席勒对荣格的影响是一个持续性的过程②，在1921年出版的《心理类型》一书中，荣格以专章讨论了《美育书简》，并以"内倾思维"这一心理类型学视角解读了席勒的人格奥秘和美育理想，据此探讨了人类心理类型的差异及其对文明的影响与塑造。在《美育书简》中，席勒以审美状态弥补感性与知性断裂，以游戏冲动调和感性冲动与形式冲动，提供了审美教育的经典范例，也折射着德意志审美教化观念的变迁。因而，《美育书简》包含了两条审美教化之路，一是隐性的人格转化之路，一是显性的艺术教育之路。这两方面并非泾渭分明，却导致

---

① 荣格指出，席勒有关天真和感伤之诗的论述为艺术心理学提供了基本模式，心理学家将"感伤"艺术视为内倾，"自然"艺术视为外倾，内倾态度是主体坚持自觉的意图和目的，外倾态度则是主观服从客观需要。参见荣格《分析心理学与文学之间的关系》，载《人、艺术与文学中的精神》，美国权译，国际文化出版公司2011年版，第91—92页。另可参见 "A Poet's Intuition: Schiller's Anticipation of C. G. Jung's Psychology in Über naive und sentimentalischeDichtung," in A. Ugrinsky (ed.), *Friedrich Schiller and the Drama of Human Existence*, Greenwood, 1988: 119-128。

② 在早期阶段（1901—1909），荣格发现在词语联想测试中，他的一些病人都采纳了席勒的诗歌。在中期阶段（1911—1925），荣格将力比多视为心理能量的看法，以及对审美和象征的划分就来自席勒。在成熟阶段（1930— ），荣格深入挖掘了席勒的类型学思想及其对人格的重视，文化最高成就就是人格。Cf. Paul Bishop, *Analytical Psychology and German Classical Aesthetics: Goethe, Schiller and Jung*, Routledge, 2008: 92-95。

了当今美育问题的模糊性。首先，审美和艺术教育常常遗忘了美育的人格化动因；其次，如果人格教化的方向仅仅奠定在启蒙主体的正当性基础上，美育还能否实现人格转化的内在目标呢？

荣格高度肯定了席勒对人格的坚持，但席勒对人格的理解奠基于先验主体的构型意志之中，他的审美调和论主要依赖理性主体的自主性，并以审美理念剥夺了诸神意象的象征潜能。荣格则强调理念的象征本源，他从心理机能整合角度赋予诸神意象以重要价值，朝向诸神复归就是个体与内在自性原型发生整合的心理进程，也是人格完善的自然进程。以整全人格治愈为目标，荣格的分析心理学也包含了人格教化的路径，本文将简要评述荣格对席勒美育思想的解读与诊断，并从主体转化的角度阐明审美教化的人格化动因。

外倾与内倾：天真与感伤之诗的心理类型学价值

《论天真的诗和感伤的诗》的出版略晚于《美育书简》，这篇文章的核心就是"自然"，自然是完满理想的象征。诗人与自然的关系，在这句断言中得到了充分体现，即"诗人要么现在就是自然，要么他将去寻觅它。前者成为天真的诗人，后者成为感伤的诗人"①。天真与感伤之诗的划分在席勒的思想架构中创建了一套动力学模式，以及直接性的自然理想。这一划分同时包含着历史分期，"老诗人通过自然、通过感性的真理、通过活生生的现实感动我们；现代诗人通过思想感动我们"②。老诗人与现代诗人的区别通过"活生生的现实"和"思想"的差异得以确立，这一区分原则包含着主体和客体的关系，老诗人是天真诗人，依赖、认同并模仿客体，与对象具备先天的同一性，圆融无碍的感知与生俱来；现代诗人则是

---

① 席勒：《论天真的诗和感伤的诗》，载张玉书选编《席勒文集·6·理论卷》，张佳钰、张玉书、孙凤城译，人民文学出版社2005年版，第101页。
② 席勒：《论天真的诗和感伤的诗》，载张玉书选编《席勒文集·6·理论卷》，张佳钰、张玉书、孙凤城译，人民文学出版社2005年版，第101页。

感伤诗人,以抽象和反思的态度对待客体。

更进一步,席勒将天真/感伤推进到人类心理整体角度,天真是一种原初的自然状态,感伤则是天真失落之后的文化状态。由此,席勒触及了两种对抗型的心理机制,也直接启发了荣格对内倾和外倾的划分。内倾规定客体,将形式赋予客体,外倾则追随客体,以客观性为目标。简言之,天真就是外倾,带有随物赋形的自如,感伤是一种内倾态度,具备强烈的赋形意志。① 天真与感伤,外倾与内倾,诗学问题可以追溯至内在的心理动因,这并不是荣格的发明,也是一直困扰席勒的问题。② 经由席勒的高度概括,"天真"既是令人倾慕的自然理想,也是人类身心健康平衡的表达,如其所言:"我们对自然的感情与病人对健康的感受相似。"③ "我们"就是那些深受感伤之撕裂的人们,失落自然的"我们"缘何成了病人?病人对健康和自然的渴望也是隐含于《美育书简》恢宏主题之下的内在动因,即感伤之人如何重获自然和天真,并开启自由的道路,这条道路不仅包含着个体人格的完善之路,更与社会共同体的教化理想休戚相关。

《美育书简》继承了德意志的教化理想,目标是理想人格的养成,人格能够超越流变时间,是人性与社会进步的根基。不过,席勒在时代的性格中发现的却是冲突与混乱,人们要么沦为粗野,要么变得懒散和堕落,对现时代病态性格的诊断也伴随着对希腊健全性格的回顾:"希腊人所获得的形式是来自把一切联合起来的自然本性,而现代人所获得的形式是来自把一切分离开来的知性。"④ 席

---

① C. G. Jung, *Psychological Types*, trans. By H. G. Baynes, Princeton University Press, 1971: 436-437.

② 席勒哲学和美学思想的形成都受到了青年时期习医经历的塑造,其理论内容也是当时医学内容的创造性拓展。有关这一主题,可参见 Dewhurst and Nigel Reeves, *Friedrich Schiller: Medicine, Psychology and Literature*. Sandford Publications, 1978: 347.

③ 席勒:《论天真的诗和感伤的诗》,载张玉书选编《席勒文集·6·理论卷》,张佳钰、张云书、孙凤城译,人民文学出版社2005年版,第95页。

④ 席勒:《美育书简》,徐恒醇译,社会科学文献出版社2016年版,第53页。

勒对知性的理解来自康德，知性既是先验逻辑的前提，也是经验合法性依据，是范畴与形式认知的重要功能。然而，当文化将权威交付给知性来裁断，知性就篡夺了感性世界的权威，切割了人类经验，造成了感受和思考之间的不一致。这正是文化给现代人性制造的创伤，现代受制于知性的切割，希腊则体现为自然本性的联合，希腊成了自然与天真理想的历史投射，席勒援引有机体隐喻①来阐明希腊城邦的完美，他甚至认为审美教育应将"仁慈的神灵把婴儿及时地由母亲的怀中夺走，用更好的时代的乳汁来喂养他，并让他在遥远的希腊天空下达到成熟"②。此时，席勒也完全沉浸于德意志作家的"希腊图景"③中，将希腊视为补救现代感性分裂的良药。

荣格几乎完全同意席勒进行的文化诊断，文化是一把双刃剑，既能培育也能毁灭人格。他又深化了这一论述，因为文化给人类造成的创伤，是结果而非原因，创伤的根源在于人类心理机能（psychology function）的分化。自然本性与知性的对立，感受与思考之间的不一致，这些盘旋在席勒思考中的认识论问题都被荣格心理学化了。所谓心理机能，就是在不断变化的情境中，"始终保持稳定不变的确定的心理活动形式，从能量的角度来看，机能就是力比多的一种表现形式"④。人类心理机能的分化过程极为缓慢，自我意识的诞生是最重要的飞跃，脱胎于无意识的意识逐渐与自我一起构成了相对超然和独立的系统，以适应本能冲动与外在环境的双重

---

① "在希腊城邦中，每个人都享受着一种独立的生活，到了必要时可以变为一个整体。希腊城邦的这种水螅式的本性现在却变为一种精巧的钟表结构，其中由无限众多的却无生命的部分组成一种机械生活的整体。"席勒：《美育书简》，徐恒醇译，社会科学文献出版社2016年版，第54页。

② 席勒：《美育书简》，徐恒醇译，社会科学文献出版社2016年版，第71页。

③ 17世纪晚期的德国启蒙运动试图剥夺基督教正统信念结构，德意志希腊研究的内在逻辑就是反基督教的启蒙、审美意识和反罗马—拉丁文化的德国意识，温克尔曼的希腊认同和希腊图景确立了理想的文化类型，希腊被认为是德国失落了的精神原型，体现着自然的教化理想。参见高艳萍《温克尔曼的希腊艺术图景》，北京大学出版社2016年版，第226—235页。

④ C. G. Jung, *Psychological Types*, trans. by H. G. Baynes, Princeton University Press, 1971: 436-437.

要求，在自我意识的定向过程中，对内在与外在世界的适应性也逐渐转变为控制。① 因此，自我意识成为优势机能（superior function）的主导者，它代表着意识人格的目标、意志以及成就的体现，劣势机能（inferior function）则是经常被遗忘与牺牲的心理能量，在一般情况下仍处于意识层面，但在神经症状态下，却会退行为无意识领域的散兵游勇，从而与意识态度格格不入。

意识与无意识的分化是心理机能分化的初级阶段，其中思维和情感属于意识层面的理性机能，感觉和直觉更接近于无意识层面的非理性机能。② 优势机能与劣势机能的对峙则加剧了整体心理机能的割裂。分化后的心理机能在个体身上并没有获得同等的发展机遇，其中，优势机能与内倾或外倾结合，就构成了迥然不同的心理类型。荣格认为，席勒就是"内倾思维型"（introverted thinking type）的代表，③ 这一心理类型受制于理念，占据主导地位的心理机能是思维，但其强烈的理性色彩并未牺牲他的诗人直觉，而转以情感为代价。直觉和思维成为席勒的优势机能，感情与感觉则退化为劣势机能。就此而言，"感伤"既是席勒本人心理机能分化的结果，导致了感觉和思考的不一致，也是内倾思维这一心理类型投射出来的集体心理景观。

天真与感伤之诗的划分就是席勒对感受与思考之心理冲突的诗学表达，在《美育书简》中，这种分裂似乎能够被审美许诺的调和

---

① Cf. Erich Neumann, *The Origins and History of Consciousness*, trans. by R. F. C. Hull, Princeton University Press, 2014: 261-314.

② C. G. Jung, *Psychological Types*, trans. by H. G. Baynes, Princeton University Press, 1971: 130. 有关情感与感觉的区分，荣格受到了威廉·冯特的影响，感觉是杂多的，而情感则具有整一性，情感是感觉的方向，实乃意义和价值之源。参见 Margaret Floy Washburn, "Wundtian Feeling Analysis and the Genetic Significance of Feeling," *The Philosophical Review*, Vol. 14, No. 1, 1905: 21-29.

③ 荣格指出，以内倾思维的心理类型学视野来解读席勒的著作，可能会为他的著作增加一个外在的结构，不过这一结构却表明特定的思想类型和表述方式都被内在的心理结构所决定。这种心理结构既包含着个体特征，也是集体文化精神的折射。Cf. C. G. Jung, *Psychological Types*, trans. by H. G. Baynes, Princeton University Press, 1971: 69.

所敉平,但在《论天真的诗和感伤的诗》中,席勒其实默许了分裂,接受了感伤,他将自我认同为一名感伤诗人。① 于是,我们可以观察到席勒思想的一个基本矛盾,尽管他视自然为最高价值,却坚持认为人类通过文化达到的目标优越于通过自然达到的目标,即"一个是因绝对地达到一个有限值而获得其价值的,另一个则是依靠接近一个无限值而获得其价值的"②。天真安居于有限之中,感伤则是无限的,现代诗人以无限理想置换了有限,无限优越于有限,自然是起源和目标,感伤却是进步的。尽管美、天真和自然代表着人类的直接性理想,席勒也不断地将这种理想投射到古希腊世界图景中,但他仍然坚持尊严、感伤乃至分裂的价值高于前者,因为后者蕴含着人类自由意志的凯旋和受难之音。就此而言,"自然"在席勒的思想图谱中与其说是理想,不如说是微妙的竞争对手,自然始终是感伤应该超越的有限目标。相比于阿波罗式的适度原则,他更心仪于浮士德式的无限进取意志。于是,尽管席勒不断地求助于希腊式的审美理想,古希腊诸神却从未现身:"那一切花朵都已落英缤纷,/受到一阵阵可怕的北风洗劫;/为了要抬高一位唯一的神,/这个多神世界只得消灭。/我望着星空,我在伤心地找你,/啊,塞勒涅,再不见你的面影;/我在树林里,我在水上呼唤你,/却听不到任何回音!"③

荣格接受了席勒的文化诊断,不过他并没有被"希腊理想"所迷惑,作为自然理想的投射,希腊不仅不是解决路径,反而是一种

---

① 1829年,歌德出版了他与席勒的通信集,在两人的通信中,就可以观察到两种极为不同的个性:"素朴的作家——歌德即这样——可以毫无顾忌地与自然打交道,不必惊恐不安,为它所承载,他表现它。感伤的作家就不一样,席勒认为他自己就是这样一个作者——他思考,他在让事物来到他面前之前把它们安排好。"参见吕迪格尔·萨弗兰斯基:《歌德与席勒:两位文学大师之间的一场友谊》,马文韬译,生活·读书·新知三联书店2017年版,第13—14页。
② 席勒:《论天真的诗和感伤的诗》,载张玉书选编《席勒文集·6·理论卷》,张佳钰、张玉书、孙凤城译,人民文学出版社2005年版,第103页。
③ 席勒:《希腊的群神》,载张玉书选编《席勒文集·1·诗歌小说卷》,钱春绮、朱雁冰译,人民文学出版社2005版,第43页。

症状，向远古求助的回溯精神恰恰是心理片面的体现：

> 诗人所意指的并不是古希腊人，而是我们自身的古老异端（old pagan），这永恒而未受玷污的清白之美，无意识地与我们并存着，它们折射着往昔岁月的绚丽轮廓，竟让我们错误地以为，古人们拥有着我们正在追求的美。我们自身之中的原人（archaic man），受到了集体定向意识（collectively oriented consciousness）的拒斥，看起来似乎是可怕和不可接受的，实际上却是我们四处徒劳地寻觅的美的承载者。①

自然理想的承载者并不是古希腊人，而是我们自身不被接纳的部分，即内在于我们的"原人"，这是人人自身具备之物，只是被集体定向意识排挤了。荣格将"集体定向意识"视为以牺牲个体性而换取的优势机能，即"作为个体的人和作为集体存在的机能之间有一条深深的鸿沟，他以个体性为代价换取机能的发展"。② 这种集体性的优势机能，就是自我意识的自主性。荣格曾用远古积淀物（archaism）③ 这一术语来指代具有历史遗迹特征的心理内容，这些心理遗迹与原始心灵互相对应，只能通过无意识幻想表现出来。"原人"就是劣势机能的人格化意象，汇聚着集体无意识中被排斥的心理能量，是不被认可和接纳的存在，作为绝对他者，是隐遁于破碎自然之中的诸神意象。荣格认为，基督教的赎罪教义中包含着人格整合的丰富资源，但席勒对此避而不谈，他更多地求助于希腊式的审美理想。

经由荣格的阐释，席勒笔下的"希腊理想"同时显现为一个心

---

① C. G. Jung, *Psychological Types*, trans. by H. G. Baynes, Princeton University Press, 1971: 85-86.
② C. G. Jung, *Psychological Types*, trans. by H. G. Baynes, Princeton University Press, 1971: 74.
③ C. G. Jung, *Psychological Types*, trans. by H. G. Baynes, Princeton University Press, 1971: 413.

理和文化战场，优势机能（集体定向意识）和劣势机能（原人）的对峙也是古典异教精神与基督教之理念冲突的反应。① 然而，无论是亚当—耶稣的救赎历史，还是希腊诸神的高贵单纯和静穆伟大，都与席勒本人的人格理想相去甚远。席勒对"希腊理想"的援引，并非要以古典异教精神来调和一神教霸权，他只是与德意志伟大作家共享了希腊图景的自然恩泽。当他以感伤诗人自居之时，他已经开始了突破希腊图景的战斗。席勒拒绝了基督教，他同样拒绝臣服于希腊诸神的天空之下。②

"活的形象"：从诸神意象到审美理想

集体定向意识镌刻在席勒对人格自由的渴求中，这种强大的内倾意志构成了存在依据，既是为万物赋形的形式意志，也是在观念上征服自然并为自然立法的强大武器。同时满足了席勒对人格自由的期许："人格必然有它自己的根据，因为不变的东西不能由变化中产生，这种对我们第一位的东西就是绝对的、以自身为根据的存在的观念，即自由。"③ 人格拥有永恒的神性之光，"在绝对的主体中，是以人格保持着他的全部规定的不变，因为这些规定就是来自人格。神性所具有的一切，人格也都具有，因为它就是人格。它之所以具有永恒的一切，因为它就是永恒的"④。荣格充分肯定并赞美了席勒对人格的坚持，培育完美人格不仅是审美教化也是心理疗愈的终极目标，文化的最高成就也体现在人格上。

---

① 荣格对古典异教与基督教冲突模式十分重视，这种冲突也是导致现代心理分裂的宗教与文化基因。Cf. Wouter J. Hanegraaff, *Esotericism and Academy: Rejected Knowledge in Western Culture*, Cambridge University Press, 2012: 288.
② 温克尔曼的希腊图景既为德意志找到了美的标尺，也使得德意志精神不得不臣服于希腊"暴政"之下，席勒就是一位有意识的反抗者。参见伊莉莎·玛丽安·巴特勒《希腊对德意志的暴政：论希腊艺术与诗歌对德意志伟大作家的影响》，林国荣译，社会科学文献出版社 2017 年版，第 211—257 页。
③ 席勒：《美育书简》，徐恒醇译，社会科学文献出版社 2016 年版，第 87 页。
④ 席勒：《美育书简》，徐恒醇译，社会科学文献出版社 2016 年版，第 87 页。

遗憾的是，席勒的"人格"更多地依赖于集体定向意识，即思维自主和自我意识的绝对权威，其最高价值就在于对自身和自主的坚持，这一绝对主体性并不包含我们自身的"原人"。人格的诞生还要以排挤"原人"为前提，这场惨烈的心理剧也道出了感伤的分裂本质：人从内部被一分为二了。心理分裂会导向文化分裂，以及有机共同体的崩溃，于是，席勒深切地感知到了这种创伤，他的审美调解就是弥补分裂的中介，人格完善的审美教化也包含着整合共同体的理念。

在《美育书简》中，感觉和思考之间的冲突，被进一步具体化为感性冲动和形式冲动的对立，游戏冲动是连接两者的纽带，感性冲动的对象是广义的生活，形式冲动的对象是形象，游戏冲动的对象则是"活的形象"。"活的形象"泛指一切审美性质，以及最广义的美，不过，"活的形象"并不能被看作是审美对象，而是审美经验的基础，其关键在于"审美经验中人性的原动力，而不在经验的对象"。①

"活的形象"就是一种原动力，使感觉的受动状态向思维的能动状态发生转变，由此感觉和思维的冲突得以调和，这一中间状态就是审美状态。席勒对审美状态的描述，是《美育书简》中最晦涩的部分，融汇了康德式的哲学思辨和敏锐的心理洞察。简言之，"活的形象"对应于无意识领域中自发的创造性本源，在感觉和思考的罅隙中，自由意志松弛了下来，主体处于受动状态之中。席勒意识到了这种被动性，他将之理解为一种权宜之计，他指出："人为了以能动代替受动、以主动的规定代替被动的规定，就必须暂时摆脱一切外在规定而处于一种单纯可规定性的状态。因此，人必须以某种方式返回到单纯无规定性的那种否定状态。"②

---

① 《论美书简》中，席勒叙述了美的对象的客观结构，在《美育书简》中，则提供了合适的先验基础，两部著作是相辅相成的。参见维塞尔《席勒美学的哲学背景》，毛萍等译，华夏出版社2010年版，第192页。

② 席勒：《美育书简》，徐恒醇译，社会科学文献出版社2016年版，第145页。

"单纯无规定性的否定状态"就意指无意识状态中主体的受动性，也就是说，当无意识真正地绽露在意识面前时，人的主体性反而被缴械了。这一受动状态却产生了新的可能性，意志的松弛让感觉和思考的鸿沟得以弥合，并且从中产生了意志的象征性规定。席勒在"活的形象"和审美状态之间建立了牢固的同盟，这一中间状态既是象征源泉，也是意志动因，更是美育理想的落脚所在。偶尔，席勒会将审美状态视为一种恩赐，这儿是自然栖居的无意识土壤，意志处于松弛状态，失落的整体性触手可及。不过，席勒并不愿静待转化，他始终对这一受动状态心存警惕，必须经历一场改造才能使无规定的否定状态转化为审美教化的资源。也就是说，意志不能被动地被象征规定，而要主动地从无意识的形象宝藏中淬炼新的形式，即"在人的受动状态下，就必须启动他的自主性；在他的感性范围内，就必须启动他的理性自由"[①]。

荣格叹服于席勒的心理洞察，他的审美调解方案充分显示了内倾的形式意志进入无意识领域，并以此创造审美表象的过程。在抽象的理性思辨语言之下，席勒进行的是一场反对诸神的残酷战斗："自然界中任何可怕的东西，只要人懂得赋予它形式并把它变成自己的对象，人就能战胜它。当人面对作为现象的自然开始维护自己的独立性时，他在面对作为强制力量的自然时也维护自己的尊严，并以高贵的自由去反对他的众神。……泰旦的王国毁灭了，无限的威力被无限的形式所制服。"[②] 众神是盲目力量的象征，人类可以自由的形式创造来制服这些自然蛮力，并克服恐惧，众神骇人的威严被剥夺殆尽了。同样地，人类集体心灵中的诸神意象也可以被收束到理性主体的形式构造中，并演化为审美教化的意象中介，最终升华为人类自由赋形意志的理想。

---

① 席勒：《美育书简》，徐恒醇译，社会科学文献出版社2016年版，第168—169页。
② 席勒：《美育书简》，徐恒醇译，社会科学文献出版社2016年版，第185页。

从诸神意象到审美理想的变化，也折射着德意志教化观念的变迁。① 就此而言，《美育书简》包含着两条教化之路，一是隐性的人格转化之路，其目标就是人与神的肖似；二是显性的艺术教育与审美乌托邦之路，包含着审美理念的辩证实现过程。对席勒而言，作为绝对主体的人格以自由依据，"人在他自身的人格中具有达到神性的天赋"②。人与神的肖似是不言而喻的，他将美的理念高扬至神性高度，又将神性源头置于感性之中③，美的理念既是感性的合目的性，又是象征的超感性本源，是普遍而令人愉悦的止息。黑格尔高度评价了席勒的美育理想，认为他克服了康德哲学的感性限制，"在思想上把统一与和解作为真实来了解，并且在艺术里实现这种统一与和解"④。这种统一是对立面的调停与和解，既是认识的原则，又是存在的原则，是超越性理念在现实中得到辩证实现的过程，几乎完美演绎了"美是理念的感性显现"这一命题。由此，艺术也被赋予了创造真理与揭示自由的任务，理念在审美乌托邦蓝图中安营扎寨，也是对希腊式有机共同体的替代。

席勒美学理想，根源于"自我"的构造力，实际上来自康德意义上的经验的普遍前提和知觉的先验统一："在审美经验中，人内心的神—人的自由或构成能力被认为是经验对象的形式。的确，正是这样一种认识才是审美的。"⑤ 更进一步，这种形式构造力也转换成了经验生活的实际需要，在先验自由理想的激励下，审美原动力实际上被认知的形式统一原则僭越了，认识成了自由意志实现自身

---

① Cocalis, L. Susan, "The Transformation of 'Bildung' from an Image to an Ideal," *Monatshefte*, vol. 70, No. 4, 1978: 399–414.
② 席勒：《美育书简》，徐恒醇译，社会科学文献出版社2016年版，第89页。
③ "达到神性的道路，如果我们可以把这条永远不能达到目标的路称作道路的话，在感性中已经为我们打开。"席勒：《美育书简》，徐恒醇译，社会科学文献出版社2016年版，第89页。
④ 黑格尔：《美学》第1卷，朱光潜译，商务印书馆1979年版，第76页。
⑤ 维塞尔：《席勒美学的哲学背景》，毛萍等译，华夏出版社2010年版，第213页。

的手段。① 经由审美得以提升的"人格"距离康德所谓的"统觉的先验统一"认知意义上的"先验主体"② 更近，这仍是内在于世界的形式主体。席勒早已看到，这种知性统一力量正是导致感性与理性分裂的原因之一，但为了自由意志的完美人格，他又在审美领域充分利用了这种知性的构造力，并奏响了审美乌托邦的大钟。

席勒所倡导的审美综合企图只是意志裁度，而非自然生成的象征，补偿性的心理潜流依然被意志主体篡夺，这其实是以启蒙理性主体的强权立场僭越了"活的形象"的生成性力量，而荣格希求的"人格"则是包含在神话、宗教乃至本体论建构中的世界根源问题。在这一主体错位图景中，荣格寻觅的心理疗愈，是更为激进的个体化之途。

象征转化与个体化过程

席勒的审美调解之路是理念对意象、形式对感性的制伏，他始终强调思维自主，要求理性自主进驻感性王国。理性自主并不是游戏冲动，而是形式冲动，他拥有强烈的将形式赋予生命的意志，这一赋形过程排除了感性物质的强制力，通过先验主体的形式自由获得了自我生命的审美提升，审美教育的目标就是要让人类在感性与理性之间获得意志自由，审美理念因此成为启蒙理想的执行者。③

于是，席勒以审美理念统摄诸神意象，将"活的形象"变成了

---

① "把同一本身建立在认识着的自我统一活动（自由）基础上。就这种自我活动构成人的意志和活动的生命力而言，它具有意志的形式。通过这种意志，统一的绝对要求在人生活中成为可操作的。正是这种意志的形式，即自身规定，而不是本体论的同一构成这种关涉到一个特定形成的感性杂多呈现为一种类推的模式。"参见维塞尔《席勒美学的哲学背景》，毛萍等译，华夏出版社2010年版，第216页。

② 这一主体依赖于统觉的综合同一性原理，这一原理正是知性的最高原则。参见康德《纯粹理性批判》，邓晓芒译，杨祖陶校，人民出版社2004年版，第89—93页。

③ 美学自创立之初就不仅源自并包括对美和艺术的分析兴趣，而是基于更广泛的现代精神自我确证的动机。参见陈剑澜《从感性学到审美乌托邦：现代美学早期的一段问题史》，《江苏社会科学》2010年第6期。

感性质料仓库；荣格则将"活的形象"视为心理补偿的结果，人类整体心理机能服从能量守恒定律，当某种心理机能受到意识抑制时，反而会在无意识领域得到扩展。以"内倾思维"这一心理类型为例，情感—感觉之维就处于劣势状态。被抑制的情感转化为劣势机能，遁入无意识的非理性领域，并与感觉融合下潜到了集体无意识领域，无意识领域的补偿潜流与意识人格之间又存在着激烈排斥，在这一过程中，自主人格将被吞没，主体的自发性将转变为受动。这种受动状态应和着感觉中的集体情感，这种集体性的心理状态就是布留尔论及的"神秘互渗"（participation mystique）①，其中贮藏着自然象征和创造性幻想的源头，"活的形象"即来源于此，其人格化身就是诸神意象。不过，"勇敢去知"的启蒙认知理念总是与这一神圣意象失之交臂，与意象的相遇变成了对意象的掠夺，并将之视为理念的实现化过程。

"活的形象"实则是一把双刃剑，既闪耀着整体性的理想光芒，也暗藏着无意识深渊的危险。尽管席勒意识到了人类心灵中包蕴的无意识原型，他更倾向于审美化的理解，将"活的形象"视为艺术和审美表象的内在驱动力，并升华为一种美的理想。荣格则宁愿让"活的形象"保留在集体无意识状态中，是不能任意征用的心理能量，人们受制于形象，而非驱使形象。这两种不同态度也反映了两种思维方式的争执。一是定向和适应性的意识思维，二是受内在动机驱使的主观性思维。② 前者是人类自我意识发展的成就，促进了现代科学思维的发展，后者则是奠基于本能之上的原始思维，是定向思维的象征基础，也是心理象征性表达的源泉。席勒的美学态度受制于近代美学的认知范式，无疑是一种定向思维，其建构方法并不涉及无意识的源流，其目标就是将意志的象征性规定转化为普遍

---

① "神秘互渗"是集体表象的形式，不能以个体化的主体意识为中介。参见列维-布留尔《原始思维》，丁由译，商务印书馆1981年版，第62—98页。
② 参见荣格《转化的象征：精神分裂症的前兆分析》，孙明丽、石小竹译，国际文化出版公司2011年版，第14—32页。

全面的表达。

荣格质疑的就是这种受自由意志驱动的审美理想,自由意志的确是人性的璀璨之光,可是当意志协同审美,成为教化手段乃至目标时,却导向了致命的遗忘。这种遗忘主要体现为理念和意象的割裂,以及由此导致的诸神之死。曾经活跃于集体无意识心灵世界的诸神灵,都被化约为审美理念的普遍传达了,概念中介僭越了宗教的神话表象,进而将自身的中介性转化为绝对起源。就此而言,荣格心理分析的认识论基础就是理念与意象的连续性,理念是一种形式构成力,意象体现着质料性原则,尽管形式对质料的统摄构成了认识的基本原则,但理念的实在性不能离开原初意象①的肉身原则。那么,如何重启理念与原初意象的本源连接呢?荣格给出了以象征代替审美的思路,审美代表的综合原则不能代替象征预示的本体意义上的同一。②

象征不同于符号对事物的指代,也不同于隐喻对事物的转换和替代,象征包含着一种假定,是对"完全未知的事实的可能最好的描述或概括"③。荣格对象征的理解,颇为接近康德的"先验辩证幻相",席勒以审美综合的方式将幻相的感性力量纳入到了自由意志的轨道之中,荣格则要表明幻相给予了主体怎样的影响。作为名词,象征宛若一个容器,是超越性的奥秘观念传达自身的媒介。但是,一件事物是不是象征,根本上取决于主体的态度,取决于主体

---

① 作为记忆的远古积淀物,原初意象就是理念的初级阶段和母系灵魂,理念只是原初意象的映像,是次级的存在。Cf. C. G. Jung, *Psychological Types*, trans. by H. G. Baynes. Princeton University Press, 1971: 437 – 447.

② "对于康德根深蒂固的二元论,席勒努力从'自由'这个核心概念出发去加以克服,通过'现象中的自由'来解决主体和客体的分裂,通过'审美自由'来解决主体内部(感性和理性的)分裂。然而这些努力并未成功:席勒一方面未能发现一个统摄一切的最高原则,另一方面他错误地以综合原则来代替同一原则。"参见先刚《席勒的自由哲学及其在德国古典哲学中的定位》,载陈洪捷主编《北大德国研究》,北京大学出版社2005年版,第26页。

③ C. G. Jung, *Psychological Types*, trans. by H. G. Baynes. Princeton University Press, 1971: 480.

是否真实地接受了象征施加的自然影响。象征之为象征的试金石其实是主体态度的转变，甚至可以说，象征提供了主体转化的契机。在荣格的语境中，象征是作为"先天机能"（transcendent function）被理解的，他摒弃了"先天"包含的形而上学意味，作为一种过程和动力，象征是"使一种态度向另一种态度的转化（transition）成为可能的那种机能"。①

荣格以"象征转化"代替了席勒对"审美状态"的分析，他将美育的人格化动因定位在象征转化的过程中，象征蕴含着人类深层的存在之源，但主体并不能主动征用象征能量，只是受动地经历象征，从而发生移位。这就是主体朝向原初意象的回溯，并与象征的超感性本源相遇的过程，象征本源蕴含在诸神灵的意象群中，其核心就是上帝意象。这一过程也构成了分析心理学的主导模式，即从自我到自性的个体化过程。自我与自性的划分是荣格心理分析学的基础，自我是意识的中心，作为主体人格的内在构架，自我还是一种根深蒂固的情结以及意志的永动机；自性则是心灵整体的中心，人类心灵整体包含着意识和无意识的统一，自性朝向心灵整体的统一和完整，由自性引领的个体化之路就是朝向本性的复归。

作为分析心理学的核心理论，个体化过程不仅是一套心理分析技巧，还是一种跨文化阐释模式，包含着基督教的核心象征，诺斯替教派传统，以及东西方炼金术思想的融合等，本身就蕴含着文化秩序的整合潜能。荣格不遗余力地援引了基督教赎罪教义以阐明个体化过程的象征意蕴，他将人类始祖亚当视作"原人"象征，他既是原罪的化身，也代表着集体无意识心理中的历史遗迹。不过，人类与上帝的肖似并没有因亚当的堕落而消失，只是发生了损坏，经由上帝恩宠可以再次恢复。于是，亚当与耶稣之间的预示论关系就提供了救赎的可能，作为亚当的拯救者，耶稣就"体现了神圣的原

---

① C. G. Jung, *Psychological Types*, trans. by H. G. Baynes. Princeton University Press，1971：480.

人（Divine Primordial Man），即神秘亚当的神话"①。基督道成肉身以拯救世人，就是深入到集体无意识领域对原人的接纳和救赎，这就类似于个体化过程中意识与无意识的综合过程，诸神的鲜活力量得到了证明，这一过程本身就是对各种对峙性心理冲突的调治。

个体化过程同时包含了象征转化和主体转化，意味着回复到某种原初状态，这与心理学的发现也是一致的，即"存在着一个永恒的整体原型（archetype of wholeness），它也许会从意识的视野中消失，但经由心灵转换和启示，人们可以在基督的形象中辨认和感知这一状态。由此，与上帝一体的原初状态便得以恢复"。② 我们通过基督来体验和辨认原型的真实势能，也就是说，以基督为中介，亚当的后裔们与上帝失去的相似得到了恢复。荣格的阐释方式，并不是要给人类精神强加基督教的讽喻结构，而是在宗教性体验的核心，他发现了更根本的心理炼金术模型，这也是他与东方炼金术相遇的结果。③ 心理炼金术包含着自性转化与生成的奥秘，构成了个体转变的内在讽喻图景。

关于"自性"，荣格作了一个关键区分，耶稣是自性的象征，上帝则是自性的原型，两者的区别就是"完美（perfection）与完整性（completeness）之间存在的巨大差异"④。完整性包含着对立面同一以及相互转化原则，所谓月满则亏，水满则溢，完整是对完美的一种限制，主观意象是客观潜能的产物。所以"在原型占据支配

---

① C. G. Jung, *Aion: Researches into the Phenomenology of the Self*, trans. by R. F. C. Hull, Pantheon Books, 1959: 36. 中译可参考荣格《伊雍：自性现象学研究》，杨韶刚译，译林出版社2019年版。

② Cf. C. G. Jung, *Aion: Researches into the Phenomenology of the Self*, trans. by R. F. C. Hull, Pantheon Books, 1959: 40.

③ 通过卫礼贤翻译的《太乙金华宗旨》，荣格遇见了道教内丹术，其中修炼玄理不仅印证了他在诺斯替教派及西方炼金术思想中领会的一切，并为他提供了一套重构分析心理学的象征语言。参见荣格、卫礼贤《金花的秘密：中国的生命文书》，张卜天译，商务印书馆2016年版。

④ C. G. Jung, *Aion: Researches into the Phenomenology of the Self*, trans. by R. F. C. Hull, Pantheon Books, 1959: 68.

地位的地方，就会把完整性强加到我们身上，以抵御我们所有的意识努力"。① 这种限制是积极的，反映了精神的目的论诉求，使人类有意识的道德追求顺应莫测的对立转化，并返回到完整性所蕴含的自然变化之中。因此，荣格特别指出："活生生的原型在场要比历史上的基督这个观念更为重要。……哲人石比基督更为重要。"②"活生生的原型在场"或"哲人石"都是超越人类意识中心的存在。

荣格的个体化理论有时会被简化为一种自我提升的模式，根本目标就是突破意识狭隘的自我中心，由此抵达整全心灵的自性中心，成为更好而独特的自己，既是与他人相区分的个体，又是与整体不可分割的个体。荣格以其知性坦诚和伦理关切追问这样一个基本问题，"更好"到底意味着什么？当个体化理想体现为完美和完整的争执时，主体的选择会是什么呢？荣格对个体化过程的探索本质上是一种伦理责任，他更为专注内在的完整性，相比于人格完美理想，完整性诉求才是文化与文明的自然根基。

荣格高度服膺于席勒的心理洞察及其为恢复人类心理整体所做的努力，但在"人格"问题上，两人存在着本质分歧。在席勒那儿，审美状态是一场理性自主性的战斗，朝向意志的崇高与尊严；在荣格看来，审美状态是象征转化的场所，那儿上演的是人类自由意志受难与复活的神圣喜剧。两者之间的根本分野是不同的主体立场，前者是意必固我的形式化构造过程，后者则朝向本体意义上的觉悟。

感伤—天真的心理动力学机制启发了荣格的心理类型学思想，他又以心理类型学的视野检视了席勒的美学理念和美育理想。席勒的审美调解过于依赖意志强权的理性仲裁，在以审美为中介的教化

---

① C. G. Jung, *Aion：Researches into the Phenomenology of the Self*, trans. by R. F. C. Hull, Pantheon Books, 1959：69.

② 除了"上帝"，印度教的"阿特曼"，道家的"道"的观念等，可以视为自性原型的传达。C. G. Jung, *Aion：Researches into the Phenomenology of the Self*, trans. by R. F. C. Hull, Pantheon Books, 1959：68.

过程中，情感与感觉并未得到公平对待，由之生成的补偿性潜流仍然被先验审美—认知主体所僭越，"活的形象"所涵括的象征能量，并不能被自由意志主体完全征用。换言之，席勒的过失在于削象征之足适审美之履，审美活动预设的意志主体相悖于人格完善的终极目标，美育注定是无解的游戏。现代美学过于依赖知性，情感—感觉维度被拘禁在知性立法的经验领域，不再能直接参与到整体心理机能的建设中。直接经验依然匮乏，被知性驯化的经验很难转化为滋养心灵的教化资源。由此，荣格始终对审美教育心存警惕，与其将美升华为光彩熠熠的理想，不如使其混同于原初意象，在那儿我们终将遭遇孕育我们的诸神，与命运和解，并承担真实的责任。

在荣格的思想图景中，美育的人格化动因是一个包含着美学、心理学乃至宗教冲突的文化政治场域，主要体现在两个方面，其一是分析心理学的个体化过程，这是从自我到自性的转变，也是理性自主性向自然整全本性的转变。其二，这种主体转化过程也预示着一场文化秩序的整合，是古希腊—罗马异教文化与基督教文化融合的结果，也融入了他对道教内丹修炼的理解，构成了一种跨文化阐释模式。这种阐释模式也构成了对启蒙理性主体之正当性的反思，当诸神被抛诸脑后，当历史断裂成为一种普遍信念，沉迷于进步幻觉的启蒙主体，以审美助力于人性解放的理想是可疑的。荣格的批判可谓釜底抽薪，人类摆脱了对传统和诸神的依赖之后，又陷入了意识—神教的泥沼之中。于是，荣格强调审美与象征态度的区别，审美只是启蒙主体正当性的感性证明，并没有能力承担人类教化这样的严肃事业，他将美育的人格化动因定位于主体和象征转化的个体化进程中，为人格完善指明了更切己的方向。

（原载《学术月刊》2021 年第 9 期）

席勒弥合现代性分裂的同感与审美交往判断力
——基于哈贝马斯对席勒美育思想阐释的探赜

曾仲权 ◆（华东师范大学中文系　江苏师范大学文学院）

同感（Gemeinsinn；commmon sense 或 sensus communis），又译为共通感，在哲学美学中，同感意味着自我与他者之间情感的普遍可交往沟通性（die allgemeine Mitteilbarkeit eines Gefühls[①]；the universal communicability[②] of a feeling[③]），也即普遍共通性，它是美学和文艺理论中非常重要的理论问题。康德在《判断力批判》中研究鉴赏判断时就论述了作为审美共通感的同感，而事实上，席勒在《审美教育书简》中也论述到了同感，哈贝马斯在研究席勒的美育思想时就触及了这一点，不过哈贝马斯的论述很多时候未及深入展开便戛然而止，笔者尝试在哈贝马斯分析的基础上就席勒美育思想中的同感问题进行理论探赜。

弥合现代性分裂：席勒倡导同感和审美交往判断力的逻辑起点

哈贝马斯在对席勒《审美教育书简》的研究中发现了席勒倡导

[①] Immanuel Kant，*Kritik der Urteilskraft*，*Kant's Werke in 5 Bänden*，Druck und Verlag von Georg Reimer，1913：238.

[②] die allgemeine Mitteilbarkeit，the universal communicability 译为普遍可交往沟通性或普遍可传达性。

[③] Immanuel Kant，*Critique of the Power of Judgment*，tran. by Paul Guyer and Eric Matthews，Cambridge University Press，2000：123.

交往理性，并将其作为弥合现代性分裂的审美现代性批判路径。的确，席勒弥合现代性分裂的审美现代性批判方式即是通过审美交往式美育高扬具有交往理性的文学艺术实现的。哈贝马斯说道：

> 席勒从1793年夏天开始写作《审美教育书简》，并于1795年把它发表在《季节女神》（*Horen*）上。这些书简成了现代性的审美批判的第一部纲领性文献。席勒用康德哲学的概念来分析自身内部已经发生分裂的现代性，并设计了一套审美乌托邦，赋予艺术一种全面的社会——革命作用。由此看来，较之在图宾根结为挚友的谢林、黑格尔和荷尔德林在法兰克福对未来的憧憬，席勒的这部作品已经领先了一步。艺术应当能够代替宗教，发挥出一体化的力量，因为艺术被看作是一种深入到人的主体间性关系当中的"中介形式"（Form der Mitteilung）。席勒把艺术理解成了一种交往理性，将在未来的"审美王国"里付诸实现。①

那么何谓现代性分裂状况？所谓现代性分裂状况，是哈贝马斯借鉴马克斯·韦伯（Max Weber，1864—1920）的现代性合理化（rationalization②，Rationalisierung③）思想对现代性状况的透视。在马克斯·韦伯看来，人类社会处在不断合理化的进程之中，但是，在人类进入近现代社会之后，合理化进程加剧，在现代性合理化进

---

① 哈贝马斯：《现代性的哲学话语》，曹卫东等译，译林出版社2004年版，第52页。此处，曹卫东先生将Form der Mitteilung翻译为"中介形式"，笔者则认为Form der Mitteilung应该翻译为"交往形式"更为妥当。一方面，der Mitteilung本意为沟通、交往；另一方面，译为交往形式符合席勒美学思想内在的交往维度，也符合哈贝马斯对席勒弥合现代性分裂状况的审美交往式美育思想的挖掘和阐释。
② Barbara Fultner, *Jürgen Habermas: Key Concepts*, Routledge, 2014: 222.
③ Richard Swedberg, *The Max Weber Dictionary: Keywords and Central Concepts*, Stanford University Press, 2005: 225.

程中，发生了诸种分裂状况。笔者曾结合哈贝马斯的分析撰文①认为，在现代性合理化进程中所发生的现代性分裂状况至少具有以下三大社会文化表征：一是文化价值领域的分裂；二是科层化与生活世界的殖民化；三是人的断片化和异化。其实质在于科学、艺术、道德等文化价值领域分裂成独立自律的知识领域并制度化，形成了职业文化、专家文化；经济和权力系统侵入日常生活世界，受制于经济利益量化考量的工具理性行为泛滥，人与人之间的关系分裂开来；同时，人自身也发生了异化和分裂。

面对现代性分裂的三大状况（文化价值领域的分裂；科层化与生活世界的殖民化，也即人与人之间的分裂；人的断片化和异化，也即人自身的分裂），哈贝马斯认为，席勒通过审美交往式美育高扬具有交往理性的文学艺术来弥合现代性分裂，进而实现审美现代性批判。而具有同感和作为同感判断力的审美交往判断力，则是以文学艺术为典范的审美交往式美育活动实现弥合现代性分裂使命的内在机理和理论机杼。

同感与艺术审美交往中介论

哈贝马斯在席勒审美教育思想中所发现的交往理性维度绝不是哈贝马斯基于自身交往行为理论的美学立场的牵强附会，席勒在其审美教育思想的表述中的确充斥着通过文学艺术实现审美交往式美育进而弥合现代性分裂的观点。以同感为基础的艺术审美交往中介论，就是席勒审美教育思想突出交往理性、弥合现代性分裂的重要体现。在席勒看来，美和审美至少能够承担起弥合现代性分裂状况之一——人与人之间的分裂的重任。席勒对此明确说道："唯独美的交往（die schöne Mitteilung）能够弥合（vereinigt）社会，因为

---

① 参看曾仲权《现代性分裂状况的文化表征、原因及其启示——哈贝马斯对席勒美育思想阐释的逻辑起点探賾》，《云南师范大学学报》（哲学社会科学版）2021年第5期。

它同所有成员的共同点（das Gemeinsame）发生关系。"① 在哈贝马斯看来，席勒之所以抱此看法，是因为他认为，与人的其他表象方式相比，审美表象并不局限于私人感受，而人的其他表象方式局限于私人感受，或者局限于私人能力，侧重于展现人与人之间的差别，因而会分裂社会，只有审美表象能够诉诸人与人之间的共同感受（同感，Gemeinsinns），才能够打破其他表象方式所设定的私人感受的疆界，从而弥合群伦，弥合现代性分裂。所以在哈贝马斯看来，席勒认为"用审美统一起来的社会必然会产生出一种交往结构"②。既然美是社会统一的中介，那么作为美的典范形式，作为审美活动重要发生场域的艺术，自然会对审美建构的、具有交往结构的社会起着基础性的中介作用。而艺术之所以能够发挥中介作用不仅局限于此，还在于艺术本身就是具有主体间性的交往形式。"艺术被看作是一种深入到人的主体间性关系当中的'交往形式'（Form der Mitteilung）。"③ 艺术具有主体间性，作为交往形式，复又作为美的典范形式，当美成为社会统一的中介，当审美建构起具有交往结构的社会，艺术审美交往中介论在席勒的审美教育思想中就合乎逻辑地诞生了。因而，哈贝马斯引用《审美教育书简》原文说道："他（按：席勒）可能将艺术理解为一种交往形式（eine Form der Mitteilung），同时指望艺术完成社会和谐（Harmonie in die Gesellschaft）的任务：'所有其他的表象分裂社会，因为他们要么局限于个体成员的私人感受，要么局限于个体成员的私人能力，这样显现出人与人之间的差别（das Unterscheidende zwischen Menschen und Menschen），唯独美的交往（die schöne Mitteilung）能够弥合（vereinigt）社会，因为它同所有成员的共同点（das

---

① Friedrich Schiller, *über die ästhetische Erziehung des Menschen in einer Reihe von Briefen*, *Friedrich Schiller Sämtliche Werke in 5 Bänden*, Carl Hanser Verlag, 2004: 667.
② 哈贝马斯：《现代性的哲学话语》，曹卫东等译，译林出版社 2004 年版，第57页。
③ Jürgen Habermas, *Der philosophische Diskurs der Moderne*, Suhrkamp Verlag, 1985: 64.

Gemeinsame）发生关系'。"① 在哈贝马斯看来，席勒借由艺术作为审美交往中介建立起来的社会，既是审美乌托邦的审美王国，也是生活世界审美化的合法形式。所以，在哈贝马斯看来，"对于席勒而言，生活世界的审美化仅仅在这个意义上才是合法的，即艺术起着催化作用，作为一种交往形式（eine Form der Mitteilung），作为中介，借此弥合（verbinden）分裂的要素（die abgespaltenen Momente）重新复归自然无拘束的整体性（einer ungezwungenen Totalitat）"②。

同感与艺术审美教育中介论

席勒尤为重视审美表象所带来的共同感受（同感，Gemeinsinns），但是，在席勒看来，在他所处的现代社会，同感遭到了破坏。同感被破坏最为突出而典型的文化表征即是现代性分裂。康德的批判哲学体系描述了现代性分裂状况，特别是《判断力批判》已经呈现出康德弥合现代性分裂状况的努力。但是，在席勒看来，康德批判哲学体系陷入一种思辨的唯心主义，康德批判哲学体系知性与感性、自由与必然、精神与自然的康德式分化描述本身就是现代性分裂状况的表达，"因为席勒恰好在这些区分中看见了现代生活关系分裂（der Entzweiungen moderner Lebensverhaltnisse）的表达"③。因此，虽然受康德批判哲学体系对现代性分裂状况描述的影响，但是席勒认为弥合现代性分裂不能诉诸康德批判哲学体系中反思性的鉴赏判断力，而只能寄希望于同感（Gemeinsinns）和与同感相关的审美交往判断力（下文会具体论及）。在席勒看来，现代

---

① Jürgen Habermas, *Der philosophische Diskurs der Moderne*, Suhrkamp Verlag, 1985：62-63.
② Jürgen Habermas, *Der philosophische Diskurs der Moderne*, Suhrkamp Verlag, 1985：64.
③ Jürgen Habermas, *Der philosophische Diskurs der Moderne*, Suhrkamp Verlag, 1985：62-63.

社会理性的泛滥使得同感既不能来自于自然领域，也不能来自于自由领域。现代性合理化进程中的现代性分裂已呈现为，现代人要么受到强大的需求系统的影响，要么受到抽象的道德准则的左右，而往往各执一端，分裂如是。席勒认为同感的实现只能诉诸教育。"席勒把理性的实现设想成同感的复兴被破坏；同感的复兴不能单独从自然和自由任意一个领域中形成，而只应出现在教育过程（Bildungsprozeß）当中。"① 教育之所以具有如此功效，能够促使人恢复和获得同感，在于教育能够使属于自然领域的物质性格摆脱自然的任意性，同时又使属于自由领域的道德性格摆脱自由意志的强制性，因而能够使人不必成为现代性分裂过程中具有偏狭的私人感受和行为目的性的"单向度"的人。在哈贝马斯看来，在席勒的审美教育思想中，将艺术设定为教育过程的中介。"教育过程的中介是艺术（Das Medium theses Bildungsprozesses ist die Kunst）。"② 艺术能够成为教育过程的中介在于艺术能够提供一种中和心境（eine mittlere Stimmung），使得人的心绪情感既不受限于自然必然性，也不受限于道德规范性的强制，却能同时以这两种方式进行活动。因此，在哈贝马斯看来，席勒借由艺术的中介进行教育，进而恢复和获得同感，能够弥合现代性分裂。"艺术却能赋予这种分裂的总体性（dieser entzweiten Totalitat）'一种社会交往特征（einen geselligen Charakter）'，因为艺术参与了这两项立法。"③ 艺术作为具有主体间性的交往形式，使得借由艺术为中介实施的教育，不仅仅局限于人性共同感受的内在弥合，在此基础之上，还呈现为弥合社会群伦的外在特征。人性所呈现的自身分裂的现代性分裂状况和

---

① Jürgen Habermas, *Der philosophische Diskurs der Moderne*, Suhrkamp Verlag, 1985: 61-62. 曹卫东先生将 Bildungsprozeß 翻译成"教化过程"，笔者认为翻译成"教育过程"更符合席勒的审美教育思想。

② Jürgen Habermas, *Der philosophische Diskurs der Moderne*, Suhrkamp Verlag, 1985: 61-62.

③ Jürgen Habermas, *Der philosophische Diskurs der Moderne*, Suhrkamp Verlag, 1985: 61-62.

人与人之间分裂的现代性分裂状况，在此同时得到了弥合，它所依赖的正是席勒艺术审美教育中介论。"艺术自身是人性的教育中介（das Medium der Bildung des Menschengeschlechts），它旨在实现政治自由。这种教育过程并不显现在个体上，而是显现在公众的群体性生活关系（den kollektiven Lebenszusammenhang des Volkes）之上。"①

同感政治与传统判断力的溯源

从以上论述可见，在席勒的审美教育思想中，无论是艺术审美交往中介论，还是艺术审美教育中介论，都反复强调艺术的审美表象所带来的共同感受，也即同感的重要作用。哈贝马斯在对席勒的审美教育思想的研究中也敏锐地洞察到了这一点。他认为席勒对审美表象所带来的同感的强调可以溯源到亚里士多德对同感政治的强调和判断力的原初内涵上来。哈贝马斯认为席勒和黑格尔、谢林一样受到了康德《判断力批判》的影响，不过与黑格尔、谢林将审美判断力作为走向绝对统一的中介桥梁不同，席勒则相对节制。哈贝马斯对此说道：

> 席勒则相对节制一些，他坚持审美判断力的有限意义，以便从历史哲学的角度对它加以使用，这里，他悄悄地把康德的判断力概念和传统的判断力概念混为一谈。传统的判断力概念在亚里士多德传统中（直到汉娜·阿伦特）从未完全失去与同感的政治概念的联系。因此，席勒能够从根本上把艺术视为一种"交往形式"（eine Form der Mitteilung），并指望艺术能

---

① Jürgen Habermas, *Der philosophische Diskurs der Moderne*, Suhrkamp Verlag, 1985: 59.

"为社会带来和谐"。①

在哈贝马斯看来，席勒将康德审美判断力（或称鉴赏判断力，Geschmacksurteil）转换并上溯到传统判断力概念上来，而传统判断力概念则奠基在亚里士多德的同感政治之中。哈贝马斯洞察到了席勒审美教育思想的这一重要理论特征，并发现汉娜·阿伦特（Hannah Arendt，1906－1975）的研究路数与席勒将康德审美判断力转换溯源到传统判断力概念有着巨大的相似之处，不过席勒的这一思想要比汉娜·阿伦特早 200 多年。

席勒和汉娜·阿伦特的共同理论倾向是回到亚里士多德，将康德审美判断力上溯到奠基于亚里士多德同感政治概念的传统判断力之中。那么，具体而言，同感政治和传统判断力在亚里士多德的思想中究竟包含什么理论内涵呢？关于这一点，哈贝马斯在对席勒的审美教育思想的阐释中只是蜻蜓点水，没有具体展开，对此，我们可以通过参照汉娜·阿伦特的研究来进行详细阐述。汉娜·阿伦特在其前期研究中对康德的《判断力批判》进行了政治学的解读，将康德的鉴赏判断溯源到亚里士多德的同感政治和传统判断力之中。正如前面所说，在溯源的起点上，她和席勒是一致的。确切地说，溯源的理论起点在于同感的概念。同感在康德《判断力批判》的中译本中经常被翻译为共通感，英文为 common sense。正如康德在《判断力批判》中所言："因此，鉴赏判断依赖于我们所预设的同感的存在……我再次强调，仅仅在同感的这一预设之下，我们能够奠定鉴赏判断的基础。"② 汉娜·阿伦特正是看到了这一点，并将其溯源到了同感概念的古希腊原初内涵中来。确切地说，亚里士多德在《尼各马可伦理学》第六章（VI）中讨论到了作为 phronesis, or

---

① Jürgen Habermas, *Der philosophische Diskurs der Moderne*, Suhrkamp Verlag, 1985: 62－63.
② Immanuel Kant, *Critique of Judgement*, trans. by James Creed Meredith, Oxford University Press, 2007: 69.

insight（实践智慧，practical wisdom）的同感①。"阿伦特诉诸于亚里士多德关于 phronesis（实践智慧）和 sophia（哲学智慧）的区分：后者努力超越于同感（common sense）；前者植根于同感，'同感给我们揭示了世界是一个共同世界（common world）的本质'；'它使得人们朝向自身所处的公共领域（public realm），所处的共同世界之中'。应该注意到，同感的这种捍卫在阿伦特的著作中是一个持续关注的主题。"②汉娜·阿伦特注意到了亚里士多德在哲学智慧和实践智慧相区分的过程中所涉及的同感和传统判断力概念。在亚里士多德那里，传统判断力概念就和同感紧密相连，毋宁说就可以称之为同感判断力（συγγνωμουας③；sympathetic judges④）或同感判断（συγνωμη⑤；sympathetic judgement⑥）。亚里士多德说道：

> 根据人们所说的同感判断（sympathetic judges）和拥有判断力（judgement），所谓的判断力是一种对公正（equitable）的正确区判能力。这一点通过如下事实被标明，即我们说，公正的人首先是一个有同感判断（sympathetic judgement）的人，并通过对某些事实运用同感判断力来鉴定平等的人。同感判断力（sympathetic judgement）是一种区判什么是公正并正确地

---

① Hannah Arendt, *Lectures on Kant's Political Philosophy*, University of Chicago Press, 1989: 138 – 140.
② Hannah Arendt, *Lectures on Kant's Political Philosophy*, University of Chicago Press, 1989: 104 – 105.
③ 古希腊文原文见 Aristotle, *Aristotelis Ethica Nicomachea*, ed. by Ingram Bywater, Cambridge University Press, 2010: 125。
④ Aristotle, *The Nicomachean Ethics*, trans. by Lesley Brown and David Ross, Oxford University Press, 2009: 113 – 114.
⑤ 古希腊文原文见 Aristotle, *Aristotelis Ethica Nicomachea*, ed. by Ingram Bywater, Cambridge University Press, 2010: 125。
⑥ Aristotle, *The Nicomachean Ethics*, trans. by Lesley Brown and David Ross, Oxford University Press, 2009: 113 – 114.

做到这一点的判断力。正确的判断力即是判断什么是正确的。①

严格意义上来说,英文 sympathetic 一般译为同情的,其名词形式 sympathy 一般译为同情,其含义一般理解为:对受到伤害或遭受不幸的人感同身受的怜悯体验(kind to sb who is hurt or sad; showing that you understand and care about sb's problems②)。"同情(sympathy),一种被他人不幸遭遇触动的现象,是道德生活的重要组成部分。"③ 休谟在《人性论》(*A Treatise of Human Natures*)中也曾阐述过类似观点:"众所周知,休谟在《人性论》中非常具体地论述了同情(sympathy)。同情并不是一种独特的动机而是他人的感受对于我们可传达沟通(communicated)的机制:传达沟通(communicated),是在这个意义上来说的,即我们将体验到他们正在体验的相同类型的感受(a sentiment of the very same type)。"④ 这其实也就是说,同情(sympathy)的基础乃建立于人与人之间情感的共通性,也即同感,同感正是后世一般意义上所理解的同情的基础,正是因为同感的存在,才会出现同情这种具体的同感形式。同时,与 sympathetic 同根的古希腊哲学史探讨主题 sympatheia,其内涵是"同感(feeling together)","在柏拉图完美秩序的理想国中,如果一个公民受伤,整个理想国的人都能感受

---

① Aristotle, *The Nicomachean Ethics*, trans. by Lesley Brown and David Ross, Oxford University Press, 2009: 113 - 114. 古希腊文原文见 Aristotle, *Aristotelis Ethica Nicomachea*, ed. by Ingram Bywater, Cambridge University Press, 2010: 125。

② 霍恩比(A. S. Hornby):《牛津高阶英汉双解词典》,石孝殊等译,商务印书馆2004年版,第1792页。sympathy 事实上还包含第三个释义 "friendship and understanding between people who have similar opinions or interests 意气相投 志同道合"(《牛津高阶英汉双解词典》,第1792页)。由此也可见它和同感(gemeinsinn 或 common sense)密切相关的端倪。

③ Craig Taylor, *Sympathy: A Philosophical Analysis*, Palgrave Macmillan, 2002: 7.

④ Craig Taylor, *Sympathy: A Philosophical Analysis*, Palgrave Macmillan, 2002: 10.

到伤痛。这正如一个人一样，如果手指受伤，整个人都能感受到伤痛"①。因此，考虑到哈贝马斯所说的亚里士多德同感政治的原初内涵，笔者就将亚里士多德《尼各马可伦理学》英译中的 sympathetic judgement 译为同感判断力。事实上，在《尼各马可伦理学》的古希腊原文中，英译 judgement（判断），古希腊原文为 γυωμη，sympathetic judges（同感判断力）的古希腊原文为 συγγυωμουαζ，sympathetic judgement（同感判断）的古希腊原文为 συγυωμη，②作为基础词根的 συγυωμη，其含义正是 fellow-feeling judgement③（同感判断），其意义正显现出与阿伦特、哈贝马斯所论述的传统判断力相关涉的同感内涵。

而在《尼各马可伦理学》中，亚里士多德强调同感判断力是对公正的正确区判能力，是因为在他看来，同感判断力是一种道德至善的行为，它关乎美德。"善行（good action）是它的目的。"④ 在他看来，具有对公正的正确区判的判断力正是具有实践智慧的体现，伯利克里（Pericles）及其类似的人就是拥有实践智慧的人，因为他们能够判断对他们自己和对一般人而言什么是善的。"我们认为它保留了人的实践智慧（snzousa ten phronesin）。现在它保留的东西即是我们所描述的那种类型的判断力（judgement），因为……它仅仅是关乎应该怎样去做的判断力。"⑤ "因而，实践智慧（practical

---

① Anthony Preus, *Historical Dictionary of Ancient Greek Philosophy* (*Historical Dictionaries of Religions, Philosophies and Movements*), Scarecrow Press, 2007: 254.

② 古希腊文原文见 Aristotle, *Aristotelis Ethica Nicomachea*, ed. by Ingram Bywater, Cambridge University Press, 2010: 125。

③ Henry George Liddell and Robert Scott, *A Greek English Lexicon*, Clarendon Press, 1996: 1660.

④ Aristotle, *The Nicomachean Ethics*, trans. by Lesley Brown and David Ross, Oxford University Press, 2009: 105-107.

⑤ Aristotle, *The Nicomachean Ethics*, trans. by Lesley Brown and David Ross, Oxford University Press, 2009: 105-107.

wisdom）必定是关涉到人类至善，去行为的理性和能力的正确状态。"① 在亚里士多德看来，phronesis［实践智慧（practical wisdom）］是人类普遍可能共同具有的美德（virtue），它关乎人类道德至善的目的，它与技艺、科学知识、哲学智慧都不相同。②

亚里士多德之所以强调同感判断力所涉及的 phronesis［实践智慧（practical wisdom）］是一种美德（virtue），是因为在他看来，拥有美德是一种拥有幸福的中道状态（"intermediate" states）。亚里士多德的《尼各马可伦理学》致力于让人类拥有幸福。幸福在他看来是一种中道状态（"intermediate" states），拥有美德是抵达中道的重要体现。"美德（virtues）是'中'或者'中道'状态（'intermediate' states）。"③ 而拥有智慧是一种美德。正如前面所提到的，在亚里士多德看来，智慧包括哲学智慧和实践智慧。亚氏在这里强调的是 phronesis（实践智慧）。phronesis（实践智慧）是一种美德。④ 拥有这种美德，在直觉理性（intuitive reason）的指引下，按照人类至善的目的去行为、去感知、去判断，从而抵达中道状态，才能拥有美好幸福的生活。而同感判断力是实践智慧最好的体现。同感判断力潜在地包含社会交往维度。因为同感判断力所区判的公正对所有善良的人来说是共同的事务，"因为公正的事务对所有善良的人而言在他们朝向他者的存在中是普遍共同的事情"⑤，同时致力于区判公正与否，并决定应该采取什么行为的同感判断力，是所有人普遍

---

① Aristotle, *The Nicomachean Ethics*, trans. by Lesley Brown and David Ross, Oxford University Press, 2009: 105 – 107.

② Aristotle, *The Nicomachean Ethics*, trans. by Lesley Brown and David Ross, Oxford University Press, 2009: 105 – 107.

③ Aristotle, *The Nicomachean Ethics*, trans. by Lesley Brown and David Ross, Oxford University Press, 2009: xiv.

④ Aristotle, *The Nicomachean Ethics*, trans. by Lesley Brown and David Ross, Oxford University Press, 2009: 105 – 107.

⑤ Aristotle, *Aristotle's Nicomachean Ethics*, trans. by Robert C. Bartlett and Susan D. Collins, University of Chicago Press, 2011: 129 – 130.

潜在具有的判断力。"因为每个人将可能成为具有判断力的人。"① 因而作为传统判断力概念的同感判断力潜在地具有交往维度，是一种主体间性的涉及社会交往的判断力。亚氏的《尼各马可伦理学》涉及对人类幸福生活的追问，具有突出的伦理学特性。毫无疑问，同感判断力也因此具有伦理学特性。但是，又因为"亚里士多德将伦理学认作政治学的分支"②，所以，同感判断力具有同感政治的意义，它以phronesis（实践智慧）所构成的同感奠定了传统判断力的核心内涵。

在汉娜·阿伦特前期思想中，她致力于将康德《判断力批判》中具有审美特性的鉴赏判断力通过同感概念上溯到亚里士多德的传统判断力概念中。不过，她主要强调的是康德同感所涉及的同一个共享的主体间性世界内涵。"同感（common sense）意味着与他者共享一个非主观化和客观化（充斥着客体）的世界。判断是一项重要的行为，即便不是最重要的行为，通过它，与他者共享同一世界。"③ 的确，汉娜·阿伦特在将康德审美鉴赏判断力借由同感概念上溯到亚里士多德传统判断力，在将鉴赏判断政治化的过程中，她已经洞察到了同感概念的交往内蕴。"同感是特殊的人类感受，因为交往，例如言语，依赖于它。"④ 但是，前期汉娜·阿伦特在将康德审美鉴赏判断解读为政治判断的过程中却忽视了康德审美鉴赏判断与亚里士多德传统判断力概念的巨大差异。康德的审美鉴赏判断不涉概念、不涉目的、不涉功利性，其鉴赏力（Geschmack）作为同感具有先天必然性，甚至可以不借助于交往、沟通的印证就必然普遍一致。但是传统判断力却关涉目的、功利性，与社会交往息息

---

① Aristotle, *Nicomachean Ethics*, ed. by Roger Crisp, Cambridge University Press, 2000：113 - 114.

② Aristotle, *The Nicomachean Ethics*, trans. by Lesley Brown and David Ross, Oxford University Press, 2009：viii.

③ Hannah Arendt, *Lectures on Kant's Political Philosophy*, University of Chicago Press, 1989：104 - 105.

④ Hannah Arendt, *Lectures on Kant's Political Philosophy*, University of Chicago Press, 1989：70 - 72.

相关。伽达默尔（Hans-Georg Gadamer）就曾在《真理与方法》中站在亚里士多德哲学的立场上批判康德的鉴赏判断狭隘化了传统判断力道德政治判断的丰富内涵，"康德知识化（intellectualizes）了以往被理解为社会道德能力的同感，非常狭隘地限定和限制了这些概念的范围，包括判断力概念；并且脱离所有的交往关系，普遍地抽象化这些概念"①。伽达默尔知识化的判定恰恰揭橥了康德哲学作为主体性反思理性主导的反思哲学在现代性合理化进程中知识化人类活动领域的特性，他与近代祛魅化加速的过程是一致的，强调在理性的烛照下将自然宇宙、人类一切活动领域转化成理性所建构的知识加以把握。诚如康德自己在《判断力批判》中所说"我们假设同感是作为我们知识普遍可传达的必要条件"②。不仅如此，甚至，同感作为鉴赏判断所获得的感觉，虽然它不涉及概念普遍共通，但是这种普遍共通的感觉（同感）却仅仅只是反思得来的知识。"美的愉悦……而相反仅仅只是反思（Reflexion③，reflection）"④，通过反思所获得的感觉是一种知识。"感觉，作为现实的感知，指涉知识（knowledge⑤），被称为有机感觉。"⑥从康德主体性反思哲学

---

① Hannah Arendt，*Lectures on Kant's Political Philosophy*，University of Chicago Press，1989：136.

② Immanuel Kant，*Critique of Judgement*，trans. by James Creed Meredith，Oxford University Press，2007：69.

③ Immanuel Kant，*Kritik der Urteilskraft*，*Kant's Werke in 5 Bänden*，Druck und Verlag von Georg Reimer，1913：294.

④ Immanuel Kant，*Critique of Judgement*，trans. by James Creed Meredith，Oxford University Press，2007：125.

⑤ James Creed Meredith 在翻译康德的《判断力批判》时斟酌区分了 Erkenntnis 何时应该翻译为 knowledge（知识），何时应该翻译为 cognition（认识、认知）。"and the same is true for Erkenntnis, which must be rendered as 'knowledge' or 'cognition' according to context［Erkenntnis 也是如此，Erkenntnis 必须按照上下文语境被翻译为'knowledge'（知识）或者'cognition'（认识、认知）］。"（Immanuel Kant，*Critique of Judgement*，trans. by James Creed Meredith，Oxford University Press，2007：xxv）笔者认为，此处 James Creed Meredith 的翻译是准确的。

⑥ Immanuel Kant，*Critique of Judgement*，trans. by James Creed Meredith，Oxford University Press，2007：121.

的鉴赏判断所获得的感觉,仅仅只是依赖于反思所获得的知识,他的普遍共通性只是一种来源知识的应该(solle①,ought②),在此意义上,从鉴赏判断获得的感觉所具有的普遍共通性成为脱离于社会交往印证而人们必须普遍遵循的义务。对此,康德自己说道:"鉴赏判断中的感觉成为对所有人都很严苛的一项义务(Pflicht③,duty)。"④ 由主体性反思哲学所造成的康德鉴赏判断知识化特征被汉娜·阿伦特所忽略。而哈贝马斯正是从这个角度对汉娜·阿伦特就康德鉴赏判断力所做的政治化解读进行了批判。在汉娜·阿伦特的解读中,它忽视甚至排斥将康德的判断力视为一种反思判断,并认为它与知识化的认知能力不相关。"正如我们所见,汉娜·阿伦特非常绝对地主张判断力不是一种认知能力(cognitive faculty)。"⑤ 针对汉娜·阿伦特的观点,哈贝马斯在其撰写的《汉娜·阿伦特的交往权力概念》(Hannah Arendt's Communicadons Concept of Power)中认为,汉娜·阿伦特将康德的审美判断力政治化为一种实践话语,而有意地忽视和排斥了康德反思判断力的理性话语和认知特性。康德审美判断力本身就是在主体性反思哲学引导下的反思判断力,是具有知识化特性的认知能力。汉娜·阿伦特的政治化解读有意地忽视这一点,试图从亚里士多德实践智慧政治判断力的角度屏除康德审美判断力作为反思判断的认知特性。"在认知和非认知之间的严格对立,从审美判断中排除认知维度,似乎忽视了属于认知判断的'反思'(reflective)内涵(在反思意义上的判断力或区

---

① Immanuel Kant, *Kritik der Urteilskraft*, *Kant's Werke in 5 Bänden*, Druck und Verlag von Georg Reimer, 1913:240.

② Immanuel Kant, *Critique of Judgement*, trans. by James Creed Meredith, Oxford University Press, 2007:70.

③ Immanuel Kant, *Kritik der Urteilskraft*, *Kant's Werke in 5 Bänden*, Druck und Verlag von Georg Reimer, 1913:294.

④ Immanuel Kant, *Critique of Judgement*, trans. by James Creed Meredith, Oxford University Press, 2007:125.

⑤ Hannah Arendt, *Lectures on Kant's Political Philosophy*, University of Chicago Press, 1989:137.

判力内涵，包含存在问题的认知判断）。"① 哈贝马斯认为作为反思哲学的反思判断力，康德的审美判断力恰恰依赖于认知区判和认知洞察。有趣的是，汉娜·阿伦特后期似乎意识到了这一点，以1970年②为界，汉娜·阿伦特后期思想发生了转折，她一改前期政治化解读康德判断力过程中对康德反思判断、反思认知特性的有意识忽视，转而肯定康德反思判断力的思辨（contemplation）特性，认为判断力是关乎人的精神生活（the life of the mind）的精神活动（mental activity），它通过表象思维（representative thinking）和想象力（imagination）起作用，判断力的对象通过反思（reflection）的精神活动（mental act）被呈现在想象力之中③，因此在她后期思想中判断力成了孤独思辨者的特权（the prerogative of the solitary contemplator），而不是关乎真正交往对话者的现实判断力（not the actual judgment of real interlocutors）④。

席勒的同感与审美交往判断力

与汉娜·阿伦特后期思想断裂（break）式反转不同，哈贝马斯在对康德鉴赏判断力的反思特性保持警醒的同时，吸收了汉娜·阿伦特前期思想中将判断力追溯到亚里士多德同感政治和传统判断力的理论探索经验上，因为哈贝马斯在其中洞察到了与其交往行为理论和交往理性思想相契合之处，并将其运用到对席勒审美教育思想的解读之中。哈贝马斯敏锐地发现，席勒在他的审美教育思想中吸

---

① Hannah Arendt, *Lectures on Kant's Political Philosophy*, University of Chicago Press, 1989: 137.
② Hannah Arendt, *Lectures on Kant's Political Philosophy*, University of Chicago Press, 1989: 91-92.
③ Hannah Arendt, *Lectures on Kant's Political Philosophy*, University of Chicago Press, 1989: 91-92.
④ Hannah Arendt, *Lectures on Kant's Political Philosophy*, University of Chicago Press, 1989: 91-92.

收了康德美学的诸多思想,但是,席勒在康德的审美鉴赏判断力思想中发现了现代性分裂的烙印。诚如前文所论,席勒在康德囿于反思哲学的框架在《判断力批判》中所做出的一系列对立性的划分中看到了现代性分裂状况的表达。知性和感性、自由和必然、精神和自然的分裂尽管可能是康德对现代性分裂状况的描述,但是在席勒看来,现代性分裂状况已经影响到了康德批判哲学体系建构,因而,康德判断力暗含着反思哲学所带来的现代性分裂的危机。"席勒把艺术理解为交往理性(kommunikativen Vernunft)的真正体现,当然,康德的《判断力批判》也可能陷入了一种思辨的唯心主义,但席勒并不满意这种思辨的唯心主义在知性和感性、自由和必然、精神和自然之间所做的康德式分化,因为席勒恰好在这些区分中看见了现代生活关系分裂(der Entzweiungen moderner Lebensverhaltnisse)的表达。"[①] 尽管席勒自身也受到康德思辨的唯心主义(einen spekulativen Idealismus)的影响,但是并没有陷于思辨唯心主义反思哲学的历史局限之中。按照哈贝马斯的看法,席勒将艺术理解为交往理性(kommunikativen Vernunft),将康德提到的与艺术相关涉的审美鉴赏判断力上溯到亚里士多德的同感政治和传统判断力之中予以改造,从而将反思哲学框架下先天综合的反思判断力转化为具有传统判断力理论渊源的审美交往判断力。在哈贝马斯看来,和汉娜·阿伦特一样,席勒将康德所说的"给出鉴赏判断(Geschmacksurteil;judgement of taste)的必要条件是同感(Gemeinsinnes;common sense)的理念"[②] 所涉及的同感概念作为判断力转换的理论踏板,将同感溯源到亚里士多德的同感政治概念和传统判断力讨论的源头。"他(按:席勒)悄悄地把康德的判断力概念和传统的判断力概念混为一谈。传统的判断力概念在亚里士

---

① Jürgen Habermas, *Der philosophische Diskurs der Moderne*, Suhrkamp Verlag, 1985:62.
② Immanuel Kant, *Kritik der Urteilskraft*, *Kant's Werke in 5 Bänden*, Druck und Verlag von Georg Reimer, 1913:237.

多德传统中（直到汉娜·阿伦特）从未完全失去与同感的政治概念的联系。"①与汉娜·阿伦特前期思想有意识地忽略康德判断力概念的反思哲学特性不同，席勒从康德的判断力上溯到传统判断力，一开始就本着矫正康德囿于反思哲学所呈现的现代性分裂的表达特征。所以，诚如哈贝马斯所言，"席勒能够从根本上把艺术视为一种'交往'形式（Form der Mitteilung），并指望艺术能'为社会带来和谐'"②，从而关涉艺术，以艺术作品作为主要判断对象的审美鉴赏判断就成为弥合现代性分裂，能够带来社会和谐，具有一体化整合能力的审美交往判断力。而与艺术相关涉的审美交往判断力之所以具有如此效力，正在于它和传统判断力所赖以维系的同感政治机制如出一辙。

正如前文所论，诚如席勒所言，一切其他表象形式都仅仅只和个体成员的私人感受或者个体成员的私人能力相关，它所凸显的是人与人之间的差别，因此会分裂社会，只有艺术和其他审美领域所关涉的审美表象（Vorstellung）才与人们的共同感受相关，也即与同感相关。"所有其他形式的表象都会分裂社会，因为他们不是完全和个体成员的私人感受发生关系，就是完全和个别成员的私人本领发生关系，因而涉及人与人之间的差别。只有美的交往（die schöne Mitteilung）能够整合社会，因为它涉及所有成员的共同点（Gemeinsame）。"③诚如席勒说，与艺术审美表象相关的美和审美是能够一体化整合社会的交往形式，因为它与社会所有成员的共同点，也即同感发生关系。因此，正如前文所论，席勒的审美教育思想包含审美交往中介论，与艺术相关的审美表象及其唤起的同感，成为弥合现代性分裂状况之一——人与人之间分裂的扭结机制。更

---

① Jürgen Habermas, *Der philosophische Diskurs der Moderne*, Suhrkamp Verlag, 1985: 62 - 63.

② Jürgen Habermas, *Der philosophische Diskurs der Moderne*, Suhrkamp Verlag, 1985: 62 - 63.

③ Jürgen Habermas, *Der philosophische Diskurs der Moderne*, Suhrkamp Verlag, 1985: 62 - 63.

为重要的是,在哈贝马斯看来,与艺术审美表象相关的鉴赏力(des Geschmacks),在席勒那里绝不是康德反思哲学主体思辨的鉴赏判断力,而是涉及同感具有主体间性社会交往特征的审美交往判断。"在其他地方,哈贝马斯把……与鉴赏力(对应的德文原文 des Geschmacks①)有关的那种能力之间的无约束的交往联系起来。在席勒对这一概念(按:鉴赏力)的运用中,艺术作为一种催化剂,作为一种交往形式,作为一种中介,以这种中介,分裂的瞬间被重新连接成一个自然无拘束的整体。"② 因此,如果说作为交往形式,作为中介的艺术具有弥合现代性分裂的一体化整合能力,那么,与艺术的审美表象相关涉,具有主体间社会交往特性的鉴赏力,也应该具有弥合现代性分裂的一体化整合能力。艺术和审美判断力之所以都具有这种能力,依赖于它们与奠基在审美表象中的同感的密切关联。"只有当艺术把在现代已分裂(der Moderne entzweit)的一切——膨胀的需求系统、官僚制国家、抽象的理性道德和专家化的科学——'带到同感(Gemeinsinns)的开放天空下',美(des Schönen)和鉴赏力(des Geschmacks)的社会交往特征(Der gesellige Charakter)才能表现出来。"③ des Geschmacks,也即 Der Geschmack,即是鉴赏力④(Urteilsfähigkeit in ästhetischen Frage⑤),曹卫东先生将哈贝马斯《关于席勒〈人的审美教育书简〉的附录》中的 des Geschmacks 翻译为"趣味"⑥,张玉能先生则将

---

① Jürgen Habermas, *Der philosophische Diskurs der Moderne*, Suhrkamp Verlag, 1985: 64.
② Maurizio Passerin d'Entreves and Seyla Benhabib, *Habermas and the Unfinished Project of Modernity: Critical Essays on the Philosophical Discourse of Modernity*, MIT Press, 1997: 281.
③ Jürgen Habermas, *Der philosophische Diskurs der Moderne*, Suhrkamp Verlag, 1985: 64.
④ 叶本度主编:《朗氏德汉双解大词典》,外语教学与研究出版社2007年版,第706页。
⑤ 瓦里希:《瓦里希德语词典》(影印本),商务印书馆2005年版,第546页。
⑥ 哈贝马斯:《现代性的哲学话语》,曹卫东等译,译林出版社2004年版,第58页。

《审美教育书简》中的 Der Geschmack①译为"审美趣味"②，笔者认为二者都应该翻译为"鉴赏力"。因为，将二者翻译为鉴赏③力恰好彰显了哈贝马斯所揭橥的席勒美育思想悄悄将康德作为反思判断力的鉴赏判断力概念上溯到亚里士多德的传统判断力概念的理论动机，而将 Der Geschmack 翻译为"趣味"或"审美趣味"，则掩盖了哈贝马斯所揭橥的席勒美育思想的理论动机。在席勒那里，Der Geschmack 和艺术、美一样具有社会交往特性，是与同感政治和传统判断力具有理论渊源的鉴赏力，笔者将其称为审美交往判断力（the Judgment of Aesthetic Communication）。它和艺术一样不仅能够弥合人与人之间的现代性分裂状况，而且能够弥合哈贝马斯所反复论述的现代性分裂状况的具体形式："膨胀的需求系统、官僚制国家、抽象的理性道德和专家化的科学。"④ 膨胀的需求系统（das System der entfesselten Bedürfnisse）、官僚制国家（der bürokratisierte Staat）对应的是现代性分裂状况中的系统化、科层化和生活世界的殖民化；抽象的理性道德（die Abstraktionen der Vernunftmoral）和专家化的科学（die Wissenschaft der Experten）则对应现代性分裂状况中的文化价值领域的分裂。席勒的审美交往判断力和艺术一样正是借由同感的作用才能实现对诸种现代性分裂状况的弥合。在哈贝马斯对席勒审美教育思想的阐释中，如果说，艺术是一种交往形式，那么，席勒的审美交往判断力也必定意味着社会交往的现实发生，它和艺术一样发挥着弥合现代分裂、一体化整合分裂状况的

---

① Friedrich Schiller, *über die ästhetische Erziehung des Menschen in einer Reihe von Briefen*, *Friedrich Schiller Sämtliche Werke in 5 Bänden*, Carl Hanser Verlag, 2004: 667.

② 席勒：《审美教育书简》，张玉能译，译林出版社 2009 年版，第 95 页。

③ 邓晓芒先生在《判断力批判》中亦将 Der Geschmack 翻译为"鉴赏"（康德：《判断力批判》，邓晓芒译，杨祖陶校，人民出版社 2002 年版，第 135 页），就席勒美育思想而言，结合哈贝马斯对席勒理论动机的揭橥，笔者认为席勒《审美教育书简》中的 Der Geschmack 应该翻译为"鉴赏力"才较为妥当。

④ Jürgen Habermas, *Der philosophische Diskurs der Moderne*, Suhrkamp Verlag, 1985: 64.

中介（ein Medium）作用。无独有偶，席勒美学的研究者克劳斯·迪塞尔贝克（Klaus Disselbeck）也注意到了哈贝马斯所说的，席勒借由同感概念将康德的鉴赏判断改造成审美交往判断力旨在弥合现代性分裂状况的理论旨趣。"席勒在两个例子中证明了鉴赏力（des Geschmacks）的整合作用（die integrative Wirkung des Geschmacks）：经济和科学中的分化。鉴赏力（Der Geschmack）赋予人类一种能力，即将个人的私人感受扩展成普遍共通的感受，将普遍共通的趣味（allgemeine Interesse）转换成他们自己的趣味。……由于科学的专业分化，科学正在远离共通感（Alltagsverstand①），席勒称其为康德的'同感'（Gemeinsinn），也即，自胡塞尔以来我们一直在谈论的生活世界。"② 经济与科学中的分化，正是现代性分裂状况生活世界的殖民化和文化价值领域分化的表征。鉴赏力赋予人们将个人的私人感受扩展成同感，引起人们的普遍兴趣，它意味着打破个人局限性的社会交往的发生。鉴赏力甚至能借由同感，弥合现代性合理化进程中文化价值领域分裂所产生的自律性学科知识的狭隘疆界，"鉴赏力（Der geschmack）引领知识在同感（Gemeinsinns）开放的天空之下"③。正是在此意义上，笔者将席勒所说的鉴赏力（Der geschmack）称为审美交往判断力，通过上溯到亚里士多德的同感政治和传统判断力，一改康德反思哲学鉴赏判断力（das Geschmackurteil④）的弊端，从而发挥弥合现代分裂状况的一体化

---

① 笔者认为此处 Alltagsverstand 应为 commmon sense/sensus communis 的德文译文，commmon sense/sensus communis 即为同感 Gemeinsinn，所以将 Alltagsverstand 抽译为 "共通感"，以和接着出现的 Gemeinsinn（同感）相对应。

② Klaus Disselbeck, *geschmack und kunst：Eine systemtheoretische Untersuchung zu Schillers Briefen "über die ästhetische Erziehung des Menschen"*, Westdeutscher Verlag, 1987：36-37.

③ Klaus Disselbeck, *geschmack und kunst：Eine systemtheoretische Untersuchung zu Schillers Briefen "über die ästhetische Erziehung des Menschen"*, Westdeutscher Verlag, 1987：36-37.

④ Immanuel Kant, *Kritik der Urteilskraft*, *Kant's Werke in 5 Bänden*, Druck und Verlag von Georg Reimer, 1913：237.

整合效力。

当然，席勒以美的艺术作为社会交往的中介，以同感为基础的审美交往判断力在弥合现代性分裂、发挥一体化整合效力的同时，也实现了席勒美学复归完满人性、实现政治自由的旨趣，因此也具有同感政治的重要意义。需要注意的是，席勒同感政治的最终理想形态是审美王国。在席勒的审美王国中，作为审美交往判断力的鉴赏力也正起着弥合现代性分裂、发挥一体化整合效力的作用。对此席勒自己说道：

> 因此，只有美（die Schönheit）能够赋予审美王国社会交往特征（einen geselligen Charakter）。在审美王国中，只有鉴赏力（Der Geschmack）带来和谐（Harmonie），因为鉴赏力能馈赠个人以和谐（Harmonie）。①

可见，鉴赏力对审美王国的社会一体化整合起着至关重要的作用，克劳斯·迪塞尔贝克也注意到了这一点，并对席勒审美王国中鉴赏力一体化整合的过程进行了学理上的描述：

> 审美经验为同感（ein gemeinsames emotionales）体验奠定了基础。鉴赏力（Der Geschmack）将分裂的文化（den kulturellen Anteil）整合为一体（dieser Gemeinsamkeit）。个人的判断（der einzelne beurteilen）能够凭借鉴赏力的帮助，使得他的感受和他的观念变成普遍共通的。审美的和伦理的价值感受的文化一体化（die kulturelle Gemeinsamkeit），在审美王国中社会性地实现了，在社会交往的联系中（im geselligen Umgang），人们相互放弃自我表达的自由，交换自己的感受和

---

① Friedrich Schiller, *über die ästhetische Erziehung des Menschen in einer Reihe von Briefen*, Friedrich Schiller Sämtliche Werke in 5 Bänden, Carl Hanser Verlag, 2004: 667.

观念，同时期望每一个对话者通过鉴赏力（den Geschmack）能够约束他自己的自我表达和他自己的交往（Mitteilung）。①

但是，终究，克劳斯·迪塞尔贝克没有对同感进行着重研究，没有对同感进行溯源，更没有点明席勒审美王国中鉴赏力的实质——审美交往判断力，不过他颇为妥当的描述却可以成为笔者观点的佐证：席勒的美育思想的确是以美的艺术作为社会交往的中介，用同感作为基础的审美交往判断力来弥合现代性分裂，以期发挥一体化的整合力量，实现人性的完满复归和审美王国的同感政治理想。这也是笔者基于哈贝马斯对席勒美育思想阐释的探赜。②

[原载《首都师范大学学报》（社会科学版）2022 年第 3 期]

---

① Klaus Disselbeck, *geschmack und kunst：Eine systemtheoretische Untersuchung zu Schillers Briefen "über die ästhetische Erziehung des Menschen"*, Westdeutscher Verlag, 1987：36 - 37.
② 本文系国家社科基金重大项目"西方美育思想史"、江苏省高校哲学社科基金项目"哈贝马斯公共空间理论视野下中国现当代文学公共空间的结构转型研究"的阶段性成果。

"想象力"美育话语的公共性诉求

徐　承◆(浙江音乐学院音乐教育学院)

在西方现代美育话语中,对"想象力"的论述与对"创造力"的论述几可等量齐观。想象是艺术创作和欣赏过程中必不可少的主体内在活动。在摹仿论占据文艺理论话语核心的时代,"想象"并不受人重视。浪漫主义文艺运动及其表现论美学的兴起,使得"想象"的理论地位大为提升。现代西方美育话语在论及美育的价值、方法等问题时,逐渐把想象力作为一种可以通过教学来予以促进和发展的主体能力。一般而言,美育过程中所涉及的审美想象力既涉及形式层面也涉及内容层面;尤其是,要使想象力变丰富,便不可能仅仅局限于形式层面,必须加强在内涵方面的挖掘与联想,造就丰饶的意义。纯形式想象毕竟相对单薄,要克服想象力的匮乏必然要调动对形象、事件、情境、伦理关系等人文内容的广泛联想。本文将以两位美国女性思想家玛克辛·格林(Maxine Greene)和玛莎·努斯鲍姆(Martha C. Nussbaum)的"想象力"美育话语作为主体内容展开研讨,中途间以与朱光潜、宗白华、丰子恺等中国现代美学家的相关美育话语的比较,以此突显前者所具有的强烈的公共性诉求。在此可以明确的是,上述诸家都不囿于形式主义立场,他们对艺术活动中想象问题的论述都主要围绕作品的人文意义而展开。

一

玛克辛·格林作为当代西方世界最重要的教育哲学家之一，生前长期执教于纽约哥伦比亚大学教育学院，并在晚年创办了如今以她名字命名的"玛克辛·格林美育与社会想象研究中心"。从这个机构的名称不难想见，格林美育思想所关注的主要问题就是艺术活动的社会想象功能及其在教育中的运用。

格林的文风深受欧陆存在主义哲学的影响，她对审美教育的定义借用了存在主义的"在场"概念：

> 审美教育可以被称为在场的教育，个人面对艺术作品作为想象的、感受的、知觉的、思考的、存在的、在场的教育。①

> 审美教育是指我们要有意识地努力促进学生与艺术之间发生越来越深入全面的相遇。我们要使学生既能够作为一名创作者进行艺术活动，又能够欣赏体验既有艺术作品的关键是，释放他们，让他们在与艺术的相遇中完全地在场。②

在格林看来，"释放想象"是审美教育借艺术活动而发挥的首要功能。她援引存在主义哲学的"在场"概念，旨在强调教育过程中师生应与艺术觌面"相遇"；这也就是杜威所说的"投身进艺术中"，即以亲身参与的方式投入"活的经验"。有的时候，格林也把"相遇""在场"的概念置换为"即时性的参与式介入"，比如她说："所有这些即时性的介入都会让学生形成一种参与性的认识模式，

---

① 玛克辛·格林：《释放想象：教育、艺术与社会变革》，郭芳译，北京师范大学出版社 2017 年版，第 2 页。
② 玛克辛·格林：《释放想象：教育、艺术与社会变革》，郭芳译，北京师范大学出版社 2017 年版，第 118 页。

形成一种他们自己对于诸多艺术形式的参与式介入。"① 美育的过程实质就是促成学生与艺术之间发生"全面的热切相遇",并在相遇中"完全地在场"。如何才能使与艺术的相遇变得全面而热切?如何才能使"在场"变得充分从而实现"完全地在场"?格林把"释放想象"作为获得"完全地在场"的必要条件,她说:"当我们能够理解眼前这部作品有什么是应该需要注意的,当我们能够在所感知的领域中释放想象、生成秩序,能够允许我们的感觉去了解,去阐明有什么是可以理解的,那么我们就是在与艺术的相遇中完全地在场。"② 可见"释放想象"正是格林美育哲学的关键所在。那么,与艺术相遇中的想象是怎样的,应该采取什么方式、具有哪些内容?格林指出:

> 审美体验需要有意识地参与到艺术作品之中,需要能量的输出……通过想象建构一个虚拟世界,并从知觉、情感,以及认知等层面进入这个世界。教给学生以这样的方式来介入艺术作品,就是要在促进学习者去关注——比如关注形状、图案、声音、节奏、隐喻、轮廓与线条等——与促进解放学习者以获得特定作品的意义之间,争取微妙的平衡。③

格林认为,审美体验需要主体的充分"参与"和"介入",即在实际操作过程中投入对艺术作品的知觉与情感,由此展开虚拟的想象,学习和教育就在想象过程中完成。并且,通过想象所关注到的不只是艺术的诸般形式要素,还有形式与意义相互平衡所造就的想象空间。艺术正是因为能够释放主体的想象,造就促进其肢体、

---

① 玛克辛·格林:《释放想象:教育、艺术与社会变革》,郭芳译,北京师范大学出版社2017年版,第188页。
② 玛克辛·格林:《释放想象:教育、艺术与社会变革》,郭芳译,北京师范大学出版社2017年版,第189页。
③ 玛克辛·格林:《释放想象:教育、艺术与社会变革》,郭芳译,北京师范大学出版社2017年版,第171页。

情感、知觉、伦理判断等主动发展的新机遇,故而才被作为教育的必要手段:

> 艺术通过想象带给我们的无论是新视野,还是建立起来的新联系,都是我们能够经验到的现象,都会让我们觉得仿佛是与这个世界初次相遇。……我们可以借助这新的透镜来观察并解释那些使得人类及其文化保持生机的教育性行为。①

> 我们都要坚持必须把艺术置于学校课程的中心,这是因为与艺术相遇将会使我们拥有一种释放想象的独特力量。……我们也不能指望欣赏了艺术作品,就能拥有仁慈之心,就会感受到安慰的温暖或得到任何明确的道路指引。……艺术并不仅仅只表达什么是善,什么是恶。这些作品通过唤醒想象使我们的肢体活跃起来,使我们的情感兴奋起来,同时也打开了一扇扇知觉的大门。……想象的作用并不是解决问题,不是指出道路,不是提高与完善。想象是要唤醒,要揭示那些通常未曾见过、未曾听过、出人意料的世界。②

借助艺术开展教学是格林教育哲学的核心,通过释放想象来促成人的"全面觉醒"是格林美育哲学的核心。"释放想象"的美育哲学与中国美育传统对待艺术的方式很不一样。无论是以孔子、荀子为坐标的中国古典美育传统,还是以王国维、梁启超、朱光潜、宗白华为坐标的中国现代美育传统,几乎都把艺术看作是道德的载体、人生道路的指引,似乎欣赏了好的艺术,欣赏者的心性就能得到提高与完善,创作者的人格力量就会借由艺术这一容器注入欣赏

---

① 玛克辛·格林:《释放想象:教育、艺术与社会变革》,郭芳译,北京师范大学出版社2017年版,第24页。
② 玛克辛·格林:《释放想象:教育、艺术与社会变革》,郭芳译,北京师范大学出版社2017年版,第37—38页。

者的身心当中,社会上的道德人心问题就会迎刃而解。对格林而言,这样的想法过于简单化了,既不符合艺术的事实,也不符合人的身心发展状况。在格林看来,艺术的作用在于释放想象,至于在想象的过程中主体得出了怎样的思想结论、作出怎样的道德判断和行为选择,都是因人而异的,主体须根据自己的经验、际遇和心智主动而自由地获取自身的认知与发展。所以格林认为,艺术想象是有风险的,唯其有风险,才显示出其建立在现实性、复杂性基础上的可贵价值——为人的主动发展提供新的可能性:

> 我们感受到超越边界去看的可能性,这时想象的重要作用再次体现出来。……我认为从某种意义上来说,意识往往是通过超越自身去追求一种从未实现过的完满与完整的方式而定义的。一旦我们实现了完满与完整,就会出现故步自封、僵化停滞,再也无须去追求。①

> 当艺术与现存事物和既定现实之间发生矛盾时,艺术会超越现存事物,引领那些愿意冒变革风险的人们塑造一个新的社会愿景。……如果我们能够意识到艺术作品自身的呈现,在我们和作品之间就一定会有一个生动的、有意识的、反思性的相互作用发生。②

格林并不否认艺术在教育过程中的道德功用。但在格林看来,道德判断是主体的自由选择,因而艺术作品并不是道德规训的尺度和标准,它只是提供一个具有伦理境遇的想象空间;与艺术相遇的教育主体并不是在被动接受艺术所蕴含的道德规范,而是在想象中

---

① 玛克辛·格林:《释放想象:教育、艺术与社会变革》,郭芳译,北京师范大学出版社2017年版,第35页。
② 玛克辛·格林:《释放想象:教育、艺术与社会变革》,郭芳译,北京师范大学出版社2017年版,第41—42页。

与艺术发出的各种声音和观念进行平等的对话、交流、反思、辩论，在相互作用中取得自身道德心智的主动发展。质言之，格林美育哲学对道德问题的看法与儒家伦理美育思想最大的不同在于，格林更强调"反思"与"批判"，不提倡对既有道德准则的无条件接受与单向度汲取。格林曾反复申说美育过程中立足于伦理情境的反思与批判。①对格林而言，道德并不是由权威所预先设定的思想标准和行为规范，它体现在具体的生活情境（或现实或想象）中，体现在个体遭遇道德困境时促使他/她做出克服一己私利之行为选择的共情能力。在格林看来，艺术想象力的一种重要的教育性意义就在于能够发展出处理伦理关系的共情能力：

> 正是想象的能力使我们能够体验不同观点之间的共情，包括那些表面看来与我们背道而驰的立场。想象是我们去除自我中心性的一种新方式，通过想象我们可以打破个人主义与利己主义的禁锢，从而进入一个新的世界，在那里我们可以与他人一起面对面地呼唤，"我们在这里"。②

格林在此描述了一种共情的想象，这种想象具有道德上的积极意义，能够帮助人包容异己，突破自我中心主义的局限而融入公共社会。格林的这一想法与玛莎·努斯鲍姆不谋而合，后者也是在这一意义上提倡美育，尤其是经由艺术教育所引发的同情式想象和批判性思维。努斯鲍姆的"想象力"美育话语以及审美同情论的跨文化比较且容稍后论述，现在暂且聚焦于格林的美育话语。

当美育中的道德想象要被应用到课堂这样一个教学空间中的时候，就引发了造就具有共同发展目标的教学群体这一空间伦理学问

---

① 玛克辛·格林：《释放想象：教育、艺术与社会变革》，郭芳译，北京师范大学出版社2017年版，第172—202页。
② 玛克辛·格林：《释放想象：教育、艺术与社会变革》，郭芳译，北京师范大学出版社2017年版，第42页。

题。在这方面,格林提出了在美育课堂中通过道德想象来培育民主共同体的想法,展示了她美育思想背后更宏阔的社会学愿景。① 格林之所以要在美育过程中培养批判的、自我反思的、主动的学习者,其更远大的目标在于为造就适应民主社会的公民共同体做准备。对格林而言,课堂不是与社会隔绝的象牙塔,而是一个局部社会空间,其中所做的所有的社会想象都可以延伸、应用于更广阔的现实社会生活。应该说,这一思想秉承了杜威的精神传统。杜威的教育哲学强调经验的连续性,认为在学校里培养出来的经验经过延伸、扩展之后,就能成为现实的社会生活的经验;所以他提倡"教育即生活""学校即社会",并积极推广具有社会学意义的民主教育方式。② 正因为具有这样一种深切的社会关怀,所以格林的民主共同体设想秉持社会公正的价值观,对边缘群体和少数族裔文化给予了充分的开放与包容。在格林为社会非主流人群争取文化想象权利的话语中,我们常常能听到巴西教育哲学家保罗·弗莱雷"被压迫者教育学"③ 和"解放教育学"④ 思想的回声。在格林的影响下,许多北美美育教师也纷纷致力于在艺术课堂中造就多元开放的民主共同体,赋予边缘群体和少数族裔以充分的文化创造权利。

从方法逻辑的角度考虑,对于课堂这样一个局部社会空间而言,要充分调动其参与者的想象,首先要使教师成为善于想象、善于推促学生开展想象的教学引导者。在这方面,格林对美育教师提出了殷切的期望与要求,吁请教师凭借丰富的想象力来理解学生,

---

① 玛克辛·格林:《释放想象:教育、艺术与社会变革》,郭芳译,北京师范大学出版社2017年版,第45—47页。

② 杜威:《学校与社会·明日之学校》,赵祥麟、任钟印、吴志宏译,人民教育出版社2005年版,第326—329页。

③ 弗莱雷:《被压迫者教育学》,顾建新、赵友华、何曙荣译,华东师范大学出版社2014年版。

④ P. Freire & I. Shor, *A Pedagogy for Liberation—Dialogues on Transforming Education*, Bergin and Garvey Publishes, Inc., 1987.

同情学生,感受学生之间的差异,引导和激发学生通过想象获得成长。① 所以对格林而言,"释放想象"不仅是美育过程中学生的重要发展目标,同时也是美育教师的基本素养之一。师生在课堂空间中共同想象、分享经验,才能够沟通交流,形成即便不能一致至少也能够相互认同和包容的价值观,从而在共同成长、共同发展的过程中形成或预备形成民主共同体。

让我们再转换到学生的角度。对于学生而言,要在借助艺术的教育活动中做出怎样的社会想象,才能达到格林所谓的"全面觉醒"的发展目标呢?换言之,美育课堂中的"想象"是怎样推动学生"全面觉醒"的?格林在这方面的论述极为丰富。② 在格林反复强调的声音中,我们大约能整理出两个要点:一是依靠艺术想象跨越边界,超越个人局限(即超越以自我为中心的狭隘的惯常的经验局限),发现事物新的可能性;二是依靠艺术想象发现他者的存在意义和价值,从而在与他者的联结中实现自身的完整和共同体的形成。所以美育既是个体的完成,也是社会群体的整合,具有个体与整体辩证统一的社会学意义,关键在于利用想象来获得个体超越与相互认同。

二

格林"想象力"美育话语中的这种双重性体现了她哲学思想来源的双重性。

首先,在个体想象方面,格林大量援引了"现象学—存在主义—人道主义"这一哲学脉络的思想资源,强调通过主体意识的自我认知(反思)来达到个人的意识唤醒与思想启蒙。其中,认知

---

① 玛克辛·格林:《释放想象:教育、艺术与社会变革》,郭芳译,北京师范大学出版社2017年版,第46—49、56—57页。
② 玛克辛·格林:《释放想象:教育、艺术与社会变革》,郭芳译,北京师范大学出版社2017年版,第46—52页。

（反思）的场域在于生活世界及其想象情境，认知（反思）的结果是主体做出行为选择，选择的自由性与伦理性彰显了存在的意义，同时也是整个美育过程的教育意义所在。在格林的"想象力"美育话语中，我们至少可以辨识出胡塞尔的"主体意识"和"生活世界"，萨特的"想象意识"、"生活情境"、"选择"与"自由"，梅洛-庞蒂的"知觉意识"或"原初的意识"，加缪的"唤醒"，舒茨的"内部时间"和"反思意识"等等源自"现象学—存在主义—人道主义"学脉的概念术语和思想观念。也正是在存在主义—现象学哲学的熏陶下，格林的"想象力"美育话语尤其倡导一种主动的、创造性的、意义建构式的想象。譬如她反复提及："进行富于创造力地想象未来的教学"①，"提供更多的情境让儿童自由地创作"②，"主动学习者能够有意识地去追求意义，并赋予生活经历以意义"③，"我们最终能够认识到艺术对于成长，对于创造性以及问题解决的意义"④，"只有凭借想象力才能完成与艺术作品创造性、欣赏性的相遇"⑤。

其次，在公共想象方面，格林汲取了大量社会学和政治哲学的思想资源，如"主体间性"的概念，阿伦特的"人际关系网"思想，杜威的经验连续性思想和"教育即生活""学校即社会"观念，福柯的"权力空间"思想等，借此倡导教师与学生在公共空间中的共同参与和意义建构。尽管格林的美育话语中充满了存在主义色彩，但她的运思和表达绝不囿于存在主义和现象学，而是广泛吸纳

---

① 玛克辛·格林：《释放想象：教育、艺术与社会变革》，郭芳译，北京师范大学出版社2017年版，第68页。
② 玛克辛·格林：《释放想象：教育、艺术与社会变革》，郭芳译，北京师范大学出版社2017年版，第73页。
③ 玛克辛·格林：《释放想象：教育、艺术与社会变革》，郭芳译，北京师范大学出版社2017年版，第180页。
④ 玛克辛·格林：《释放想象：教育、艺术与社会变革》，郭芳译，北京师范大学出版社2017年版，第181页。
⑤ 玛克辛·格林：《释放想象：教育、艺术与社会变革》，郭芳译，北京师范大学出版社2017年版，第199页。

各种与公共问题相关的哲学、社会学、教育学思想为其所用，最终形成她自己独特的美育思想。当然，即便是现象学学派内部的哲学家，也并不都如先验唯心主义时期的胡塞尔那般固执地强调自我意识的绝对主体性。如现象学家舒茨以胡塞尔晚年的"生活世界"思想作为哲学思考的起点，结合了韦伯的社会学思想，从主体间性的角度分析考察意义与理解、社会行为与行动等问题，写就了《社会世界的意义构成》①一书，后来又在美国汲取了实用主义哲学、芝加哥社会学派的思想，创造出一套融现象学方法与社会学关注于一体的社会意义建构理论。格林的美育哲学深受舒茨的影响，非常清晰地彰显出一条由存在主义—现象学向社会学拓展的思想进路。

所以说，格林的"想象力"美育话语既强调个人的主动学习、探索与意义建构，又注重人与人之间的相互对话和共同创造，个体的"全面觉醒"取决于公共意识的养成以及意义的相互激发与共同建构。在公共想象中实现个体发展，这既是格林的美育愿景，也是她对教师、学生乃至教育机构、社会环境提出的殷切期望。

三

与格林相似，玛莎·努斯鲍姆的"想象力"美育话语也主要围绕个人如何突破自我中心主义，如何参与民主社会的公共性建设等问题而展开。努斯鲍姆作为"当代哲学界最具创新和最有影响力的学者之一"，具有开阔的学术视野和丰富的跨学科背景，现为芝加哥大学哲学系、法学院、神学院合聘的法律和伦理学教授，并同时在古典学、政治学、南亚研究等学科任教。尽管她并不是一位专治美育的专业型学者，但其美育话语充满了独特的思想力量、深切的人文关怀和极具辨识度的美学风格，可以看作是对格林的"想象力"美育话语的跨学科呼应。

---

① 阿尔弗雷德·舒茨：《社会世界的意义构成》，游淙祺译，商务印书馆2012年版。

努斯鲍姆在教育学方面的代表作是《功利教育批判：为什么民主需要人文教育》。在这部著作中，努斯鲍姆对当代民主社会所应有的教育作了"应然"的勾画，她希望教育的决策者和参与者都能够抛弃以经济增长为导向的功利主义教育发展模式，同时投入对人文教育的重视，通过人文教育尤其是艺术教育来培养具有独立思考能力和想象力的民主公民。与格林一样，努斯鲍姆把美育当作造就民主公民的一种重要手段，她指出："遗漏了艺术教育，就遗漏了造就民主理解的根本契机。"① 造就适应民主社会的公民，主要就是培养公民参与社会公共活动的素质与能力。其中被努斯鲍姆重点论述的，就是一种同情式的想象力。努斯鲍姆提出：

> 培养同情心，这是最现代的民主教育理念的关键部分，在西方国家和非西方国家，都是如此。这种教育……学校甚至学院和综合大学也都起着重要作用。各级教育机构如果想很好地发挥这种作用，就必须让人文学科和艺术教育课程成为核心内容，以发展一种参与性的教育，它能培养和提高学生的一种能力——通过另一个人的眼睛观察世界的能力。②

> 艺术教育培养出来的同情之心正是冷漠之敌。③

格林在论艺术活动中的社会想象时也曾论及同情式的想象，但她对"想象"的理解显然并不止于"同情"这一点，而是有着更为丰富的内涵，尤其在意义的创造性建构方面对想象力给予了厚望。努斯鲍姆则主要是在"同情"的意义范围内谈论想象问题，对她而

---

① 玛莎·努斯鲍姆：《功利教育批判：为什么民主需要人文教育》，肖聿译，新华出版社2017年版，第139页。
② 玛莎·努斯鲍姆：《功利教育批判：为什么民主需要人文教育》，肖聿译，新华出版社2017年版，第122页。
③ 玛莎·努斯鲍姆：《功利教育批判：为什么民主需要人文教育》，肖聿译，新华出版社2017年版，第27页。

言,道德上"同情"的能力是比天马行空的创造性想象力更为重要的公民素质。在努斯鲍姆看来,创造性想象力已经为那些以经济增长为目标的商业教育者所清楚认识到,因而已无需她再多作强调;她现在的主要任务是强调和阐明艺术教育对同情性想象能力的培养作用,从而改变现行教育环境对艺术教育的重视程度和使用方式,将美育和艺术教育的社会职责和作用方式定位于民主公民素质培养方面。

努斯鲍姆认为,艺术教育的同情性想象功能源于艺术的游戏本性:

> 一个人究竟怎样才会以这种方式看待世界,而不再将世界看做那样的所在:其他形体都围着他自己转、满足他的要求?……这个问题的另一部分答案却来自游戏。游戏为关心他人的能力提供了第三个重要的前提,那就是想象出他人体验的能力。①

> 在培养民主公民素质方面,游戏起着重要作用。……游戏教会了人们与其他人共同生活……离开了儿童嬉戏的世界以后,成年人怎样保持和发展自己的游戏能力?……艺术能在这方面发挥关键作用。……艺术的首要功能就是维持并促进"游戏空间"(play space)的发展。……艺术的首要作用就是培养和发展人的移情能力。②

努斯鲍姆作为一位伦理学家和政治哲学家,她的主要哲学论题及其内在逻辑是这样的:人类对于善的追求是脆弱的,极易受到运

---

① 玛莎·努斯鲍姆:《功利教育批判:为什么民主需要人文教育》,肖聿译,新华出版社2017年版,第124页。
② 玛莎·努斯鲍姆:《功利教育批判:为什么民主需要人文教育》,肖聿译,新华出版社2017年版,第129—130页。

气的影响而导致悲剧的命运。要降低运气对人类生活的影响,可以在两个方面开展努力:第一是通过公正合理的社会政治制度建设来缓解生存竞争,避免人与人之间的冲突与灾难;第二是通过培养同情等社会情感,来造就相互关心、相互信任、相互宽容的公民群体。后者其实就是一种情感教育的过程,通过培养和发展公共性情感,帮助个人克服以自我为中心的欲望,使之成为社会生活中高素质的民主公民,从而进一步营造公正合理的社会政治环境。努斯鲍姆的"想象力"美育话语就是在这一核心思想的基础上发展而来。对她而言,游戏就具有这种帮助人克服自我中心主义,使之具有想象出他人的生存境遇并以同情的(或移情的、互易的、感同身受的)方式给予理解的能力。她严肃而信心满满地指出:"游戏和想象力的自由扩展为人类生活所带来的贡献并不仅仅是工具性的,而是构成了有价值的人类生活的重要组成部分。"[①] 而艺术作为在形式上更加精致完美、在精神内涵上更加丰富多彩的"文化游戏",在培养共情式想象能力方面具有无与伦比的资源优势,因而成为努斯鲍姆培养民主公民素质的首选教育方式。

四

努斯鲍姆曾梳理了约翰·斯图亚特·穆勒(又译密尔)、约翰·杜威、泰戈尔等前辈在倡导以培养同情想象力为要旨的艺术教育方面所做出的思想贡献和取得的实际成就,然后在此基础上提出她自己的美育思想。其实不仅在欧美国家和印度,即便在中国现代美育思想史中,也有不少以同情性想象为中心概念的美育话语。譬如朱光潜曾说:

---

① M. C. Nussbaum, *Creating Capabilities: The Human Development Approach*, The Belknap Press of Harvard University Press, 2011: 36.

道德起于仁爱，仁爱就是同情，同情起于想象。比如你哀怜一个乞丐，你必定先能设身处地想象他的痛苦。诗和艺术对于主观是情境必能"出乎其外"，对于客观的情境必能"入乎其中"，在想象中领略它，玩索它，所以能扩大想象，培养同情。这种看法也与儒家学说暗合。儒家在诸德中特重"仁"，"仁"近于耶稣教的"爱"、佛教的"慈悲"，是一种天性，也是一种修养。仁的修养就在诗。儒家有一句很简赅深刻的话："温柔敦厚诗教也。"诗教就是美育，温柔敦厚就是仁的表现。①

不难发现，朱光潜就同情性想象的心理机制及其与道德修养之关系的论述，在主要内容上与努斯鲍姆的同情式想象美育思想是十分接近的。不同之处在于，朱光潜是在儒家"仁"学的话语域中阐发其造就同情性想象的美育思想的，他对美育作为德育基础的定位也是基于儒家诗教的美育逻辑。

无独有偶，宗白华也发表过以"同情"及与之相关的"想象"（宗白华谓之为"空想"）为逻辑中心的美育话语：

> 同情是社会结合的原始，同情是社会进化的轨道，同情是小己解放的第一步，同情是社会协作的原动力。我们为人生向上发展计，为社会幸福进化计，不可不谋人类"同情心"的涵养与发展。……真能结合人类情绪感觉的一致者，厥唯艺术而已。……美感的动机，起于同感。……"同情"本是维系社会最重要的工具。同情消灭，则社会解体。
>
> 艺术的目的是融社会的感觉情绪于一致……是谋社会同情心的发展与巩固。②

---

① 朱光潜：《谈美感教育》，载《朱光潜全集》第4卷，安徽教育出版社1988年版，第146页。

② 宗白华：《艺术生活——艺术生活与同情》，载《宗白华全集》第1卷，安徽教育出版社2008年版，第317—318页。

> 艺术世界的中心是同情,同情的发生由于空想,同情的结局入于创造。于是,所谓艺术生活者,就是现实生活以外一个空想的同情的创造的生活而已。①

宗白华有关同情对于维系社会协作之功用,以及艺术对发展社会同情心的美育作用的论述,同样也与努斯鲍姆的美育思想有相通之处。宗白华这一层社会美育思想主要出自法国美学家居友(Marie Jean Guyan)的著作《艺术为社会现象》。不过,与居友以及努斯鲍姆十分不同的是,宗白华的艺术同情论不仅涉及社会建设问题,还包含了另一层对自然之同情想象的涵义:

> 本来,艺术的起源,就是由人类社会"同情心"的向外扩张到大宇宙自然里去。……我们这种对于人类社会的同情,还可以扩充张大到普遍的自然中去。因为自然中也有生命,有精神,有情绪感觉意志,和我们的心理一样。②

> 艺术的生活就是同情的生活呀!无限的同情对于自然,无限的同情对于人生,无限的同情对于星天云月,鸟语泉鸣,无限的同情对于死生离合,喜笑悲啼。这就是艺术感觉的发生,这也是艺术创造的目的!③

把艺术活动中的"同情心"扩展至大自然,这种思想的哲学基础在于万物有灵论,也就是所谓"自然中也有生命,有精神,有情

---

① 宗白华:《艺术生活——艺术生活与同情》,载《宗白华全集》第1卷,安徽教育出版社2008年版,第319页。
② 宗白华:《艺术生活——艺术生活与同情》,载《宗白华全集》第1卷,安徽教育出版社2008年版,第318—319页。
③ 宗白华:《艺术生活——艺术生活与同情》,载《宗白华全集》第1卷,安徽教育出版社2008年版,第316页。

绪感觉意志，和我们的心理一样"。万物有灵论在世界多个文化传统中有着各种各样的变体，也与自然主义思想的某些形态有着千丝万缕的联系。另一位中国现代美学家丰子恺也曾在相近的意义上扩展"同情论"的想象范围：

> 普通人的同情只能及于同类的人，或至多及于动物；但艺术家的同情非常深广，与天地造化之心同样深广，能普及于有情非有情的一切物类。①
> ……………
> 艺术家的同情心，不但及于同类的人物而已，又普遍地及于一切生物无生物，犬马花草，在美的世界中均是有灵魂而能泣能笑的活物了。诗人常常听见子规的啼血，秋虫的促织，看见桃花的笑东风，蝴蝶的送春归，用实用的头脑看来，这些都是诗人的疯话。其实我们倘能身入美的世界中，而推广其同情心，及于万物，就能切实地感到这些情景了。②

丰子恺把及于自然万物的"同情"又称为"万物一体"或"感情移入"的内心活动方式。在中国现代美学史上，这种"万物一体""感情移入"的"同情"常以"移情"这一心理学术语的形式出现，比如朱光潜就曾从文艺心理学的唯物论角度分析了"移情"的心理机制：

> 移情的现象可以称之为"宇宙的人情化"，因为有移情作用然后本来只有物理的东西可具人情，本来无生气的东西可有生气。从理智观点看，移情作用是一种错觉，是一种迷信。但

---

① 丰子恺：《美与同情》，载丰陈宝、丰一吟、丰元草编《丰子恺文集·艺术卷二》，浙江文艺出版社1990年版，第581页。
② 丰子恺：《美与同情》，载丰陈宝、丰一吟、丰元草编《丰子恺文集·艺术卷二》，浙江文艺出版社1990年版，第582—583页。

是如果把它勾销，不但艺术无由产生，即宗教也无由出现。艺术和宗教都是把宇宙加以生气化和人情化，把人和物的距离以及人和神的距离都缩小。它们都带有若干神秘主义的色彩。所谓神秘主义其实并没有什么神秘，不过是在寻常事物之中见出不寻常的意义。这仍然是移情作用。从一草一木之中见出生气和人情以至于极玄奥的泛神主义，深浅程度虽有不同，道理却是一样。①

可见，中国现代文艺思想家有关同情性想象的美育、美学话语是非常丰富的，虽然他们相互之间也有一些细微的思想差别，但总体而言都具有典型的东方文化和语言的特征。

五

由于文化语境的不同，努斯鲍姆的同情式想象的美育话语与朱光潜、宗白华、丰子恺等中国现代美学家的"同情/移情"论话语相比，表现出了明显的差异。首当其冲的一点，就是努斯鲍姆的同情式想象的美育话语是以培养世界公民为教育目标的，因此尤其重视移情想象过程中对人与人之间的平等、他人的尊严、社会公正、跨文化理解等价值观念的引导。这一特点的形成与美国社会的多元化构成直接相关。请看努斯鲍姆的论述：

> 我们需要培养学生的"内心视点"，这意味着艺术和人文学科教育中仔细、熟练的指导（应与儿童的年龄和成长水平相适应），使学生接触到性别、种族、民族问题和跨文化的体验和理解。这种艺术教育能够并且应当与培养世界公民的教育结

---

① 朱光潜：《谈美》，载《朱光潜全集》第2卷，安徽教育出版社1987年版，第24—25页。

合起来……中小学校和大学中的艺术有两种作用。首先,艺术能培养学生游戏和移情的总体能力;其次,艺术能消除具体的文化盲点。……为使这两种作用与民主的价值观建立稳固的联系,它们都要求学生以一种标准的观点去看待人类之间的关系,那就是将他人看做与自己平等的人,有尊严的人,有内心世界的人,有价值的人。……移情想象如果不结合平等的人类尊严的观念,就可能成为胡思乱想,有失公正。……还有大量的艺术作品助长了不公正的同情。……各种反民主的运动也懂得如何利用艺术、音乐和文学,以进一步贬低和污蔑某些群体和民族。民主教育中的想象力培养,要求认真地选择作为教材的艺术作品。①

努斯鲍姆的美育思想在教育哲学方面的先导是约翰·杜威的民主教育论,二者都把美育当作造就民主社会公民的重要手段。杜威曾对西方教育哲学的发展史做出批判性梳理,指出:柏拉图的教育理想中以"以阶级为社会单元"的做法是一大败笔;18世纪启蒙运动的教育理想把范围扩展至全人类,但还欠缺促成其发展的成熟机制;19世纪德国的制度性唯心论教育哲学则把教育的社会目标窄化了,以"国民"取代"人类",将世界主义置换为民族主义。② 就此而言,杜威的民主教育思想所欲造就的民主公民具有典型的"世界公民"的意义。他提出:"民主社会……只能凭教育来制造。……民主并不只是一种政治形态,主要乃是一种共同生活的模式,一种协同沟通的经验。本来是空间距离相隔的人们,因为参与共同的兴趣利益而彼此行为互相参照,自己的行为因考虑到他人行为而有要点与方向,这等于打破原来存在阶级、种族和国家领土之间的屏

---

① 玛莎·努斯鲍姆:《功利教育批判:为什么民主需要人文教育》,肖聿译,新华出版社2017年版,第139—141页。
② 杜威:《民主与教育》,薛绚译,译林出版社2012年版,第79—89页。

障,使人们能看见他人行为的重要性。"① 简言之,杜威理想中的民主公民是能够突破空间距离等隔阂,"打破原来存在阶级、种族和国家领土之间的屏障"的世界公民。努斯鲍姆的民主美育话语继承了杜威思想的全球视野和世界性格局,要求把民主的价值观运用于全人类的交往,通过同情性想象来消除地理、阶级、种族、民族、宗教信仰、性别等方面的隔绝,促成人类社会个体与个体间的相互尊重。正因为以民主的价值观作为美育过程中的意识形态导引,故而努斯鲍姆所呼求的艺术所引发的同情性想象必须是一种"公正的同情"。以"公正的同情"为前提的跨文化想象就不再是毫无约束的极端多元化想象,而是有着明确的价值论原则与道德底线的差异性想象。努斯鲍姆这种带有社会学甚至政治哲学色彩的同情理论与中国现代美学家那种充满文学意味甚至自然神论色彩的"同情/移情"话语在话语风格和思想倾向方面呈现出明显的差异。

努斯鲍姆同情式想象美育话语与中国现代美学家"同情/移情"论美育话语相比的另一个不同点在于,前者更强调在激发想象力的同时培养学生的批判性思考的能力。努斯鲍姆指出:

> 艺术是道德冷漠的大敌,而艺术家(除非他们被彻底吓倒或彻底腐败)也不是任何一种意识形态的忠仆,哪怕是基本上良好的意识形态。他们总是让想象超越其通常的界限,以新的方式去观察世界。②
>
> ....
>
> 培养我所描述的想象力,紧密地联系着苏格拉底式的、对僵死的或不适当的传统的批判能力,并从根本上支持了批判

---

① 杜威:《民主与教育》,薛绚译,译林出版社 2012 年版,第 78 页。
② 玛莎·努斯鲍姆:《功利教育批判:为什么民主需要人文教育》,肖聿译,新华出版社 2017 年版,第 28 页。

活动。①

努斯鲍姆对苏格拉底的对话式、论辩式教育极为推崇，其缘由之一就是这种教育方式有益于批判思维的训练与培养。从逻辑上看，注重学生的批判性思考，是由她的教育目标——造就独立的民主公民——所决定的。努斯鲍姆一方面对多元文化持开放态度，要求学生能够同情地想象他者尤其是边缘人群与少数族裔的文化境遇；另一方面又要求对各种文化传统给予时刻警醒和深入反思，避免对传统的盲从和对权威的无条件顺从。她反复强调：

> 人类往往倾向于服从权威和同伴的压力；为防止暴政，我们需要反抗这两种倾向，必须造就一种尊重个人异议的文化。……只有充满活力的、批判性的公共文化，才有可能遏止这种有害的趋向。②
>
> 作为起点，批判性思维应当融入各式各样的课堂教学法，使学生学会探究，学会评估论点……③
> ……………
> 顺从态度，不但对他们的人生极为不利，更是对民主的致命威胁，因为没有警醒的、积极主动的公民，民主制度就不能生存。④
> ……………
> 培养独立思考能力，培养文化和政治选择的积极参与者，

---

① 玛莎·努斯鲍姆：《功利教育批判：为什么民主需要人文教育》，肖聿译，新华出版社 2017 年版，第 141 页。
② 玛莎·努斯鲍姆：《功利教育批判：为什么民主需要人文教育》，肖聿译，新华出版社 2017 年版，第 68—69 页。
③ 玛莎·努斯鲍姆：《功利教育批判：为什么民主需要人文教育》，肖聿译，新华出版社 2017 年版，第 70 页。
④ 玛莎·努斯鲍姆：《功利教育批判：为什么民主需要人文教育》，肖聿译，新华出版社 2017 年版，第 83 页。

而绝不是培养遵从传统的人。①

努斯鲍姆列举了从卢梭、佩斯特拉齐、福禄培尔、奥尔科特、贺瑞斯·曼直到杜威、泰戈尔、李普曼等教育家的思想方法与教学案例，积极主张改变灌输式、接受式教育，倡导对话式、游戏式的艺术教育，努力推动学生在坚持主动探索和批判性思考的同时开放同情式想象，从而在保持独立人格的前提下充分合理地参与社会公共生活。从下面这段努斯鲍姆对泰戈尔艺术教育方法的分析、评价中，我们可以了解到努斯鲍姆是怎样考虑批判思维教学与同情式想象教学之间的关系的：

> 泰戈尔激发苏格拉底式提问的另一个设计，是角色扮演（role-playing）。让儿童走出他们自己的视点，将自己想象成另一个人。这能使儿童自由地体会他人的心思，从自己的内心理解他们。在此，我们就看到了泰戈尔在苏格拉底提问教学法与想象性同情之间建立的联系：以苏格拉底的方式辩论，要求从自己内心理解他人的心思，而这种理解常能提供一些新动机，促使人们以苏格拉底的方式挑战传统。②

鼓励对传统和权威的批判与质疑，培育独立思考、主动参与政治的民主公民，这一教育愿景，既体现了古希腊、启蒙运动以降的反思性、批判性哲学的精神基因，又是现代民主社会的革命性思想成果之一。努斯鲍姆在这方面的论述其实也是许多欧美现当代美育倡导者和人文学者的共识。比较而言，中国古代的治学者长期遵从

---

① 玛莎·努斯鲍姆：《功利教育批判：为什么民主需要人文教育》，肖聿译，新华出版社2017年版，第91页。
② 玛莎·努斯鲍姆：《功利教育批判：为什么民主需要人文教育》，肖聿译，新华出版社2017年版，第92—93页。

孔子"述而不作，信而好古"①的传统；而王国维、梁启超、朱光潜、宗白华、丰子恺等中国现代美学家由于自幼浸淫于古典教育，对待中国古代的思想文化传统即便已经不再像旧式文人那样"述而不作"，也往往是"述多于作"，他们的美育话语在谈及礼乐教化传统时，也往往是以赞同、阐发、传承为主，较少给予深入反思和批判。

面对如此学术背景，笔者认为，我们中国当代的美育建设在吸取传统经验的同时，更应该加强对传统的反思与批判，"取其精华、去其糟粕"，做一种批判式的继承。对中国当代美育学而言，自身古典传统资源带来的影响其实有些负担过重了，有必要不时清理减负，更轻快也更坚定地走向世界、走向未来。

（原载《美育学刊》2021年第6期）

---

① 杨伯峻：《论语译注》，中华书局1980年版，第66页。